# Ružić

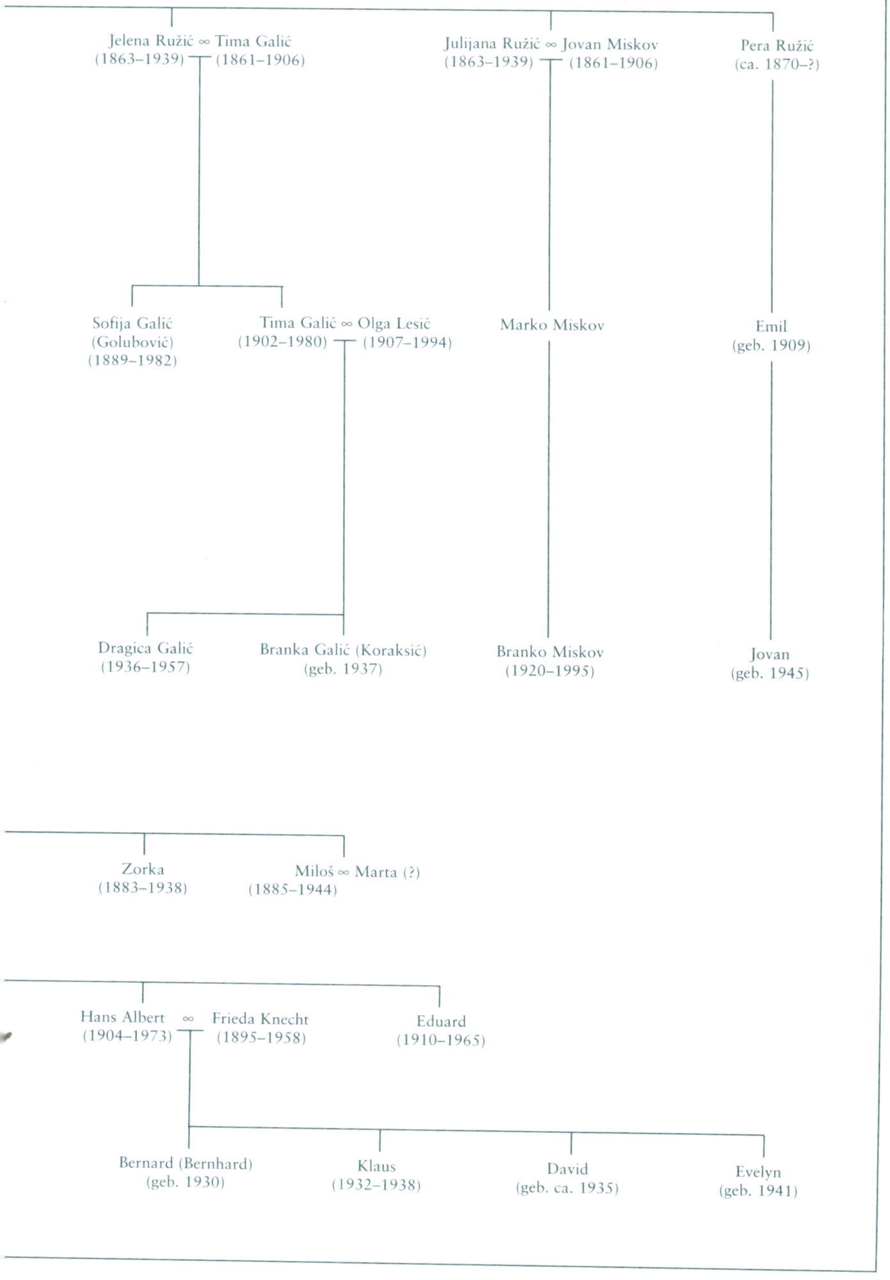

Jelena Ružić ∞ Tima Galić
(1863–1939) ⊤ (1861–1906)

Julijana Ružić ∞ Jovan Miskov
(1863–1939) ⊤ (1861–1906)

Pera Ružić
(ca. 1870–?)

Sofija Galić
(Golubović)
(1889–1982)

Tima Galić ∞ Olga Lesić
(1902–1980) ⊤ (1907–1994)

Marko Miskov

Emil
(geb. 1909)

Dragica Galić
(1936–1957)

Branka Galić (Koraksić)
(geb. 1937)

Branko Miskov
(1920–1995)

Jovan
(geb. 1945)

Zorka
(1883–1938)

Miloš ∞ Marta (?)
(1885–1944)

Hans Albert ∞ Frieda Knecht
(1904–1973) ⊤ (1895–1958)

Eduard
(1910–1965)

Bernard (Bernhard)
(geb. 1930)

Klaus
(1932–1938)

David
(geb. ca. 1935)

Evelyn
(geb. 1941)

Michele Zackheim
*Einsteins Tochter*

Michele Zackheim

# Einsteins Tochter

Aus dem Amerikanischen von
Bernd Rullkötter

List

Die Originalausgabe erschien 1999 unter dem Titel
Einstein's Daughter *bei Riverhead Books, New York, USA.*

Der List Verlag ist ein Unternehmen der
Verlagshaus Goethestraße GmbH & Co. KG

ISBN 3-471-79215-5

Satz: Franzis print & media, München
Druck: Bercker, Kevelaer

*In Liebe für*
*Charles Ramsburg,*
*Ben Zackheim,*
*Maggie Zackheim und*
*Kathleen Anderson*

# Inhalt

# Dramatis Personae

MILENKO DAMJANOV
*geb. 1909*
*Ein Zeuge. Freund der Familie Marić.*

SLAVICA DOKMANOVIĆ
*geb. 1948*
*Eine Kollegin.*

ALBERT EINSTEIN
*1879–1955*
*Vater von Lieserl, Hans Albert und Eduard*
*Einstein. Mileva Marić' Ehemann.*

EDUARD EINSTEIN
*1910–1965*
*Sohn von Albert Einstein und*
*Mileva Einstein-Marić.*

ELSA LÖWENTHAL-EINSTEIN
*1876–1936*
*Zweite Frau von Albert Einstein.*

9

EVELYN EINSTEIN
*geb. 1941*
*Enkelin von Albert Einstein und*
*Mileva Einstein-Marić.*


HANS ALBERT EINSTEIN
*1904–1973*
*Sohn von Albert Einstein und Mileva*
*Einstein-Marić.*


HERMANN EINSTEIN
*1847–1902*
*Vater von Albert Einstein.*


MAJA WINTELER-EINSTEIN
*1881–1951*
*Schwester von Albert Einstein.*


PAULINE EINSTEIN
*1858–1920*
*Mutter von Albert Einstein.*


MIRA GAJIN
*Tochter von Sidonija und Djoka Gajin,*
*Freunden der Familie Marić.*


TIMA GALIĆ
*ca. 1875–1905*
*Ehemann von Jelena Ružić. Ermordet.*
*Vater von Tima und Sofija.*


TIMA GALIĆ
*1902–1980*
*Großvater von Branka Koraksić-Galić.*
*Bevollmächtigter von Mileva Einstein-Marić.*

BRANKA KORAKSIĆ-GALIĆ
*geb. 1937*
*Tochter von Tima Galić junior.*

JELENA RUŽIĆ-GALIĆ
*1863–1939*
*Tante von Mileva Einstein-Marić.*
*Schwester von Marija Ružić-Marić.*
*Mutter von Sofija Golubović und Tima Galić.*
*Ehefrau von Tima Galić senior.*

SOFIJA GALIĆ-GOLUBOVIĆ
*1887–1982*
*Eine Zeugin. Tochter von Tima und Jelena*
*Galić. Schwester von Tima Galić junior.*

MARIE GRENDELMEIER
*geb. 1909*
*Nachbarin von Mileva Einstein-Marić in*
*Zürich.*

ZYGMUNT HERSCHDOERFER
*1906–1931*
*Ehemann von Grete Markstein.*

ILSE LÖWENTHAL-EINSTEIN-KAYSER
*1897–1934*
*Tochter von Elsa Einstein. Stieftochter von*
*Albert Einstein.*

VIDOSAVA KIKIĆ
*Pseudonym. Mieterin auf dem Anwesen*
*der Marić' in Novi Sad.*

DJORDJE KRSTIĆ
*Freund der Familie Gajin.*

11

NADA MARIĆ-LAZIĆ
*(Schwester Teodora), 1904–1992*
*Pseudonym. Ein mögliches Lieserl. Ehefrau*
*von Marko Lazić (Pseudonym).*


MARGOT LÖWENTHAL-EINSTEIN-
MARIANOFF
*1899–1986*
*Tochter von Elsa Einstein. Stieftochter von*
*Albert Einstein.*


DRAGIŠA MARIĆ
*Zeuge. Cousin dritten Grades von Mileva*
*Einstein-Marić.*


LIESERL EINSTEIN-MARIĆ
*geb. 1902*
*Tochter von Albert Einstein und Mileva*
*Marić.*


LJUBICA MARIĆ
*Eine Zeugin. Mutter von Dragiša Marić.*


MARIJA RUŽIĆ-MARIĆ
*1847–1935*
*Mutter von Mileva Einstein-Marić.*


MILEVA EINSTEIN-MARIĆ
*1875–1948*
*Mutter von Lieserl, Hans Albert und*
*Eduard Einstein. Albert Einsteins erste Frau.*


MILOŠ MARIĆ
*1846–1922*
*Vater von Mileva Einstein-Marić.*

MILOŠ MARIĆ
*1885–1944*
*Bruder von Mileva Einstein-Marić.*

ZORKA MARIĆ
*1883–1938*
*Schwester von Mileva Einstein-Marić.*

DR. LAZAR MARKOVIĆ
*1876–1935*
*Lieserls Arzt, Freund von Mileva Einstein-Marić.*

GUSTAV GEORG MARKSTEIN
*1926–1987*
*Sohn von Grete Markstein.*

GRETE MARKSTEIN
*1894(?)–1944*
*Ein mögliches Lieserl.*

ANA MILIĆ
*geb. 1920*
*Pseudonym einer Verwandten von*
*Schwester Teodora.*

BRANKO MIŠKOV
*1920–1995*
*Verwandter von Mileva Einstein-Marić.*

VIDA OGNJENOVIĆ
*Schriftstellerin.*

DR. JÁNOS PLESCH
*1878–1957*
*Arzt von Albert Einstein und Grete Markstein.*

13

JULKA SAVIĆ-POPOVIĆ
*1901(?)–1985*
*Ein mögliches Lieserl. Tochter von Helene*
*und Milivoj Savić. Mutter von Milan Popović.*
*Schwester von Zora Savić.*


MILAN POPOVIĆ
*geb. 1923*
*Enkel von Helene Kaufler-Savić. Sohn von*
*Julka Savić-Popović.*


PAUL RÜCKELT
*1877–1947*
*Liebhaber von Grete Markstein.*
*Wahrscheinlicher Vater von Gustav Georg*
*Markstein.*


JOVAN RUŽIĆ
*Ein Zeuge. Cousin zweiten Grades von*
*Mileva Einstein-Marić.*


HELENE KAUFLER-SAVIĆ
*1871–1943*
*Beste Freundin von Mileva Einstein-Marić.*
*Mutter von Julka und Zora Savić.*
*Ehefrau von Milivoj.*


MILIVOJ SAVIĆ
*1876–1940*
*Ehemann von Helene Kaufler-Savić.*
*Vater von Julka und Zora Savić.*


ZORA KARAKAŠEVIĆ-SAVIĆ
*1902–1992*
*Tochter von Helene und Milivoj Savić.*
*Schwester von Julka Savić-Popović.*

14

SCHWESTER VERA
*geb. 1916*
*Vertraute von Nada Marić-Lazić*
*(Schwester Teodora).*

IVANA STEFANOVIĆ
*Urenkelin von Milana Bota-Stefanović.*

MILANA BOTA STEFANOVIĆ
*ca. 1875–1930*
*Gute Freundin von Mileva Einstein-Marić.*
*Mutter von Milica Stefanović.*
*Urgroßmutter von Ivana Stefanović.*

MILICA STEFANOVIĆ
*geb. 1908*
*Tochter von Milana Bota-Stefanović.*

LOLA STEIN
*1885–?*
*Freundin von Grete Markstein.*

ANKA STREIM
*geb. 1906*
*Ein mögliches Lieserl.*

DESANKA TRBUHOVIĆ-GJURIĆ
*1897–1983*
*Autorin einer Biographie von Mileva*
*Einstein-Marić.*

DR. LJUBOMIR TRBUHOVIĆ
*geb. 1923*
*Sohn von Desanka Trbuhović-Gjurić.*

## Vorbemerkung der Autorin

Die Suche nach Lieserl begann mit einem alten grauen Schuh-
karton. In dem von einem verblichenen Band zusammenge-
haltenen Karton befanden sich vierundfünfzig Liebesbriefe, die
Albert Einstein und seine erste Frau Mileva Marić einander
geschrieben haben. Mileva hatte sie mehr als fünfundvierzig
Jahre lang aufbewahrt, und als sie 1948 in Zürich starb, nahm
ihre Schwiegertochter Frieda die Briefe mit nach Amerika. Frieda, die erste Frau von Albert Einsteins Sohn Hans Albert, stellte den Karton auf ein Regal im Kleiderschrank ihres Mannes.
1986 entdeckte Evelyn Einstein, Alberts und Milevas Enkelin,
Fotokopien der Briefe »gefaltet und zusammengeknüllt in
einem Ordner«, der ihrer Mutter Frieda gehört hatte. »Ich habe
da einige Liebesbriefe gefunden«, teilte sie dem Direktor des
*Einstein Papers Project* mit.[1] Zu jenem Zeitpunkt war Frieda
bereits gestorben. Kurz nach Evelyns Fund übergab Hans
Albert Einsteins zweite Frau die Liebesbriefe dem Einstein-
Archiv der Hebräischen Universität in Jerusalem.

✳

»New York, Frühjahr 1968«, schrieb ich in mein Notizheft.
»Ob Albert Einstein wohl eine Tochter hatte? Wenn ja, war

17

sie dann auch ein Genie? Und warum habe ich nichts über sie gelesen? Ob vielleicht noch mehr unbekannte Einsteins herumlaufen?« Irgendwann legte ich meine Aufzeichnungen auf ein Regal in meinem Arbeitszimmer und vergaß sie.

Fast zwanzig Jahre später, im Mai 1987, las ich einen Artikel in *The New York Times* über die Entdeckung der Liebesbriefe von Albert und Mileva. In diesen Briefen wurde zum erstenmal enthüllt, daß die beiden tatsächlich eine im Jahre 1902 geborene Tochter hatten, der sie den Namen Lieserl gaben. Aber merkwürdigerweise wurde sie in Einsteins Biographien nie erwähnt. Aus irgendeinem Grund ist ihre Existenz im Dunkel der Geschichte verschwunden. Der Gedanke, daß sich tief im verschlungenen Labyrinth des Balkans das Geheimnis von Einsteins verschwundenem Kind verbarg, faszinierte mich. Ich faßte den naiven Entschluß, Lieserl zu finden.

Ich glaubte Albert zu kennen. Sein Leben ist jedermann bekannt. Aber Mileva kannte ich nicht. Ihre Geschichte liegt im Schatten ihres berühmten Mannes. Doch um das Kind zu finden, mußte ich Mileva kennenlernen. Und um Mileva kennenzulernen, mußte ich das kulturelle Wesen Serbiens begreifen.

Meine Recherchen führten mich auf ausgedehnte Reisen nach Berkeley, Boston, London, Zürich, Bern, Budapest und Berlin sowie dreimal nach Serbien – während das Land Krieg führte, und einmal, als eine gewisse Verheißung in der Luft lag.

Wie ich bald feststellte, ist die serbische Gesellschaft auf ihre Privatsphäre bedacht und Fremden gegenüber zunächst verschlossen. Es dauert oft Monate, auch nur eine oberflächliche Beziehung aufzubauen, manchmal Jahre, bis man sich mit Vornamen anredet, und es bedarf enger Verbundenheit, bevor man ins Vertrauen gezogen wird. Ich war mir von Anfang an über die Verantwortung im klaren, die man auf sich nimmt, wenn man zum Mitwisser einer bislang unbekannten Wahrheit wird. Häufig hörte ich den serbischen Spruch: »Solange das Herz in meiner Brust schlägt, werde ich meine Familienehre schützen.«

Ich beginne die Geschichte im Jahre 1846, als Mileva Einstein-Marić' Mutter und Vater geboren wurden. Damals war die Vojvodina, in der sie nördlich der Donau wohnten, ein Teil der Doppelmonarchie Österreich-Ungarn. Das Gebiet südlich der Stelle, wo Donau und Save aufeinandertreffen, warf 1882 das osmanische Joch ab und wurde zum Königreich Serbien. Die dort lebenden Serben machten etwa dreißig Prozent der Bevölkerung aus; die übrigen Bewohner waren hauptsächlich Deutsche und Ungarn.

Am 1. Dezember 1918 wurde das Königreich der Serben, Kroaten und Slowenen gegründet; es umfaßte neben der Vojvodina nicht nur Serbien, Montenegro, Kroatien und Slowenien, sondern auch Bosnien und andere Teile von Österreich-Ungarn. 1929 änderte man den Namen des Staates offiziell in »Jugoslawien«. Nach dem Zweiten Weltkrieg wurde die Vojvodina eine autonome serbische Provinz – wie das Kosovo. 1989 dann verloren die Provinzen Vojvodina und Kosovo durch Verfassungsänderungen ihre Autonomie. 1995 wurde Jugoslawien erneut gespalten. Nun besteht es nur noch aus Montenegro und Serbien, das noch immer das Kosovo und die Vojvodina einschließt.

Heute, 1999, liegt das Land nach dem letzten Krieg in Trümmern. Viele der Archive, Meldeämter, Schulen, Krankenhäuser und Friedhöfe, wo ich meine Nachforschungen anstellte, sind beschädigt oder zerstört worden. Keiner derjenigen, die ich befragte, hielt diese Kriege für notwendig, und viele bezogen mutig Position gegen ihre Regierung. Nun sind diese entgegenkommenden und intelligenten Menschen, von denen einige zu geschätzten Freunden wurden, fassungslos und demoralisiert.

Das vorliegende Buch stützt sich auf mehr als hundert Interviews und umfassende historische, literarische und ethnologische Recherchen.

Dies ist die Geschichte von Lieserls Schicksal *iz prve ruke* – »aus erster Hand«.

Michele Zackheim
New York, Juni 1999

# Prolog

Am Sonntag, dem 5. Mai 1901, trafen sich Mileva Marić und Albert Einstein am Bahnhof des italienischen Ortes Como. Albert war mit der Gotthardbahn aus Mailand und Mileva aus Zürich angereist. Er erwartete sie »mit offenen Armen und klopfendem Herzen«[2]. Gemeinsam bestiegen sie einen glänzend weißen Dampfer und fuhren tief ins Felsengelände zu dem mehr als dreißig Kilometer entfernten Cólico hinein. Steile Klippen hinderten sie daran, weiter als über die Fläche des Sees hinauszublicken. Hier und dort, am Rande des Wassers, erblickten sie schlanke, weiße *campanili* vor alten romanischen Gemeindekirchen.

Die sanfte Wärme des Frühlings ließ die blühenden Sträucher überraschende Farbtupfer in der Landschaft bilden. Frühe Primeln, Veilchen, Kressen, Hirschzungen und rostrote Akeleien waren zwischen hellgrünen moosbedeckten Felsen verstreut. Erhabene Zypressen warfen ihre Schatten gegen die Klippen, während die Fischer Massen zappelnder schwarzer Aale und beachtliche, glitschige grau-blaue Karpfen aus dem See zogen.

Der Comer See hat die Form einer geschmeidigen Tänzerin. Ihr Kopf ist zurück nach Osten geneigt, ihr rechtes Bein beginnt eine Glissade gen Westen, und ihr linkes Bein steht

21

auf der Spitze. An ihrer Taille, am westlichen Ufer, liegt das Dorf Cadenabbia. Milevas und Alberts Dampfer vertäute dort für zwei Stunden. Sie stiegen aus und gingen die Via del Paradiso, eine prächtige, von Platanen gesäumte Allee, zu den Gärten der Villa Carlotta hinauf. Hier waren zahlreiche Skulpturen ausgestellt, darunter eine Nachbildung von Canovas »Amor und Psyche«. Mileva war entzückt und gelobte, die Gärten in ihrem Herzen zu bewahren.[3] Später glitt der Dampfer nach Cólico, tiefer in die italienischen Alpen hinein, wo noch Winter herrschte. Sie verließen das Schiff und suchten sich eine *pensione* zum Übernachten.

Am folgenden Morgen machten sie sich auf, um den Splügen-Paß, wo sie »tüchtig schneestampfen«[4] mußten, zu Fuß zu überqueren. Zu ihrer Freude erreichte der Schnee nach einem Sturm stellenweise eine Höhe von sechs Metern. Sie mieteten einen Schlitten, der bequem Platz für zwei Menschen bot. »Es schneite die ganze Zeit so lustig«, schrieb Mileva später einer Freundin, »und wir fuhren bald durch lange Gallerien, bald auf offener Strasse, wo sich bis in die weiteste Ferne unsern Augen nichts darbot als Schnee und wieder Schnee, so dass es mich manchmal vor dieser kalten weissen Unendlichkeit ganz schauerte und ich meinen Schatz unter Mänteln und Tüchern, die uns bedeckten, fest am Arm hielt.«[5]

Der Kutscher stand hinten auf einem kleinen Brett und schwatzte während der Fahrt unablässig. Er nannte Mileva stets »Signora«, was ihr über die Maßen gefiel.

»Kannst Du Dir was schöneres denken?« fragte sie Albert. Die beiden fuhren mit dem Schlitten, bis sie hungrig wurden, und machten sich dann auf den Heimweg. Auf dem Weg runter ins Tal amüsierten sie sich sehr, denn »an geeigneten Stellen machten wir Lavinen um die Welt unter uns so recht in Angst zu setzen«[6].

Der Urlaub dauerte drei Tage. Eine Woche später erging sich Albert Mileva gegenüber in köstlichen Erinnerungen: »Wie schön war es letztes Mal, als ich Dein liebes Persönchen an mich drücken durfte, wie die Natur es gegeben, sei mir innigst dafür geküßt, Du liebe gute Seele!«[7]

Aber trotz der Liebe, die seit zwei Jahren zwischen ihnen gewachsen war, sollte Alberts und Milevas Alpenurlaub anders ausgehen, als sie es sich vorgestellt hatten.

# TEIL I

Milevas Familie wohnte in der Provinz Vojvodina, einer besonders fruchtbaren Region auf der großen Donau-ebene im Süden der Monarchie Österreich-Ungarn. Die riesi-gen Ackerbaugebiete, die sich kilometerweit in alle Richtungen erstreckten, wurden vom zweitlängsten Fluß Europas, der Donau, sowie von der Theiß und der gewundenen Save bewäs-sert, die sich umeinander und nebeneinander herschlängeln. In der Gegend der Marić' gab es keine Hügel, sondern nur leich-te Anhöhen, auf denen ein paar dürftige Akazien wuchsen. Hier und da durchschnitt ein Sandpfad die grünen Ebenen. Im Früh-ling und Sommer entfalteten sich samtgrüne Felder wie alter Damast vor dem feuchten, blauen Horizont. Selbst wenn sich das Jahr zum Winter neigte und das schlafende Land tiefbraun geworden war, konnte man immer noch malvenfarbige, safran-gelbe und rötliche Pflanzen auf den Auen erkennen.

Milevas Vater Miloš Marić wurde 1846 in dem Dorf Kać als Sohn einer Bauernfamilie geboren. Mit sechzehn Jahren begann er eine Militärlaufbahn als Wächter in Titel, einem fünfundfünfzig Kilometer von Kać entfernten Dorf an der Mündung der Theiß in die Donau. Da das Dorf eine strate-gisch wichtige Position einnahm, wurden seine Wächter »Ver-teidiger der serbischen Pforte« genannt.

Serbien erblühte spät. Im 15. Jahrhundert machten die osmanischen Türken den Versuch, über Bulgarien und Serbien Europa zu erobern, und es folgte eine Balkanspielart der inoffiziellen, doch absichtlichen Teilung. Eine Migration folgte der nächsten, und viele Menschen ließen sich in anderen Regionen Ost- und Mitteleuropas nieder. Das Königreich Serbien mit seiner eigenen Herrscherfamilie befand sich im Süden der Donau – und die Vojvodina im Norden. Wenn man einen Serben nach der Geschichte seines Landes fragt, breitet er die Arme weit aus, als wollte er die Heimat umfassen, zuckt die Schultern und erwidert: »Es ist besser, Ungerechtigkeit zu erleiden, als sie zu verüben.«[1]

Die Serben, ungeachtet von welcher Seite der Donau, sind ein stolzes Volk. Zurückhaltung ist ihr Modus vivendi. Aber sie sind auch ein Volk, das von Zorn, Phantasie und uralten Überzeugungen geprägt ist. Noch vor hundert Jahren glaubten viele Dorfbewohner, Himmel und Erde seien durch gigantische goldene Haken miteinander verknüpft. Diese Haken, so hieß es, erstreckten sich von vier kosmischen Bergspitzen an den vier Ecken einer quadratischen Erde zum Himmel und verbanden die Erde mit Gott.[2]

Die römisch-katholischen Habsburger dagegen legten eine pragmatische religiöse Toleranz an den Tag. Ihre serbischen Grenzwächter durften weiterhin dem serbisch-orthodoxen Glauben anhängen und wurden ermutigt, sich als Sondergruppe zu betrachten, die ihre örtlichen Traditionen pflegen und gleichzeitig mitteleuropäische Nahrungsmittel und Bequemlichkeiten genießen dürfe. Diese Privilegien unterschieden die Wächter von ihren Landsleuten, vor allem den Bauern, die Leibeigene blieben.

Obwohl Miloš Marić den großen Schritt vom Ackerbau zum Militär vollzogen hatte, galt er weiterhin als Bauer. Ihm fehlte die nötige Ausbildung, die einen Aufstieg in der serbischen Gesellschaft ermöglichte. Es ist unwahrscheinlich, daß er mehr als sechs Schuljahre absolvierte. Bevor er seine Armeeuniform mit den glänzenden Messingknöpfen anlegte, ähnelte er vielen der Statuen aus der Bronzezeit, die in den

28

Feldern der Vojvodina begraben sind. Er trug *opanci*, Bauernsandalen, wie man sie seit dem frühen Mittelalter kannte; sie waren aus grobem Leder gefertigt, das sich über die Zehen wellte und von einem in dicke Stricksocken gehakten Riemen festgehalten wurde. Seine braune Bauschhose und das einfache, hochgeknöpfte Hemd waren aus selbstgesponnenen Flachs- und Wollfäden gefertigt. Sonntags trug er ein Hemd mit einer durchbrochenen Stickerei aus roten, gelben und grünen Seiden- und Kammgarnfäden, die *lale* – Tulpen – darstellte. Darüber zog er eine mit dichten mattgoldenen Wollborten verzierte Weste. Sein ganzes Leben hindurch trug Miloš einen mächtigen, borstigen Schnurrbart zur Schau, der an beiden Enden nach unten baumelte – Vollbärte waren in der Region selten zu sehen.[3]

Gegen Ende des 19. Jahrhunderts lebte das Militär fast genauso wie in den Jahrhunderten zuvor. Abends verteilte man an die Soldaten Stroh, Lebensmittel und Wein, die sie mit in ihre Zelte nahmen. Morgens, nachdem Trommler und Hornisten die Männer geweckt hatten, »beteten sie den Rosenkranz«.[4] Nach einer kärglichen Mahlzeit begannen sie, ihre Waffen mit Talg zu reinigen, der aus dem Fett von Ochsen und Schafen hergestellt war und dessen übler Gestank sie für den Rest des Tages verfolgte.

Miloš eignete sich rasch die deutsche Sprache seiner österreichischen Gebieter an. Diese Demonstration seiner sprachlichen Fähigkeiten veranlaßte seine Vorgesetzten, ihm einen niedrigen Beamtenrang zu verleihen. Die Beförderung war entscheidend für seinen Aufstieg in der Welt, denn er wurde einer der ersten Angehörigen der Familie Marić, der das Ackerland hinter sich ließ. Er gab sich alle Mühe, seiner heimischen Armut zu entkommen, und es gelang ihm schließlich durch die sprichwörtliche Hintertür: indem er in eine höhere Gesellschaftsschicht einheiratete. Der stattliche, intelligente und charmante Miloš wählte Marija Ružić zur Frau, die Tochter eines reichen Landeigentümers. Miloš war zu diesem Zeitpunkt zweiundzwanzig und Marija einundzwanzig Jahre alt. Die Familie Ružić bewohnte ein riesiges Anwesen, das fast zwei Kilometer lang und halb so breit war, westlich der Hauptstraße in Marijas Dorf Titel. 1867 schlossen Miloš und Marija die Ehe in einer glanzvollen Zeremonie, die in der Kirche *Crkva Uspenje Presvete Bogorodice*, Kirche der Himmelfahrt Mariä, abgehalten wurde.[5]

In ländlichen Kreisen heiratete man, um den Familienstammbaum fortzusetzen – nicht, weil man sich verliebt hatte. Die Ehefrauen waren verpflichtet, in das Heim ihres Mannes einzuziehen und für dessen Mutter, Vater und andere Verwandte zu kochen und zu putzen – kurz, um sozusagen als bedienstete Haushälterin zu arbeiten. Anders Marija. Da Miloš in eine höhere Schicht eingeheiratet hatte, zogen Marija und er entgegen dem Brauch in das Haus ihrer Familie.

In seinem neuen Heimatdorf erinnerten sich die Menschen an Miloš als einen Mann, der Aufmerksamkeit erregte. Er spazierte kerzengerade über die zerfurchten Sandstraßen von Titel. Wenn er keine Uniform trug, schritt er mit einem schmuckvollen Stock und einem *halbcilindar* dahin. Wegen seines rotbraunen Umhangs englischen Stils,[6] den er über seine ungarische Kleidung geworfen hatte, wirkte er zwar extravagant; er war aber reserviert und ernst.

Die Ružić’ waren eine fromme Familie. Als religiöses Gemeindegeschenk für die neuerrichtete Kirche von Titel bestellte Marijas Großvater Ružić, ein Mann von Wohlstand, in Wien zwei enorme Messingglocken. Sie wurden mit dem Zug über Budapest durch Mitteleuropa befördert, überquerten die üppigen Ebenen um Novi Sad und gelangten über Kać, Budisava, Šajkaš, Vilovo und Lok nach Titel. Da die Kirche drei Kilometer vom Bahnhof entfernt war, kamen zwei Knechte von Ružić’ Hof mit einem geschmückten Ochsengespann herbei. Man lud die Glocken still und ehrfürchtig auf den Wagen. Ružić schritt neben dem Gespann dahin, als die kleine Prozession ihre Fahrt zur Kirche begann. Menschen aus dem Dorf und aus der Umgebung säumten den Pfad und warfen bunte Stoffetzen nach dem Wagen, so daß Ružić und die Ochsen in den verschiedensten Farben leuchteten. An der Kirche sprach der Priester seinen *blagoslov,* den Segen, und besprengte die Glocken mit Weihwasser. Dann wurden sie mit Seilen auf den Turm gehievt und dort von örtlichen Zimmermännern angebracht. Schon nach zwei Stunden läuteten die Glocken über den Dächern von Titel.[7] Damals gab es in den Dörfern noch Spuren heidnischer Anbetung der Sonne, des Mondes und der Sterne. Die Serben glaubten, daß jedem Menschen ein Stern zugeteilt sei. Dieser Stern erscheine genau im Moment seiner Geburt am Himmel und erlösche bei seinem Tod für immer. Allen Bewohnern von Titel war klar, daß Ružić einen besonderen Stern hatte. Im Unterschied zu dem der anderen würde er, wie seine Glocken, ewig weiterleben.[8] Zu Lebzeiten sprach Ružić nie von seiner Schenkung. Es wäre unhöflich gewesen – genauso anstößig, wie von einer Familienschande zu reden.

Nachdem Miloš und Marija geheiratet hatten, nahmen die Tragödien fast sofort ihren Lauf. Ihr erstes Kind, eine Tochter namens Milica, wurde im Dezember geboren, starb jedoch innerhalb eines Jahres. Marijas traurige Spaziergänge zum Friedhof, den Hügel hinter der Kirche hinauf, wurden zu einem Teil ihres täglichen Rituals. Sie zog schwarze Trauerkleidung an und legte sie für den Rest ihres Lebens nicht mehr ab. Ihr nächstes Kind erfüllte den innigen Wunsch jedes Serben: *Rodio mi se sin* – »Ein Sohn ist mir geboren worden«. Dem serbischen Aberglauben zufolge verursachten Hexen den Tod von Kindern und fraßen sie auf. Wenn ein Kind gestorben war, gab man dem als nächsten geborenen Jungen den Namen *Vukašin*, »Wolf«. Der Legende nach können Hexen einen Wolf nicht angreifen – deshalb erhielt auch Marijas Sohn, um sein Leben zu retten, den Namen Vukašin. Aber er starb trotzdem – nach nur neunundzwanzig Tagen.

Mileva, das erste überlebende Kind der Marić', wurde am 19. Dezember 1875 an einem sonnigen, doch bitterkalten Tag in Titel geboren. Miloš arbeitete mittlerweile in Kać, aber Marija war zur Niederkunft in das Haus ihrer Eltern zurückgekehrt. Sie wurde von der Hebamme des Dorfes, der Witwe Ana Konaček, entbunden. Mileva galt als *seosko dete*, als

Kind des Dorfes, nicht der Stadt. Sie wurde am Tag des heiligen Ambrosius von Mailand geboren, der aus einer ähnlichen Gesellschaftsschicht wie sie selbst stammte: Auch Ambrosius' Vater war, wie der Milevas, Unteroffizier.

Vielleicht, weil die ersten beiden Kinder so bald nach der Geburt gestorben waren, warteten Milevas Eltern nicht die üblichen vierzig Tage, um sie taufen zu lassen, sondern zogen die Zeremonie auf den Tag nach der Geburt vor. Sie wurde in der Barockkirche von Titel vollzogen; jener Kirche, in der auch die Glocken von Urgroßvater Ružić hingen. Die kleine Kirche hatte nur eine Apsis am Ostende statt der üblichen drei. Der Altar stand direkt vor der Apsis und war hinter der Ikonostase verborgen – einer hohen, mit einer Reihe von Ikonen geschmückten Wand. Von der Decke hingen verschiedene altersschwarze Weihrauchgefäße aus Messing, von denen das durchdringende Aroma des Weihrauchs, *tamjan*, ausging. Aus dem Saft des Weihrauchbaums hergestellt, wurde er von den Ägyptern aus Südarabien mit Karawanen auf den Balkan geschafft. Der *tamjan* erfüllte die Kirche mit dem süßen, ätzenden Duft Abertausender von Samen und Gräsern und Blumen. Mileva wurde von Tanasije Popović getauft, demselben Priester, der ihre Eltern getraut hatte.

Innerhalb von ein paar Tagen nach Milevas Taufe wurde deutlich, daß mit dem Kind etwas nicht stimmte. Wenn sie auf dem Bauch lag, konnte man sehen, daß ihre linke Seite höher war als die rechte. Der Hausarzt bestätigte, daß Mileva eine verrenkte linke Hüfte hatte. Diese genetische Mißbildung war auf dem Balkan von endemischer Häufigkeit. Sie trat bei mehr als zwanzig Prozent der Bevölkerung auf, hauptsächlich bei Frauen, und zwar fast immer in der linken Hüfte.[9] Milevas Verrenkung wurde durch die traditionellen Wickelpraktiken verschlimmert,[10] bei denen man das Kind unbeweglich, mit fest zusammengepreßten Beinen und ebenfalls verbundenen Hüften, einpackte.[11] Dadurch sollten die Beine begradigt und das Kind ruhig gehalten werden.

Einen Monat nach Milevas Geburt zog die Familie nach Vukovar, 122 Kilometer westlich von Titel, wo sie für zwei

Jahre blieb. Miloš war zu einem Verwaltungsbeamten des königlichen Hofes in der Stadt ernannt worden. Die Familie wohnte in einem Häuschen mit einem kleinen Obstgarten und einem rückwärtig gelegenen Küchengarten. Das Holzhaus, fast ein perfektes Quadrat, bestand aus kleinen Lehmziegeln zwischen senkrechten Holzträgern und wurde jährlich mit Kalk aus einem nahe gelegenen Steinbruch getüncht. *Cuvarkuća*, eine perennierende Pflanze mit fleischigen Blättern und dichten Rosetten aus purpurnen und roten Blüten, die, wie die Serben glaubten, ihr Heim vor Blitzschlag schützte, wuchs in einem langen, schmalen Holzkasten am Dachgesims.

1877 konnte Miloš ein großes Grundstück in Kać, neben dem Haus seiner Familie, kaufen. Er erwarb fast 253 Hektar mit gepflügten Äckern, Wiesen und Sümpfen. Aber Miloš gab nicht nur in Kać Riesensummen aus, sondern auch in Banja Luka, einem bosnischen Ort, wo er sich drei Höfe zulegte. Außerdem baute bzw. renovierte er drei stattliche Häuser – in Titel, Novi Sad und Kać – und schickte seine drei Kinder zur Erziehung ins Ausland.

Die Quelle seiner Einkünfte geht weder aus den Verzeichnissen des österreichisch-ungarischen Hofes noch aus einem der einschlägigen Archive hervor. Allerdings borgte er sich 1897 einen ungenannten Betrag von einer ungarischen Bank, der 1902 zurückgezahlt werden sollte. Später nahm er einen weiteren beträchtlichen Kredit bei derselben Bank auf, der 1939 zu tilgen war. Die Bankarchive zeigen an, daß beide Kredite viele Jahre vor ihrer Fälligkeit zurückgezahlt wurden.

Kurz nach dem Landkauf in Kać begann Miloš, die Sommerresidenz der Familie zu bauen: ein großes, zweistöckiges Haus im Tiroler Stil mit einem Dachreiter und eleganten Holzverzierungen, die sich um den Dachstuhl wanden und die Fenster krönten. Alle in der Gegend nannten das Haus *kula*, den Turm, und es dauerte viele Jahre, bis es fertiggestellt war. Eine große Messingglocke im Dachreiter verkündete den auf dem Gut arbeitenden Bauern, daß es Essenszeit war. Das Anwesen, von Heckenzäunen umgeben und hier und dort mit Sauerkirschbäumen bepflanzt, erinnerte Besucher an eine russische Datscha. Auf einem der Felder hinter dem Haus erstreckten sich Hunderte von säuberlichen Zwiebelreihen – scheinbar bis zum Horizont.

Während Miloš dieses teure Projekt in Angriff genommen hatte, arbeitete er weiter als Regierungsbeamter am Bezirksgericht in Ruma, vierzig Kilometer südlich von Novi Sad. Dort wurde Milevas Schwester Zorka im Jahre 1883 geboren. Zorka kam ebenfalls mit einer erblich bedingten Verrenkung der linken Hüfte zur Welt. Zwei Jahre später wurde das letzte Kind der Marić' geboren: endlich ein Sohn, der auch am Leben blieb und der den Namen seines Vaters Miloš erhielt.

Milevas Vater begann, seine Tochter schon in frühester Kindheit zu unterrichten. Bei ihrem Schuleintritt mit knapp sieben Jahren konnte sie bereits lesen, einfache Mathematikaufgaben auf ihrem seidenen, karierten Lieblingspapier lösen und fließend Serbisch wie Deutsch sprechen. Außerdem lernte sie, Noten zu lesen und die *tamburica* zu spielen, ein uraltes mandolinenartiges Instrument aus Asien, auf dem sie ihrem Vater dessen geliebte Volkslieder vorspielte. Mileva entsprach der traditionellen Vorstellung von einer Erstgeborenen – sie war still und nachdenklich. Für ihren Vater war sie stets das Lieblingskind.

In den meisten serbischen Haushalten jener Zeit war es Sitte, daß sich die Männer bei der Abendmahlzeit miteinander unterhielten und nur die älteste Frau sich an diesem Gespräch beteiligen durfte.[12] Aber im Haushalt der Marić' wurde Mileva stets ermuntert, nachzudenken und ihre Meinung zu äußern, besonders bei Tisch. Da sie acht Jahre lang ein Einzelkind war, stand sie im Mittelpunkt der Aufmerksamkeit. Alle Familienmitglieder anerkannten und förderten ihre unverkennbare Intelligenz und hofften, daß Mileva dadurch eines Tages ihre physische Behinderung überwinden werde. Im Kreis ihrer Familie spielte sie ungehemmt, doch unter Fremden kapselte sie sich ab, da sie sich wegen ihres zu kurzen Beines und des orthopädischen Schuhs, den sie tragen mußte, schämte.

1888 wurde Miloš erneut befördert und zog mit seiner Familie ins südlicher gelegene Sremska Mitrovica, wo Mileva die Königliche Untere Realschule besuchte. Hier zeigte sich ihre außergewöhnliche Begabung für Mathematik und Physik. Man erließ ihr sogar die Unterrichtsgebühren für die vierte Klasse, da sie, besonders im Rechnen und in Physik, eine so vorzügliche Schülerin war.[13]

Miloš machte im Mai 1892 noch einen weiteren Karrieresprung, denn er wurde dem Obersten Gerichtshof zugewiesen. Man versetzte ihn nach Zagreb an der Save, das mitten in den dichtbewaldeten Hängen der Medvednica gelegen ist, »der Gegend, in der Bären umherziehen«. Mileva durfte die sechste Klasse des sonst nur Jungen vorbehaltenen Obergymnasiums in Zagreb besuchen. Sie wollte am Physikunterricht teilnehmen, wurde jedoch abgewiesen, obwohl man Jungen mit kaum ausreichenden Noten zuließ. Nachdem Mileva ihr erstes Jahr mit Auszeichnung abgeschlossen hatte, gestattete man ihr widerwillig, die Physikstunden zu besuchen.[14]

Als Mileva das Gymnasium 1894 absolviert hatte, verweigerte man in Österreich-Ungarn Mädchen immer noch die Zulassung zum Studium. Da sie zu intelligent für die Ausbildung in den Provinzen war und das Niveau aller Schulen in der Vojvodina übertroffen hatte, wurde sie zur weiteren Ausbildung in den Westen geschickt.

Im November 1894 traf Mileva, von ihrem Vater begleitet, in Zürich ein, um die Höhere Töchterschule zu besuchen. Miloš kehrte innerhalb von zwei Tagen heim und ließ Mileva als Pensionsgast bei der Familie Bächtold in der Plattenstraße 74 zurück. Sie war fast neunzehn Jahre alt und vollkommen allein, da sie niemanden an ihrer neuen Schule kannte.

Während Mileva in Zürich einen neuen Lebensabschnitt begann, wurde Miloš von einer entkräftenden Mattigkeit überwältigt. Nachdem er viele Monate lang unter rheumatischen Fieberanfällen gelitten hatte, ging er nach vierunddreißigjährigem Regierungsdienst in den Ruhestand. Am 28. Januar 1896 zog Miloš in seinen geliebten »Turm« in Kać und erhielt fortan eine jährliche Pension von 616 Forint, einen eher spärlichen Betrag.

Mileva war während ihrer ersten Zeit in der Schweiz zu schüchtern, um Freundschaften zu schließen, und zu introvertiert, um sich auf etwas anderes als den Unterricht und die Musik zu konzentrieren. Nachdem sie das Jahr an der Höheren Töchterschule abgeschlossen hatte, liebäugelte sie kurzfristig mit einem Medizinstudium an der Universität Zürich, bevor sie sich wieder ihren wahren akademischen Lieblingsfächern, der Mathematik und der Physik, zuwandte. Sie wurde auf Anhieb als Studentin am Polytechnikum (seit 1911 ETH: Eidgenössische Technische Hochschule) in Zürich angenommen – Albert Einstein brauchte zwei Anläufe. Mileva begann ihr Studium im Herbst 1896 – als eine von nur zwanzig Frauen an sämtlichen preußischen und Schweizer Universitäten, die Naturwissenschaften und Mathematik studierten. Und sie war die einzige Frau in der Abteilung Mathematik und Physik des Polytechnikums. Es gab vier männliche Studenten, einer von ihnen war Albert Einstein.

Mileva Marić und Albert Einstein, die eine gesunde intellektuelle Neugier teilten, freundeten sich bald miteinander an. Aber an ihrer Gegensätzlichkeit bestand kein Zweifel. Albert war verwegen, gesprächig, von ungezügelter Kreativität und bezeichnete sich stolz als Bohemien. Einmal beschrieb er sich selbst in der dritten Person als »1.76 m groß, mit breiten Schultern und leicht gebeugter Haltung. Sein kurzer Schädel macht einen sehr breiten Eindruck. Der Teint ist hellbraun. Ein protziger schwarzer Schnurrbart sprießt über seinem großen und sinnlichen Mund. Die Nase ist recht adlerartig. Die sehr braunen Augen strahlen Tiefe und Sanftheit aus. Die Stimme ist fesselnd wie ein vibrierendes Cello.«[15] Außerdem hatte er Krampfadern, Plattfüße und litt an starkem Fußschweiß.[16]

Mileva war viel bescheidener und praktischer als Albert, aber auch sie war kreativ, eine begabte Pianistin und von Natur aus Freidenkerin. Aber wegen ihres Hinkens hatte sie ein eingeschränktes Selbstbewußtsein.

Sie umkreisten einander mehr als ein Jahr lang – Albert war hartnäckig, während Mileva zögerte. Im Frühjahr 1898 hatten sie sich leidenschaftlich ineinander verliebt. Aber Mileva bekümmerten ihre Gefühle – hatte sie doch nie mit Liebe gerechnet. Sie stammte aus einer Kultur, in der eine hinkende Frau als nicht heiratsfähig galt; deshalb hatte sie all ihre Energie auf das akademische Leben und auf den Erfolg als Physikerin gerichtet, um ihren Vater zu erfreuen. Folglich machte sie am 5. Oktober 1898 einen heldenhaften Versuch, der erblühenden Beziehung zu Albert Einstein zu entkommen. Mileva floh nach Deutschland, um an der Universität Heidelberg zu studieren, aber sie hielt die Trennung nur bis zum Februar aus, als ihre Gefühle sie zwangen, nach Zürich zurückzukehren.

»Ich bin sehr erfreut über Ihre Absicht, wieder hier weiter zu studieren. Thun Sie das nur recht bald; Sie werden es gewiß nicht bereuen«, neckte Albert.[17]

Mileva zog in die Pension einer gewissen Frau Engelbrecht in der Plattenstraße 50 – im Nebengebäude hatte noch zweiunddreißig Jahre zuvor Johannes Brahms gewohnt – und schloß Freundschaft mit den anderen Studentinnen, die dort wohnten. Alle waren überdurchschnittlich intelligente Frauen, die von ihren fortschrittlichen Familien zur Hochschulausbildung ins Ausland gesandt worden waren. Zu Milevas besten Freundinnen gehörten Helene Kaufler aus Wien und Milana Bota aus Kruševac. Milana, die häufig mit ihrer Mutter korrespondierte, schrieb, daß »das Marić-Mädchen uns oft besucht. Sie ist eine sehr liebe junge Frau, aber viel zu ernst und still. Man würde nicht glauben, daß sie gescheit ist.«[18] Drei Monate später teilte Milana ihrer Mutter mit: »Heute morgen ist Fräulein Marić gekommen. Sie ist ein liebes Mädchen und sehr intelligent und ernst. Sie ist klein, zierlich, dunkel, unattraktiv und spricht wie eine echte Bewohnerin von Novi Sad. Sie hinkt ein bißchen, hat aber sehr nette Manieren. Tja, das ist ihre Beschreibung. Ich bin froh, daß sie gekommen ist.«[19]

Fotos von Mileva widersprechen Milanas Einschätzung. Sie

zeigen ein hübsches, reizendes Mädchen mit dunklem, hochgekämmtem Haar. Gewöhnlich trägt sie zarte weiße Baumwollblusen mit einem hohen Spitzenkragen. Um ihren attraktiven Mund liegt stets ein leichtes Lächeln und mit ihren großen schwarzen Augen, die auf eine ausgeprägte Intelligenz hindeuten, wirkte sie mysteriös und hübsch. In Serbien wird ein junges Mädchen häufig mit einem Baum verglichen, wie in der Redensart: »Neben den Brüdern gab es eine Schwester, die wie eine hohe Tanne aussah.«[20] Mileva war zwar nur circa einen Meter zweiundfünfzig groß, aber schlank wie eine Weide.

In Milevas Augen war Albert perfekt, »mein einziger Verkehr und Gesellschaft«.[21] In ihren Notizen und Briefen gingen sie bald von Freundschaft zu Leidenschaft, von Höflichkeitsfloskeln zu Vertraulichkeit über, und sie begannen sich Spitznamen zu geben. »Liebes Fräulein Marić« und »Geehrtes Fräulein« wurden zu »Liebes Doxerl« und »Lieber Herr Einstein« zu »Lieber Johannzel«. Mileva hielt Albert für ihren besten Freund, und irgendwann im Frühling 1899 wurde ihre Beziehung intim.[22] Albert war zu diesem Zeitpunkt zwanzig und Mileva fast vierundzwanzig Jahre alt.

Sie sahen sich selbst als unkonventionelles Paar und wahrten beide innerhalb ihrer Beziehung die Unabhängigkeit. Albert ermunterte Mileva, »toll wie ein Gassenbub«[23] zu sein, und er nannte sie zärtlich »Du wüste Hex Du«[24] und »mein Lüderchen«[25]. Er sprach für sie beide, wenn er schrieb: »Gelt, Dir gefällt das philiströse Leben auch nicht mehr recht! Wer halt die Freiheit gekostet hat, der kann die Fesseln nicht mehr ertragen. Wie glücklich bin ich, daß ich in Dir eine ebenbürtige Kreatur gefunden habe, die gleich kräftig und selbständig ist wie ich selbst!«[26] In der folgenden Woche fragte Albert: »Ist das nicht ein Handwerksburschen- oder gar Zigeunerleben [das wir führen]? Ich glaub aber, daß wir jedenfalls recht vergnügt dabei sein werden wie immer.«[27]

Obwohl Mileva sich zu fortschrittlichen Idealen hingezogen fühlte, nahm sie durch die sexuelle Beziehung zu Albert ein enormes Risiko auf sich. Sie setzte ihre Karriere aufs Spiel, da eine Schwangerschaft bedeutet hätte, von ihren Angehörigen und Freunden als *kurva*, als Hure, verurteilt zu werden. Albert und Mileva fanden Wege, miteinander allein zu sein. Mileva sorgte dafür, daß sie als einzige im dritten Stockwerk von Frau Engelbrechts Pension wohnte, während ihre Freundinnen Zimmer auf der zweiten Etage hatten. Nach einer Weile begann die Zweisamkeit der beiden Milana zu stören; sie beschwerte sich, daß »Mica [Mileva] und ich uns selten treffen können – wegen ihres Deutschen [Einstein], den ich hasse«.[28]

Am Sommerbeginn 1899 kehrten Albert und Mileva wie Schulkinder zu ihren Eltern zurück, aber sie schickten einander weiterhin Liebesbriefe voller Anspielungen.

»Aus der Reihe der gemeinsamen Erlebnisse«, schrieb Mileva, »hat sich noch ganz verstohlen ein sonderbares Gefühl gebildet, das bei leisestem Antippen sofort wach wird, auch ohne dass die Erinnerung ans Einzelne gerade recht zum Bewusstsein kommt, und welches macht, dass es mir jedesmal gerade vorkommt, ich wäre wieder in meinem Zimmer.«[29]

Albert ergötzte sich an Milevas Schüchternheit: »Ich las zuerst die Zeilen im stillen Kämmerlein, dann noch zweimal & dann las ich noch lange mit hoher Freude zwischen den Zeilen & dann schob ich es schmunzlächelnd in die Tasche.«[30] Er äußerte sich viel aufrichtiger über die gemeinsame Leidenschaft als Mileva: »Wie froh bin ich, daß ich Dich schon zuhause weiß bei Deiner guten alten Frau, die jetzt mein Doxerl wieder prächtig herausfüttert, daß es dann nudeldick und gesund und lustig wieder in meinen Armen ruht... Ich meine schon, daß ich Dich einen ganzen Monat nicht habe puzerlinen können und sehne mich tüchtig nach Dir.«[31]

Mileva hingegen litt, wie es der Mythos der serbischen Liebe gebot. Serbien hüllt sich von jeher in Romantik – die Romantik des Krieges, die Romantik des Landes, die Romantik zwischen Männern und Frauen.

Die serbische Volkssage von Vukosavs Frau ist typisch für das Ideal der weiblichen Hingabe. Vukosav war ein junger Geächteter, der von einem türkischen Adligen gefangengenommen wurde. Er schmachtete drei Jahre lang in einem tiefen, modrigen Kerker. Als seine Frau schließlich von seiner Not erfuhr, ging sie zum Ortsbarbier Mihat und forderte ihn auf: »Rasiere mir das Haar ab. Laß nur einen Zopf übrig, so wie ihn die Krieger tragen.« Dann kehrte sie nach Hause zurück und legte den prächtigen roten und purpurnen Wappenrock und die glänzende Silberrüstung eines Kriegers an. Sie wählte ein kräftiges weißes Roß und legte ihm einen schmuckvollen silbernen Sattel mit klingenden Glöckchen auf den Rücken. Um den Hals des Pferdes band sie eine Kette aus Perlen und Edelsteinen, deren Glanz den Weg zu ihrem Mann erhellen sollte. Ihren Stab fest vor sich haltend, ritt sie zum Palast des Türken. Nach vielen Mühen und Listen rettete die Frau ihren Mann aus dem Kerker: »Sie küßten einander herzhaft, wandten sich von der Straße nach Konstantinopel ab und schlugen die andere zur Küste ein. Sie ritten weiter, froh und glücklich.«[32]

Geschult im heroischen Leid der romantischen Liebe, das die serbischen Mythen und die Literatur durchzieht, verfaßte Mileva während ihrer Trennung von Albert eine Ballade:

Still trägt das Wasser das kleine Boot,
Weiter und weiter fort.
Wie durch einen Nebel sehe ich immer noch mein süßes Heimatland,
Mein süßes Heimatland.
Ein kalter Wind bläst und läßt das Wasser Wellen schlagen,
Und mein armes krankes Herz wird von der Kälte gepackt,
wird von der Kälte, der Kälte gepackt.[33]

*

In den ersten Jahren ihrer Beziehung unterstützte Albert Mileva weiterhin in emotionaler wie intellektueller Hinsicht. »Als Doktorchen und Professorlein busselt sichs ebensogut«, scherzte er.[34]

Sie träumten davon, ein hervorragendes Wissenschaftlerge-

40

spann zu werden, und sprachen oft mit einer einzigen Stimme: »Aus unserer Theorie der Molekularkräfte folgt daraus, daß zwischen unseren Konstanten $\Sigma c_\alpha$ und den Molekularvolumina der Flüssigkeiten nahezu Proportionalität bestehen müsse«, schrieb er einmal.[35]

Sie waren ein ideales Team. Albert ließ seiner Phantasie freien Lauf und steuerte durch das weite Feld seiner Inspiration, während es Mileva mehr lag, logisch und pragmatisch zu denken.

Während eines Besuchs bei seinen Eltern in Mailand im April 1901 schrieb Albert ihr: »Wissenschaftlich ist mir eine äußerst glückliche Idee gekommen, welche eine Anwendung unserer Theorie der Molekularkräfte auch auf Gase gestatten wird ... Ich bin auf den Ausgang jener Untersuchung äußerst gespannt. Wenn sie zu etwas führt, so kennen wir die Molekularkräfte beinahe ebensogut wie die Gravitationskräfte.«[36] Auf derselben Reise gab Albert »unsere Abhandlung«[37] an Professor Giuseppe Jung am *Istituto Tecnico Superiore del Milano* weiter, jedoch nur unter seinem eigenen Namen. Auf die Frage, weshalb ihr Name nicht auf der gemeinsamen Arbeit erscheine, erwiderte Mileva später: »Wozu? Wir sind ja beide nur Ein Stein.«[38] Albert erklärte 1901 im Liebesglühen: »Wie glücklich und stolz werde ich sein, wenn wir beide zusammen unsere Arbeit über die Relativbewegung siegreich zu Ende geführt haben!«[39] Aus dieser Arbeit sollte 1905 Einsteins spezielle Relativitätstheorie hervorgehen.

Die Historiker sind sich über Milevas Mitwirkung an Alberts wissenschaftlicher Arbeit uneinig. Der russische Physiker Abram F. Joffe schrieb in *Begegnung mit Physikern*, daß drei Originalmanuskripte, darunter das über die Spezielle Relativitätstheorie, mit »Einstein-Marity« unterzeichnet gewesen seien.[40] Viele Jahre später erklärte Milevas und Alberts Sohn Hans Albert dem Einstein-Biographen Peter Michelmore, daß seine Mutter Albert bei der Lösung gewisser mathematischer Probleme geholfen habe, doch niemand sei in der Lage gewesen, ihn bei seiner schöpferischen Arbeit zu unterstützen.[41]

Andererseits sagte Milevas Freundin Milana Bota-Stefanović 1929 in einem Interview mit der Journalistin Misa Sretenović: »[Mileva] wäre am besten autorisiert, über die Entstehung seiner [Einsteins] Theorie zu sprechen, denn sie arbeitete an ihr mit: vor fünf oder sechs Jahren sprach sie mit mir darüber, doch es fiel ihr schwer; vielleicht war es schwierig für sie, sich ihrer schönsten Stunden zu erinnern, vielleicht wollte sie auch dem großen Ansehen ihres Mannes nichts anhaben.«[42]

✳

Für Mileva begann das neue Jahrhundert nicht sehr verheißungsvoll. Im Juli 1900 konnte sie den für die Diplomprüfung erforderlichen Notendurchschnitt von 5,0 nicht erreichen. Sie erhielt eine 4,0, während ihre vier Kommilitonen in der Abteilung Mathematik und Physik einen Durchschnitt von 5,0 oder mehr erzielten. Nach all den Jahren der harten Arbeit, nach all dem Geld, das Miloš für ihre Ausbildung ausgegeben hatte, war Mileva am Ende gescheitert. Sie bekam die gleiche Note wie Einstein in Praktischer Physik, nämlich eine Zehn; er hatte eine Zehn in Theoretischer Physik, Mileva eine Neun; in Astronomie erhielt er eine Fünf und sie eine Vier. Der Hauptunterschied zwischen den beiden hatte mit der Funktionstheorie zu tun: Albert erreichte eine Elf, Mileva lediglich eine Fünf. Es war die erste bedeutende Schmach, die Mileva über ihre Familie gebracht hatte.

Doch obwohl sie bei der Diplomprüfung durchgefallen war, wollte Albert unbedingt weiter mit ihr zusammenarbeiten: »Wie stolz werd ich sein, wenn ich gar vielleicht ein kleines Dokterlin zum Schatz hab & selbst noch ein ganz gewöhnlicher Mensch bin!« ermunterte er Mileva im selben Jahr.[43]

Mileva fuhr mit ihren Studien fort. Sie schrieb weiter an ihrer Diplomarbeit über das Thema Wärmeleitung, die sie an der Universität Zürich vorlegen wollte. Denn sie wußte, daß Absolventen des Polytechnikums an der Universität ohne zusätzliche Prüfung promovieren konnten.[44]

Im selben Jahr erhielt Albert sein Diplom als »Fachlehrer

in mathematischer Richtung«. Diese Qualifikation bedeutete, daß er die Mittel haben würde, Mileva zu heiraten. Aber Alberts Mutter, Pauline Einstein, lehnte den Plan kategorisch ab, nachdem er bei einem Besuch in Melchtal »harmlos«[45] seinen Wunsch zum Ausdruck gebracht hatte, Mileva zu ehelichen. »Mama warf sich auf ihr Bett, verbarg den Kopf in den Kissen und weinte wie ein Kind. Als sie sich von dem ersten Schreck erholt hatte, ging sie sofort zu einer verzweifelten Offensive über: ›Du vermöbelst Dir Deine Zukunft und versperrst Dir Deinen Lebensweg.‹«[46] Alberts beide Eltern (in erster Linie jedoch seine Mutter) weigerten sich hartnäckig, der Ehe zuzustimmen.

»Sie ist ein Buch wie Du – Du solltest aber eine Frau haben«, jammerte Pauline. »Bis Du 30 bist, ist sie eine alte Hex.«[47] Zudem äußerte sie sich laut Albert gehässig über Milevas Behinderung und betonte, sie sei »nicht gesund«.[48]

Albert wollte seine Mutter – und auch seinen Vater Hermann – nicht vor den Kopf stoßen. Aber er wußte, daß Hermann kapitulieren würde, wenn Pauline erst mal ihre Zustimmung gab. Er bekundete weiter seine Liebe für Mileva.

»Du glaubst nicht, wie ich leide, wenn ich sehe, wie sie mich beide lieb haben und so trostlos sind, wie wenn ich das größte Verbrechen begangen hätte«, beklagte er sich bei Mileva. »Meine Eltern beweinen mich fast, wie wenn ich gestorben wäre ... Ohne den Gedanken an Dich möchte ich gar nicht mehr leben im traurigen Menschengewühl. Doch Dein Besitz macht mich stolz & Deine Liebe macht mich glücklich. Doppelt seelig werde ich sein, wenn ich Dich wieder ans Herz drücken kann und Deine liebenden Augen sehe, die nur mir leuchten und Deinen lieben Mund küsse, der nur mir in Wonne gezittert.«[49]

Milevas Eltern dagegen unterstützten die Beziehung. Schließlich kamen in der Vojvodina nur achthundert Männer auf tausend Frauen. »Sie waren froh darüber, daß sich ein schöner Mann in ihre Tochter, die unter einer so häßlichen Behinderung litt, verliebt hatte«, bemerkte Milenko Damjanov, ein Freund der Familie.[50] Miloš und Marija erwarteten, daß Mileva um ihre Liebe zu Albert kämpfen werde. Aber sie

43

hätten es nicht gebilligt, daß Mileva bereits »ein Hemd gegeben« hatte, das heißt vorehelichen Sex pflegte. Der Ausdruck
leitet sich von einem serbischen Volkslied ab: »Ein Mädchen,
ein Mädchen gebar ein Mädchen / In Banok, in Bjelopavliće.
/ Sie rief alle in Babinje. / Alle, denen sie ein Hemd gegeben
hatte.« Die Ehe galt als göttliches Sakrament und als einzig
mögliche Voraussetzung für den Geschlechtsverkehr. Im
Gesellschaftskreis der Marić' war die Geburt eines uneheli-
chen Kindes nahezu undenkbar. »Vergiß nicht«, hörte Mileva immer wieder von ihrer Mutter, »es ist besser zu wissen,
wie man sich benimmt, als Gold zu besitzen.«[51]

Obwohl an ihrer tiefen Bindung kein Zweifel bestand, waren
Albert und Mileva gezwungen, in Zürich getrennt zu leben,
ständig in Sorge wegen des Geldes und wegen ihrer Eltern.
    »Wir haben beide keine Stelle bekommen«, schrieb Albert
ihrer gemeinsamen Freundin Helene Kaufler, »und leben von
Privatstunden – wenn wir nur welche aufgabeln können«[52].
    Milevas Vater hatte seiner Tochter unzweideutig erklärt,
daß er ihr nur dann finanzielle Hilfe leisten werde, wenn sie
weiter studierte. Alberts Eltern dagegen unterstützten ihren
Sohn zu keinem Zeitpunkt. Seine Unterrichtsgebühren und
Lebenshaltungskosten wurden von anderen Familienmitgliedern aufgebracht. Mithin mußten beide Arbeit finden. Mileva bewarb sich um eine Stelle als Lehrerin in einem Mäd-
chengymnasium in Zagreb, doch ohne Erfolg.[53] Albert
scherzte über seine eigenen zahlreichen Bewerbungen: »Bald
werde ich alle Physiker von der Nordsee bis an Italiens Süd-
spitze mit meinem Offert beehrt haben!«[54]
    Vielleicht war es die Furcht, keinen Arbeitsplatz zu erhal-
ten, die Albert launisch werden ließ. Er begann Mileva bei
Verabredungen zu versetzen und flirtete mit ihren Freundinnen in Frau Engelbrechts Pension. Das Paar hatte eine dreitä-
gige Fahrt nach Como geplant, und Mileva hatte sogar ihre
Eltern über die Reise unterrichtet. Nun war sie verstimmt.
Albert war nach Como vorgefahren, vermutlich, um zunächst
seine Eltern zu besuchen.

»Ich war nur aus Nervosität immer so wüst mit Dir«, protestierte Albert. »Du mußt unbedingt zu mir nach Como kommen, süßes Hexchen.«[55] Mileva lehnte die Einladung ab.

Drei Tage darauf erhielt sie einen Brief von ihren Eltern, »der mir alle Lust nimmt nicht nur zu einem Vergnügen, sondern auch zum Leben«[56]. Ihre Eltern beanstandeten den Urlaub mit Albert in Como, da Mileva stärker an ihrem Freund als an ihrem Studium interessiert zu sein schien. Ohnehin war es skandalös für eine unverheiratete Serbin, allein mit einem Mann zu reisen. Doch statt Mileva in ihrer Entscheidung, die Reise abzusagen, zu bestärken, ließ der Brief sie rebellieren. Sie überlegte es sich anders, akzeptierte Alberts Entschuldigungen und traf sich am Comer See mit ihm. Sechs Wochen später entdeckte Mileva, daß sie schwanger war.

»Man muß halt eben nur Geduld haben!« schrieb Albert im Mai 1901, »wirst schon sehen, daß man nicht schlecht ruht in meinen Armen, wenns auch ein bisserl dumm anfängt. Wie gehts Dir denn, Liebe? Was macht der Junge?«[57] Er neckte sie mit dem Geschlecht ihres ungeborenen Kindes. Mileva wünschte sich ein Mädchen, das Lieserl heißen sollte, und Albert einen Jungen, dem er den Namen Hans Albert geben wollte.

»Wenn wir auch nur einmal ohne Sorge und lustig beisammen sein könnten, ohne daß irgend ein Druck auf uns lastete«, lamentierte Albert. »Ich glaub, Du kannst Dich ebensowenig als ich in diesen Zustand hineindenken, Du gute, arme Meid.«[58]

Da sie nun, wie man in Serbien sagt, *sa jabukom*, »mit dem Apfel«, und nicht verheiratet waren, beschlossen sie, die Schwangerschaft so lange wie möglich geheimzuhalten.

✳

Milevas und Alberts Beziehung dauerte bereits mehr als zwei Jahre, und er hatte ihre Eltern immer noch nicht kennengelernt. Das entsprach nicht den serbischen Sitten. Miloš und

Marija begannen, ihm zu mißtrauen. Er war ihnen ein Rätsel. Sie hatten Angst vor ihm: Er war zu klug und zudem noch Deutscher und Jude.[59]

Die Juden stellten in den Dörfern der Vojvodina eine nicht zu übersehende Minderheit dar. Erst 1867 wurden den Juden des österreichisch-ungarischen Reiches und auch der Vojvodina endlich Gleichberechtigung und voller gesetzlicher Schutz gewährt.[60] Obwohl eine unausgesprochene Trennung zwischen den Religionsgemeinschaften herrschte, war der Antisemitismus bei den Serben nicht verbreitet. Die orthodoxe Kirche war tolerant und brachte keine offenen Vorurteile zum Ausdruck. Gleichwohl kam es in mehrheitlich katholischen Landstrichen, besonders in deutschen und ungarischen Gegenden, zu antisemitischen Vorfällen.

Aber die Juden in der Vojvodina wußten, wie sie sich zu verhalten hatten, und nahmen nicht am Dorfleben der orthodoxen Bürger teil. Sie erledigten ihre Arbeit – hauptsächlich als Schuhmacher, Schneider, Ärzte, Tierärzte und Gastwirte – und wohnten separat, fast immer in der *Jevrejska Ulica*, der Judenstraße.

Sowohl in Marijas Geburtsort Titel als auch in Kać, woher Miloš stammte, gehörten die Kaufhäuser und Gasthöfe jüdischen Familien. Neben den Gasthöfen befand sich ein Stall für die Pferde, und dahinter war ein Loch in den Boden gegraben, das als natürlicher Gefrierschrank diente. In jedem Winter meißelte man große Eisbrocken aus den Flüssen Theiß und Donau und brachte sie auf flachen Holzwagen zur Öffnung dieser Höhlen. Dort wurden sie in kleinere Blöcke zerhackt und mit Flaschenzügen in den Lagerraum hinuntergelassen. Diese Form der Kühlung erlaubte den Dorfbewohnern, Lebensmittel über die Sommermonate aufzubewahren. Milevas Familienangehörige suchten das Kaufhaus häufig auf und waren höflich zu den jüdischen Familien, aber diese kamen ihnen andersartig und fremd vor – ebenso wie Albert Einstein.

✳

Pauline führte mittlerweile einen heftigen Krieg gegen Alberts geplante Eheschließung mit Mileva. Da der Balkan von Mittel- und Westeuropäern als rückständig betrachtet wurde, war Mileva einfach keine von »uns«. »Die kann ja in gar keine anständige Familie«, hielt Pauline ihrem Sohn vor.[61] Mit anderen Worten, sie fand die Marić' schlichtweg ordinär.

Hermann, Alberts Vater, war ein stiller und passiver Mann. Immer wieder brachte er durch seinen Mangel an Geschäftssinn finanzielle Probleme über seine Familie. Er wurde hoffnungslos von Pauline manipuliert. Pauline sagte »nein« zu Mileva – also tat Hermann das gleiche. Schließlich erteilte sie Albert eine bittere Warnung: »Wenn sie ein Kind bekommt, dann hast du die Bescherung.«[62] Aber bald würde sie erfahren müssen, daß Albert ihre Worte in den Wind geschlagen hatte.[63]

\*

In der Vojvodina blieben die uralten Prinzipien von Moral und angemessenem Verhalten jahrhundertelang unverändert. Es stand außer Frage: Wenn eine Frau eine intime Beziehung zu einem Mann hatte, mußte sie ihn heiraten, selbst wenn sie nicht schwanger geworden war, denn sonst hätte sie im Ruf einer verschmähten Frau gestanden, die kein Mann je wieder begehren würde. Dagegen übte die öffentliche Meinung keinen Druck auf den Mann aus, seine Sexualpartnerin zu heiraten.[64]

Mileva hatte drei Möglichkeiten: Selbstmord, ein Leben in lebenslanger Schande oder Abtreibung. Unverheiratete Frauen begingen nicht selten Selbstmord, wenn sie schwanger wurden. Albert flehte Mileva an, sich »keine Grillen in den Sinn kommen« zu lassen.[65] Aber die *sramota*, die »Schande«, die Mileva auf sich geladen hatte, war eine heikle Angelegenheit. Die Serben glauben inbrünstig, daß »Blut dicker ist als Wasser« – was bedeutet, daß ein Familienmitglied niemals im Stich gelassen oder ignoriert wird. Mileva wußte also, daß ihre

Eltern ihr ungeachtet der Umstände letzten Endes helfen würden. Aber die Schande, die mit dieser Hilfe einherging, würde die Familienehre für Generationen beflecken.

Um die Jahrhundertwende benutzten Serbinnen zwei Abtreibungsverfahren. Das häufigere bestand darin, den stärksten verfügbaren *rakija* (einen aus Pflaumen, Trauben und anderen Früchten destillierten Branntwein) mit einer gewissen Menge Schießpulver zu vermischen und zu trinken. Dabei wurden heiße Ziegelsteine oder Flaschen an den Unterleib gedrückt. Die andere Methode sah vor, daß die Frau einen siedenden Aufguß aus Oleander- und Basilikumblättern trank und dann in ein beinahe unerträglich heißes Bad stieg.[66] Mileva könnte diese Methoden in Zürich angewandt haben, doch ohne Erfolg. Am Ende war sie, wie jede Tochter, unbedingt auf ihre Mutter angewiesen. Fotos von Marija zeigen eine Frau mit kräftigen, knorrigen Händen, die offensichtlich in ihrer Küche arbeitete und den Dienstboten half, das Haus zu säubern. Man nimmt an, daß sie weder lesen noch schreiben konnte. Außerdem war sie alles andere als damenhaft, denn sie trug noch eine altmodische *marama*, ein Kopftuch aus dicker weißer Baumwolle, das tief auf der Stirn saß, einfache schwarze Kleidung und derbe Schuhe. Milevas Mutter hätte niemals ihren Segen zu einer Abtreibung gegeben. Schließlich kann eine Frau, die abgetrieben hat, nach orthodoxer Überlieferung nicht die heilige Kommunion empfangen. Mileva würde auf ewig von Gott verstoßen sein.

Keine Abtreibung. Kein Selbstmord. Keine Ehe. Mileva hatte also keine andere Wahl, als Schande über ihre Familie zu bringen.

∗

Im April, bevor Mileva schwanger wurde, hatte Albert ihr mitgeteilt, daß er wahrscheinlich bald eine »bleibende« Stellung im Eidgenössischen Amt für geistiges Eigentum in Bern erhalten werde.[67] Möglicherweise war die Aussicht auf eine Anstellung ein Grund dafür, daß Mileva und Albert bei ihren intimen

Treffen keine große Vorsicht mehr walten ließen. Sie wußten, daß ein solcher Posten ihr Problem lösen würde – es war eine gute Stelle mit einem Gehalt von 3 500 Schweizer Franken, was bedeutet hätte, daß sie ohne Zustimmung ihrer Eltern heiraten konnten. Auf jeden Fall reichte das Geld für zwei Bohemiens und ein Baby. Aber es würde einige Zeit dauern, bis man die Anstellung bestätigte. Mileva und Albert gerieten in Panik. »Ich suche mir eine, wenn auch noch so ärmliche Stelle *sofort*«, versprach er. »Meine wissenschaftlichen Ziele und meine persönliche Eitelkeit werden mich nicht davon abhalten, die untergeordnetste Rolle zu übernehmen. Sobald ich eine solche erhalten habe, verheirate ich mich mit Dir und nehme Dich zu mir, ohne irgend jemand eher ein Wort davon zu schreiben, als bis alles erledigt ist.«[68] Und tatsächlich nahm Albert im Mai eine vorübergehende Stelle als Assistent an der Technischen Schule in Winterthur an.

Aber sogar bevor die Familien von der Schwangerschaft erfuhren, waren sie zornig über Mileva und enttäuscht von Albert. Sie waren der Meinung, daß das Paar zuviel Zeit allein miteinander verbrachte. Angesichts der Klagen ihrer eigenen Familie schämte Mileva sich, ihre Eltern um finanzielle Hilfe zu bitten.

Während er auf eine feste Stelle wartete, unterrichtete Albert weiterhin in Winterthur, acht Kilometer von Zürich entfernt, und Mileva bereitete sich darauf vor, ihre Diplomprüfung zu wiederholen. Es war eine anstrengende Zeit für sie, denn sie litt an morgendlichem Erbrechen und konnte kaum etwas zu sich nehmen. Trotzdem mühte sie sich mit ihren Forschungen ab, versuchte, den Anforderungen ihres Professors gerecht zu werden, machte sich Sorgen um ihre Eltern und war besessen von ihrer Beziehung zu Albert.

»Und weisst Du, trotz allem Bösen, muss ich ihn so lieb haben ganz fürchterlich, besonders wenn ich sehe, dass er mich gerade so liebt«, vertraute Mileva Helene an.[69]

Nach der Prüfung plante Mileva ihrer Familie in Kać gegenüberzutreten. Zu dem Zeitpunkt würde sie im vierten Monat schwanger sein.

»… wahrscheinlich sind meine Alten jetzt besserer Laune«, schrieb sie Albert, der mit seiner Mutter im Hotel Paradies in Mettmenstetten Urlaub machte, im Juli aus Zürich. »Möchtest Du nicht ein bisschen mitgehen, ich würde mich freuen! … Und wenn uns meine Eltern beide leibhaftig vor sich sehen, schwinden alle ihre Skrupel.«[70]

Aber Albert widersetzte sich. »Jetzt wünsch ich Dir von Herzen alles Glück und Segen zu dem Examen«, schrieb er von einer Veranda, die auf den Albis hinausblickte.[71] Während sie für ihr Examen lernte, hatte Mileva ihn wissen lassen: »[Ich] freue … mich immer auf den Sonntag, bis ich Dich wieder sehen und busseln kann ganz wahrhaftig, nicht nur in Gedanken, und fast so wie es mir aus'm Herzen kommt und überall überall.«[72]

Aber sie fiel bei der Prüfung erneut durch. Wiederum erzielte sie einen Notendurchschnitt von 4,0, während die anderen vier Studenten, die es auf mindestens 5,0 brachten, sich nun als Lehrer qualifiziert hatten. Niedergeschlagen beendete sie ihre Forschungen bei Professor Heinrich Friedrich Weber. Im August verließ Mileva das Polytechnikum für immer.

\*

Es war ein schwüler, unerträglich heißer Sommer. Ein dichter Nebel stieg von den Seen auf, an denen der Zug vorbeituckerte. Ein paar Tage nachdem Mileva ihre Abschlußnote erhalten hatte, brach sie, begleitet von ihrer Freundin Augusta Buček, in die Vojvodina auf. Auguste, eine Medizinstudentin, die in derselben Pension wie Mileva wohnte, kehrte heim nach Kroatien. Die drückende Hitze im Abteil wurde durch die herrschende Mode noch verschlimmert. Die Frauen schnürten sich fest in ihr Korsett, um die Taille winzig erscheinen zu lassen. Wann immer Mileva in der Öffentlichkeit erschien, zog sie die hellen, aprikosenfarbigen Bänder des Korsetts so straff wie möglich zusammen, wobei sich die Ösen in ihre kranke Hüfte gruben und es ihr noch schwerer machten zu laufen.

Paradoxerweise rettete die Mode Mileva davor, Auguste ihre Schwangerschaft erklären zu müssen, denn »die ahnt auch nicht, mit was für einen Gemisch von Gefühlen ich diese Reise betrete.«[73] Mileva war klar, daß sie ihren Eltern »die nötigen Notizen, und auch die unangenehmen, allmählig beibringen« mußte.[74] Nach sechsunddreißig Stunden traf sie in Novi Sad ein, wo es noch schwüler war. Der Kutscher der Familie Marić holte sie am Bahnhof ab und fuhr sie zum »Turm«. Während sie den Stadtrand hinter sich ließen und auf die gelb werdenden Ebenen zuhielten, fiel die Temperatur, und Mileva konnte sich endlich von der drückenden Hitze erholen. Zu Hause angekommen, beichtete sie ihren Eltern die Wahrheit.

Etwas über einen Monat später, am 15. September 1901, wurde Albert als Tutor an einem privaten Internat an der Lehr- und Erziehungsanstalt in Schaffhausen, 54 Kilometer nordöstlich von Zürich angestellt. Mileva schien gleichsam untergetaucht zu sein. Für die Zeit von Anfang September bis in den frühen November liegen keine Briefe zwischen ihnen vor – was merkwürdig ist, da sie einander immer schrieben, wenn sie getrennt waren. Vielleicht wurden die Briefe vernichtet, aber warum gerade jene und nicht die anderen, die genauso intim und möglicherweise kompromittierend waren? Es ist denkbar, daß Mileva einen Teil der Zeit bei Albert verbrachte und von Kać nach Zürich und Schaffhausen und zurück nach Kać reiste.

Im Oktober schrieb Mileva während einer Reise nach Zürich einen Brief an ihre Freundin Helene Savić, die in Schächen in der Schweiz Urlaub machte. Sie beantwortete eine frühere Nachricht, in der sich Helene über ihre erste Schwangerschaft beklagt hatte.

Mileva mahnte: »... Dein Kleines wird halt ein recht böses Dingerl sein, dass es Dich so trangsailliert, aber bis Du es einmal hast, wird schon alles wieder gut. Und Du hast ja gar keine Zeit lange zu marodieren, glücklich sollst sein und zwar voller Freude und nicht so wehmütiglich, wie es in Deinem Briefchen steht; was wird denn dazu Dein l. Mann sagen? Jetzt schimpf ich Dich noch!... Das sind eben so Plagen die man in Kauf nehmen muss. Wie gerne wollte ich wieder ein Stündchen bei Dir sein, und ein bisschen plaudern nach Herzenslust.«[75]

Mileva erwähnt die eigene Schwangerschaft mit keinem Wort, sondern konzentriert sich darauf, wie sehr ihr Albert fehle. »Mein Schatz ist wieder weit von mir, und das ist so schwer, so schwer, das verbittert mir mein Leben. Die Briefe sind doch nichts lebendiges, schaun dich nicht an, und sagen nichts so, wie es der Mund thut, und woran ich mich wieder so gewöhnt habe. Oh Helenchen, bete für mich zum Peterlé, dass ich ihn einmal ganz haben kann, und mich nicht wieder von ihm zu trennen brauche, ich habe ihn ja so entsetzlich lieb.« Am Ende des Briefes, den sie erst aus Kać abschickt, schreibt Mileva: »Ich werde in Bälde müssen in die Schweiz reisen, wegen einer Stelle; wenn ich es nur richten könnte, solange Du noch in Schächen bist, damit ich Dich wenigstens sehen könnte. Doch da es von allem möglichen abhängt, kann ich gar nichts gewisses sagen.«[76] Aber in Wirklichkeit gab es keine Stelle, und sie hatte auch keineswegs die Absicht, ihre Freundin zu besuchen.

Selbst wenn Mileva damals plante, wieder aus Kać in die Schweiz zu reisen, blieb sie bestimmt an *Zadušnice*, dem Tag der Seelenmesse, der 1901 auf den 26. Oktober fiel, zu Hause bei ihrer überaus religiösen Mutter.

Der Tradition nach beginnen die Frauen am frühen Morgen des Festtages zu kochen, und bald füllt sich das Haus mit dem Duft gebackenen Brotes. Kleine, flache, runde Laibe, *poskurice* genannt, werden auf alten Holztischen ausgebreitet. Die Laibe sind mit altkirchenslawischen Lettern gestempelt. I C steht für Jesus, X C für Christus, H. I. für Unser Erlöser und K A für den Fluch Adams. Traditionsgemäß erhält die älteste Tochter des Hauses den Auftrag, durch das Dorf zu gehen und die Laibe an Freunde und Familienangehörige zu verteilen. Mileva, die Älteste, war jedoch im sechsten Monat schwanger und hatte Schande über den Namen der Familie gebracht. Deshalb dürfte ihre Schwester Zorka die Aufgabe übernommen haben. Jedesmal wenn sie einen Laib überreichte, sagte sie:»Zur ihrem immerwährenden Gedenken! Möge Gott ihre Seelen retten.« Nachdem Zorka heimgekehrt war, machte sich die Familie Marić – Mileva blieb vermutlich zurück – zum Friedhof auf. Dort legte Marija ein paar Laibe Brot, andere Lebensmittel und eine Flasche des in Kać angebauten Weines auf die Gräber der Familienangehörigen. Der Priester schritt zwischen den Gräbern hindurch und sprach:»Segne, o Herr, unser Essen und unsere Getränke! Kommt, laßt uns zur Erinnerung an alle dahingeschiedenen Seelen daran teilhaben! Amen.«[77]

∗

Um den 1. November stieg Mileva wieder in den Ostende-Expreß und fuhr zwei Tage lang von Novi Sad nach Zürich. Sie war nicht in der Lage, zu Hause in der Vojvodina zu sitzen und sich von Albert fernzuhalten. Und so ließ sie sich von ihrer Freundin Milana Bota in Frau Engelbrechts Pension beherbergen. Milana schrieb ihrer Mutter wie jeden Tag und informierte sie, daß Mileva »ihre Doktorprüfung bestanden hat und sich nach einem Arbeitsplatz in Zagreb umsieht«[78].

Aber Mileva hatte nicht promoviert, sondern die Universität bereits mehr als ein Jahr zuvor verlassen.[79] Die widersprüchlichen Geschichten zeigen, daß Mileva alle belog – ihre beste Freundin Helene, Milana Bota und möglicherweise auch sich selbst. 1901 war es unmöglich für eine hochschwangere und unverheiratete Frau mit nicht abgeschlossenem Studium, sich um eine Stellung als Lehrerin zu bewerben – sei es in der Schweiz oder in Zagreb, wo eine andere Freundin aus der Pension, Ada Broch, eine eigene Schule betrieb. Keine Erziehungsanstalt hätte Mileva in ihrem Zustand angestellt. *Ulaži su kratke noge* – Lügen haben kurze Beine.

»Warum heiraten sie nicht!«[80] schrieb Milana Bota ihrer Mutter in der letzten Zeile der ersten Briefseite. Aber die Antwort – die auf der nächsten Seite hätte stehen sollen – ist verschwunden. Das Blatt fehlt in der Bota-Stefanović-Sammlung in Belgrad.

Obwohl alle Bescheid zu wissen schienen, versuchte Mileva immer noch, ihre Schwangerschaft zu verbergen. Sie verließ Zürich wieder. Am Freitag, dem 8. November, traf sie in Stein am Rhein ein, vierundfünfzig Kilometer nördlich von Zürich und achtzehn Kilometer von Albert in Schaffhausen entfernt.

Von weitem betrachtet, wirkten die Häuser des Ortes Stein am Rhein wie eine Baumgruppe. Gebaut aus tiefbraunem, fast schwarzem alten Fachwerk aus den üppigen Alpenwäldern, mit Dächern aus dicken, tafelartigen braunen Schindeln, säumten die Häuser beide Rheinufer. Das Dorf roch nach feuchtem Holz und schmelzendem Schnee. Während man sich dem auf den ersten Blick öden Ort näherte, sah man, daß jedes Gebäude durch ein schmuckvolles Erkerfenster oder ein blendendes Fresko geschmückt war – sogar winzige Schuppen waren verziert.

Mileva stieg aus und überquerte die Bahnhofstraße zu dem bescheidenen Hotel Steinerhof. Das Hotel war ein vierstöckiges Steinrechteck mit Dachfenstern im Obergeschoß, welche die kleinen Zimmer ein wenig größer wirken ließen. Diese schrägen Räume waren den Pensionsgästen vorbehalten, zu denen Mileva gehörte. Sie zahlte zwei Schweizer Franken pro Tag, Mahlzeiten eingeschlossen.[81]

Die Umstände schienen perfekt. Albert konnte Mileva mühelos besuchen, indem er nach einer raschen Zugfahrt die kurze Entfernung zu ihrem Hotel zurücklegte. In seiner Abwesenheit machte sie gemütliche Spaziergänge über die Rheinbrücke zum mittelalterlichen Rathausplatz. Aber bald gab es Unstimmigkeiten. Albert hatte sich für den 6. November mit ihr verabredet, sagte jedoch in letzter Minute ab.

»Ich schreibe Dir jetzt nur ein Par Wörterl, weil ich böse bin auf das böse Schicksal, dass ich morgen allein sitzen muss!« klagte sie und fuhr verärgert fort: »Aber … sage Deiner Schwester nicht, dass ich hier bin. Ich weiss dass sie absichtlich nichts böses thun wird, aber ich fürchte mich so arg, es könnte wieder was geben, wie es immer war … Schreibe nur Deinen Eltern nichts von mir. Nur keinen weitern Stürmer, mir graust es wenn ich nur daran denke. Die jetzige Ruhe ist doch so nett und wohltätig … sag ich sei in Deutschland.«[82] Mileva blieb nichts anderes übrig, als zu lesen, spazierenzugehen und auf Albert zu warten. Und da er jeden Tag unterrichtete, waren seine Besuche selten.

»Ich werde an Helene schreiben«, teilte sie Albert mit. »Sie hat jetzt sicher schon ihr ›sehr Kleines‹ bekommen.« Und dann betonte sie merkwürdigerweise: »Ich glaube, wir sagen jetzt noch nichts vom Lieserl; aber Du schreibst ihr auch hie und da ein Par Worte wir müssen sie recht schön behandeln, sie soll uns doch zu was wichtigem helfen.«[83]

Obwohl Helene noch nichts von Milevas Schwangerschaft wußte, glaubten Mileva und Albert vielleicht, bald ihre Hilfe bei einer privaten Adoption zu benötigen. Offizielle Adoptionen kamen in der Vojvodina so gut wie nie vor, weil eine serbische Familie ein Kind auf keinen Fall aufgegeben hätte. Wahrscheinlich wäre es im weiteren Familienkreis von Verwandten aufgezogen worden. Möglicherweise hofften Albert und Mileva, daß Helene das Kind bei einer ihrer vier Schwestern unterbringen werde.

Am folgenden Mittwoch, dem 13. November, hielt Albert eine weitere Verabredung nicht ein. »Weisst wenn Du gar nicht kommst, dann brenn ich Dir auf einmal durch!« tadelte Mileva. »… ich habe schon so viele Busserl aufgespeichert, wenn's Haferl überfliesst gehen alle fort.«[84] Sie mag gehofft haben, daß ihre verführerischen Worte Albert umstimmen würden, aber er änderte seine Pläne nicht. Mileva blieb nur die Möglichkeit, »durchzubrennen«, nach Hause zurückzukehren. Aber diesmal würde sie nicht imstande sein, ihren Zustand vor der Gemeinde zu verbergen. Die Amme würde Bescheid wissen und dem Standesamt Meldung machen. *Kakva sramota!* Was für eine Schande! Sie würde Schimpf und Schande auch über das gesamte Geschlecht der Marić' bringen. *Sve se može oprati, samo obraz ne!* »Alles kann abgewaschen werden außer den Flecken auf der Ehre!«– wie man in Serbien sagt. Trotzdem plante Mileva in die Vojvodina zurückzukehren und das Stigma alleine zu ertragen.

*

Es war Donnerstag, der 14. November 1901, und es regnete. Mileva Marić verließ das Hotel Steinerhof, ging zum Bahnhof und nahm den Zug um 7.22 Uhr nach Zürich. Eine knappe Stunde später hielt er in Schaffhausen, wo Albert als Privatlehrer arbeitete. Falls er dort auf sie wartete, was laut ihrer Korrespondenz unwahrscheinlich ist, hätten sie bis zu Milevas Weiterreise nur 34 Minuten zusammen gehabt.

Eine Stunde danach traf Mileva in Zürich ein, wo sie den Bahnsteig überquerte und in den Zug um 10.30 Uhr nach Wien stieg. Die Reise war schrecklich lang für eine Frau in Milevas Zustand, und die mit rotem Samt überzogenen Roßhaarsitze erwiesen sich als recht unbequem. Sie traf am folgenden Morgen um 7.50 Uhr in Wien ein und mußte wiederum umsteigen, diesmal in den Budapest-Expreß der Österreichisch-Ungarischen Eisenbahn. Um 14.51 Uhr erreichte sie den Budapester Bahnhof Keleti, wo sie sich – einunddreißig Stunden nach dem Beginn ihrer Reise – in den Zug nach Novi Sad setzte. Nun standen ihr noch fünf weitere Fahrtstunden bevor.

Außerhalb von Budapest rollte der Zug an stillgelegten Wassermühlen und brachliegenden Feldern vorbei, über braune Sümpfe, durch kahle Weidenhaine und schilfbedeckte Marschen in Richtung der Vojvodina und der bläulichen Hügel von Milevas Heimat. Am Abend zündete der Schaffner die kobaltblauen Acetylenlampen an, die ein kaltes Licht auf die Abteile warfen.

Um 19.48 Uhr fuhr der Zug endlich in Novi Sad ein. Auch hier regnete es, und der ungepflasterte Bahnhofsvorplatz hatte sich in Schlamm verwandelt. Mit Hilfe des Kutschers lud Mileva ihre Habseligkeiten auf einen Fiaker, dessen schwarze Lederüberdachung Kuhgeruch ausströmte. Sie rollten über die türkischen Pflastersteine und hielten häufig an, um die schmalen roten und cremefarbenen, von Pferden gezogenen Straßenbahnen vorbeizulassen. Dann bogen sie nach rechts ab in die Futoška-Straße, wo das Knarren der schweren Wagenachsen ihr Kommen ankündigte, fuhren an der Synagoge in der Jevrejska Ulica vorbei zur Hauptstraße, ließen die serbisch-orthodoxe Kirche hinter sich und erreichten zur Linken die Kisačka-Straße mit dem Haus der Marić'. Milevas Mutter begrüßte sie in der Diele vor der Ikone Stephans des Märtyrers, des Familienheiligen. Mileva fühlte sich nicht wohl und ging sofort zu Bett.

✳

Am Tag von Milevas Heimkehr wurde ein kluger, gutaussehender junger Mann aus derselben Gegend der Vojvodina ermordet, weil er seine Verlobte geschwängert hatte. Der Mord, höchstwahrscheinlich von der Familie des Mädchens begangen, war so brutal, daß die Menschen behaupteten, nie etwas so Gräßliches gehört zu haben. Aber der Vater des jungen Mannes weigerte sich, Anklage zu erheben. Er wußte, daß er sonst seine ganze Familie in Gefahr gebracht hätte. Vielleicht wären alle Angehörigen getötet und ihr Haus niedergebrannt worden. Obwohl es eine Gesetzgebung für Mordfälle gab, konnte eine Familie auch inoffiziell für das »kriminelle« Verhalten eines ihrer Mitglieder zur Verantwortung gezogen werden. Die Tradition räumte jeder Familie auch inoffiziell das Recht ein, solche Dispute außerhalb der Strafgesetzgebung zu regeln.[85] Einige Tage nach ihrer Ankunft schrieb Mileva an Albert, um ihm mitzuteilen, daß ihre Eltern sich beruhigt hätten und nun eher bereit seien, ihm zu vertrauen und ihren Segen zu einer Eheschließung zu gewähren.[86]

»Ich weiß aber auch, daß … ihr Miezel einmal einen guten Mann kriegt, sobald es irgend angeht«, erwiderte Albert.[87]

Zwei Wochen später hütete Mileva immer noch das Bett. Es war ein bitterkalter Winter, und sie schrieb Albert von neuem, wobei sie ihren Zustand beschönigte, um seine Sorgen zu verringern.

»Ich hab Dein liebes Bauchwehbrieferl bekommen, das Du so lieb warst, mir im Bett zu schreiben«, antwortete Albert. »Ich mach mir aber auch gar keine Sorgen, denn ich seh schon an Deiner guten Laune, daß das Übel nicht groß ist.«[88]

Am 11. Dezember, sechs Wochen vor der Geburt des Kindes, erfuhr Albert, daß die Stellung am Eidgenössischen Amt für geistiges Eigentum endlich ausgeschrieben war. Nun konnte er seine Bewerbung einreichen – eine reine Formalität, da man ihm den Posten bereits versprochen hatte.

»In zwei Monaten wären wir dann plötzlich in glänzenden Verhältnissen und hätten ausgekämpft«, schrieb er. »Mir schwindelt vor Freude, wenn ich dran denke. Es freut mich noch mehr für Dich als für mich.« Ein paar Sätze weiter fährt er fort: »Das einzige was noch zu lösen übrig wäre, das wär die Frage, wie wir unser Lieserl zu uns nehmen könnten.«[89] Selbst wenn Albert die Stelle erhielt, konnte ein uneheliches Kind Schwierigkeiten bereiten. Aber er fügt hinzu: »Ich möchte nicht, daß wir es aus der Hand geben müssen. Frag einmal Deinen Papa, er ist ein erfahrener Mann und kennt die Welt besser als Dein verstrebter, unpraktischer Johonzel.«[90] Sein Widerwille, die Verantwortung zu übernehmen, und sein Wunsch, Miloš Marić um Hilfe zu bitten, lassen vermuten, daß Albert die Adoption mittlerweile für eine gangbare Lösung hielt.

Die Situation wurde dadurch verschlimmert, daß sich Alberts Eltern nun direkt einmischten. Um diese Zeit erhielten die Marić' einen Brief von Pauline, den auch ihr Mann unterzeichnet haben dürfte und in dem sie Milevas Eltern mutmaßlich mit ihrem Wissen von der Schwangerschaft konfrontierten. Der Brief ist verlorengegangen, aber um den 12. Dezember beschwert sich Mileva bei Helene nicht über ihre Unpäßlichkeit oder ihre Ängste, sondern über das »liebenswürdige Benehmen meiner lieben Schwiegermama! Diese Dame scheint sich nämlich zur Lebensaufgabe gestellt zu haben nicht nur mir, sondern auch ihrem Sohn, das Leben so viel wie möglich zu verbittern. Oh Helene, ich hätte es nie für möglich gehalten dass es so herzlose und geradezu böse Menschen geben könnte! Sie brachten es ohne weiteres über's

Herz, an meine Eltern einen Brief zu schreiben, in dem sie mich derart beschimpften dass es eine Schande war.«[91]

*

»Es lebe die Unverfrorenheit!« schrieb Albert Mileva im Dezember 1901. »Sie ist mein Schutzengel in dieser Welt.«[92] Seine erklärte Gleichgültigkeit den Meinungen anderer gegenüber hätte ihn in der Entscheidung, Mileva trotz der Umstände und auch gegen den Willen seiner Mutter zu heiraten, bestärken müssen. Dadurch hätte er sein Gesicht gewahrt und keinen Zweifel daran gelassen, daß er sich das Kind wirklich wünschte. Aber er schien nie bereit zu sein, nach Novi Sad zu reisen. Auch war er offenbar nicht gewillt, Mileva heimlich zu heiraten, obwohl er ein paar Monate zuvor angedeutet hatte: »Wenn Deine und meine Eltern dann vor der vollendeten Tatsache stehen, werden sie sich eben damit aussöhnen müssen, wie sie können.«[93]

Daß Mileva die Situation duldete, lag wahrscheinlich daran, daß sie Albert nicht verärgern und ihre Beziehung nicht gefährden wollte. Ihr körperliches Gebrechen, im Verein mit den serbischen Bräuchen, ließ sie vermutlich die Möglichkeit eines Altjungferndaseins und eines isolierten Lebens bei ihrer Familie auf dem Balkan fürchten.

Albert hingegen mag sich gewünscht haben, daß Mileva einfach aus seinem Leben verschwand und ihn in Ruhe ließ. Sein künftiger Umgang mit Frauen weist in diese Richtung. Jedenfalls dachte Albert mit seinen zweiundzwanzig Jahren nicht daran, Mileva ohne Zustimmung seines Vaters zu heiraten. Er würde die Ehe so lange vermeiden, wie Hermann am Leben war.

*

An einem Sonntagnachmittag im Dezember war ein Erdbeben, das sein Epizentrum in Zagreb hatte, auch in der Vojvodina zu spüren. Kein Haus in Zagreb blieb unversehrt. Das

Erdbeben war besonders stark in der Nähe der örtlichen Nervenklinik Stenjevac. Die oberen Etagen der Klinik brachen auseinander, was Panik unter den Nonnen und den Insassen auslöste. Die Ärzte gaben sich alle Mühe, die Patienten zu beruhigen und sie am Davonlaufen zu hindern.

An diesem Tag fuhr Mileva mit ihrer Mutter nach Titel. Aus Alberts Briefen geht hervor, daß Milevas Vater sie nicht begleitete. Miloš muß beschlossen haben, daß Milevas Baby in demselben Haus der Ružić' zur Welt kommen sollte, wo auch Mileva geboren worden war. Alle drei Häuser – in Novi Sad, Kać und Titel – waren noch im Bau oder Umbau, aber das in Titel erwies sich als das ruhigste und abgeschiedenste.

Uralte religiöse Überzeugungen wurden in der ländlichen Vojvodina immer noch ernst genommen. Man mußte die verschiedensten Regeln einhalten, um die ständige Bedrohung durch das Unglück abzuwehren. Zum Beispiel durfte bei Donner keine schwarze Katze im Haus sein; es war verboten, eine Eiche oder einen Kirschbaum zu fällen; man durfte den ersten Kuckucksruf nicht auf leeren Magen hören.[94] Der Anblick eines Hasen konnte Unglück bringen, ebenso wie der Sprung über das Seil eines angebundenen Pferdes.[95] In dieser provinziellen Umgebung erwarteten Mileva und ihre Mutter die Geburt des Kindes, das in der fortschrittlichen und europäischen Atmosphäre von Zürich gezeugt worden war.

*

Am 18. Dezember hatte sich Albert, der seit Februar 1901 offiziell Bürger des Kantons Zürich war, förmlich um die Ingenieurstelle II. Klasse beim Eidgenössischen Amt für geistiges Eigentum beworben.

»Nun ist kein Zweifel mehr«, ließ er Mileva triumphierend wissen. »Jetzt haben unsere Leiden ein Ende.«[96] Das Kind blieb unerwähnt.

Am 19. Dezember, Milevas 26. Geburtstag, war es ungewöhnlich warm. Die Zeitungen meldeten, daß »das Wetter Witze macht«, obwohl die Bauern warnten: »*Vuk nije pojeo zimu*, der Wolf hat den Winter nicht gefressen«,[97] was heißen sollte, daß dem warmen Wetter nicht zu trauen sei, da es nicht lange andauern würde.

Am selben Tag stiegen ein Professor aus Österreich-Ungarn und sein Sohn in einem Ballon in eine Höhe von 3 500 Metern auf. Der Professor gab vor, den Vogelflug studieren zu wollen, weshalb er drei Vögel in einem vergoldeten Käfig mitnahm und sie in vorher festgelegten Höhen freiließ. Der wahre Anlaß der Ballonfahrt aber bestand darin, zu untersuchen, welche Auswirkungen der Aufstieg auf das Blut des Professors und seines Sohnes hatte.[98] Während Mileva in einer Zeitung aus Novi Sad über das Ereignis las und über die Möglichkeiten der Wissenschaft staunte, erfuhr Albert aus einer Berner Zeitung von dem Experiment. Nicht zum erstenmal vergaß er Milevas Geburtstag. Als er sich am folgenden Tag daran erinnerte, schrieb er ihr einen Brief, den sie am 23. Dezember erhielt. Mileva schien nicht gekränkt zu sein, und am 24. Dezember schickte sie ihm ein Überraschungspäckchen mit Süßigkeiten und Tabak.

Am 28. Dezember schrieb Albert den letzten Brief vor der Geburt ihres Kindes an Mileva: »Hab ich Dir auch schon gesagt, was für reiche Leut wir in Bern sein werden? 3 500 fr. ist die Minimalbesoldung der Stelle nach Ausschreibung, steigt aber bis 4 500. Ehrat [ein Freund Alberts] meint zwar, man könne mit Frau nicht mit 4000 fr. auskommen.«[99] Er läßt das Kind wiederum unerwähnt und fährt fort: »Du solltest einmal den Ehrat übers Heiraten sprechen hören, das ist zu lustig. Er spricht davon wie von einer bittern Medizin, die halt pflichthalber eingenommen werden muß … gelt, wie die Leut ein und dasselbe Ding verschieden ansehen, das ist sehr lustig.«[100]

Die Serben glaubten, daß das neue Jahr gegen Ende Dezember beginnt, wenn die Sonne, nachdem sie sich weit genug in die verschneiten Winterebenen vorgewagt hat, den grünen Feldern des Sommers entgegengeht.[101] Am Dienstag, dem 5. Januar 1902, dem Tag vor dem orthodoxen Weihnachtsabend, war das Wetter immer noch frühlingshaft.[102]

Am 6. Januar, *Božić*, Weihnachten, dürften die Marić'
bedrückter Stimmung gewesen sein. Trotzdem begann man
einer alten Tradition gemäß um vier Uhr morgens, ein Schwein
zu schlachten, zu säubern und an einem Spieß vor der Tür zu
rösten. Es wurde später auf einer enormen Holzplatte in der
Mitte des Weihnachtstisches serviert. In seinem verzerrten, mit
schwarzen Zähnen bewehrten Maul steckte ein hellgrüner,
runzeliger Herbstapfel.

Nicht weniger als neun Jahrhunderte zuvor – am 9. Januar des Julianischen Kalenders – waren der damalige Patriarch
der Familie Marić und seine Angehörigen zu Christen getauft
worden. Das Datum war nie in Vergessenheit geraten. Es
stand nicht nur in den Kirchenverzeichnissen, von denen
jedoch viele verlorengegangen oder zerstört worden waren,
sondern es wurde auch von einer Generation an die andere
weitergegeben. Der Tag, an dem die Familie Marić zum Chri-
stentum konvertierte, war der Feiertag des heiligen Stephan
des Märtyrers.

Alljährlich am 9. Januar feierten die Marić' den Festtag der
Familie – oder *slava*, was »Ruhm« bedeutet – zu Ehren ihres
Schutzheiligen. Da es sich um den bedeutendsten Feiertag
einer serbisch-orthodoxen Familie handelt, unterliegt er
genauen Ritualen.

Am Tag vor der *slava* ging Miloš Marić als Familienoberhaupt zur *krčma*, der Schenke, und kaufte eine Flasche Rot-
wein. Am folgenden Tag überreichte er sie dem Priester als
Geschenk. Traditionsgemäß stellen sich Freunde an diesem
besonderen Tag ein, um ein Gläschen *rakija* und ein Stück
*slava*-Kuchen zu sich zu nehmen. Aber im Jahre 1902 hatte
die Familie Marić keine Freunde eingeladen.

＊

Als am Montag, dem 27. Januar, der Morgen anbrach, war
es immer noch dunkel. Die Zeitungen meldeten, daß um Mit-
ternacht ein Sturm durch die Stadt getost sei. Die Straßen in
Novi Sad waren menschenleer, und im Toben des Windes und

des Regens konnten nicht einmal die Straßenbahnen fahren. Wer sich hinauswagte, mußte sich an Laternenpfählen festhalten, um nicht auf den Boden oder gegen die Mauern der Gebäude geschleudert zu werden. Manche krochen auf Händen und Knien dahin.

Außerhalb der Stadt war der Sturm am schlimmsten. Die heftigen Winde fegten um die Häuser in Titel und rasten fort über die Ebenen. Rote Tondachziegel wurden wie Murmeln gegen Mauern und Zäune gepeitscht. Der Lärm hämmerte auf das Haus der Marić' ein und ließ die Menschen im Innern verstummen, während Milevas Niederkunft begann.

Wegen Milevas Hüftmißbildung dürfte man die Dorfamme Ana Konaček oder ihre Tochter für die Geburt herangezogen haben, aber ihre Unterlagen wurden, zusammen mit den meisten Titeler medizinischen Unterlagen des Jahres 1902, im Zweiten Weltkrieg vernichtet. Wie Hebammen wußten, war es bei Frauen mit Milevas Behinderung nicht ungewöhnlich, daß der Kopf des Babys während der letzten Schwangerschaftswochen – und auch noch am Anfang der Gebärmutterkontraktionen – daran gehindert wurde, sich in die Geburtswege zu senken. Ana Konaček würde vorsichtig vorgehen müssen.

Man benötigte Wasser. In diesem Teil des Landes waren noch keine Leitungen im Hausinnern verlegt. Um in einem solchen Sturm Wasser zu holen, mußte man den gefährlichen Gang über den Hof zum Brunnen wagen. Da die Gegend erst dreißig Jahre später über Elektrizität verfügen würde, beleuchteten die Marić' das Haus mit Kerzen und Gaslampen.

Die Wahrscheinlichkeit einer Steißgeburt war bei Milevas verrenktem Hüftgelenk fünfmal höher als im Normalfall.[103] Es war eine Komplikation, die besonders ungünstig für das Kind sein konnte. Das Baby mußte umgedreht werden. Wenn Frau Konačeks Bemühungen erfolglos blieben, wären die Fußknöchelchen des Babys vor dem Kopf nach außen gelangt. Dann hätte man ein Handtuch um die Knöchel legen und festhalten müssen, während die Hebamme in die Geburtswege hineingriff und sich zu den Schultern des Babys vorschob.

63

Damals benutzten Hebammen bei schwierigen Geburten eine »große Zange«[104], um das Kind herauszuziehen. Milevas verformte Hüftknochen hätten die Anwendung des Geräts sicherlich erschwert. Wenn die Zange an beiden Seiten des Kopfes geschlossen war, mußte von außen behutsam gezogen werden. Dies war ein entscheidender Moment der Entbindung, in dem sich die Wahrscheinlichkeit einer Gehirnverletzung erhöhte.[105] Quälend langsam mußte das Baby hervorgezerrt werden.

Milevas Wunsch erfüllt sich – sie brachte ein Mädchen zur Welt. Lieserl stieß ihren ersten Schrei im Toben des Sturmes aus.

Wie die Zeitungen berichteten, war bei Anbruch des Tages alles still. Eine Stunde lang hörte man kein Geräusch von den Straßen. Dann erwachte das Dorf langsam zum Leben. Ein Murmeln erklang. Es wurde lauter und lauter, als die Dorfbewohner hervorkamen, um den Schaden zu begutachten.

Mileva war durch die Strapazen der Geburt zutiefst geschwächt. Vermutlich hatte sie eine Menge Blut verloren, und ihr Gebärmuttergewebe dürfte zerfetzt gewesen sein. Sie war körperlich und geistig erschöpft.[106] In den ersten drei Tagen wußte niemand, ob sie oder ihre Tochter überleben würden. Statistisch gesehen, starben zu jener Zeit Mütter nach einer Geburt fast so häufig, wie sie überlebten. In Milevas Region waren Geburten für mehr als die Hälfte aller Todesfälle von Frauen verantwortlich, und die Kindersterblichkeit lag über vierzig Prozent.[107]

Da Milevas Schwester ebenfalls ein verrenktes Hüftgelenk hatte, vergrößerte sich die Wahrscheinlichkeit, daß Lieserl das gleiche Schicksal erleiden würde, um das Fünffache. Es heißt, auch Milevas Mutter habe unter einer Hüftverformung gelitten, aber dafür gibt es keinen Beleg. Wenn es zutraf, wäre die Möglichkeit, daß Lieserl das gleiche Gebrechen hatte, auf ungefähr sechzig Prozent gestiegen.[108] Jedenfalls ist eine genetische Veranlagung für diese Krankheit in der Familie wahrscheinlich.[109] Und die Statistik von 1902 für Mittel- und Osteuropa verhieß auch für das Auftreten anderer Geburtsfehler

– Klumpfuß, Gaumenspalte, Mongolismus und Gehirnlähmung – nichts Gutes.

Sogar von Albert hatte man zuerst angenommen, er sei deformiert:»Als er zur Welt kam, glaubte die Mutter, durch den Anblick des aussergewöhnlich grossen eckigen Hinterkopfes erschreckt, vorerst an eine Missgeburt. Erst der Arzt vermochte sie zu beruhigen, u. nach einigen Wochen war die Form des Schädels normal... Die sonstige Entwicklung ging im Kindesalter langsam vor sich u. mit der Sprache ging es so schwer, dass die Umgebung befürchtete, es würde nie sprechen lernen.[110] Als Albert schließlich zu sprechen begann, wiederholte er jeden Satz, weshalb die Hausangestellte der Einsteins ihn als»den Depperten« bezeichnete.[111] Auch neigte er zu wilden Zornausbrüchen:»In solchen Momenten wurde er im Gesicht ganz gelb, die Nasenspitze aber schneeweiss, u. er war nicht mehr Herr seiner selbst.«[112]

*

Milevas Vater wartete drei Tage, bis zum 30. Januar, bevor er Albert in einem Brief aus Novi Sad über die Geburt seiner Tochter unterrichtete. Am 4. Februar antwortete Albert:»Armes, liebes Schatzerl, was mußt Du alles leiden, daß Du mir nicht einmal mehr selbst schreiben kannst! Und auch unser liebes Lieserl muß die Welt gleich von dieser Seite kennen lernen!... Ich bin vor Schreck fast umgefallen, wo ich Deines Vaters Brief erhielt, denn es ahnte mir schon was Schlimmes... Ich hab es so lieb & kenns doch noch gar nicht!«[113] Aus diesem Brief wird deutlich, daß nicht nur Mileva, sondern auch Lieserl bei der Geburt enorm gelitten hatte.

Albert erkundigte sich im selben Brief:»Wer gibt ihm denn das Milcherl?« Daraus kann man schließen, daß Mileva ihr Kind eventuell nicht stillen konnte.

Inzwischen hatte Milevas Familie beschlossen, Lieserls Geburt nicht ins Verzeichnis der serbisch-orthodoxen Kirche eintragen zu lassen, was die Schande sofort öffentlich gemacht hätte. Trotzdem wäre es für Milevas Mutter undenkbar gewesen, das Kind nicht taufen zu lassen.

Der Tradition gemäß erhielt das Kind bei der Taufe einen offiziellen Vornamen, während Lieserl sein Kosename blieb. Die Nachkommen derer, die von der Geburt wußten, behaupten, das Mädchen sei auf den Namen Ljubica getauft worden, aber dies läßt sich weder aus den Taufverzeichnissen der *Crkva Uspenja Presvete Bogorodice* (Kirche der Himmelfahrt Mariä) noch aus den Gemeindeunterlagen des Ortes Titel für 1902 belegen. Unter den gegebenen Umständen dürfte es sich allerdings um eine private Taufe gehandelt haben, die von Pater Bogdanović, dem Priester der Familie, stillschweigend nicht verzeichnet wurde – vermutlich ein Freundschaftsdienst Miloš Marić gegenüber, der der Kirche gegenüber stets sehr großzügig war.

✳

Albert mietete unterdessen ein Zimmer im Haus von Anna Sievers in der Gerechtigkeitsgasse 32 in Bern. In einem Brief an Mileva zeichnete er eine Karte seines Zimmers, das ein »Betterl«, ein »Bilderl«, ein »Deckerl«, einen »großartigen Sessel«, einen »großartigen Spiegel«, ein Selbstporträt, einen »Kasten«, ein Sofa, einen »kleinen Spiegel«, einen »Nacht-Topf & Tisch«, ein »Fensterl«, einen Ofen, ein »Stühlerl«, eine »Türe«, einen Tisch und ein »Uhrerl« enthielt. Das Zimmer sei viel zu groß für ihn. »Man könnte eine Versammlung darin abhalten«, scherzte er.[114] Aber daß hier Platz sein könnte für Lieserl, erwähnte er nicht.

Zwei weitere Briefe Alberts vom Februar 1902 liegen vor. Bei diesen beiden Briefen vom 8. und 17. Februar fehlen die Schlußseiten. Ob die Seiten verlegt, verloren oder bewußt vernichtet wurden, läßt sich nur mutmaßen. Eines steht jedoch fest: In keinem der beiden Fragmente ist von Lieserl die Rede.

Am 20. Februar 1902, einen Monat nach Lieserls Geburt, schrieb Pauline Einstein ihrer Freundin Pauline Winteler:

»Dies Frln. Marić bereitet mir die bittersten Stunden meines Lebens, läge es in meiner Macht, ich würde alles aufbieten, sie aus unserem Gesichtskreis zu bannen, sie ist mir förmlich antipathisch.«[115]

✳

Mileva kehrte zurück nach Bern – ohne Lieserl. Sie fand ein Zimmer bei der Familie Herbst in der Thunstraße 24 und wurde als »Privatiere« registriert.[116] Am folgenden Tag zog Albert zehn Türen weiter in derselben Straße in Nummer 43a ein.

Das Paar machte eine schwierige Zeit durch. Am 28. Juni schrieb Albert Mileva einen Brief, in dem er sich mit ihr für den kommenden Montag verabredete. Sie müssen sich gestritten haben, denn er entschuldigt sich: »Wenn ich nicht bei Dir bin, denke ich immer mit solcher Zärtlichkeit an Dich, als Du Dirs kaum einbilden kannst, wenn ich auch ein beeser Kerl bin, wenn ich bei Dir bin ... Aber wart nur, nächsten oder übernächsten Sonntag machen wir auch einen Ausflug und gehen schon am Samstag Abend fort! Dann werd ich Dich am Abend und in der Nacht wieder einmal nach Herzenslust verbusseln und verdrücken.«[117]

Albert hatte seine Arbeit im Patentamt angetreten. Es gibt keine Informationen darüber, womit Mileva ihre Zeit verbrachte: mit Unterricht, Studien oder indem sie darauf wartete, daß Albert Zeit für sie hatte. Um mit Albert zusammenzusein, hatte Mileva Lieserl Hunderte von Kilometern entfernt bei ihrer Familie und einer Amme zurückgelassen.

✳

*Svoje se meso ne jede* – »Sein eigen Fleisch ißt man nicht« –, lautet ein slawisches Sprichwort, das die Einstellung der Familie Marić wiederzugeben scheint. Lieserl würde bei den Großeltern leben, bis Mileva eine Entscheidung über das Schicksal ihrer Tochter traf.

Mileva wußte, daß sie, wenn sie Lieserl behalten wollte, gezwungen sein würde, in die Vojvodina zurückzukehren – und zwar ohne Albert. Dort würde sie ans elterliche Haus gefesselt sein und wegen der Unehre, die sie über die Familie gebracht hatte, für immer eine Gefangene sein. Andererseits konnte sie, wenn sie Lieserl aufgab, ihre Beziehung zu Albert fortsetzen. Mileva war jedoch entschlossen, einen Mittelweg zu finden.

Während ihres Studiums am Polytechnikum hatte Mileva für den Aufenthalt in Zürich ein Studentenvisum besessen. Aber nach ihrem Abgang von der Hochschule konnte sie aufgrund eines Besuchervisums nur für jeweils zwei Monate in der Schweiz bleiben. Nach Ablauf dieser Frist mußte sie das Land für mindestens zwei Monate verlassen, wonach sie wieder mit einem neuen Besuchervisum in die Schweiz einreisen konnte. Am 11. Juni kehrte Mileva in die Vojvodina zurück, und danach wurde ihr Leben zu einem wirren Hin und Her.

Albert zog am 14. August in das Obergeschoß der Archivstraße 8 um. Von seiner Wohnung aus hatte er einen wunderbaren Blick über das Berner Oberland und auf die Aare.[118] Im Gegensatz zu seinem Wahlspruch »Es lebe die Unverfrorenheit!« meldete er sich gewissenhaft an, wie es den Vorschriften entsprach.

Mileva hingegen praktizierte eine Art planlosen zivilen Ungehorsam. Wenn ihr ein Besuchervisum gewährt wurde, mußte sie das Datum ihrer Abreise angeben. Blieb sie länger im Land, ohne die Behörden zu unterrichten, konnte sie ausgewiesen werden. Aber die Beamten hinkten mit ihren Inspektionen häufig hinterher. Als man so Milevas Unterkunft am 13. August aufsuchte, war sie bereits in die Vojvodina abgereist, ohne eine Nachsendeadresse zu hinterlassen.

Einen Monat später, am 9. September, traf Mileva wieder in Bern ein. Als Reisezweck nannte sie auf ihrem Besuchervisum: »Werde heiraten.« Als erstes quartierte sie sich bei der Familie Suter am Falkenplatz 9 ein, weit von Albert entfernt am anderen Ufer der Aare. Kurz darauf zog Mileva, um ihm ein wenig näher zu sein, in die Wohnung der Familie Schneider in der Bubenberstraße 3. Anscheinend war es Milevas Hauptbeschäftigung geworden, Albert zu folgen.

Irgendwann zwischen dem 15. August und dem 3. Oktober schrieb Albert einem Freund, Hans Wohlwend, er habe »einen lustigen, leichten Sinn, da meine Sorgen jetzt sehr zusammengeschrumpft sind, nur ist leider mein Vater schwer leidend geworden«[119]. Albert reiste nach Mailand zu Hermann, der an einer Herzkrankheit litt. Es wäre ein günstiger Zeitpunkt für Mileva gewesen, Lieserl zu besuchen, doch wegen der mit einem Besuchervisum verknüpften strengen Bedingungen wollte sie nicht das Risiko eingehen, daß ihr die Rückkehr in die Schweiz verwehrt wurde. Also wartete sie auf Albert. Sein Vater starb am 10. Oktober in Mailand. Auf dem Totenbett gab Hermann seinem Sohn endlich die Erlaubnis, Mileva zu heiraten. Wahrscheinlich wollte er der Tochter seines Sohnes einen ehelichen Status verschaffen.

\*

Laut dem Berner Standesamt wurde Alberts und Milevas Aufgebot sofort nach Hermanns Tod in Novi Sad veröffentlicht. Sowohl die Bräuche als auch die Kirchenvorschriften in der Vojvodina erforderten, daß das Aufgebot dreimal in einer Kirche verkündet wurde: dreißig, zwanzig und zehn Tage vor der Trauung. Es hätte in Novi Sad allerdings nur dann bekanntgegeben werden müssen, wenn Mileva und Albert in der dortigen Kirche hätten heiraten wollen, was jedoch nicht ihren Plänen entsprach. Tatsache ist, daß das Aufgebot in Novi Sad niemals bestellt worden ist. Hatte Mileva das Berner Standesamt falsch informiert? Vielleicht hatte sie Albert mitgeteilt, sie habe das Aufgebot in Novi Sad bestellt, um ihn zur Ehe zu zwingen.

Milevas Zweimonatsvisum lief wieder einmal ab, und sie kehrte am 9. November nach Novi Sad zurück. Während dieses Besuches muß Mileva vor der Entscheidung über Lieserls Schicksal gestanden haben. Sie blieb nur fünf Wochen, was bedeutete, daß sie nicht ganz legal in die Schweiz zurückkreiste. Albert und Mileva hatten inzwischen offenbar einen Trauungstermin festgesetzt, denn sonst hätten die Schweizer Behörden sie wieder nach Hause geschickt.

Niemand wußte von Lieserl. Aber bei Milevas Eintreffen in Bern bemerkten Freunde einen Wandel in ihrer Einstellung zu Albert und fürchteten, daß die Romanze vielleicht scheitern werde. Etwas hatte sich zwischen dem Paar zugetragen, und Mileva ließ sich nur entlocken, daß es »zutiefst persönlicher Art« sei. Sie brütete über etwas nach, für das Albert verantwortlich zu sein schien. Die Freunde ermunterten Mileva, über ihr Problem zu sprechen und für Klarheit zu sorgen, aber sie hielt es ihr ganzes Leben lang geheim.[120]

Aus der Zeit zwischen Hermanns Tod im Oktober 1902 und Januar 1903 liegt nur ein einziger persönlicher Brief vor, gerichtet an Alberts Freund Hans Wohlwend. Auffälligerweise gibt es aus jener Zeit keinerlei Mitteilung von Milevas Familie über Lieserls Wohlergehen.

∗

Am 17. Dezember wurde Milevas und Alberts Aufgebot in Bern und am folgenden Tag in Zürich bestellt: »Albert Einstein/Mileva Marić beehren sich Ihnen ihre am 6. Januar 1903 stattfindende Vermählung anzuzeigen.«[121] Sie wurden am Weihnachtsabend des orthodoxen Kalenders in einer kleinen Feier im Berner Standesamt getraut. Es war eine einfache Zeremonie, bei der der Beamte sie einzeln fragte, »ob sie sich zur Ehefrau und zum Ehemann nehmen wollen«. Dann »hat der unterzeichnete Civilstandesbeamte auf ihre bejahende Antwort die Ehe im Namen des Gesetzes als geschlossen erklärt«[122].

In die Flitterwochen fuhren die beiden nicht. Ihre gravierte Hochzeitskarte wurde in einen schwarzen, handgenähten Seidenumschlag mit einem magnolienfarbenen Band und einer geflochtenen Goldzierleiste gelegt. Mileva, die stets wegen ihrer Nähkunst bewundert wurde, hatte ihn höchstwahrscheinlich selbst hergestellt. Sie verwahrte den Umschlag unter ihren kostbarsten Habseligkeiten. Mileva war gerade siebenundzwanzig Jahre alt geworden, und Albert ging auf die Vierundzwanzig zu. Die beiden bezogen ihre erste offizielle Wohnung in der Tillierstraße 18 und ließen sich als Herr und Frau Einstein, kinderlos, eintragen.

Am 27. Januar 1903 wurde Lieserl ein Jahr alt.

*

Helene gratulierte dem Paar sofort nach der Trauung in einem Brief. Mileva antwortete am 12. März und erklärte voller Stolz: »Wir sind nun schon 2 1/2 Monate verheiratet, ein schon würdiges Ehepaar, und dass ich Dir so lange nicht schrieb, war nur das die Ursache, das mich meine neuen Pflichten so vollständig in Anspruch nahmen; wir haben eine nette kleine Haushaltung die ich ganz allein besorge, und da kannst Du Dir vorstellen, dass es dabei, wenigstens am Anfang, bis ich mich daran gewöhnt habe, nicht viel freie Zeit übrig blieb«[123]. Niemand hatte Mileva, die einer Karriere als Physikerin und Mathematikerin quälend nahe gekommen war, als Hausfrau angelernt. Trotz ihrer strikten und fortschrittlichen akademischen Ausbildung war Mileva nun doch zur Verkörperung eines alten serbischen Sprichworts geworden: *Kuća ne leži na zemlji, nego na ženi* – Das Haus ruht nicht auf der Erde, sondern auf der Frau. Obwohl sie mit großer Inbrunst gegen die traditionelle Frauenrolle protestiert und gekämpft hatte, unterschied sie sich letzten Endes nicht von ihrer Mutter, einer typischen Ehefrau. Aber Mileva war zu verliebt, als daß ihr dies etwas ausgemacht hätte.

»Ich bin wennmöglich noch mehr an mein Schätzchen gewachsen, als ich es in den Züricher Zeiten schon war«, ließ Mileva Helene wissen, »er ist mein einziger Verkehr und Gesellschaft, und ich bin am glücklichsten wenn er neben mir ist …«[124]

Milevas Leidenschaft fügte sich vollkommen in die serbische Gesellschaft ein, in der ein Serbe, wenn er genötigt war, seine Frau einem Fremden, besonders einem Ausländer, vorzustellen, gewöhnlich sagte:»Dies, mögen Sie mir verzeihen, ist meine Frau.«[125]

∗

Mileva hatte Helene gebeten, in Wien bei der Suche nach Arbeitsplätzen für ein ihr bekanntes Ehepaar zu helfen, was allerdings, wie Mileva im März 1903 erläuterte,»nicht so pressant« sei, weil die Frau»einen provisorischen Verdienst« habe. Außerdem schreibt sie, es werde ihr leider nicht möglich sein, Helene im Sommer in Belgrad zu besuchen.»Bei uns ist die Schwierigkeit, dass Albert vor Ende Juli nicht fort kann und ich auf keinen Fall nachher; den Grund weisst Du ja.«[126] Die Anspielung in Milevas Worten»den Grund weisst Du ja« ist der erste und einzige Hinweis darauf, daß Helene vielleicht über Lieserls Existenz unterrichtet war. Mileva mag in einem früheren Brief auf Alberts Widerwillen eingegangen sein, Lieserl zu sehen oder sie in die Schweiz zu holen. Dann wäre»den Grund weisst Du ja« die logische Erklärung dafür gewesen, daß die Einsteins im Sommer nicht auf den Balkan reisen konnten.

∗

Im Sommer 1903 brach die Familie Marić, Lieserl eingeschlossen, zu ihrem Landhaus in Kać auf. Inzwischen dürfte Lieserl mit anderthalb Jahren erste Worte gesprochen haben. Vermutlich hielt sie Großmutter Marija oder Tante Zorka für ihre Mutter. Da es keine Belege – keine Aufzeichnungen oder Briefe – dafür gibt, daß Mileva ihre Tochter zwischen dem 9. November 1902 und dem 27. August 1903 besuchte, ist anzunehmen, daß Lieserl sie nicht als ihre Mutter erkannte.

Anscheinend trafen Mileva und Albert die bewußte Entscheidung, Lieserl nicht zu besuchen. Seit ihrer Trauung hätte Mileva jederzeit zurückkehren können. Laut Artikel 1 der *Ordonnance du Conseil exécutif de la République de Berne du février 1838 sur la délivrance des Passeports par la po-*

72

*lice centrale* benötigte jeder Bürger von Bern für Auslandsreisen einen Paß. Da Mileva dem Berner Zivilrecht zufolge nun die Schweizer Staatsbürgerschaft besaß, hatte sie das Recht, sich einen Paß auf ihren neuen Namen ausstellen zu lassen. Aber nichts deutet darauf hin, daß sie jemals ein solches Dokument beantragt hätte. Wahrscheinlich war sie auf Alberts Paß als dessen Ehefrau eingetragen, was zur Folge hatte, daß sie nur mit ihm zusammen auf Reisen gehen konnte. Leider ist Alberts Paß aus jener Zeit nie aufgefunden worden. Aber es gab ein Schlupfloch. Am 12. Oktober 1867 ratifizierten die sogenannten deutschen Staaten, das heißt das Deutsche Reich, Österreich-Ungarn und die Schweiz, das »deutsche Paßgesetz«. Diese Vereinbarung, die bis zum Ersten Weltkrieg Gültigkeit hatte, gestattete Bürgern der betreffenden Länder, die Grenzen zwischen ihnen ungehindert zu überschreiten.[127] Mileva brauchte also keinen Paß, um zu Lieserl zu reisen. Aber wenn sie Helene im Königreich Serbien außerhalb der »deutschen Staaten« hätte aufsuchen wollen, wäre Albert gezwungen gewesen, auf der Polizeiwache ihren Zielort zu nennen und seine schriftliche Genehmigung vorzulegen.[128]

Möglicherweise war der Preis für die Ehe mit Albert die völlige Aufgabe des Kindes.

&#42;

Am 26. August 1903 erhielt Mileva eine Nachricht von ihrer Familie: Lieserl war schwer an Scharlach erkrankt. Am folgenden Tag machte sie sich mit dem Zug über Arlberg nach Novi Sad auf. Bei einem zehnminütigen Aufenthalt in Salzburg um 15.20 Uhr[129] stieg sie aus, um zwei Fünf-Heller-Briefmarken und eine Sepiapostkarte des Schlosses Leopoldskron bei Salzburg zu kaufen. Danach bestieg sie wieder den Zug nach Budapest.

Milevas Zug kam um 23.41 Uhr in Budapest an. Spannung lag in der Luft. Die Morgenzeitung hatte eine erschreckende Meldung gebracht: Ein Politiker hatte der Opposition vorgeworfen, sich in die juristischen Angelegenheiten des Reiches einzumischen. Die Opposition hielt dagegen, daß »nun sogar Dynamit verwendet werden kann, um Personen loszuwerden, die führende Politiker angreifen«[130]. Polizeibeamte patrouillierten auf den Bahnsteigen und den Nebengleisen.

Bis zum nächsten Anschluß blieben Mileva fünfundvierzig Minuten. Unterhalb des Schlosses schrieb sie eine rasche Notiz an Albert: »Budapest, 27 August 1903. Liebes Jonzerl. Ich bin schon in Budapest, es geht schnell aber arg, mir ist ganz schlechn. Was machst Du kleines Jonzile. schreib mir bald, gelt. Dein Armer Schnoxl.«[131] Mileva klebte die Briefmarken schief auf eine Karte und gab sie mit dem »Post-Fourgon« auf. Mit diesem Dienst konnte man das Postamt umgehen, so daß ein Schreiben den Zielort noch am selben oder spätestens am folgenden Tag erreichte.

Früh am nächsten Morgen, am 28. August, kam Mileva in Novi Sad an. Ihr Vater holte sie am Bahnhof ab, um sie ins zweiundzwanzig Kilometer entfernte Kać zu bringen. Sie fühlte sich immer noch unwohl. In ein oder zwei Wochen würde sie feststellen, daß sie wieder schwanger war.

✳

In der Region war eine Scharlachepidemie ausgebrochen. In Kać sah Mileva, daß man zur Warnung an alle bis auf zwei Türen rote Kreuze mit schwarzen Umrandungen gemalt hatte.

»Befolgen Sie diesen Rat«, stand in der Zeitung. »Wenn Ihr Kind krank wird, holen Sie sofort den Arzt! Hören Sie nur auf ihn, nicht auf alte Weiber!«[132]

Lazar Marković, ein Freund Milevas und ihres Bruders Miloš, war im Herbst 1903 nach einem Medizinstudium aus Budapest zurückgekehrt. Wahrscheinlich wurde er zu Lieserls Behandlung herbeigeholt.

Lieserl zeigte alle Symptome von Scharlach: hohes Fieber, einen rasenden Puls und trockene, brennende Haut. Um ihren Mund hatten sich straffe weiße Flecken gebildet. Ihre Kehle war von tiefem, dunklem Rot, und sie hatte eine erdbeerrote

Zunge. Das Kind wurde vermutlich mit verschiedenen Hausmitteln behandelt, darunter Vaseline und ständige Umschläge mit einer Mischung aus Rosenwasser, Glyzerin und Olivenöl.[133] Milevas Mutter dürfte auch die älteren Volksheilmittel benutzt haben: Teebeerenöl gegen das Fieber, Minze gegen das Jucken, Sturmhut, Belladonna, Geißblatt in Verbindung mit wildem Jasmin und weißer Nieswurz zur Beruhigung. Aber Lieserls Genesungschancen waren gering. Wenn sich das Kind doch erholte, pellte seine Haut ab, und man mußte seinen ganzen Körper mit Schmalz und saurer Sahne einreiben. Während der Heilung sollte es zweimal pro Tag mit Seife und heißem Wasser gewaschen werden. Man mußte neue Kleidung anfertigen und die alte wegwerfen. Das Zimmer, in dem das Kind sich während der Krankheit aufgehalten hat, mußte desinfiziert und neu gestrichen werden.

\*

Ungefähr am 14. September unterrichtete Mileva ihren Mann aus Kać über Lieserls Zustand. Außerdem schrieb sie ihm, daß sie wieder schwanger sei. Am 19. September antwortete Albert:»Keine Rede davon, daß ich böse bin, daß der arme Schnoxl brüten muß. Ich bin sogar froh darüber und habe mich schon besonnen, ob ich nicht sonst dafür sorgen soll, daß Du ein neues Lieserl kriegst, daß Dir nicht vorenthalten sei, was doch das Recht aller Frauen ist. Mach Dir nur keine Sorgen sondern komme vergnügt zurück und brüte recht sorgsam, daß was Gutes zustande kommt.«[134] Er fuhr fort:»Die Geschichte mit dem Lieserl thut mir sehr leid. Es bleibt so leicht vom Scharlach etwas zurück.«

Tatsächlich kann die Krankheit Herz oder Nieren beeinträchtigen sowie Hörschäden, Lungenentzündung, Meningitis oder sogar Enzephalitis verursachen.

»Wenn nur alles gut vorbeigeht«, meinte Albert und fragte dann:»Als was ist denn das Lieserl eingetragen? Wir müssen sehr Sorge haben, daß dem Kind nicht später Schwierigkeiten erwachsen.«

75

Albert muß angenommen haben, daß weder Lieserls Geburt noch ihre Taufe registriert worden waren. Vielleicht dachte er daran, daß Lieserl, falls sie zu ihren Eltern in die Schweiz kommen sollte, korrekt bei den Behörden gemeldet sein mußte, damit es an der Grenze kein Problem gab. Laut Schweizer Gesetzgebung wird ein unehelich geborenes Kind nach der Heirat der Eltern automatisch ehelich.[135] Aber der Haken war, daß Lieserls Name auf dem Paß des *Vaters* erscheinen mußte, wenn sie in die Schweiz geholt werden sollte. Also hätte Albert in die Vojvodina reisen und das Kind von dort zurückbegleiten müssen.

Wahrscheinlich plante er jedoch nicht, seine Tochter in die Schweiz zu holen. Einstein-Forscher folgern aus diesem Brief vom 19. September, daß das Ehepaar beschlossen hatte, Lieserl adoptieren zu lassen. Denn sonst hätte Albert nicht die Befürchtung geäußert, daß dem Kind – oder den Eltern – aufgrund der Eintragung (oder ihres Fehlens) Schwierigkeiten erwachsen könnten.

»Jetzt komm mir bald wieder«, forderte Albert in dem gleichen Brief. »3 $^{1}/_{2}$ Wochen sind schon vorbei und länger darf ein braves Weiberl seinen Mann nicht allein lassen. Es sieht aber noch gar nicht so schrecklich aus bei uns, wie Du Dir denken wirst. Das wirst Du bald wieder in Ordnung haben.«[136]

Bertrand Russell sagte einmal über Einstein: »Persönliche Dinge wurden in die hintersten Winkel seiner Gedankenwelt verdrängt.«[137] Für Mileva hingegen machten persönliche Dinge wie diese das ganze Leben aus. Offenbar einigten sich Albert und sie am Ende, daß es am besten sei, die Existenz Lieserls zu leugnen. Und so wurden die Spuren von Lieserl Einstein-Marić' kurzem Leben vorsätzlich verwischt.

TEIL II

Helene Kaufler beherrschte fünf Sprachen fließend und hatte an der Universität Zürich Geschichte studiert. Als kleines Mädchen war sie an einer Tuberkulose erkrankt, die ihr Knie in Mitleidenschaft zog, so daß ihr eines Bein kürzer war als das andere. Genau wie Mileva trug sie ihr ganzes Leben lang einen orthopädischen Schuh. In Wien geboren, war sie die älteste von fünf Schwestern. Ihr jüdischer Vater war Anwalt und ihre höchstwahrscheinlich katholische Mutter Schriftstellerin, die das Pseudonym Ida von Banja benutzte. Anders als ihr Vater vertrat Helene liberale Anschauungen. Einmal ohrfeigte er sie sogar wegen ihrer nach links tendierenden politischen Haltung.

Zierlich – sie wog nur achtundvierzig Kilo – und hübsch wie Mileva, bildete Helene jedoch einen emotionalen Kontrast zu ihrer Freundin. Im Jahre 1900 heiratete sie Milivoj Savić, einen fünf Jahre jüngeren Serben, der mit seinen hundertdreißig Kilo neben ihr wie ein Gigant erschien (tatsächlich nannten seine Freunde ihn einen »sanften Riesen«).

Milivoj wurde im Königreich Serbien in Užice geboren. Sein Vater war Bäcker und Gastwirt und besaß eine Schenke. Milivoj studierte Wirtschaftswissenschaften an der Universität Graz. Eine seiner Nebenbeschäftigungen während des Studiums bestand darin, daß er im Panoramafenster eines Studentenrestaurants saß und eine Mahlzeit nach der anderen zu sich nahm. Die Eigentümer waren davon überzeugt, daß er durch seine Freude am Essen so etwas wie ein lebendiges Werbeplakat sei.

Albert mochte Milivoj nicht. Er schrieb Mileva: »Das arme Helenchen hat nun doch Feuer gefangen dank seiner rühmlichen Ausdauer – ihr feiner Geist wird nun in seinem Fett ersticken – eine traurige physiologische Prophezeiung. Es ist wirklich schade um sie. Zudem glaube ich, daß er in kurzer Zeit wieder der gleiche Lump sein wird, der er war.«[1]

Offensichtlich schien Milivoj Frauen trotz seiner Beleibtheit anzuziehen. Aber ungeachtet der Statur ihres Mannes war Helene das Familienoberhaupt. Auf ihre ruhige Art hielt sie alles unter Kontrolle.

Mileva war romantisch veranlagt, und deswegen hoch erfreut, als sie von Helene erfuhr, daß diese Milivoj heiraten werde. Sie verhieß Helene, deren künftiger Mann werde sie auf seinen großen Händen tragen und sie beschützen.[2]

»Ich freue mich und bin glücklich mit Dir, dass Du so glücklich bist, und gefunden hast was Dir das Leben in ganz wunderbarem Licht zeigt«, teilte Mileva Helene mit.[3] Und obwohl Albert sich für einen emanzipierten Mann hielt und Helenes zukünftigen Ehemann gegenüber schlimme Befürchtungen hatte, versicherte er ihr, als Frau Savić werde sie »ein flinkes, tüchtiges Hausmütterchen werden, *ihm* zum Glück & allen zum Beispiel«[4].

Einen Monat nach der Trauung war Helene bereits schwanger. Albert beglückwünschte sie und feuerte sie zur Mutterschaft an: »Liebe Frau Savić (+ $\frac{1}{9^{1}/_{2}}$ hoffentlich)!«[5]

Aber Albert war zu optimistisch. Helene muß das Kind rasch verloren haben, denn innerhalb von sechs Wochen wurde sie wiederum schwanger.

Ihre Tochter Julka wurde im Oktober 1901 in Reutlingen, dem deutschen Zentrum der Textilindustrie, geboren, wo Milivoj als Ökonom arbeitete. Julkas Geburt wurde in der Universitätsstadt Tübingen, elf Kilometer von Reutlingen entfernt, registriert. Auf ihrer Geburtsurkunde, ausgestellt vom Tübinger Standesamt, ist zu lesen, daß Helene Savić, geborene Kaufler, Ehefrau des katholischen Ingenieurs Milivoje [*sic*] Savić, der angeblich serbischer Staatsangehörigkeit sei, am 28. Oktober 1901 in der Frauenklinik der Universität Tübingen ein Mädchen zur Welt gebracht habe. Das Kind sei um 10.45 Uhr geboren worden und habe noch keinen Vornamen erhalten.[6] Vierzehn Tage später setzte man hinzu, daß dem Kind der Vorname »Julka« gegeben worden sei.[7] Merkwürdigerweise hielt sich Helene noch eine Woche vor der Geburt in dem Schweizer Ort Schächen auf, zweihundert Kilometer von Tübingen. Es bleibt unklar, weshalb Helene, die sich bei Mileva über ihren schlechten Gesundheitszustand beklagt hatte,[8] damals so weit von ihrem Mann und ihrem Arzt entfernt war, besonders, da sie ja schon eine Fehlgeburt erlitten hatte. Sie muß in letzter Minute in den Zug nach Hause gestiegen sein, um dort ihr Baby zur Welt zu bringen.

*

Kurz nach Julkas Geburt zogen die Savić' nach Belgrad, wo Milivoj rasch im Handels- und Industrieministerium Karriere machte. Er war einer der Hauptstrategen der jugoslawischen Wirtschaftsentwicklung und schrieb sechs Bücher über dieses Thema. Das Haus war stets mit Angehörigen, Freunden und Studenten gefüllt. Im Unterschied zu den meisten serbischen Männern jener Zeit ging Milivoj mit Vergnügen einkaufen, und war dafür bekannt, daß er allen, die zur Essenszeit eintrafen, Hammelkoteletts servierte.

Helenes zweite Tochter Zora wurde am 28. Dezember 1902 in Belgrad geboren. Am 20. März 1903 ließ Mileva ihre Freundin wissen:»Ich war so erfreut durch die Nachricht von der Ankunft Deines zweiten Töchterchens ...« Der Brief beginnt mit den Worten:»So lange habe ich Dir nicht geschrieben, obwohl ich so nette Briefchen von Dir bekommen habe.« (Damit erklären sich einige Pausen in der Korrespondenz zwischen Mileva und Helene, denn zwischen Dezember 1901 und März 1903 liegen allem Anschein nach keine Briefe vor.)»Deine kleine Julka ist ein reizendes Dingerl, kann sie schon gehen und etwas sagen? Gewiss hast Du viel Freude mit ihr, ich kann es mir nicht anders denken. Hast Du Dich nicht mit ihr photografieren lassen, ich würde Dich so gerne als Mama, wenn auch nur auf einem Bilde, sehen.«[9]

Gegen Ende des Briefes erwähnt Mileva, daß Albert mit seinem Posten am Amt für geistiges Eigentum unzufrieden sei. Dann fragt sie:»Meint Ihr, dass z. B. in Belgrad Leute von unserer Sorte irgend wie ankommen könnten? Wir würden uns auch zu Lehrern der Deutschen Sprache an einer Schule hergeben.«[10] Hier könnte Mileva für sich selbst gesprochen haben, denn Albert hätte diese Idee nie ernsthaft gehegt. Er strebte Ruhm in Westeuropa an und dachte nicht ans provinzielle Serbien. Mileva mag sich vorgestellt haben, daß sie Lieserl öfter sehen könnte, wenn Albert und sie eine Stellung in Belgrad hätten. Aber eine solche Möglichkeit bot sich nie: Das Paar blieb in Bern, und Mileva brachte Hans Albert Einstein am 14. Mai 1904 zur Welt.

Anscheinend war es das erste Mal in Milevas Familiengeschichte, daß ein Baby der Marić' nicht zu Hause geboren wurde. Mileva entband in einer Klinik, und diesmal war Albert an ihrer Seite. Am 15. Mai machte Albert Helene und Milivoj begeistert Mitteilung von der Geburt. Er schrieb, Mileva sei wohlauf – doch das entsprach nicht der Wahrheit.

Einen Monat später berichtete Mileva ihrer Freundin, daß sie »durch die Geburt sehr geschwächt« gewesen sei.[11] Sie fuhr fort:»Er [Hans Albert] war auch, wo er auf die Welt kam, so gross und kräftig, dass sich die Ärzte in der Klinik, wo wir uns befanden, wunderten, wieso eine kleine Mutter ein so grosses Kind fertig bringen kann.«[12] Mileva war entzückt über ihren »lieben kleinen Schatz… Ich kann Dir gar nicht sagen wie viel Freude ich schon mit ihm habe, wenn er beim Aufwachen so fröhlich lacht.«[13] Albert muß Milevas Freude geteilt haben, denn in demselben Brief führt sie aus: »Sein Vater ist auch nicht wenig stolz auf ihn, und hat sich schon eine ganz väterliche Würde angewöhnt.«[14] Ein Glückwunschbrief von Milevas Eltern liegt nicht vor. Das einzige Anzeichen dafür, daß sie noch in Verbindung standen, war eine in einer Dachkammer entdeckte Postanweisung von Miloš Marić an Mileva. Aber sie war auf April 1905, also fast ein Jahr nach Hans Alberts Geburt, datiert.

1904 wurde Alberts Posten am Schweizer Patentamt in eine Dauerstellung umgewandelt. Man erhöhte sein Gehalt auf 3900 Franken, was für ein bequemes Leben zu dritt jedoch immer noch nicht ausreichte. Er arbeitete fieberhaft an vier verschiedenen Projekten: an seiner Dissertation, *Eine neue Bestimmung der Moleküldimensionen*, und den Untersuchungen *Über einen die Erzeugung und Umwandlung des Lichtes betreffenden heuristischen Gesichtspunkt, Über die von der molekularkinetischen Theorie der Wärme geforderte Bewegung von in ruhenden Flüssigkeiten suspendierten Teilchen* und *Zur Elektrodynamik bewegter Körper*. Der letzte Artikel wurde am 30. Juni 1905 abgeschlossen, und am Sommerende legte Einstein in den *Annalen der Physik* eine kürzere Arbeit vor, in der er postulierte, daß Masse eine Funktion von Energie sei und umgekehrt.

Mileva muß glücklich gewesen sein, sie war begeistert von Albert, ihrem Sohn und ihrem gemeinsamen Leben – und endlich führten sie eine offizielle Ehe. Aber die Marić' hatten Albert oder ihren Enkel immer noch nicht kennengelernt. Als die Einsteins Ende August 1905 zu einem Balkanurlaub aufbrachen, fuhren sie auf dem Weg nach Belgrad durch Novi Sad, ohne Milevas Eltern aufzusuchen. Ein solches Verhalten widersprach sämtlichen Regeln der serbischen Etikette. Entweder hatten sie sich bewußt unhöflich benommen, oder sie wurden dringend in Belgrad erwartet. Jedenfalls fuhren sie direkt zu den Savić', wo Albert deren Töchter zum erstenmal zu Gesicht bekam.

\*

83

Die Einsteins hielten sich in Belgrad nur einen einzigen Tag im Haus der Savić' in der Katanićeva-Straße auf. Am folgenden Morgen fuhren alle nach Kijevo, einem Dörfchen an einem See außerhalb Rakovicas. Während der Zug auf der Strecke Belgrad–Niš in Richtung des Dorfes tuckerte, blickten sie auf kleine rötliche Hügel hinaus, die sich vom Fluß hinweg nach Süden erstreckten. Die kahlgeschlagenen Hügel waren von herrlichem Immergrün bedeckt. In der Nähe des Kurorts ragte der 511 Meter hohe Berg Arvala empor; er war von stachligem Eichengestrüpp und Felsvorsprüngen überzogen. Der Zug schlängelte sich um den Berg herum und kam bald zum Stehen. Die beiden Familien hielten sich eine Woche lang in einem kleinen Hotel am See auf.

Nach der Urlaubswoche mit den Savić' machten die Einsteins endlich Milevas Eltern ihre Aufwartung. In den ersten Tagen in Novi Sad stellte Mileva ihre neue Familie alten Freunden vor, darunter Desana Tapavica, die Dr. Emil Bala, den künftigen Bürgermeister von Novi Sad, geheiratet hatte. Mileva erklärte sowohl Desana als auch ihrem Vater:»Kurz bevor wir nach Novi Sad abgereist sind, haben wir eine wichtige Arbeit beendet, die meinen Mann weltberühmt machen wird!«[15]

Während Mileva ihre Freunde besuchte, entdeckte Albert das *Erzsébet Királyné Kávéház*, das Königin-Elisabeth-Café, das zu einem Hotel gleichen Namens gehörte. Der Eigentümer war Lazar Dundjerski, einer der reichsten Männer der Gegend. Dundjerski gehörte auch ein hinter dem Hotel gelegenes Theater, das er aus den Ruinen eines Vorläuferbaus errichtet hatte. Unter österreichisch-ungarischer Herrschaft durften Dramen und Opern in serbischer Sprache damals nicht öffentlich aufgeführt werden. Deshalb hatte Dundjerski 1895 dieses etwas versteckte Gebäude für serbische Dramatiker errichtet.

Eigentlich gehörten zwei Cafés zu dem Hotel. Das vordere befand sich unter einem rechteckigen, zeltartigen Dach, das durch einen hüfthohen, mit Filigran verzierten Schmiedeeisenzaun von der Hotelmauer getrennt war. Die Gäste saßen auf unbequemen schwarzen Metallstühlen an winzigen Marmortischen, die nur Platz für zwei Kaffeetassen und einen Aschenbecher boten. Je nach Einfall der Sonne entfaltete man weiße Baumwollvorhänge, um die Gäste zu schützen. Im Jahre 1911, als die rot-gelben elektrischen Straßenbahnen in Betrieb genommen wurden, machte der Lärm Plaudereien auf der Caféterrasse unmöglich. Aber dies war immer noch der beste Ort in der Stadt, um Menschen beim Vorbeiflanieren zuzusehen. Wenn Albert Gäste empfangen oder einfach nur ungestört lesen wollte, spazierte er durch das Hotel zur hinteren Terrasse. Dort saß er mit seinen Büchern und Zeitungen an einem runden Holztisch im Schatten der weißen Topffliederbäume und der kleinen Platanen. Noch heute erzählen sich Bewohner von Novi Sad Geschichten über Alberts Gesprächigkeit und sein Gelächter. Auf dieser Terrasse soll Albert gesagt haben, er sei »nicht gegen maßvollen Alkoholgenuß«. »Voilà«, rief er, »der Serbe trinkt von der Geburt bis zum Tod. Wenn er geboren wird, wenn er heranreift, wenn er reist, wenn er heiratet, wenn er begraben wird – und doch sind die Serben eine Nation von Genies. So empfinde ich sie meiner Frau wegen.«[16] Am Abend kehrte er immer zu Fuß zum Haus der Marić' in die nur ein paar Blocks entfernte Kisačka-Straße zurück.

Lieserl wäre 1905 dreieinhalb Jahre alt gewesen, aber nichts deutet während dieses Besuchs auf ihre Anwesenheit hin.

\*

Im Januar 1906 promovierte Albert endlich an der Universität Zürich. Zwei Monate später wurde er am Schweizer Patentamt erneut befördert, und sein Gehalt erhöhte sich auf 4500 Franken.

Mehr als ein Jahr war seit der Reise nach Belgrad vergangen, als Mileva Helene in einem Brief für den »freundlichen Empfang« in Kijevo dankte.[17] Und sie schrieb ihrer Freundin nur, weil diese sie in einer Postkarte »ordentlich beschämt« hatte.

Mileva fuhr fort: »Ich denke so oft mit Vergnügen an Deine herzigen Kinder, l. Helene; was für ein intelligentes Kind ist Deine Julka schon, es ist erstaunlich.«[18] Wieder einmal hatte Mileva einen Fauxpas begangen. Es war unhöflich, nur von einem Kind und nicht von den anderen zu sprechen.

Im Sommer 1906 war Albert so sehr mit seiner Arbeit und seinen vielen Projekten beschäftigt, daß Mileva ihre Eltern in jenem Jahr allein mit Hans Albert besuchte. Sie hätte sich gern mit Helene getroffen, aber das erwies sich als unmöglich: »...ich habe nämlich keinen Reisepass, und hier in Ungarn ist er nur mit Schwierigkeiten zu erhalten. Könntet Ihr mich, falls ich keinen bekäme, vielleicht irgendwie einschmuggeln, oder könnten wir uns dann einen Nachmittag in Zemun [am österreichisch-ungarischen Ufer der Donau] treffen? Ich erwarte also mit grosser Freude Deine Weisungen.«[19]

✳

Die hektischen Jahre 1907 und 1908 verstrichen rasch. Zwar liegen kaum Informationen über Mileva vor, aber man darf vermuten, daß sie mit ihrem Sohn und ihrem Haushalt beschäftigt war; bei ihr wohnten Studenten zur Untermiete, für die sie kochte und wusch. 1908 reichte Albert seine Habilitationsschrift *Konsequenzen für die Zusammensetzung der Strahlung, die aus dem Verteilungsgesetz der Energie bei schwarzen Körpern folgen* an der Philosophischen Fakultät II der Universität Bern ein. Im Februar wurde er von der Fakultät zum Privatdozenten berufen.

Die Familie machte im August einen siebentägigen Urlaub im Dorf Zweisimmen in den Berner Alpen. Sie wanderten an der Simme entlang, die sich nach der Frühjahrsschwemme nun beruhigt hatte. Bald gelangten sie ins Simmental mit seinen zarten Alpenblumen und seinen steilen, hallenden Klippen. Als sie das Dörfchen Lenk erreichten, waren sie bereits vierzehnhundert Meter hinaufgeklettert. Im Dorfzentrum lag der einzige Gasthof, das Hotel Hirsch, ein traditionelles Holzhaus mit einem Dach, das an der Nordseite fast den Boden berührte. An allen zur Straße gewandten Fenstern standen weiße Blumenkästen mit roten Hängegeranien. Milevas Hüftverrenkung hinderte sie nicht an der Wanderung, und sie wechselte sich mit Albert beim Tragen ihres Sohnes ab. Innerhalb einer Woche nach der Heimkehr reiste Mileva erneut mit Hans Albert zu ihren Eltern nach Novi Sad. Wieder konnte sie sich nicht mit Helene treffen, die zu jener Zeit ihre Familie in Wien besuchte.

\*

Im März 1909 brach im Königreich Serbien wegen der Annexion von Bosnien-Herzegowina durch Österreich eine Krise aus. Eine aus Serbien und Kroaten bestehende Koalition war für die Monarchie Österreich-Ungarn bedrohlich geworden, weil sie die Annexion ablehnte und das Land für sich selbst begehrte. Ein Krieg lag in der Luft.

Helene erwog zunächst, mit ihrer Familie nach Bern umzusiedeln, um sich den Gefahren einer drohenden militärischen Auseinandersetzung zu entziehen, und sie bat Mileva um Hilfe. Am 29. März antwortete Mileva auf einer Postkarte, sie mache sich Sorgen und »bedaure nur die armen Männer«; sie setzte hinzu:»Wir ... freuen uns sehr auf ein baldiges Wiedersehen.«[20]

Mileva hatte die Initiative übernommen und sich bei Grundstücksmaklern und mittels Zeitungsannoncen nach einer Pension oder einer möblierten Wohnung für die Savić' umgesehen. Allerdings wußte sie nicht, ob sich Helenes Kinder in einer Pension wohl fühlen würden. Denn nach Helenes hohen österreichischen Maßstäben hätten Pensionen »eine eigentlich für Kinder unvorteilhafte Nahrung« zu bieten.[21]

Letzten Endes beschlossen Helene und ihre Familie, lieber nach Wien zu ziehen. Zwei Monate später berichtete sie Mileva über ihre schwache Gesundheit. Diese erwiderte, sie hoffe, daß sich Helene keiner Operation unterziehen müsse.[22] Außerdem schrieb sie:»Ich würde bitten um eines von deinen Kindern, doch fürchte ich zu sehr sie würden sich zu

ungern von der Mama trennen.«[23] Andernfalls »entscheide
bitte Du selbst, welche von den Kleinen unser Gast sein
darf«.[24]

Im selben Brief bot Mileva an, Helenes verwaiste Nichte
bei sich zu beherbergen: »Würdet Ihr mir vielleicht die kleine Mara für die Zeit Eueres Aufenthaltes hier anvertrauen,
und ihre Kinderfrau zu Hause lassen, mein kleiner Albert, der
eine unendliche Sehnsucht nach Kindern hat, würde die grösste
te Freude haben.«[25] Sie sei bereit, Mara oder eines von
Helenes Kindern für zwei Jahre aufzunehmen.

Für zwei Jahre! Mileva beantwortete offenbar einen Brief
von Helene, die sich während ihrer Krankheit um das Wohlergehen ihrer Kinder sorgte. Wir wissen nicht, ob sie Mileva
bat, sich ihrer Töchter über einen langen Zeitraum hinweg
anzunehmen. Jedenfalls steht fest, daß Helene voller Angst in
die Zukunft blickte und daß Mileva ihrer Freundin gegenüber eine rühmliche Loyalität bewies.

Im September hatte sich die Kriegsgefahr gelegt, und Helene
kehrte mit ihrer Familie nach Belgrad zurück, wo die acht-
jährige Julka wieder zur Schule ging. Mileva beschwerte sich
darüber, daß es so schwer gewesen sei, Helene aufzuspüren.[26]
Einer der Sätze in Milevas Brief ist mit einer anderen Feder
durchgestrichen worden. Als ich zu dieser Stelle des Briefes
kam, ging ich zum Fenster und hielt die Kopie des Briefes
gegen das Glas. Im Licht konnte ich lesen: »Ich versuche mich
immer zu trösten wegen meiner Entschei […].« Meinte sie ihre
Entscheidung, Lieserl zurückzulassen? Wer hat den Satz
gestrichen? Mittlerweile wurde es zur Regel, daß in der rele-
vanten Korrespondenz hier und dort eine Seite fehlte oder daß
ein falsches Datum erschien.

✳

Albert hatte zu diesem Zeitpunkt begonnen, offen mit anderen Frauen zu flirten. Als er allzu enthusiastisch auf eine Karte von Anna Meyer-Schmid, einer früheren Freundin, reagierte, machte Mileva eine Szene. Albert entschuldigte sich bei

Annas Ehemann: »Ich bedauere es sehr, wenn ich Ihnen durch mein unvorsichtiges Verhalten Kummer bereitet habe. Ich habe das Gratulationskärtchen, welches mir Ihre Frau bei Gelegenheit meiner Ernennung sandte, zu herzlich beantwortet und dadurch frühere Sympathie, die zwischen uns bestand, wieder erweckt.«[27] Jahre später, 1951, klagte Albert gegenüber Annas Tochter, daß Milevas Eifersucht für Frauen »mit ungewöhnlicher Häßlichkeit« typisch sei.[28]

Fünf Monate nach dem Vorfall teilte er seinem besten Freund und lebenslangen Briefpartner Michele Besso mit: »Seelisches Gleichgewicht, das wegen M. verloren, nicht wiedergewonnen.«[29] Die Ehe der beiden begann offenbar zu bröckeln.

Albert akzeptierte eine Berufung als außerordentlicher Professor für theoretische Physik an die Universität Zürich, und im Oktober kehrten sie in ihr geliebtes Zürich zurück, wo ihre Romanze begonnen hatte. Sie mieteten eine Wohnung in der Moussonstraße 12.

Mileva war erleichtert, nach »sieben bitteren und schwierigen Jahren« wieder in Zürich zu wohnen, aber wegen der hohen Lebenshaltungskosten drehten sich viele ihrer Streitigkeiten mit Albert ums Geld. Um sich finanziell durchschlagen zu können, nahm Mileva wieder Studenten in Kost und Logis. Sie erledigte die gesamte Hausarbeit, kletterte vier Treppen hinauf und hinunter und kochte am Tag drei Mahlzeiten für ihre Familie und die Untermieter. Ihre Rolle als Mutter, Haushälterin, Köchin und Ehefrau forderte einen physischen Tribut. Sie war häufig müde und unpäßlich, und Alberts Begeisterung über seine Arbeit schien ihr Elend nur zu vergrößern. Ein damals aufgenommenes Foto zeigt sie in einem alten, unschönen gemusterten Hauskleid mit einem breiten, runden spitzenbesetzten Kragen. Ihr früher üppiges Haar, nun schlaff und glanzlos, ist kurz geschoren. In einem ihrer wenigen intimen Briefe schüttete sie Helene ihr Herz aus: »Du siehst, bei solcher Berühmtheit bleibt nicht gar viel Zeit für die Frau übrig. Ich las einen gewissen Schelm zwischen den Zeilen, als Du schriebst ich müsse eifersüchtig sein auf die Wissenschaft, aber was kann man machen, dem einen die Perle dem andern die Truhe. Ich hatte so grosse Freude mit Deinem ersten Brief, es that mir so wohl zu sehen was für eine gute Meinung Du von mir hast und dass Du mich lieb hast. Ich frage mich auch oft, ob ich dieser Meinung auch in Wirklichkeit einigermassen entspreche, oder ob ich vielmehr ein Mensch bin, der viel und leidenschaftlich empfindet, viel kämpft und meinetwegen dadurch auch leidet, und aus Stolz oder vielleicht Scheu vor fremden Blicken eine siegesbewusste und überlegene Miene aufsetzt, bis er selber glaubt sie sei ächt und ich muss Dich fragen, ob Du mich wohl, auch wenn letzteres der Fall wäre, und mein innerstes Innere weniger stolz da stünde, ob Du mich auch dann lieb haben könntest. Du siehst ich bin sehr liebesdurstig, und würde mich so freuen ein ja zu hören, dass ich fast glaube, die böse Wissenschaft ist schuld, und ich gern dein Lächeln darüber gelten lasse.«[30]

Im Sommer dankte Mileva Helene für »die Photographie Deiner Kinder. Ich finde dass sie beide, obwohl äusserlich sehr verschieden, etwas ungemein liebes im Ausdruck haben.«[31]

Julka ähnelte ihren Eltern nicht. Sie war ein dunkles, rätselhaft wirkendes Kind mit herzförmigem Gesicht, großen dunklen Augen und kleinen, doch vollen Lippen. Zora dagegen war eine Blondine mit breiten Wangenknochen, einem schmalen, dünnen Mund und kleinen, unscheinbaren Augen. Sie glich Helene, doch ihr fehlte die Vitalität ihrer Mutter.

Mileva schrieb Helene über ihren Sohn Hans Albert: »…sein grosser Kummer ist dass er keine Geschwister hat; wir sind schon so halb und halb entschlossen irgendein Kind in ungefähr seinem Alter in's Haus zu nehmen, vielleicht ein Mutterloses, wenn wir ein nettes finden könnten.«[32] Aber bevor sie diese überraschende Idee verwirklichen konnte, wuchs die Familie von neuem. In einem späteren Brief teilt Mileva ihrer Freundin mit, sie sei schwanger: »…nächsten Sommer erwarten wir noch einen Dritten Verbündeten, etwa auf August.«[33] Sah sie das ungeborene Kind, sich selbst und Hans Albert als Gruppe von drei Personen, der Albert als Feind nicht angehörte? Oder konnte der »Dritte Verbündete«

Lieserl sein, das erste von Milevas drei Kindern? Jedenfalls ist in ihrer Ankündigung kein Jubel zu entdecken – der Text wirkt distanziert und weicht von ihren sonstigen Äußerungen über Kinder ab. Mehr noch, Mileva leitet ihre Nachricht sogar mit einem Satz über Alberts neuen Posten und seine vielen Publikationen ein.

\*

Als Mileva feststellte, daß sie mit Lieserl schwanger war, schien sie im tiefsten Innern entzückt zu sein. Albert und sie würden nicht nur durch ihre Liebe, sondern auch durch die Elternschaft miteinander verbunden sein. Während ihrer ersten Schwangerschaft mußte sich Mileva häufig erbrechen, und sie litt unter schweren Kopfschmerzen. Aber trotzdem gelang es ihr, in einem Brief an Albert über ihren Zustand zu scherzen.[34]
Nun, da sie wieder schwanger war, machte sie sich angesichts ihrer Erbkrankheit größere Sorgen um ihr Baby. Vielleicht teilte Albert ihre Ängste, denn viele Jahre später warnte er seinen Sohn vor den »Gefahren« der Erbmasse seiner Mutter.[35]
Milevas Hüftverrenkung läßt sich über eine Reihe von Generationen zurückverfolgen. Außerdem gibt es in der Familie Marić Anzeichen für eine erbliche geistige Labilität. Milevas Schwester Zorka litt ebenfalls an der Hüftverrenkung und zudem an einer durch Alkoholismus gesteigerten Psychose. Ihr Bruder Miloš galt immer als über die Maßen exzentrisch, und ihr Vater war laut Aussagen von Zeugen in Novi Sad und Kać depressiv.

\*

Eduard Einstein wurde am 28. Juli 1910 in Zürich geboren. Albert schickte Helene eine kurze Anzeige. Und Mileva berichtete stolz in einem Brief, den sie Helene schrieb, als Eduard ungefähr sieben Monate alt war: »Ich nährte ihn bis vor 2 Wochen selbst.«[36]

91

1910 war das Jahr, in dem Marie Curie (zusammen mit André Debierne) metallisches Radium isolierte, wofür sie später ihren zweiten Nobelpreis (für Chemie; der erste war ihr für Physik verliehen worden) erhielt. Mileva hatte gehofft, die Welt der Wissenschaft und der Entdeckungen mit ihrem Mann teilen zu können. Statt dessen saß sie immer wieder allein in dem alten Sessel am Fenster in der Moussonstraße. Der öde Winter verstrich für Mileva nur langsam. Albert hielt sich meistens an der Universität auf. Häufig besuchte er mit seinen Freunden Vorlesungen und Konzerte. An einem Tag hörte er den Vortrag »Fragen der Liebe und ihre Wirkungen im Unbewußten«.[37] Danach widmete Albert in einem Café am Bellevueplatz zwei slawischen Schwestern »von seltener Schönheit und Anmut« enorme Aufmerksamkeit.[38]

$$*$$

Auch ihre Ehe sei nicht mehr so wie früher, klagte Helene ihrer Freundin Mileva, aber sie habe sich zu ihrem Bedauern damit abgefunden.[39]

Ungeachtet ihrer Schwierigkeiten gab Mileva sich Mühe, die Beziehung zu Albert zu pflegen. Trotz ihrer kleinen Kinder besuchte sie die meisten seiner öffentlichen Vorträge. Zudem unterstützte sie seine Musikleidenschaft. Schon vor ihrer Hochzeit hatten sie viele musikalische Abende miteinander verbracht: Mileva saß am Klavier, Albert spielte seine Geige, und eingeladene Freunde leisteten ebenfalls einen musikalischen Beitrag. Mileva sorgte dafür, daß die von Albert so geschätzten musikalischen Abende in ihrer Wohnung fortgesetzt wurden.[40]

Aber dann löste Albert eine weitere Krise aus: Er nahm des höheren Gehaltes wegen einen Ruf nach Prag an. Mileva wollte nicht umziehen, aber trotz ihrer Einwände siedelte die Familie im April 1911 nach Prag um. Die Briefe an Helene wurden selten, doch im Februar 1911, kurz bevor die Familie Zürich verließ, beschwerte sich Mileva über den Umzug: »Es bangt mir auch ein wenig wegen den Kindern, die in diesen

unerfreulichen Verhältnissen aufwachsen sollen.«⁴¹ Im selben
Brief verglich sie die Situation von Männern, die außerhalb
des Hauses arbeiteten, mit der von Frauen, die sich daheim
bei den Kindern aufhielten:»... ich glaube auch dass wir Frau-
en viel länger an der Erinnerung an jene merkwürdige Zeit,
die sich Jugend nennt, hängen und unwillkürlich möchten
dass es immer so wäre. Findest Du nicht; die Männer finden
sich besser in die jeweilige Gegenwart.«⁴²
In Prag verschlechterte sich Eduards Gesundheit fast sofort.
Hier begann sein lebenslanges Leiden an unerklärlichen Kopfschmerzen und immer wiederkehrenden Mittelohrentzün-
dungen:»Der kleine Eduardli, den ich als gesundes blühen-
des Kind hinbrachte, kam allmählig herunter« und»zeigte
Anzeichen von Englischer Krankheit«, schrieb Mileva 1913.⁴³
»Die higienischen Verhältnisse sind ... derart, dass es mir mit
meinen Kleinen manchmal sehr schwer wurde. Das es kein
trinkbares Wasser gibt dort, wird Dir schon bekannt sein
ebenso ist die Milch von zweifelhafter Qualität; die Luft stets
voll Russ, [es gibt] keine Gärten und überhaupt wenig freie
Plätze so dass die Kinder wirklich im Zimmer leben muss-
ten.«⁴⁴
Mileva verließ sich häufig auf kinderärztliche Informationen von ihrem Freund Dr. Lazar Marković. Der in Novi Sad
auch als Schriftsteller und Dramatiker sehr bekannte Arzt
beschäftigte sich in seinen Arbeiten mit Kultur- und Gesund-
heitsfragen. Eines seiner Stücke, eine Moralität, trug den Titel
*Die Ehe oder Wie erhält eine Nation guten Nachwuchs.* In
dem Stück fragt der Bauer Milan, dessen Tochter und Enkel
krank sind, ob»Wahnsinn und Nervenkrankheiten erblich«
seien.
Der Arzt antwortet:»Nun, die Veranlagung zu Wahnsinn,
Geistes- und Nervenkrankheiten ist erblich. Sogar die Familienmitglieder, die nicht wahnsinnig werden, sind in keiner
guten Verfassung. Sie sind häufig reizbar, geizig und eigen-
sinnig. Sie sind seltsam.«
Dann will der Bauer wissen:»Können diese Kinder ihre
Kraft zurückgewinnen?«

»Mit guter Pflege und einem gesunden, maßvollen Leben können sogar schwächere Kinder kräftiger werden. Das ist jedoch nicht der Fall, wenn sie seit der Empfängnis beeinträchtigt sind«, erwidert der Arzt. »Wenn ein Kind mit einem kranken Gehirn oder kranken Nerven geboren wird, ist es schwierig, das Gebrechen zu unterdrücken. Die schreckliche Krankheit verbirgt sich bereits in diesen Kindern, und sie wird oft durch den kleinsten Anlaß geweckt. Leicht steckt man ein Pulverfaß an.«[45]

Während Eduard immer kränklicher wurde, entfernte sich Albert emotional zunehmend von seiner Frau. Später, im Jahre 1915, sollte er sich bei Zangger beklagen: »Mein Jüngster ist leider etwas schwächlich geraten.«[46] Im folgenden Jahr schrieb er Michele Besso: »…ich mache mir keine grossen Illusionen. Man muss der Wahrheit ins Auge sehen können, auch wenn sie noch so hart ist.« Wahrscheinlich werde Eduard nie »ein ganzer Mensch« werden. »Wer weiß, ob es nicht besser wäre, wenn er Abschied nehmen könnte, bevor er das Leben richtig gekannt.«[47]

Zum Glück ließ sich Albert bald überzeugen, Prag zu verlassen. Im Januar 1912 fuhr die Familie, »sehr froh, dass wir Prag den Rücken gekehrt haben«,[48] nach Zürich zurück. Diesmal konnten sich die Einsteins eine komfortable Sechszimmerwohnung an der Sonnenseite des Zürichbergs leisten. Albert wurde in seiner neuen Stellung als Professor für Theoretische Physik an der ETH herzlich begrüßt. Sein Gehalt stieg auf 10 000 Schweizer Franken.

\*

Im April 1912 reiste Albert zu einem Treffen mit anderen führenden Physikern nach Berlin. Dort kam er mit zwei seiner Cousinen, Paula Einstein und deren Schwester Elsa Löwenthal, zusammen. Elsa war seit 1908 geschieden und hatte zwei Töchter im Alter von fünfzehn und dreizehn Jahren. Albert empfand sofort Interesse für Paula, fühlte sich jedoch bald gelangweilt und wandte sich Elsa zu. So begann eine intime Beziehung, die dreiundzwanzig Jahre dauern sollte. Später teilte er Elsa mit:»Paulas Benehmen hat mir sehr missfallen. Ich begreife nur schwer, wie ich an ihr habe Gefallen finden können.« Dann beantwortet er seine eigene Frage: »Eigentlich ist es aber sehr einfach. Sie war jung, ein Mädchen und entgegenkommend. Das war genug.«[49]

Am 10. Oktober schrieb Albert seiner Cousine:»Sie [Mileva] fragt nicht nach Dir, aber ich glaube, sie unterschätzt darum doch nicht die Bedeutung, die Du für mich hast.«[50] Kurz darauf beklagte er sich bei Elsa:»Miza ist der sauerste Sauertopf, den es je gegeben hat. Es graut mir davor, sie und *Dich* beisammen zu sehen. Wie wird sie sich wie ein Wurm krümmen, wenn sie Dich nur von ferne sieht!«[51]

Es ist nicht schwierig, sich auszumalen, wie Mileva von der Affäre erfuhr, denn Albert war dafür bekannt, nichts für sich behalten zu können.[52] Höchstwahrscheinlich platzte er bei einem Wutausbruch einfach damit heraus – das war seine Art. Mileva muß am Boden zerstört gewesen sein. Sie hatte Kinder mit ihm und liebte ihren Mann immer noch zutiefst. Schweigen war ihre einzige Form der Verteidigung, was Albert veranlaßte zu behaupten, sie sei»von Natur unliebenswürdig und misstrauisch«.[53] Während Mileva immer melancholischer wurde, verstärkte sich Alberts Überzeugung, daß Elsa seine Rettung sei.

Im Oktober 1912 erklärten Montenegro, Bulgarien, Griechenland und Serbien der Türkei den Krieg. Der Erste Balkankrieg hatte begonnen. Er war im Dezember beendet, doch Ende Juni 1913 kam es zum Zweiten Balkankrieg: Bulgarien griff serbische und griechische Stellungen an. Durch die Kriege wurde die Postzustellung unberechenbar. Es gibt nur ein einziges bekanntes Schreiben aus jener Zeit: einen fünfseitigen Brief an Helene, der Ende Dezember 1913 aufgegeben wurde. Mileva beginnt:»Wenn Du wüsstest wie sehr ich mich mit Deinen lieben Nachrichten freue, hättest Du mir alle Deine Briefe, die mich nicht erreichen sollten, doch geschickt.« Aber etwas scheint die Freundschaft getrübt zu haben, denn

Mileva fährt fort: »Offen gestanden, ich habe im Laufe des vorigen Jahres öfter daran gedacht Dir zu schreiben, und nur eine gewisse Scheu hielt mich zurück, weil ich glaubte Du wünschest es nicht. Andererseits finde ich in Deinem gestrigen Brief soviel Bewunderung, die ich natürlich absolut nicht verdiene, und die mich beschämt…«

Sie erwähnt nicht, weshalb sie sich mit Helene gestritten hat, sondern setzt sofort zu einer eindringlichen Schilderung ihrer Privatprobleme an: Albert sei ein berühmter, von seinen Kollegen respektierter und bewunderter Physiker geworden. Doch er lebe nur noch für seine Arbeit, weshalb Mileva gestehen müsse, daß die Familie für ihn auf den zweiten Platz gerückt sei.[54]

Auf der Rückseite des fünften Blattes fügte Albert, offensichtlich ohne Milevas Brief gelesen zu haben, hinzu: »Ich kann diese Gelegenheit, der serbischen Heldin ein Grüsschen zu senden, nicht vorbeigehen lassen. Wir freuten uns sehr, dass für Euch die aufregenden Zeiten gut vorbeigegangen sind.«[55] Mit dem Begriff »serbische Heldin« bezog sich Albert aller Wahrscheinlichkeit nach auf Helenes Arbeit als freiwillige Krankenschwester.

∗

Milevas Gesundheit verschlechterte sich nun zusehends. Sie war bei Eduards Geburt fast fünfunddreißig Jahre alt gewesen, und die Belastung, ihn auszutragen, könnte der Auslöser für ihren lebenslangen Kampf mit dem Rheumatismus gewesen sein, der nun noch zu ihrem Hüftproblem hinzukam. Sogar das Gehen konnte zu einer Qual für Mileva werden, so daß es ihr schwergefallen sein dürfte, hinter zwei kleinen Kindern herzulaufen.

Mileva hatte geplant, Albert am 26. März 1913 nach Paris zu begleiten, wo er eine Vorlesung über das Gesetz des photochemischen Äquivalents halten würde. Aber am 14. März schrieb Lisbeth Hurwitz, die Tochter eines befreundeten Ehepaares, in ihr Tagebuch, daß ihre Mutter und sie Mileva besucht und zu ihrem Entsetzen festgestellt hätten, daß Milevas Gesicht stark gequetscht und geschwollen gewesen sei. Albert behauptete, die Prellungen hätten mit einem Zahnproblem zu tun. Mileva beantwortete die Fragen ihrer Freundin nicht, und Albert reiste allein nach Paris.

Inzwischen kamen Albert und Elsa seit fast einem Jahr heimlich zusammen, und er erhielt über die Universität regelmäßig Liebesbriefe von ihr. Einmal antwortete er:»Andererseits behandle ich meine Frau wie eine Angestellte, der ich allerdings nicht kündigen kann.« Er klagte über das»eisige Schweigen« bei sich zu Hause und fuhr fort:»[Mileva] ist eine unfreundliche humorlose Kreatur, die selbst nichts vom Leben hat und anderer Freude am Leben durch ihre blosse Anwesenheit untergräbt.«[56]

Gleichwohl versuchte Mileva weiterhin, ihre Ehe aufrechtzuerhalten. Mitte September besuchte die ganze Familie den »Turm« in Kać. Albert verbrachte einen Teil seiner Zeit damit, daß er mit einem Fahrrad oder einem Eselskarren ins Dorf fuhr. Eines frühen Abends ging er mit Mileva ins Ortscafé und bat den Musiker, sein Lieblingslied über ein Bauernmädchen zu singen. Es lautete: *Obwohl meine Augen alle Männer in Novi Sad gesehen haben, habe ich einen Fehler gemacht. Ich habe mich zu jung verliebt. Und ich hatte nicht einmal mit ihm gesprochen, bevor wir heirateten.* Einstein war begeistert von dem Lied und forderte den Musiker mehrere Male auf, es erneut zu spielen.[57]

Am Samstag, dem 20. September, schrieb Albert seinem Freund Heinrich Zangger in Zürich:»Seit Montag leben wir hier in ländlicher Stille bei meinen Schwiegereltern. Die Reise ging gut von Statten, war aber beschwerlich. Hier herrscht grosse Hitze. Von Cholera merkt man nichts. Morgen gehe ich mit meiner Frau nach Wien.«[58]

Anscheinend verließen die Familien Marić und Einstein am selben Spätnachmittag Kać und kehrten in den Hauptwohnsitz in Novi Sad zurück. Mileva und Albert hatten unzweifelhaft geplant, zusammen nach Wien zu reisen, wo er am 23. September einen Vortrag auf der Jahresversammlung der

Gesellschaft Deutscher Naturforscher und Ärzte zu halten hatte. Hans Albert und Eduard sollten in Novi Sad bleiben, wo Mileva sie nach der Konferenz abholen würde. Aber statt von Wien nach Zürich zurückzukehren, beabsichtigte Albert, nach Berlin zu reisen, um über eine neue Stelle an der Preußischen Akademie der Wissenschaften zu verhandeln. Und natürlich würde er dort auch Elsa treffen.

Am frühen Abend hatten Mileva und Albert laut Aussagen von Familienmitgliedern eine schreckliche Auseinandersetzung in Gegenwart der Marić' und ihrer Kinder. Hans Albert war vertraut mit solchen Vorfällen und verzog kaum das Gesicht, was ihm den Spitznamen »Steinli« eingebracht hatte.[59] Um 19.50 Uhr stieg Albert allein in den Zug nach Wien.

✳

Während des Besuchs in Kać litt Hans Albert an einer schmerzhaften Mittelohrentzündung. In einem 1970 geschriebenen Brief an Djordje Krstić, einen langjährigen Freund der Familie Marić, berichtet er, sein Bruder und er seien bei jenem Besuch »griechisch-katholisch« getauft worden. Die Taufe habe in der Ortskirche stattgefunden, und er erinnere sich an den schönen Gesang.[60]

Mileva, obwohl im Innersten religiös, erzog ihre Kinder nicht im christlichen oder jüdischen Glauben. Sie folgte dem traditionellen Pfad der Serbin, der in einem Gedicht von Knez Rogan beschrieben wird: »Was eine Frau tut, ist ein stets lächelndes Wunder; im Glauben kümmert sie sich nicht um ›welchen‹ oder ›was‹; hundertmal ändert sie ihre Überzeugung, damit sie die Sehnsucht des Herzens besitzt.«[61] Mit anderen Worten, sie ließ sich von Alberts Wünschen leiten, was bedeutete, daß eine organisierte Religionsausübung in ihrer Familie keinen Platz hatte. Nun hatte offenbar ihr Vater beschlossen, daß es an der Zeit sei, seine Enkel mit Gott bekannt zu machen.

Die um 1730 im klassischen Barockstil errichtete Nikolajevska crkva (St. Nikolaus) ist die älteste Kirche von Novi

Sad. Die Wände sind mit Goldfiligran geschmückt, welches das Licht von den Buntglasfenstern und von Hunderten flackernder Kerzen her einfängt. Der Priester der Kirche, Pater Teodor Milić, war ein berühmter Sänger, Prediger, radikaler Politiker und persönlicher Freund von Miloš Marić. Als die Familie in der Kirche eintraf, rannte der kleine Eduard sofort im Kreis herum. Niemand konnte ihn besänftigen. Milevas Bruder packte ihn, als er hinter die Ikonostase laufen wollte, wohin sich nur die Priester begeben dürfen, und brachte ihn zur Apsis. Dort befanden sich ein kleines Kreuz, eine Silberschale mit Öl, ein mit Wasser gefüllter Kristallpokal und ein *Sveto pismo*, eine Bibel, auf einem ovalen Marmortisch. Über ihnen wölbte sich die mit Fresken von Gott und hochschwebenden Engeln versehene Decke.

Dr. Lazar Marković, der den Spitznamen *Mrgud*, »der Mürrische«, trug, war als *kum*, als Pate, der Kinder ausersehen; er hielt zwei große Bienenwachskerzen, um die blaue Bänder geschlungen waren, in den Händen. Pater Milić trug ein rotes Samtgewand mit einem schmuckvoll bestickten Goldkreuz auf dem Rücken. Er sprach ein kurzes Gebet und legte ein weißes Tuch auf die Schultern der beiden Kinder. Der Priester wandte sich ihnen zu, schöpfte eine Handvoll Wasser und besprengte ihre Köpfe dreimal mit den Worten: »Die Kinder Gottes sind getauft, Hans Albert und Eduard, im Namen des Vaters, amen, im Namen des Sohnes, amen und im Namen des Heiligen Geistes, amen.« Der Priester bekreuzigte sich und salbte beide an der rechten Seite von Stirn, Augen, Nase, Mund, Ohren, Händen und Beinen. Danach salbte er die linke Seite ihrer Körper. Dr. Marković und der Priester führten die Jungen dreimal um den Marmortisch. Ein paar Haarsträhnen wurden vom Schopf beider Kinder abgeschnitten, in eine Wachskugel gedrückt und Miloš und Marija überreicht. Alle bekreuzigten sich und sagten: »Amen.«

Am folgenden Tag brachte die Zeitung *Zastava* (Die Fahne) in Novi Sad einen Bericht über die Taufe. »Kleine Schweizer von serbisch-orthodoxem Glauben«, lautete die Schlagzeile.

»Gestern wurden in der hiesigen serbisch-orthodoxen Kirche zwei kleine Schweizer, die Söhne Albert Einsteins und die Enkel unseres geschätzten Freundes und Mitbürgers Miloš Marić getauft. Diese Taufe des kleinen Albert und Eduard in serbisch-orthodoxem Glauben vollzog sich gemäß den Wünschen ihres Großvaters Miloš.«[62]

\*

Im April 1914, als der Foxtrott den Kontinent eroberte, wurde Albert von der Preußischen Akademie der Wissenschaften in Berlin aufgenommen. Er neckte Elsa: »Erzähle mir auch, wieso Du von der bevorstehenden Berufung etwas wusstest, und wieso Du etwas zu der Sache hast beitragen können.«[63]

Wieder wollte Mileva nicht umziehen, denn in Berlin waren Alberts Mutter und all seine Verwandten, darunter auch Elsa, nicht fern. Elsa, von Albert gedrängt, bot Mileva sogar ihre Hilfe bei der Wohnungssuche an. Mileva lehnte ab, was Albert nicht nachvollziehen konnte. Er ließ Elsa wissen: »Meine Frau geht mit sehr gemischten Gefühlen hin [nach Berlin], weil sie die Verwandten fürchtet, vielleicht am meisten Dich (hoffentlich mit Recht!).«[64]

Aber Mileva hatte keine Wahl. Die Ehe war inzwischen in einem desaströsen Zustand. Albert erklärte Mileva, wenn sie mit ihm verheiratet bleiben wolle, habe sie folgende Bedingungen zu beachten:

»A. Du sorgst dafür 1) dass meine Kleider und Wäsche ordentlich in Stand gehalten werden 2) dass ich die drei Mahlzeiten *im Zimmer* ordnungsgemäss vorgesetzt bekomme 3) Das mein Schlafzimmer und Arbeitszimmer stets in guter Ordnung gehalten sind, insbesondere, dass der Schreibtisch *mir allein* zur Verfügung steht. B. Du verzichtest auf alle persönlichen Beziehungen zu mir, soweit deren Aufrechterhaltung aus gesellschaftlichen Gründen nicht unbedingt geboten ist. Insbesondere verzichtest Du darauf 1) dass ich zuhause bei Dir sitze 2) dass ich zusammen mit Dir ausgehe oder verreise. C. Du verpflichtest Dich ausdrücklich, im Verkehr mit mir folgende Punkte zu beachten 1) Du hast weder Zärtlichkeiten von mir zu erwarten noch mir irgendwelche Vorwürfe zu machen. 2) Du hast eine an mich gerichtete Rede sofort zu sistieren, wenn ich darum ersuche. 3) Du hast mein Schlafzimmer bzw. Arbeitszimmer sofort ohne Widerrede zu verlassen, wenn ich darum ersuche. D. Du verpflichtest Dich, weder durch Worte noch durch Handlungen mich in den Augen meiner Kinder herabzusetzen.«[65]

Elsa und einige ihrer deutschen Kolleginnen hatten in Berlin böse Gerüchte über Mileva gestreut. Das Getuschel kam Albert zu Ohren, und er bestärkte es freudig. Während er sich mit Mileva über Geld, Habseligkeiten und den Zugang zu seinen Söhnen stritt, wurde sie hysterisch und fast handlungsunfähig. Sie hielt es nur ein paar Monate aus, bevor sie mit den Kindern nach Zürich zurückkehrte.

Albert zog sofort in eine Junggesellenwohnung um die Ecke von Elsa. Auf sich gestellt, blühte er auf. »Das Leben ohne meine Frau«, schrieb er Zangger im April, »ist für mich persönlich eine wahre Wiedergeburt.«[66] Noch drei Monate später jubelte er Zangger gegenüber: »In persönlicher Beziehung bin ich nie so ruhig und glücklich gewesen wie jetzt. Ich lebe ganz zurückgezogen und doch nicht einsam dank der liebevollen Fürsorge meiner Cousine, die mich ja überhaupt nach Berlin zog.«[67]

Albert war verliebt. Seine Arbeit wurde von den geachtetsten Wissenschaftlern der Welt anerkannt, und er verdiente mehr Geld. Je mehr sich seine Situation verbesserte, desto schlechter erging es Mileva. Ihre Depressionen erstreckten sich manchmal über Tage, dann über Wochen und nahmen schließlich kein Ende mehr.

✳

An einem friedlichen und heiteren Sommertag, dem 28. Juli 1914, wurden Erzherzog Franz Ferdinand und seine Gattin in Sarajevo von Gavrilo Princip, einem serbischen Nationalisten, ermordet. Einen Monat später löste Franz Ferdinands Tod das österreichische Ultimatum aus, das direkt zum Ausbruch des Ersten Weltkriegs führte: Österreich-Ungarn erklärte dem Königreich Serbien in einem Telegramm den Krieg.

»Alle Mächte sollen sich fernhalten, während Österreich in aller Ruhe Serbien erwürgt«, notierte der britische Staatssekretär im Außenministerium, Sir Arthur Nicolson.[68] Einen Tag darauf, am 29. Juli, als die Bombardierung Belgrads begann, floh die Familie Savić nach Paris. Dort nahm Milivoj Savić einen neuen Beruf an. Er beschaffte aus Westeuropa Nachschub für die serbische Armee. Helene setzte ihre Arbeit in einem weiteren Krieg fort: mit einem Rehabilitationsprogramm für verwundete serbische Soldaten.

Am 2. Dezember 1914 wurde Belgrad von den Österreichern besetzt. Den Serben ging die Munition aus, doch Savić und seine Kameraden waren eifrig am Werk. Dreizehn Tage später wurde die serbische Armee, die jenseits der Save biwakierte, in aller Stille wiederbewaffnet. Am folgenden Tag griff sie Belgrad mit einem schrecklichen Geschoßhagel an und eroberte es zurück. Mehr als hunderttausend Österreicher und genauso viele Serben fielen bei der Aktion.

Am 25. November 1915 befahl das serbische Oberkommando den Rückzug über die Berge hinweg zur Adriaküste. Der serbische König Peter wurde während des Exodus auf einer Bahre getragen.

Die Heere der Mittelmächte besetzten neunzig Prozent Serbiens. In Belgrad kämpften Frauen auf den Straßen, versorgten die Verwundeten und begruben die Toten. Man fand Beweise dafür, daß die Österreicher im nordwestlichen Teil Serbiens 306 Frauen niedergemetzelt hatten.[69]

Mileva, die in Zürich vom Krieg verschont wurde, versuchte unterdessen, ihre Möbel und Haushaltsgegenstände aus Berlin an sich zu bringen. Albert dagegen behauptete, sie horte ihre Mitgift (»ihr Heiratsgut«), obwohl sie in Wirklichkeit bemüht war, mit diesem Geld ihren finanziellen Verpflichtungen nachzukommen.[70] Im Januar versprach Albert ihr, er werde immer für sie und besonders für die Jungen sorgen. Aber er fügte hinzu: »... ich finde Deine unablässigen Versuche, alles in meiner Hand befindliche an Dich zu reissen, höchst unwürdig. Hätte ich Dich vor zwölf Jahren so gekannt wie ich Dich jetzt kenne, so hätte ich meine Pflichten gegen Dich ganz anders beurteilt als damals.«[71] Mileva suchte auch nach Wegen, die Beziehung zwischen Albert und Hans Albert zu glätten, denn der Briefwechsel zwischen den beiden war eingeschlafen. Sie schrieb Albert: »Ich erinnere mich so gut, wie sehr Du diesen kleinen Albert früher geliebt hast und halte es für unmöglich, dass Du mir nicht helfen möchtest, Bitterkeiten aus seinem Leben zu räumen, und nicht sie vermehren.«[72] Milevas Bitten bezüglich Hans Albert ließen Albert einlenken und bewirkten vielleicht sogar, daß Albert eine Eheschließung mit Elsa vermied. Im November protestierte er Zangger gegenüber: »Das Streben, mich in die Ehe hineinzuzwängen, geht von den Eltern meiner Cousine aus ... Wenn ich mich fangen lasse, wird mein Leben kompliziert.«[73] Schließlich brach Albert zusammen. Die Arbeit an der Allgemeinen Relativitätstheorie hatte ihn in die Erschöpfung getrieben. Aber sobald er wieder ein wenig zu Kräften gekommen war, ging er erneut in die Offensive und verlangte die Scheidung. Mileva hatte immer noch gehofft, er werde zu ihr zurückkehren. Vielleicht dachte sie, je länger er allein bleibe, desto wahrscheinlicher sei eine Versöhnung mit seiner Familie. Mileva wußte, daß ihm das Junggesellenleben gefiel und daß er seine Unabhängigkeit als unbeschreiblichen Segen empfand.[74] Die Tatsache, daß er nun um Scheidung bat, konnte nur bedeuten, daß er erneut heiraten wollte.

Mileva erlitt einen physischen und psychischen Kollaps und wurde ins Krankenhaus eingeliefert. Albert ließ sie zunächst in Ruhe – aber nicht lange. Im Februar 1916 stellte er ihr erneut »den Antrag, unsere nunmehr erprobte Trennung zu einer Scheidung auszugestalten«.[75] Einen Monat später bedrängte er sie mit Vorschlägen für eine finanzielle Regelung. Und im April erschien er in Zürich, um erstmals nach sieben Monaten seine Söhne zu besuchen. Die Begegnung verlief anfangs erfreulich, aber als Hans Albert seinen Vater bat, sich mit Mileva zu treffen, winkte Albert ab, woraufhin Hans Albert sich seinerseits weigerte, noch einmal mit seinem Vater zusammenzukommen. Albert bezichtigte Mileva, die Kinder gegen ihn aufgebracht zu haben. Dabei hatte er ihr noch zehn Tage vorher dafür gedankt, »dass Du mir die Kinder nicht entfremdet hast«.[76]

Im Juli schrieb Albert seinem Freund Michele Besso, der sich fürsorglich und hilfsbereit Mileva und den Kindern gegenüber zeigte: »Und nun sehe ich in Dir einen Grimm gegen mich wachsen, eines Weibes wegen, das Dich nichts angeht. Wehre Dich dagegen! Sie wäre es nicht wert, wenn sie auch hunderttausendmal im Recht wäre!«[77] Und weiter: »Wir Männer sind jämmerliche, unselbständige Geschöpfe, das gebe ich jedem mit Freuden zu. Aber verglichen mit diesen Weibern ist jeder von uns ein König; denn er steht halbwegs auf eigenen Füssen, ohne immer auf etwas ausser ihm zu warten, um sich daran zu klammern. Jene aber warten immer, bis einer kommt, um nach Gutdünken über sie zu verfügen. Geschieht dies nicht, so klappen sie einfach zusammen.«[78]

Hans Albert und Eduard, jetzt sechs Jahre alt, benötigten ihren Vater. Aber Ende Juli teilte Albert seinem ältesten Sohn mit: »… ich kann gerade nicht weg [von Berlin], weil ich viel zu arbeiten habe.« In einem Postskriptum schrieb er: »Vielleicht kommt Tante Zora zu Euch«,[79] obwohl er wußte, daß Zorka ausgemacht exzentrisch war und ein beunruhigendes Benehmen an den Tag legte.

Dann vollzog Albert ein weiteres verblüffendes Manöver. Am selben Tag, als er Hans Albert unterrichtete, daß er ihn nicht besuchen könne, schrieb er Zangger genau das Gegenteil: »Ich bin ohne Weiteres bereit, nach Zürich zu kommen, um den Buben tagsüber Gesellschaft zu leisten, wenn sie aus den Ferien kommen, damit sie das Gefühl der Vereinsamung nicht bekommen.« Er widersprach sich weiter mit den Worten: »Wenn Sie es aber für angezeigt halten, dass ich komme, so komme ich unbedingt. Pflichten habe ich für die nächsten Zeiten keine unbedingten.«[80] Eine Woche darauf erschien Helene, die sich um Mileva Sorgen machte, in Zürich. Da Mileva im Bett lag und sich nicht um die Kinder kümmern konnte, packte Helene deren Koffer und nahm sie mit nach Vilars sur Beaumont, wo die Savić' ein Landhaus auf einem Hügel am Genfer See gemietet hatten. Helene und die Jungen schlossen sich Julka, Zora sowie Mara Maslać und Stana Košanin, zwei von Helenes Nichten,[81] an und verbrachten erholsame Ferien mit ihnen. Julka war mittlerweile vierzehn Jahre alt. Ihre Augen wichen immer tiefer in die Höhlen zurück und wurden von dunklen Schatten untermalt. Sie war überaus introvertiert und schüchtern. In der Schule zeigte sie hervorragende Leistungen, besonders in den Naturwissenschaften und in Mathematik.

Zu den fünf Kindern im Haus der Savić' kamen noch acht aus der Nachbarschaft hinzu. Die Kinder gründeten eine Bande und bauten sich im Wald eine geheime Blockhütte. Hans Albert kennzeichnete den überwucherten Pfad zu ihrem Versteck, indem er mit seiner Axt Kerben in die Bäume schlug. Am Ende mußte Helene dem Hausbesitzer eine Strafe wegen Verunstaltung des Waldes zahlen.

Während der Ferien redete Helene Hans Albert zu, seinem Vater zu schreiben, doch er weigerte sich.

Albert teilte Besso gegen Ende August mit: »Ich glaube, seine [Hans Alberts] Gesinnung gegen mich hat den Gefrierpunkt nach unten unterschritten.« Und dann, als wollte er alle Gegner beschwichtigen: »Ich würde an seiner Stelle in diesem Alter unter den obwaltenden Umständen wohl auch so reagiert haben.«[82] Albert schien eine seltene sanfte Phase durchzumachen. Er räumte Zangger gegenüber sogar ein: »Die Frau [Mileva] thut mir sehr leid, und ich glaube auch, dass ihre schweren Erlebnisse mit mir und durch mich wenigstens zum Teil an ihrer schweren Erkrankung schuld sind.«[83]

Trotzdem besuchte er die Jungen weiterhin nicht, versprach aber, er werde Mileva »von jetzt an ... nicht mehr mit der Scheidung behelligen«[84].

Der September 1916 war in Europa ein ungewöhnlich warmer Monat. Die Menschen fühlten sich unbehaglich und gereizt. Die Schlacht an der Somme hatte begonnen. Im Laufe von sechs Wochen waren die Alliierten nur zwei oder drei Kilometer vorgerückt, und die Zahl der Opfer überstieg jede Vorstellung. Hans Albert und Eduard gingen beide in der neutralen Schweiz zur Schule. Mileva war den täglichen Haushaltspflichten noch nicht wieder gewachsen und stellte ein Kindermädchen an. Die Ärzte meinten, sie leide vielleicht an einer tuberkulösen Erkrankung des Gehirns.

Am 8. September schickte Albert Helene einen Brief, in dem er sich herablassend beklagte, daß seine Söhne ihn nicht verstünden und deshalb nur Zorn auf ihn verspürten. Doch in Wirklichkeit dürfte eher Albert zornig gewesen sein, denn er schrieb, es wäre vielleicht besser, wenn »ihr Vater sie nicht mehr sähe«[85]. Dann bat er Helene, kein Mitleid mit ihm zu empfinden, da sein Leben trotz der äußeren Schwierigkeiten völlig harmonisch verlaufe.[86] Albert verabscheute Mileva nun genausosehr, wie seine Mutter es einst getan hatte. In demselben Brief an Helene erklärte er, Mileva sei ein »amputiertes Glied« für ihn und werde es stets bleiben. Es sei absolut notwendig, daß er seine Tage fern von ihr beschließe.[87]

Um den 10. September erlitt Mileva einen weiteren Zusammenbruch und wurde in ein katholisches Sanatorium, das Theodosianum in der Asylstraße in Zürich, gebracht. Sie wurde von schweren Angstzuständen und einer äußerst schmerzhaften Knochenhautentzündung des Rückgrats geplagt, die man bis dahin nicht diagnostiziert hatte.[88]

Nachdem sie fast fünf Wochen im Krankenhaus verbracht hatte, schickte sie Helene eine kurze beruhigende Notiz: Sie werde wahrscheinlich bald zur Genesung heimkehren.[89]

Unterdessen wies Albert seinen älteren Sohn an, Tante Zorka noch einmal zu schreiben,»weil sie sehr um Mama in Sorge ist und nun nicht zu euch kommen darf«[90]. Zwei Wochen später ließ er Hans Albert erzürnt wissen:»Der Weg Deines Vaters war auch nicht immer mit Rosen bestreut wie jetzt, sondern mehr mit Dornen! Lass Dir nur einmal von Mama von den früheren Zeiten [erzählen].«[91] Er stachelte Hans Albert mithin gefühllos an, die immer noch bettlägerige Mileva nach ihrer Vergangenheit zu befragen, was zu einer vernichtenden Enthüllung für das ohnehin überlastete und sensible Kind hätte führen können.

✳

Mileva kämpfte bis in den Frühling mit ihrer Krankheit.»Ich weiß nicht, warum ich soviel leiden muß«, schrieb sie Helene am 1. Januar.[92] Ende Mai 1917 wurde sie wieder ins Krankenhaus eingeliefert, diesmal ins Bethanienheim in der Tobelerstraße. Sie nahm Eduard mit, der eine Lungenentzündung und ständig hohes Fieber hatte. Hans Albert brachte sie bei den Zanggers unter. Nach einem Monat wurde die Familie wieder vereint, und Eduard fühlte sich besser, doch Mileva war weiterhin geschwächt.

Albert beschloß, Hans Albert von Zürich wegzuholen. Erst dachte er daran, den Jungen nach Berlin zu bringen, um ihn bei sich zu Hause zu erziehen. Dann überlegte er es sich anders und entschied, ihn zu seiner Schwester Maja nach Luzern zu schicken. Aber Albert hatte offensichtlich nicht den Mut, seine Schwester zu bitten, sie möge Hans Albert bei sich aufnehmen – vielmehr schaltete er Besso als Vermittler ein. Dann überlegte er sich andere Unterbringungsmöglichkeiten für Hans Albert, die noch weiter von Mileva entfernt waren: einen seiner ehemaligen Studenten in Frauenfeld und Michele Bessos Sohn in Glarisegg.»Auf meine Frau darf in dieser Angelegenheit nicht Rücksicht genommen werden, sondern nur darauf, was sich für den Jungen empfiehlt«.[93] Allein Bessos und Zanggers Hartnäckigkeit hatte Hans Albert es zu verdanken, daß er bei seiner Mutter bleiben konnte.

Im Juli fuhr Albert mit Hans Albert und Eduard in das Schweizer Alpendorf Arosa. Albert lieferte Eduard für einen geplanten einjährigen Erholungsaufenthalt in Dr. Pedulins Kindersanatorium im älteren Ortsteil ab und erforschte dann mit Hans Albert die Umgebung und das üppige Schanfigg-Tal, das von Seen und dichten Kiefernwäldern durchsetzt ist.

Im August hielt Mileva sich wieder im Spital auf, und Albert erkrankte schwer an Magenkatarrh und dann an einem Geschwür des Zwölffingerdarms, so daß er innerhalb von zwei Monaten fünfzig Pfund verlor. Damit er besser gepflegt werden konnte, zog er im September 1917 in die Wohnung über jener Elsas in der Haberlandstraße 5 in Berlin-Schöneberg. Da es wegen des Krieges kaum Lebensmittel in Berlin gab, bereitete es Mühe, ihn angemessen zu ernähren. Das Brot war fast ungenießbar, und die Rationen reichten nicht aus. Schmalz, Fleisch und Zucker waren kaum zu finden, nur an Kohl bestand kein Mangel.[94] Doch Elsa, die ihn »Albertle«[95] nannte, trieb genug Lebensmittel auf und pflegte ihn gesund.

Währenddessen beharrte Albert immer wieder darauf, daß Eduard nach Zürich zurückkehren solle, denn »ich kann das Geld nicht aufbringen«. In einem Brief an Michele Besso fuhr er fort: »An den neuen medizinischen Zauber mit der Röntgenaufnahme glaube ich nicht. Ich bin soweit, dass mir nur mehr Diagnosen post mortem Vertrauen einflössen, sonst keine.«[96]

Im Oktober kam Zorka schließlich nach Zürich, um Mileva zu Hause zu pflegen. Das erwies sich als Katastrophe. Alberts Freund Zangger schrieb, er habe gehofft, daß »die Schwester die Hausarbeiten übernehmen würde. Sie ist aber melancholisch geworden und musste in einer Anstalt versorgt werden.«[97] Zorka wurde zwei Jahre lang in der Nervenheilanstalt Burghölzli in Zürich behandelt.

Zur selben Zeit ereilte Mileva und ihre Familie ein weiteres Unglück. Milevas Bruder Miloš, der als Bataillonsarzt in der k. u. k. Armee diente, wurde von den Russen gefangengenommen und als vermißt, das heißt vermutlich gefallen, gemeldet.

＊

Am 4. März kehrte Mileva für zwei Wochen ins Krankenhaus zurück, Eduard wurde in ein weiteres Sanatorium in einem Luftkurort, diesmal im Kanton Appenzellerland, gebracht, und die Zanggers luden Hans Albert zu sich ein. Albert flehte Mileva erneut an, ihm die Scheidung zu gewähren:»Versuche Dich einmal in meine Lage zu versetzen. Elsa hat zwei Töchter, deren ältere 18 Jahre alt ist [in Wirklichkeit war sie gerade 21 Jahre alt geworden, d. Verf.], d. h. im heiratsfähigen Alter. Dies Kind, welches sowieso durch den Verlust eines Auges schwer benachteiligt ist, hat unter den Gerüchten zu leiden, die bezüglich meiner Beziehung zu ihrer Mutter umlaufen. Dies lastet auf mir und soll durch eine formale Ehe gutgemacht werden.«[98]

Aber Albert war Mileva gegenüber nicht ehrlich, denn im Mai hatte er noch beabsichtigt, Elsas einundzwanzigjährige Tochter Ilse zu heiraten. Ilse schrieb dem mit ihr befreundeten Professor Georg Nicolai:»Gestern plötzlich wurde die Frage mir gestellt, ob A. Mama oder mich heiraten wolle... Albert selbst lehnt jede Entscheidung ab, er ist bereit mich oder Mama zu heiraten. Dass A. mich sehr lieb hat, vielleicht so lieb wie mich nie mehr ein Mann haben wird, weiss ich, hat er mir auch selbst gestern gesagt... Ich habe nie den Wunsch oder die geringste Lust verspürt, ihm körperlich nahe zu sein. Anders bei ihm – wenigstens in letzter Zeit. – Er hat mir selbst einmal zugegeben, wie schwer es ihm fällt, sich zu beherrschen. Ich glaube nun aber doch, dass meine Gefühle für ihn nicht ausreichend sind für ein Zusammenleben als Ehegatten... Zu guter Letzt käme ich mir nur noch wie eine Sklavin vor, die verkauft worden sei... Zugegeben, das ist etwas Unnatürliches und für unser heutiges Empfinden, jedenfalls wie ich eingestellt bin, auch nicht ganz sauber. (A. behauptet zwar, das seien soziale Vorurteile)... A. meinte auch, wenn ich nicht den Wunsch hätte, ein Kind von ihm zu haben, wäre es für mich schöner, *nicht* mit ihm verheiratet zu sein. Und diesen Wunsch habe ich wirklich nicht … Und dann weiss ich nicht, ob es wirklich recht gehandelt wäre, wenn ich ihr [Elsa] nun – nach all den Jahren der Kämpfe – da sie endlich am Ziel ist, ihren sich selbst eroberten Platz streitig machen würde … Es wird Ihnen sonderbar vorkommen, dass ich kleines, dummes, 20jähriges Ding über eine solch' ernste Sache entscheiden soll; ich kann es selbst kaum glauben, fühle mich auch sehr unglücklich dabei. Helfen Sie mir! Ihre Ilse.« An den Kopf der Seite hatte Ilse geschrieben: »Vernichten Sie bitte diesen Brief sofort nach dem Lesen!«[99]

Am Tag nachdem Ilse den Brief verfaßt hatte, teilte Albert Mileva mit, er wolle die Jungen nun doch nicht, wie zunächst geplant, im Sommer besuchen. Statt dessen habe er sich entschieden, mit Elsa, Ilse und ihrer jüngeren Schwester Margot in das entlegene Dorf Ahrenshoop an der Ostsee zu fahren.

Im September mußte sich Mileva erneut im Krankenhaus behandeln lassen.

»Wie es die Kinder machen, ist mir schleierhaft«, klagte Albert seiner Mutter.[100] In Wirklichkeit war es den ständigen Bemühungen Zanggers und Bessos zu verdanken, daß die Söhne nicht vernachlässigt wurden. Zangger war verärgert über Albert und nannte dessen erneutes Scheidungsverlangen ein »Messer an die Kehle ohne jede Vorbereitung«[101].

Schließlich war es Mileva zuviel: endlich hatte sich ihre bedingungslose Hingabe an Albert aufgelöst. Sie schien entschlossen zu sein, gesund zu werden – und sich der Zukunft ihrer Kinder zu widmen.

*

Sowohl für Mileva als auch für Helene war 1918 ein Jahr des Schreckens und des Todes. Helenes Schwester, Marija Kaufler-Doublier, starb an Krebs und ließ zwei kleine Mädchen zurück.

Nachdem Mileva ihr Beileid ausgesprochen hatte, erklärte

sie Helene, sie selbst sei bereits seit zehn Monaten gezwungen, mit der Krankheit ihrer Schwester, bei der sich keine Besserung abzeichne, zu leben. Nichts sei gräßlicher, als einen geliebten Mitmenschen in einem so schlimmen Zustand zu sehen.[102] Während des Krieges hatte Mileva trotz ihrer eigenen Krankheit versucht, Helene zu helfen. Helene hatte Geld von ihrer Familie in Wien geerbt und es Mileva zur Aufbewahrung übergeben. Mileva deponierte die 674 Schweizer Franken sowie 200 Goldfranken in einer Bank in Zürich und behielt zwei österreichische Dukaten und eine unbekannte Menge Silbergeld bei sich zu Hause.[103] Immer wenn Helene Geld benötigte, schickte Mileva Hans Albert mit den nötigen Unterlagen für eine Überweisung zur Bank.

Im September 1918 war das Ende des Ersten Weltkriegs in Sicht. Helene und ihre Familie kehrten zurück nach Belgrad, doch sie entdeckten, daß ihr Haus in der Katanićeva-Straße von einem deutschen Offizier beschlagnahmt worden war. Er hatte auf der Suche nach Geld, Juwelen oder Silber den Safe aufgebrochen. Die Safetür war angelehnt, und Helene stellte fest, daß einige von Milevas Briefen fehlten.

Albert hatte Mileva einmal gefragt, ob wohl der Krieg oder ihr Scheidungsverfahren länger dauern werde.[104] Wie sich herausstellte, nahm das letztere mehr Zeit in Anspruch: Sie wurden am Valentinstag, dem 14. Februar 1919, geschieden. Als »Beklagter« teilte Albert dem Gericht handschriftlich mit, er habe der Klägerin gegenüber »keine Vorwürfe zu erheben«: »Der eigentliche Grund des Zerwürfnisses liegt in der Verschiedenheit der Charaktere. Seit dem Juli 1914 leben wir vollständig getrennt. In der Ehe hat es viele Scenen zufolge entstandener Meinungsverschiedenheiten abgesetzt, wobei es seitens der [Klägerin] auch Beschimpfungen und Tätlichkeiten absetzte, welche ich im Zustande der Gereiztheit auch etwa erwidert habe ... Es ist richtig, daß ich Ehebruch begangen habe. Ich lebe seit nahezu 4$^1/_2$ Jahren mit meiner Cousine, der Witwe Elsa Einstein geschiedene Löwenthal, zusammen und unterhalte mit ihr ... intime Beziehungen.« Seine

Frau, die Klägerin, wisse seit Sommer 1914 von dem Verhältnis und habe Albert »ihre Unzufriedenheit« ausgedrückt.[105]

Nach dem damaligen Schweizer Recht durfte der eines Ehebruchs Schuldige ein bis drei Jahre lang keine neue Ehe eingehen.[106] In diesem Fall wurde Albert »die Eingehung einer neuen Ehe auf die Dauer von 2 Jahren, von der Rechtskraft des Urteils an gerechnet, untersagt«. Fünf Monate später heiratete Albert – »den Philistern« zum Trotz – seine Cousine Elsa am 2. Juni im Berliner Standesamt. Obwohl er sich stets über den bourgeoisen Lebensstil der Berliner lustig machte, fügte er sich mühelos in Elsas ruhige, solide, mittelständische Existenz ein.

Mileva hat nie wieder geheiratet, wohingegen Albert ein unersättlicher Schürzenjäger wurde. Auch nach der Eheschließung mit Elsa stellte er den Frauen nach und hatte zahlreiche Affären. Man nimmt an, daß sämtliche Briefe, die er mit seinen Geliebten austauschte, auf seinen Wunsch hin vernichtet wurden.[107]

※

Am 22. September 1919 erfuhr Albert zu seiner Freude, daß die Experimente von zwei britischen Expeditionen, die zur Beobachtung der Sonnenfinsternis am 29. Mai ausgesandt worden waren, seine Allgemeine Relativitätstheorie bestätigten, denn die Briten hatten die Lichtablenkung exakt vermessen. Die Medien erhoben dies zu einem gewaltigen Ereignis, als ob es zwischen Einstein und Isaac Newton einen Wettbewerb gegeben und Einstein gesiegt hätte. Durch seine Relativitätstheorie widerlegte er Newtons Behauptung, daß das Licht um 0,87 Bogensekunden von der Sonne abgelenkt werde, und postulierte eine Ablenkung von 1,7 Bogensekunden. Am 6. November bestätigte die *Royal Astronomical Society* in London Einsteins Entdeckungen offiziell. Über Nacht war Albert zu einer Legende des 20. Jahrhunderts geworden.

Trotzdem konnte der berühmteste Mann der Welt seine eigenen privaten Probleme nicht ausräumen oder lösen. Albert haderte immer noch mit Mileva, und sie war weiterhin emotional geschwächt, obwohl sich ihr Gesundheitszustand allmählich besserte. Alberts Schroffheit hatte zur Folge, daß Mileva den Besuchen des inzwischen fünfzehnjährigen Hans Albert bei seinem Vater nur widerwillig zustimmte. Außerdem konnte Hans Albert Elsa nicht leiden und benahm sich zu Alberts Verdruß ihr gegenüber ausgesprochen unhöflich. Um Mileva umzustimmen, versprach Albert, daß sich seine Frau im Hintergrund halten werde. Wenn Mileva wolle, könne er sogar allein mit Hans Albert speisen. Allerdings sei es unerhört, daß ein Mann der Frauen wegen solche Unannehmlichkeiten auf sich nehmen müsse.[108]

Albert hatte keine Geduld Frauen gegenüber und sehr wenig Respekt vor ihnen. Die einzige Wissenschaftlerin, der er ein wenig Achtung entgegenbrachte, war Marie Curie. Und selbst in ihrem Zusammenhang konnte er eine gehässige Bemerkung nicht unterdrücken, wie ein Brief an Zangger zeigt: »Sie hat eine sprühende Intelligenz, ist aber trotz ihrer Leidenschaftlichkeit nicht anziehend genug, um jemandem gefährlich zu werden.«[109]

Auch Elsa gegenüber wahrte er Distanz. Als sie einmal das Wort »wir« für sie beide benutzte, gab Albert zurück: »Sprich von dir oder mir, aber nicht von uns.«[110] Er hatte sich weit von dem Romantiker entfernt, der in den Briefen an Mileva, als sie noch ein junges Liebespaar waren, häufig von »unserer« Arbeit sprach.

Die einzige Frau, die er nicht zurückwies, war seine Mutter Pauline. Im Januar 1920, sieben Monate nach Alberts und Elsas Heirat, reiste sie nach Berlin, um in der neuen Wohnung ihres Sohnes auf den Tod zu warten. Pauline litt an unheilbarem Unterleibskrebs und war in Alberts Arbeitszimmer gezogen, wo sie von dem in Ungarn geborenen Dr. János Plesch behandelt wurde. Bis die Nazis Dr. Plesch im Sommer 1933 aus Berlin vertrieben, war er Albert Einsteins Arzt. Außerdem blieb er für Albert lebenslang ein enger Vertrauter.

Er könnte sogar Mileva gekannt haben, denn 1894, zwei Monate bevor sie zur Ausbildung in die Schweiz reiste und ihren künftigen Ehemann kennenlernte, hielt sich Plesch in ihrer Heimatstadt Novi Sad auf. Er war in die k. u. k. Armee eingetreten und zum Infanterieregiment Nr. 6 entsandt worden – nicht, um zu kämpfen, sondern um eine »vage Lehnstreue zum Haus Habsburg und seinen Traditionen« aufrechtzuerhalten.[111] Er sprach ein elegantes, geschliffenes Deutsch, war gesellig, wißbegierig und ein Frauenheld. Es ist vorstellbar, daß er Angehörigen von Milevas Familie, wenn nicht Mileva selbst, bei Teegesellschaften oder sonstigen Veranstaltungen begegnet war.

Plesch baute später eine der erfolgreichsten Arztpraxen in Deutschland auf. Er hatte berufliche und private Beziehungen zu genau den richtigen Personen; darunter Marlene Dietrich, Samuel Goldwyn, Josef von Sternberg, Arturo Toscanini, Richard Strauss, Max Liebermann, Oskar Kokoschka und Madame Curie. Der berühmte Regisseur Max Reinhardt war sowohl mit Plesch als auch mit Albert befreundet.[112]

Plesch versuchte, Pauline das Leben zu erleichtern, doch er fürchtete, daß ihr lange Monate unerträglicher Schmerzen bevorstanden. Zur allgemeinen Überraschung starb Pauline jedoch unvermittelt im Februar, nur ein paar Wochen nachdem sie bei ihrem Sohn eingezogen war. Albert war »betrübt, aber nicht untröstlich«[113].

✳

Ende 1920, während Mileva gerade ihr neues Leben begann, verlangte Albert, sie solle mit den Jungen nach Darmstadt – das auf halbem Wege zwischen Zürich und Berlin lag – ziehen. Albert behauptete, sie könnten infolge der Nachkriegsinflation »besser in Darmstadt leben als in Zürich«[114]. Zudem gebe es dort ein gutes Polytechnikum für Hans Albert. Er forderte Mileva also auf, ihre Söhne der vertrauten Umgebung zu entreißen und ihrerseits die Behaglichkeit ihrer Wohnung und den Zuspruch ihrer Freunde hinter sich zu lassen, damit er selbst in Berlin bleiben und die Jungen in der Nähe haben konnte. Mileva lehnte den Vorschlag ab, was Albert zu der Klage veranlaßte, ihr Widerstand gegen diesen Schritt sei »unnatürlich«[115].

Andererseits beschritt Albert seinen eigenen Weg, ohne auf Mileva Rücksicht zu nehmen. Im Frühjahr 1921 machten Elsa und er ihre erste Reise nach Amerika und waren verblüfft über den Empfang. Reporter und Fotografen drängten sich an der Anlegestelle in New York. Flugzeuge kreisten über ihnen und zogen leuchtende Banner mit Grußbotschaften hinter sich her. Blumen und Konfetti wurden aus geöffneten Fenstern geworfen, während das von der Stadt gestellte offizielle Auto, ein zwei Jahre alter schwarzer Packard Twin Six mit einem zerbrochenen Scheinwerfer und verbogenem Nummernschild, durch die Stadt rollte. Vor ihnen fuhr ein Wagen mit einem riesigen Plakat, das die Aufschrift trug: »Das ist der berühmte Albert Einstein.«[116]

All dieser Aufmerksamkeit zum Trotz – oder vielleicht gerade deswegen – brachte Albert seine Verachtung für Amerika zum Ausdruck. Nach seinem Besuch gab er zu Protokoll, daß »die überschäumende Begeisterung für mich in Amerika typisch für das Land zu sein scheint. Und wenn ich es richtig verstehe, ist die Ursache, daß sich die Menschen in Amerika ungeheuer langweilen. Schließlich gibt es dort so wenig für sie zu tun. Über allem stehen die Frauen, die das gesamte Leben in Amerika buchstäblich beherrschen. Die Männer interessieren sich für absolut nichts. Die Frauen tun alles, was sich irgendeiner Beliebtheit erfreut, und nun haben sie sich rein zufällig auf die Einstein-Mode geworfen.«[117]

\*

Während Mileva wieder zu Kräften kam, muß sie zunehmend an Lieserl gedacht haben. 1924 schrieb sie Helene: »Wie geht es Dir und den Deinigen, was machen Deine Enkelchen? … Mara und Stana sind natürlich tüchtige Studentinnen. Hätte denn keine von ihnen Lust eine Weile in Zürich zu studieren;

ich habe eine so angenehme Erinnerung an diese ganze Mädchenschar, dass es mir die grösste Freude machen würde, wenn ich eine von ihnen ein bisschen aus grösserer Nähe kennen lernen könnte.«[118]

In den folgenden Jahren wurde Mileva in Zürich von wenigstens fünf jungen Frauen aus Belgrad besucht: von Julka und Zora Savić, Stana Košanin und Mara Maslać, Helenes Nichten, sowie von Milica Stefanović, der Tochter von Milevas Schulfreundin Milana Bota-Stefanović.

Sie fuhr in ihrem Brief an Helene fort: »Du kennst ja auch meinen unerfüllten Wunsch nach einer Tochter u. s. w. Ich würde eine solche...«[119] Hier endet die Seite, und die nächste fehlt wieder einmal – ohne jegliche Erklärung.

Diese Worte bleiben rätselhaft. Sie könnten einerseits bedeuten, daß Helene von dem Verlust Lieserls wußte, oder andererseits, daß sie nicht das geringste von deren Existenz ahnte. Schließlich hatte Mileva bereits zwei Söhne, was den Wunsch nach einer Tochter durchaus verständlich machte. Sicher ist nur, daß Helene, wenn sie von Lieserl wußte, das Geheimnis ihr ganzes Leben lang hütete.

✳

Während Julka Savić heranwuchs, wurde ihr Gesicht quadratisch und schien übergangslos auf einem kräftigen Nacken zu sitzen. Sie hatte immer noch die dunklen Schatten um die Augen und das stille, geheimnisvolle Lächeln, und noch immer besaß sie nicht die geringste Ähnlichkeit mit ihrer Schwester Zora. Sobald sie die Universität abgeschlossen hatte, heiratete sie einen Serben, Novak Popović. Kurz vor der Hochzeit tauschten Mileva und Helene einige Briefe sehr persönlichen Inhalts aus.

»Was Du mir in den letzten Stunden unseres Beisammenseins anvertraut hast, hat mich sehr bewegt und mir viel zu denken gegeben«, schrieb Mileva. »Es wäre für Dich beruhigend und beglückend gewesen, wenn Dein Kind ihren Herzenswunsch erfüllt bekommen hätte, aber ob sie dadurch auch glücklicher geworden wäre, wer kann es wissen. Wer kann es wissen, was das Schicksal mit uns vorhat; denke an das Schicksal Deiner einer Freundin [wahrscheinlich ist Mileva selbst gemeint, d. Verf.] und im kleineren Massstab auch der andern [wahrscheinlich Milana Bota, die an Krebs starb], und ich glaube Du kannst ruhig in die Zukunft schauen und Julka ihrem Bräutigam, der ein prächtiger Mensch zu sein scheint, ohne Zagen anvertrauen.«[120]

Es ist schwer zu ergründen, was Julkas »Herzenswunsch« gewesen sein mochte: vielleicht der, nicht zu heiraten, oder der, eine Universität in einer anderen Stadt zu besuchen. Jedenfalls wurde sie nach ihrer Hochzeit fast sofort schwanger mit ihrer Tochter Jelena, die im Mai 1923 zur Welt kam, und ihr Sohn Milan folgte im November 1924. Abweichend von der serbischen Tradition wohnten Julka und ihr Mann nicht bei seinen, sondern bei ihren Eltern in der Katanićeva-Straße. Aber es entsprach nicht Julkas Charakter, zu Hause zu sitzen. Sie begann während der Schwangerschaft mit dem Medizinstudium und beendete es ohne Unterbrechung. 1926 praktizierte sie als Freiwillige am Allgemeinen Krankenhaus in Belgrad und unterrichtete gleichzeitig an der Universität. Helene blieb die Matriarchin für die nun gewachsene Familie. Ihre Enkelkinder Jelena und Milan standen ihr besonders nahe, und da Julka völlig von ihrer Arbeit in Anspruch genommen wurde, war Helene für sie eine Art Ersatzmutter.[121]

\*

Im Frühsommer 1933, bevor Albert nach Amerika emigrierte, könnten Helene Savić und er einander in Belgrad oder Novi Sad begegnet sein. Aber diese mögliche Balkanreise ist heftig umstritten. Nichtserbische Historiker meinen, Albert sei nicht dort gewesen, da kein Beweismaterial für die Fahrt vorliegt. Serbische Historiker dagegen lassen sich nicht von ihrer Überzeugung abbringen, daß er sich damals in Novi Sad aufgehalten habe. Zwei bekannte und hochgeachtete Bürger der Stadt, die Rechtsanwälte Dr. Aleksandar Moč und Dr. Kosta

Hadži, behaupteten, in jenem Sommer im Königin-Elisabeth-Café mit Albert gesprochen zu haben. Dr. Moč kannte Albert seit vielen Jahren. Die drei Herren saßen dem Vernehmen nach an einem Tisch am Fenster und unterhielten sich über die Nachkriegssituation in Deutschland.

Aber warum sollte Albert, unmittelbar bevor er sein permanentes Exil in Amerika antrat, ohne beruflichen Anlaß allein nach Serbien gereist sein? Da keine offiziellen Dokumente vorliegen, bietet sich nur die Möglichkeit an, daß er eine persönliche Mission – eine Art Abschiednahme – verfolgte.

\*

Helene Savić' zweiundachtzigjährige Tante Karolina und ihre Cousine Malvine lebten als Jüdinnen isoliert in Wien, als der Zweite Weltkrieg ausbrach. Malvine wurde inhaftiert und später in ein Konzentrationslager geschickt. Unterdessen befand sich Albert in Sicherheit in Princeton, New Jersey, wo er von in Europa festsitzenden Juden um Hilfe gebeten wurde. Einige Briefe, die lediglich an »Herrn Albert Einstein, Amerika« gerichtet waren, gelangten tatsächlich in seine Hände.

Im November 1939 schrieb Helene ihm überaus formell: »Sie, hochgeehrter Herr Professor, sollen schon vielen Unglücklichen, die sich in gleicher Lage befanden, geholfen haben. Dürfte ich hoffen, dass auch meinen Verwandten durch Ihre edle Hilfe und Vermittlung Rettung zuteil wird?« Sie fährt fort: »Mein Mann, der infolge eines Schlaganfalles schon jahrelang teilweise gelähmt ist, gedenkt so oft der mit Ihnen in Zürich und Wien zugebrachten Stunden und Ihres lieben Besuches in Kijevo bei Belgrad.« Und sie unterzeichnet mit: »Helene Savić geb. Kaufler, Belgrad, Katanićeva 10, Jugoslawien.«[122]

Albert antwortete Helene in einem knappen Brief, daß er nur auf die Rettung jüngerer Menschen hinwirken könne; die Umsiedlung der älteren müsse hintanstehen.[123] Malvine und Karolina starben in den Gaskammern.

\*

1932 verlor Milivoj Savić seinen Posten im Ministerium – vermutlich wegen seiner Kompromißlosigkeit und seiner linken politischen Ansichten. Mileva drückte Helene ihr Mitgefühl aus: »Es hat mich sehr traurig berührt zu hören, dass Dein Mann seine Stelle verloren hat. Ich kann es mir lebhaft vorstellen, was das für ihn bedeutet. Nicht weniger hat mich die andere Seite, von der Du mir schreibst, betrübt. Leider kommt ein grosser Teil alles Übels auf dieser Welt von Frauen, und es ist traurig zu sagen, dass gerade diese Frauen, die recht im Dunkeln zu wühlen verstehen, oft recht viel Glück haben.«[124] Aus diesen wenig ermunternden Worten läßt sich nur schließen, daß Milivoj eine Affäre hatte.

Ein paar Wochen später erkundigte sich Mileva bei Helene, ob Milivoj »sich mit der Aufgabe seiner Stellung ausgesöhnt« habe. »Ich begreife es sehr wohl, dass es für einen so arbeitsamen Menschen wie er ist, zum schwersten gehört, seine Tätigkeit aufgeben zu müssen.«[125]

Im folgenden muß es zu einem Zerwürfnis zwischen Mileva und Helene gekommen sein, denn ihre lebenslange Freundschaft brach jäh ab. Es gibt keine weiteren Briefe zwischen den beiden Freundinnen. Als Milivoj 1940 an einem Schlaganfall starb, schickte Mileva ihrer Freundin nicht einmal ein persönliches Kondolenzschreiben, sondern ließ ihr Beileid durch Helenes Nichte Stana Košanin übermitteln.

»Ich bin sehr traurig darüber, daß Onkel Savić uns für immer verlassen hat«, schrieb Mileva. »Ich erinnere mich an viele Erlebnisse aus unserer Jugend, und es tut mir leid, daß ein weiterer guter Freund nicht mehr bei uns ist. Bitte, grüssen Sie Helene von mir und teilen Sie ihr mit, wie sehr ich es bedaure, dass sie ihren Gefährten verloren hat. Aber vielleicht ist es gut, dass er sich beruhigt hat und nun Frieden finden kann ...«[126]

1941 starb auch Julkas Mann, und im April zwangen die brutalen Bombenangriffe die Familie Savić, in der Katanićeva-Straße unter einem Dach zusammenzuziehen. Damit wurde Julka die schwere Aufgabe zuteil, die Familie zu ernähren. Obwohl sie Lungenfachärztin war, verdiente sie nicht sehr viel

Geld. Um ihre Patienten zu besuchen, mußte sie mit über-
füllten Straßenbahnen fahren und schwere Geräte, darunter
einen Pneumatherapie-Apparat zur Behandlung von Tuberkulose, mit sich schleppen. Die meisten Stadtbewohner hatten Angehörige auf dem Lande, wo sie Lebensmittel erhalten
konnten, aber die Savić' waren auf sich allein gestellt. Sie
schlugen sich weitere drei Jahre lang durch. Die Situation wurde immer verzweifelter. Inzwischen gab es kaum noch Lebensmittel, kein Heizmaterial und auch sonst nichts von dem, was
man zum Leben benötigt. Helene war bereits spindeldürr und
nur noch ein Schatten ihrer selbst. Vier Jahre nach Milevas
letztem Brief starb sie an Lungenentzündung und Hunger.
Falls sie je von Lieserls Existenz erfahren haben sollte, ist
Helene zeit ihres Lebens der serbischen Tradition treu geblieben und hat das Geheimnis ihrer Freundin nie verraten.

# TEIL III

Gerüchte enthalten in Serbien immer einen Bruchteil Wahrheit«, schrieb meine Freundin Slavica Dokmanović mir nach Amerika. »Kommen Sie nach Serbien, und ich werde es Ihnen beweisen. Lassen Sie uns gemeinsam nach der vermißten Tochter suchen. Das ist ein Abenteuer.«

In einem Land, das seit 1912 vier große Kriege durchlitten hatte, nach hundert Jahre alten Informationen zu suchen, erfordert die Kraft, die in einem serbischen Sprichwort beschrieben wird: »Sei so geduldig wie ein Ochse, so mutig wie ein Löwe, so fleißig wie eine Biene und so fröhlich wie ein Vogel.«[1] 1995 war Serbien in einen weiteren Krieg, seinen fünften, verwickelt, und führe ich dorthin, würde ich mich, betäubt von dem Jammer des Ganzen, vierzig Kilometer entfernt von seinem einen Feind, Kroatien, und fünfundsechzig Kilometer von seinem anderen, Bosnien, wiederfinden. Ich wußte, daß es klüger gewesen wäre, auf das Kriegsende zu warten, aber das Ende ließ sich nicht absehen.

Slavica arbeitet als Anwältin und Direktorin für die Entbindungsklinik in Novi Sad und ist die Mutter einer serbischen Studentin, die ich in Amerika kennengelernt hatte. Monate bevor ich Slavica persönlich begegnete, hatte sie die gewundenen juristischen Wege beschritten, um jene offiziellen Dokumente zu erlangen, die mir bei der Suche nach Lieserl helfen sollten. Slavica wohnt mit ihrem Mann in Sremski Karlovci, das einst als geistiges Juwel der Vojvodina galt. Heute ist es ein verödetes Städtchen und hat Mühe, die neuesten Konflikte zu überleben.

»Keine Sorge«, sagte Slavica, »wir werden die Konfliktzonen umgehen.«

Ihr Versprechen und ihr Optimismus lockten mich über die Meere: Ich wollte Milevas Lebensweg nachvollziehen und herausfinden, was aus ihrer Tochter geworden war.

*

Ich flog am 7. September 1995 nach Bern. Zwei Tage lang akklimatisierte ich mich, indem ich die Stadt erforschte und die Gegenden fotografierte, in denen Mileva und Albert gewohnt hatten. Am dritten Tag, einem kühlen, düsteren Herbstmorgen, brannten die Straßenlaternen noch nach sieben Uhr. Auf dem Weg zum Bahnhof senkte ich den Kopf, um mich vor dem Sprühregen zu schützen, aber mein Gesicht war bald feucht und mein Körper durchgefroren. Um 7.45 Uhr fuhr der Zug ab und traf genau nach Plan 72 Minuten später in Zürich ein. Nachdem ich mir die *International Herald Tribune* gekauft hatte, nahm ich den Zug um 9.33 Uhr nach Wien. Es war die gleiche Strecke – mit fast auf die Minute dem gleichen Fahrplan –, die Mileva 1901 zurückgelegt hatte, als sie in ihre Heimat zurückkehrte, um Lieserl zur Welt zu bringen. Mein Abteil war leer, und ich vollzog mein gewohntes persönliches Arbeitsritual. Ich legte mein Notizbuch auf den kleinen Klapptisch unter dem Fenster und deponierte meine Kamera und die erste von vielen Schweizer Schokoladentafeln auf den roten Plüschsitz neben mir. Dann zog ich die Schuhe aus, schlüpfte in meine chinesischen Pantoffeln und machte es mir bequem.

Ich blickte hinaus und sah am vorderen Ende des Zuges den Schaffner, der eine schmucke dunkelblaue Uniform mit goldenen und roten Litzen am Kragen und an den Ärmelaufschlägen trug. Er stand, zum Gleis gelehnt, an der Bahnsteigkante und hielt eine runde weiße Kelle mit einem roten Kreis hoch. Während wir lautlos aus dem Bahnhof glitten, beschrieb er mit der Kelle einen weiten Bogen.

Der Zug bewegte sich durch die stille, gefrorene Landschaft und umrundete die Hochalpen, die mit Herbstfarben, goldenen Dörfern und rotbraunen Bauernhöfen geschmückt waren. Für ein paar Augenblicke öffneten sich die Wolken, und ein trüber Halbmond erschien.

Plötzlich kam der Zug kreischend zum Stehen. Über die Schienen und die Böschung hinunter strauchelten eine schwarzweiße Hündin und ihre beiden Jungen durch tiefen Schnee einem dichten Kiefernwald entgegen und verschwanden hinter der ersten Baumreihe. Der Zug setzte sich schlingernd wieder in Bewegung.

In der Abenddämmerung stieg ich in Wien um und traf schließlich um 22.30 Uhr am Budapester Bahnhof Keleti ein. Eine in Budapest wohnende ungarische Freundin von mir hatte mit einer Mietwagenfirma vereinbart, daß sie mich direkt zu Slavicas Haus nicht weit von Novi Sad fahren sollte. Man hatte mich gewarnt, daß es in den Zügen nach Serbien in letzter Zeit zu zahlreichen Raubüberfällen und Morden gekommen sei, so daß eine Eisenbahnfahrt zu gefährlich wäre. Schlimmer noch, in Serbien wurden keine Kreditkarten oder Reiseschecks akzeptiert. Deshalb trug ich einen Gürtel mit achttausend Dollar in Zwanzigdollarscheinen um die Taille; mit diesem Geld wollte ich Dolmetscher, Unterkunft, Lebensmittel, Geschenke und Verkehrsmittel bezahlen.

Am folgenden Morgen nahm ich in einem völlig verbeulten, von Zigarettenrauch geschwärzten Lieferwagen Platz. Offensichtlich schlief der Fahrer in dem Wagen, während er auf Passagiere wartete. Außer mir gab es nur noch eine Mitfahrerin: eine Serbin aus Chicago, deren einziges englisches Wort *shit* war. Wir starteten in einer Auspuffwolke aus schwarzen verbleiten Benzinabgasen in Richtung Grenze.

Zuerst fuhren wir durch flache Acker- und Weinbaugebiete in Westungarn. Tausende von kleinen Stöcken, mit denen

Weinschößlinge markiert waren, standen in Habachtstellung wie Holzsoldaten. Der Winterweizen warf gerade seine erste Grüntönung über die Felder. Wo der Boden unbepflanzt, doch frisch beackert war, stieg Dampf von der Krume auf, so daß sich ein Schachbrett aus grauen Wolken und hellgrünen Schneisen bildete.

Nach den ersten zwei Stunden bemerkte ich etwas Seltsames: Ein serbischer Bus nach dem anderen kam uns entgegen, und alle waren zum Bersten mit Männern gefüllt. Ich dachte, sie machten sich vielleicht über die Grenze hinweg nach Ungarn auf, um Arbeit zu suchen. Aber mit Hilfe meines serbokroatischen Wörterbuchs erfuhr ich vom Fahrer, daß sie Schmuggler waren. Tausende von Männern wurden von dem internationalen Embargo gezwungen, nach neuen Wegen zu suchen, um das serbische Volk mit Handelsgütern zu beliefern. Zugegeben, einige waren Halunken, doch die meisten versuchten nur, sich ihren Lebensunterhalt zu verdienen, indem sie in Budapest Lebensmittel, Kleidung, Bücher, Zigaretten, Alkohol und Medikamente erwarben und sie dann zu Hause verkauften.

»Nein, diese Männer sind keine Diebe«, beteuerte der Fahrer. »Sie sind in einer schrecklichen Lage. Bei uns gibt es ein Sprichwort: ›Das Leben gibt jedem Sklaven ein leeres Glas, das er entweder mit seinen Tränen oder mit Hoffnung füllen kann.‹ Wir sind die Sklaven von Milošević und seiner Mafia.«

Als wir Kelebija, die Grenzstadt des früheren Jugoslawien, erreichten, wurden mehrere Fahrzeuge, darunter auch unser Lieferwagen, von einer serbischen Grenzwächterin mit schmuddelig-gelben Locken und rubinrot glänzendem Lippenstift zur Seite gewunken. Ich beobachtete, wie Dollars und Deutsche Mark in Pässe, Ausweise und Frachtbriefe geschoben wurden. Der Fahrer teilte mir mit, daß die hier arbeitenden Wächter sich nach drei Monaten leisten könnten, ihren Abschied zu nehmen und kleine Geschäfte zu eröffnen. Die Wächterin, um deren Hüften eine bedrohlich wirkende Pistole gebunden war, ging von Fahrzeug zu Fahrzeug, lehnte sich ins Fenster und lächelte, während sie die gefütterten Dokumente in Empfang nahm. Auch wir reichten ihr unsere mit Scheinen gepolsterten Ausweise, ohne daß ein Wort gewechselt wurde. Sie winkte uns mit einer kurzen Bewegung ihrer ebenfalls rubinroten Fingernägel über die Grenze.

Es war dunkel und regnerisch, als wir in Sremski Karlovci eintrafen. Der Ort war in einen klebrigen Dunst gehüllt. Alle Lichtquellen an den Fenstern oder an den Straßenecken wurden mit der geringstmöglichen Wattzahl betrieben. Sogar die Scheinwerfer der wenigen Autos waren so trübe, daß ich die Augen zusammenkneifen mußte, um das Fahrzeug selbst zu erkennen. Wir hielten Ausschau nach der *Željeznička Ulica*, der Eisenbahnstraße, in der Slavica wohnte. Nachdem wir der Hauptstraße am Eisenbahndamm entlang gefolgt waren, fanden wir das ockerfarbene Haus mit den braunen Fensterläden und den Spitzenvorhängen. Slavica wartete unter einem Regenschirm an der Pforte.

Slavica hat das für den Balkan typische Gesicht: breit, offen und oval mit einer ausladenden Stirn. Ihre grauen slawischen Augen werden fast schwarz, wenn sie in Zorn gerät. Ihr dichtes, gewelltes, kurzgeschnittenes Haar ist ebenfalls grau. Später entdeckte ich, daß Frauen in diesen kultivierten serbischen Stadtgegenden nur selten ihr graues Haar nicht färben. Es in der natürlichen Farbe zu belassen ist eine unausgesprochene Erklärung, ein Zeichen dafür, daß die Frau einen unabhängigen Geist hat.

Ein paar Monate zuvor hatte ich ihre Tochter Marija gefragt, ob Slavica Feministin sei. »Nicht viele Menschen wissen etwas vom Feminismus, und er wird in Serbien kaum diskutiert«, erwiderte Marija. »Aber da ich meine Mutter und ihre Gedanken kenne, würde ich sagen, daß sie eine fanatische Feministin ist!«

Slavica erinnerte mich an das slawische Sprichwort: »Das Sehen, das Leid und der Tod sind die drei Lehrer der Menschen. Das Sehen macht sie klug, das Leid macht sie klüger, und der Tod macht sie am allerklügsten.« Mir war klar, daß Slavica ein ganz anderes Leben als ich geführt hatte.

Sie küßte mich auf traditionelle Art dreimal, und dann umarmten wir einander wie alte Freundinnen.

∗

Slavica hatte bereits eine Beziehung zu Mileva, da ihre Schwiegermutter mit der Familie Marić befreundet gewesen war. Sie besaß sogar Erbstücke von Milevas Familie: vier Postkarten, eine von Mileva und drei von ihrer Schwester Zorka, sowie ein unveröffentlichtes Originalfoto von Mileva, Zorka und ihrem Bruder Miloš. »Aber das hier ist am kostbarsten«, sagte sie und zeigte mir eine winzige, gerillte weiße Teetasse mit tiefrosa gemalten Blumen und einem goldenen Henkel. »Das ist die Tasse, die Albert Einstein immer erbat, wenn er zum Tee kam.«

Nach dem Abendessen – es bestand aus *palačinke sa mesom* sehr dünnen Pfannkuchen mit Hackfleisch, saurer Sahne und hellrotem *ajvar*, einem Paprikabrei, sowie *kisela čorba*, einer Suppe aus Karotten, Reis, Huhn, Zitrone und Essig – legte Slavica ihre Schürze ab.

»Setzen Sie sich dorthin.« Sie zeigte auf das eine Ende des langen Eßtisches, der für viele Zwecke benutzt wurde, »und ich werde hier sitzen.« Slavica nahm am anderen Ende Platz und pflanzte die Ellbogen auf den Tisch. In der Mitte befanden sich unsere Briefe, verschiedene Bücher, eine Kanne Kaffee und Süßigkeiten.

Slavica glaubt leidenschaftlich an Familienwerte. Als der Balkankrieg 1994 einen wirtschaftlichen Zusammenbruch zur Folge hatte, sah sie die Not ihrer Familie früher als alle anderen voraus. Sie kaufte zwanzig Hühner und vier Truthähne und hielt sie im Hinterhof. Außerdem pflanzte sie Gemüse an und hortete Mehl. Sie war für schwere Zeiten gerüstet, und diese stellten sich auch rasch ein. Am Jahresende wurden keine Gehälter mehr gezahlt. Slavicas Schwiegervater, ein pensionierter Priester, stellte eines Tages zu seinem Erschrecken fest, daß die Kosten einer Tube Zahnpasta der Summe von drei Monatsrenten entsprach. Also beschloß er, sich lieber ein

128

Ei für sein Abendessen zu kaufen. Doch zu seinem Verdruß entdeckte er, daß man für ein rohes Ei acht Monatsrenten bezahlen mußte.

Slavicas Mann Nikola arbeitet als Ingenieur für eine Zuckerfirma und wurde zum Glück mit Zucker bezahlt. Diesen tauschte er mal gegen ein bißchen Benzin, mal gegen Lebensmittel vom Bauernhof eines Freundes ein, und sie schlugen sich mit Mühe durch. Wie die meisten Menschen in Serbien machten sie ihr Haus zu einer sicheren Zuflucht. Natürlich wußten sie, daß sie sich in falscher Sicherheit wiegten, aber hätten sie es nicht getan, wäre ihnen nichts anderes übriggeblieben, als aus ihrem Land zu fliehen. Ich selbst hatte sie angefleht auszureisen und in Budapest eine Bleibe für sie organisiert.

»Haben Sie vielen Dank für Ihre freundlichen Briefe«, hatte Slavica erwidert. »Danke für Ihre Fürsorge. Die Situation hier ist elend. Die Krise erreicht den Höhepunkt. Meine Rettung ist mein Glaube an Gott. Ihr Fluchtplan nach Budapest verschafft mir große Erleichterung, aber ich beabsichtige aus den folgenden beiden Gründen nicht, ins Ausland oder sonstwohin zu fliehen: Ich kann nicht von Sozialhilfe leben, und ich habe eine Pflicht, mein Eigentum zu verteidigen, denn mein Haus würde ausgeplündert werden.

Ich hatte einen Großvater, den ich sehr liebte. Er starb vor zwanzig Jahren. Von ihm hörte ich diese Worte: ›Gott gebe uns Frieden und Gesundheit, und alle unsere Pläne werden sich verwirklichen.‹ Das ist eine bedeutende Wahrheit. Wir sehnen uns nach Frieden für unsere Seelen und unsere Länder. Aber der Krieg greift um sich. Ich frage Sie: Wer kämpft gegen wen?«

Nun, Monate später, erklärte Slavica mir an ihrem Eßtisch: »Wir werden mit jedem Tag unsicherer, da es keinen Ausweg gibt. Jedenfalls sehen wir keinen. Das bringt Depression und Sorge hervor. Die meisten aus der Bevölkerung haben es nicht verdient, ein solches Leben zu führen oder so zu enden. Bevor der Schmerz dich mit seinem kleinen Finger berührt, weißt du nicht, was Schmerz ist.« Ich spürte, wie Slavica versuchte, die Atmosphäre zu entspannen.

»Wir werden Lieserl finden«, fuhr sie fort und klopfte mit den Handflächen auf den Tisch. »Denken Sie daran, wir sind ein Land von Frauen, die sich nur eine Generation von den Äckern und Weiden ihrer Vorfahren entfernt haben. Außerdem sind wir gebildet und neugierig, und wir können die Umstände mit Intuition und Vernunft betrachten. Ich bin überzeugt, daß diese Suche ans Tageslicht gebracht werden kann.«

»Wie meinen Sie das – ›ans Tageslicht‹?« fragte ich. Slavica lachte. »Beleuchte die Frage, und du wirst die Antwort in der Dunkelheit finden.«

»Dann können Sie mir vielleicht erklären, wieso Mileva ihr Kind in einer Gesellschaft aufgegeben hat, die so stolz auf eine feste Familientradition war?«

Sie streckte den Arm über den Tisch hinweg, um meine Hand zu tätscheln. »Vergessen Sie nicht, *zaklela se zemlja raju da se tajne sve sasnaju*, ›die Erde schwor dem Paradies, daß alle Geheimnisse enthüllt werden‹.«

Ich begriff, daß Slavicas Äußerungen stets von serbischen Sprichwörtern durchsetzt sein würden. »Es ist bei uns Brauch, Sprichwörter zu benutzen«, sagte sie. »Ich glaube, Sie werden mein Land durch die direkte Übersetzung meiner Muttersprache besser verstehen. Das ist günstiger für unsere gemeinsame Arbeit, als wenn wir uns in der amerikanischen Umgangssprache unterhielten.«

An jenem ersten Abend bemühte Slavica sich, mir beizubringen, wie Serbinnen ein Problem durchdenken.

»Wir nehmen alle Bestandteile und wälzen sie in unserem Geist hin und her. Dann kneten wir sie wie Brotteig.« Sie machte die entsprechenden Bewegungen. »Wir drücken und rollen ihn, bis wir ihn, ohne daß er festklebt, vom Tisch heben können. Danach lassen wir ihn eine Weile ruhen. Wenn er sich durch Ideen erweitert hat, backen wir ihn, bis unsere Antwort feststeht.«

Um ein Uhr morgens hatten wir einen Plan entwickelt. Wir würden uns auf so viele Mitglieder und Freunde der Familie Marić wie möglich konzentrieren – besonders auf die Frauen, welche die Erinnerungen und Briefe aufbewahrten und die Legenden weitergaben – und Unterlagen über die Familiengeschichte der Marić' suchen. Es galt, Menschen aufzuspüren, die von Lieserl wußten.

Später, als ich einzuschlafen versuchte, versammelte sich eine Schar betrunkener und lärmender Männer vor meinem Fenster. Slavica ging hinaus und bat sie, still zu sein.
»Geht nach Hause«, sagte sie.
»Wir können nicht nach Hause gehen«, antworteten die Männer. »Wir haben kein Zuhause.«
Es waren Flüchtlinge aus der Krajina, die hinter dem kleinen Laden jenseits der unbefestigten Straße vor meinem Schlafzimmerfenster kampierten.

*

Am Morgen zogen weitere Flüchtlinge die Straße hinunter; viele gingen zu Fuß und trugen große Bündel auf dem Kopf oder auf dem Rücken. Töpfe und Pfannen waren mit Schnüren, Seilen und alten Lederriemen an den Bündeln befestigt und klapperten gegeneinander. Einige Flüchtlinge hockten auf Treckern, die kein Benzin mehr hatten und von Pferden, Kühen und Ochsen gezogen wurden. Ein Wagen war erfinderisch mit acht Fahrradrädern ausgerüstet und wurde von einer Milchkuh gezogen. Die Zitzen der Kuh waren geschwollen und schwangen gegen ihre Hinterläufe. Jedesmal wenn sie auf ihre Beine trafen, wimmerte die Kuh kläglich.
Ich fragte Slavica, wohin die Menschen gingen.
»Sie haben kein Ziel«, antwortete sie, und dann klingelte das Telefon. Ein paar Sekunden später hörte ich sie keuchen.
»Da, da – da, da«, sagte sie und legte den Hörer nieder. Dann schritt sie hin und her. »Ein Historiker aus Novi Sad hat von Ihrer Suche gehört«, berichtete Slavica ungläubig. »Er meint, ich brauche mich nicht mehr um Sie zu kümmern. Sie, die *Amerikanka*, sollten nach Amerika zurückkehren. Er hat Lieserl gefunden!« Sie blieb stehen und setzte sich hin. »Er

will jetzt sofort im Dorfarchiv nachsehen und uns dann zurückrufen. Ich glaube ihm nicht.«

In all dem Chaos klingelte es an der Tür. Slavicas Nichte und Schwägerin waren eingetroffen. Kaffee und Kekse wurden aufgetragen, und da alle, wenn auch stockend, Englisch sprachen, plauderten wir über meine Reise. Die Schwägerin, Miroslava Djordjević ist Gynäkologin und ihre Tochter Aleksandra Biochemikerin. Ich brannte darauf, ihnen einige der Fotos zu zeigen, die mir Einsteins Enkelin Evelyn Einstein geliehen hatte. Auf einem besonders interessanten Bild sitzt Zorka, Milevas Schwester, mit einem Baby auf dem Schoß auf einem Balkon. Ich fragte die drei Frauen, ob sie das Geschlecht des Kindes feststellen könnten.

»Zuerst müssen wir nachschauen, ob das Kind Ohrringe trägt«, sagte die Schwägerin.

Wenn um die Jahrhundertwende ein Mädchen geboren wurde, wickelte die Hebamme es in ihre Schürze und brachte es auf den Hof. Dort schob sie das Baby durch einen Reifen und schwenkte es dreimal gen Osten. Danach stellte sich die Hebamme auf die Türschwelle und fragte die Mutter dreimal: »Siehst du die Sonne oder den Mond?« Die hinter der Tür verborgene Mutter mußte antworten: »Die Sonne!« Darauf durchbohrte die Hebamme die Ohren des Kindes mit einem dünnen Rasiermesser oder einer Nadel und zog einen Seidenfaden, an dem antike Silbermünzen hingen, durch die Öffnungen. Das Kind trug die Münzen für einen, drei oder sieben Monate. Dann entfernte die Frau, welche die Münzen an den Ohren des Kindes angebracht hatte, sie an einem für die Zeremonie vorgesehenen Tag. Die Frau warf die Münzen in ein klares Gewässer oder ins Feuer. Am Ende brachte die Hebamme das Mädchen zu einem Felsen und nahm Platz. Hier wurde das Baby dreimal von einer Frau aus dem Dorf gestillt, deren sämtliche Kinder überlebt hatten.[2]

Einem einfacheren Zeremoniell zufolge, das noch heute praktiziert wird, durchbohrt man die Ohren des Babys einen Tag nach der Geburt. Ein Faden, an dem eine kleine Goldmünze baumelt, wird durch beide Ohren gezogen. Das Baby trägt die Münzen, bis sich der Faden auflöst, wonach man ihn durch permanente Goldstecker ersetzt.

»Auf diesem Bild«, erklärte Slavica, »hat das Kind keine Ohrringe. Wie ich von unserer Verwandten erfahren habe, wollte Milevas Mutter nach alter Sitte die Ohrläppchen durchstechen, aber Lieserls Großvater verbot es. Er hielt den Brauch für altmodisch und heidnisch. Und er war der Herr im Haus.«

Dann betrachteten sie den Stil des Kleides, das mit Spitzenreihen und winzigen Biesen am Oberteil geschmückt war.

»Das ist mit Sicherheit das Bild eines Mädchens«, sagte die Nichte.

»In unserem Land wird das Geschlecht eines Kindes nicht verschleiert«, erläuterte Slavica. »Einem kleinen Jungen wird die Miniaturkleidung eines Mannes und einem kleinen Mädchen die Miniaturkleidung einer Frau angezogen. Dieses kleine Mädchen könnte tatsächlich unser Lieserl sein.«

Das Telefon klingelte erneut, und Slavica hob den Hörer.

»Dobro, in Ordnung«, sagte sie. »Čekaj, čekaj, einen Moment, einen Moment.« Sie legte die Hand über die Muschel und drehte sich zu mir um. »Es ist der Historiker, der behauptet hat, Lieserl gefunden zu haben. Er sagt, er habe sich geirrt.« Slavica zwinkerte mir zu. »Sie ist im Dorf nicht eingetragen. Er fragt, ob wir zusammenarbeiten können. Was soll ich ihm antworten?«

Ich verzog das Gesicht, und Slavica lachte. Mit einschmeichelnder Stimme, die sich anhörte, als wollte sie zustimmen, sagte sie: »Nein.«

∗

Später am Nachmittag, als wir allein waren, beschlossen wir, in einem Lexikon alle berühmten Frauen in Serbien nachzuschlagen, die um 1902, das Jahr von Lieserls Geburt, zur Welt gekommen sein sollen.

»Milevas und Alberts Kind wäre außergewöhnlich«, behauptete Slavica. »Es müßte irgendwie einzigartig sein.

Hier, schlagen Sie in diesem Buch nach, und ich sehe ein anderes durch.«

Sie reichte mir die große *Prosvetnja Enciklopedija*. Wir schauten unter den Familiennamen Marić, Marity, Mariti, Maritz, Einstein, Ružić und Ajnštajn, also »Einstein« auf serbokroatisch, nach. Serbien als patriarchalische Gesellschaft hatte kaum bekannte Frauen aufzuweisen. Wir fanden einen Namen, Ljubica Marić, der unseren Vorstellungen entsprach. Es handelte sich um eine Komponistin, die der Serbischen Akademie der Wissenschaften und Künste angehört hatte. Ihr Hauptwerk war *Die Schwelle eines Traumes*.

»Aber das ist perfekt!« rief ich mit kaum beherrschter Stimme. »Ich kann's nicht glauben!«

»Gut. Glauben Sie es lieber nicht«, entgegnete Slavica. »Hier, sehen Sie sich das an. Ljubica wurde 1909 geboren. Das ist viel zu spät. Eine Frau von ihrem Rang hätte keinen Grund gehabt, ein falsches Geburtsdatum zu nennen. Nein, das ist nicht Lieserl.«

Also beschlossen wir, als erstes Milevas direkte noch überlebende Familienmitglieder zu befragen. Wie es der Brauch verlangt, mußten wir zunächst mit den Männern sprechen.

Der folgende Tag war sonnig und warm; es roch nach trocknenden Blättern. Wir öffneten alle Autofenster und fuhren nach Kać zu Dragiša Marić, einem Cousin dritten Grades von Mileva. Wir überquerten den *Stari most*, die alte Brücke über die Donau, umrundeten Novi Sad und fuhren weiter durch kleine Dörfer, die auf keiner Karte eingezeichnet waren.

Die Dörfer der Vojvodina sind einander alle sehr ähnlich. Die Architektur ist stets barock, und die Gebäude sind mit heller Ockerfarbe oder kalkweiß gestrichen. Die Dörfer haben saubere, breite Straßen, die von – manchmal zu einer Kugelform gestutzten – Akazien gesäumt sind. Die meisten Fenster sind mit Spitzenvorhängen ausgestattet oder von Holzläden bedeckt. In der Nähe des Zentrums findet man eine Schule und ein Rathaus. Der Mittelpunkt der Gemeinde – der Marktplatz – wird für Paraden, Konzerte, öffentliche Reden sowie für den Verkauf von Lebensmitteln, Vieh und anderen Pro-

dukten benutzt. Es gibt stets wenigstens eine serbisch-orthodoxe und eine katholische Kirche. Deren weiße Marmorfas-
saden haben mit den Jahren sämtlich einen bleichen Gold-
schimmer angenommen. Verrottete Holzgebäude sind
zuweilen die einzigen Zeichen, die auf die verschiedenen
militärischen Besatzungen hindeuten.

Das Dorf Kać hat verblichen malvenfarbige, hellblaue und
gelbbraune Häuser, die Wand an Wand an der Straße stehen.
Dragiša Marić wohnt mit seiner Familie in einem moderne-
ren Haus, doch es wirkt wie eine *vojvodjanska gradjanska
kuća*, das Heim einer Kleinbürgerfamilie der Vojvodina. Es
steht, für die Gegend sehr typisch, in der Mitte eines Gemü-
se- und Blumengartens und befindet sich am Rand einer langen, schmalen Straße. Das Haus ist aus roten, mit Mörtel ver-
putzten Ziegeln gebaut und in einem weichen Rosa gestrichen.
Das Dach ist mit roten Tonziegeln gedeckt. An einer Seite des
Hauses verläuft eine Veranda.

Slavica erklärte mir, daß Dragiša, der selbsternannte Genea-
loge des Kać-Zweiges der Familie Marić, wegen seiner politischen Aktivitäten seinen Posten als Landwirtschaftsdozent
an der Technischen Schule verloren habe.

»Da Männer in serbischen Haushalten unumstrittene
Macht haben, dürfte das ein schwerer Schlag für ihn gewesen sein«, sagte Slavica. »Ironischerweise muß Dragišas Frau
arbeiten, um die Familie ernähren.«

Ich hatte bereits beobachtet, wie Frauen den Kopf senkten,
wenn sie an einem Mann vorbeigingen; manchmal machten
sie ihm sogar aus Ehrerbietung den Weg frei. Außerdem sah
ich, wie eine Frau die Hand des *domaćin*, des Haushaltsvor-
stands, küßte. Eine andere zog ihrem Mann, der sich hinge-
setzt hatte, um eine Zeitung zu lesen, sogar die Schuhe aus.

Dragiša begrüßte uns an der Tür zusammen mit einem
seiner drei Kinder, einem zehnjährigen Sohn. Der Junge war
geradezu ein Spiegelbild von Milevas Vater Miloš; wie dieser
hatte er einen langen kantigen Unterkiefer, dicht zu-
sammenstehende Augen, eine hohe Stirn und einen sich an
den Schläfen erweiternden Schädel. Er trug eine blaue Trai-

ningshose mit schmutzigen Knien. Die Aufschrift »Self Control« zog sich an einem der Beine entlang.

Nachdem wir allen die Hände geschüttelt hatten, wurden wir eingeladen, im Wohnzimmer an einem niedrigen Holztisch Platz zu nehmen. Vier Angehörige der Familie Marić waren anwesend: Dragiša, sein Sohn sowie Dragišas betagte Eltern.

Der Hausherr trug eine dunkle Hose mit sich lösendem Reißverschluß, ein fadenscheiniges blaues Hemd und eine hellbraune Tweedjacke, die für seine massige Gestalt ein wenig zu klein war. Ich verteilte die Geschenke, die Slavica mir für einen solchen Anlaß empfohlen hatte. Jedes Kind erhielt einen Zwanzigdollarschein und die Familie Mokka, Nescafé und Schweizer Schokolade. Dragiša gab seinem Sohn das amerikanische Geld; dieser setzte sich aufs Sofa und musterte den Schein sorgfältig.

»Ich werde mir dafür Bücher kaufen«, sagte er. Sein Vater und seine Großeltern lächelten stolz.

»Die Liebe zur Mathematik unserer hochgeschätzten Familienangehörigen Mileva Einstein-Marić setzt sich bei uns fort«, meinte Dragiša. »Mein Sohn wird es Ihnen beweisen.« Während wir höflich dasaßen, sagte der Sohn die Zahlen von eins bis hundert auf deutsch, dann auf englisch und serbokroatisch auf.

Die Serben sind für ihre erstaunliche Fähigkeit bekannt, ihre Familiengeschichte über wenigstens neun Generationen detailgetreu zurückzuverfolgen.[3] Deshalb schenkten wir Dragiša Glauben, als er uns eine Geschichte über Albert Einstein erzählte.

»An einem Sommertag in Kać«, begann Dragiša, »während Professor Einstein die Familie meiner hochgeschätzten Cousine Mileva besuchte, verging ihm die Lust, dauernd aufzustehen und die Katze, den Kater und die vielen Kätzchen der Familie einzulassen. Um in Zukunft nicht mehr gestört zu werden, setzte er sich auf die Veranda und entwarf zwei Katzentüren, eine für die großen und eine für die jungen. Da der Professor nicht besonders gut mit Werkzeug umgehen konnte, ließ er einen Knecht zwei nebeneinanderliegende Rechtecke aus der Tür sägen. Über beiden Öffnungen wurde ein dickes Stück Ziegenleder befestigt. Der Knecht konnte nicht verstehen, weshalb eine Tür größer als die andere sein mußte. Unser Professor erklärte geduldig, daß die eine für die großen Katzen, die andere für die jungen bestimmt sei.

Der Knecht schüttelte den Kopf und fragte: ›Sollten wir nicht auch eine dritte Tür für das zahme Stinktier von Milevas Vater aussägen?‹

Der Professor schaute ihn an, als wäre er nicht ganz bei Sinnen und sagte: ›Natürlich nicht, das Stinktier kann ja eine der beiden Katzentüren benutzen!‹«

Während wir lachten, verließ Dragišas Mutter das Zimmer und kehrte mit einem Silbertablett voller Speisen und Getränke zurück. Aromatischer Mokka wurde aus einer *džezva*, einer Kupferkanne mit langem Henkel, in winzige weiße Tassen gegossen. Wegen der Wirtschaftssanktionen waren viele Zutaten zum Kuchenbacken nicht erhältlich. Deshalb gab es statt der traditionellen *makovnjača*, eines Mohnkuchens, ein fades weißes Gebäck, das die UNPROFOR (United Nations Protection Force) gespendet hatte. Keiner von uns konnte es essen. Dann folgte *šljivovica*, ein köstlicher, dickflüssiger gelber Pflaumenschnaps, der auf dem Familienhof gebrannt worden war. Ich kippte mein Glas wie alle anderen hinunter.

»Sie haben ein bißchen übriggelassen«, mahnte Dragiša. Er wartete, bis ich auch den letzten Rest getrunken hatte, und schenkte dann nach.

»O nein«, protestierte ich, »das ist zuviel!«

»Dreimal ist serbischer Brauch«, antwortete er gelassen. »Und *bog ti dao zdravlje*, möge Gott dir Gesundheit gewähren.«

Er füllte mein Glas ein weiteres Mal. Wir stießen wiederum an und tranken den Schnaps aus. Am Ende folgte das Rauchen, das beinahe genausosehr zur Tradition gehört wie der Schnaps.

Als wir fast mit dem Rauchen fertig waren, wurde an die Haustür geklopft. Dragiša ging zur Tür, und wir konnten sein

Gelächter aus dem Flur hören. Er kam mit einem blauen Umschlag in der Hand zurück.

»Ich habe gerade einen Gestellungsbefehl erhalten – wieder mal. Und ich werde mich wieder weigern. Ich habe einmal gedient und will mit dieser Art von Gewalt nichts mehr zu tun haben. Es war lächerlich, ich konnte nicht feststellen, wer der Feind war!«

Dragišas Mutter hatte schweigend dabeigesessen. »*Izvinite me*, Entschuldigung«, warf sie ein. Wir alle drehten uns wie auf einem Klavierhocker um, um sie anzuschauen.

»Ich möchte etwas sagen. Ich habe eine angeheiratete Tante, die 1905 geboren wurde. Vor vielen Jahren hat sie mir erzählt, daß es ein kleines Lieserl gab. Allerdings nannte die Familie das Mädchen ihrer Erinnerung nach Ljubica. Wissen Sie«, fuhr Frau Marić fort und verschränkte die Finger, »Ljubica ist der Name einer Blume, es bedeutet Veilchen.«

»Aber es kann auch ›Liebe‹ bedeuten«, setzte Slavica hinzu. »Ljubica war ein Name, den man oft außerehelichen Kindern gab.«

Ich hielt den Atem an.

»Diese Tante hat Zorkas Charakter«, sagte Frau Marić mit gedämpfter Stimme. »Entschuldigung, ich komme gleich zurück.« Frau Marić stand auf und verließ das Zimme. Wir blieben voller Spannung zurück.

*

Einstein-Historiker haben stets behauptet, daß Geisteskrankheiten und Depressionen in der Familie Marić verbreitet gewesen seien. Während des Ersten Weltkriegs, im Jahre 1916, besuchte Zorka Fiume, heute Rijeka, an der kroatischen Adriaküste. Eines Tages wurde sie auf der Straße von mehreren Soldaten überfallen und vergewaltigt. Danach hielt Zorka sich von Männern für immer fern. Die Jahre verstrichen, aber das Trauma und das Gefühl der Scham wurden so stark, daß sie allmählich dem Alkoholismus verfiel und dann in den Wahnsinn abglitt.

Im Spätsommer 1919 verkaufte Miloš, Milevas und Zorkas Vater, der bereits recht krank war, eine seiner Besitzungen in Banja Luka.[4] In der Vojvodina bewahren die Menschen ihr Geld üblicherweise zu Hause auf. Banken werden als Eintreibungsstellen für Politiker verachtet, deshalb stopfen die Serben wichtige Papiere und Geld in die doppelten Böden von Schränken, in Geheimschubladen in der Küche, in Kissenbezüge oder unter lockere Dachziegel – um bloß nichts mit den Banken zu tun zu haben. Miloš Marić verhielt sich nicht anders. Er beschloß, den Erlös aus seinem Grundstücksverkauf in Banja Luka in einem unbenutzten Winterofen in seinem Haus in Novi Sad zu verstecken. Eines Tages, gegen Herbst 1922, zündete Zorka den Ofen an und verbrannte das ganze Geld.[5]

Danach wurde Zorkas Benehmen noch merkwürdiger. Sie nahm alle streunenden Katzen der Umgebung bei sich auf, ließ die Tiere jedoch selten hinaus. Ihr Häuschen, gegenüber dem Gerichtsgebäude in der Kisačka-Straße in Novi Sad, verwahrloste bis an die Grenze des Unerträglichen.

＊

Frau Marić kehrte mit mehr Kaffee zurück.

»Ich würde Ihre Tante sehr gern kennenlernen«, sagte ich.

»Nein, das ist unmöglich«, antwortete sie entschieden.

»Aber wieso?« hakte ich nach.

»Nein, auf keinen Fall«, beharrte sie.

»Wo sollte ich Ihrer Meinung nach nach Lieserl suchen?«

Frau Marić zuckte die Achseln und hob die Handflächen in die Höhe. »*U istoj vodi dva puta ne možeš plivati jer reka bez prestanka teče.* »Man kann nicht zweimal im selben Wasser schwimmen, weil der Fluß unablässig dahinströmte. Sie könnte sonstwo sein. Denken Sie daran, die Familie hat versucht, Lieserls Geschichte geheimzuhalten – sie wollte den Fluß daran hindern weiterzuströmen. Aber ich würde mich nicht darauf verlassen, daß der Fluß anhält oder daß das Geheimnis verborgen bleibt.«

Kaum hatte sie dies gesagt, stand die gesamte Familie auf, um sich von uns zu verabschieden.

Während wir auf der Veranda standen, um einander noch einmal die Hände zu schütteln, ergriff Frau Marić meine Hand und beugte sich vor, um mich erst auf die eine, dann auf die andere Wange zu küssen. Dann, als sie mich zum drittenmal küßte, verharrte sie plötzlich, ohne meine Hand loszulassen. Leise sagte sie: »1903 ist eines Tages eine deutschsprachige Frau aus Belgrad gekommen und mit Ihrem Lieserl abgefahren.« Sie blinzelte mir zu.

Slavica hatte Frau Marić gehört. »Könnte es Helene Savić gewesen sein?« flüsterte sie mir auf dem Weg zum Auto zu. »Ihre Muttersprache war Deutsch. Und hatte sie nicht eine Tochter, die Julka hieß und ungefähr so alt war wie Lieserl?«

*

Dragiša hatte angeboten, mit uns an den Rand von Kać zu fahren und uns den Weg zum »Turm« zu zeigen, dem Landbesitz, der einst der Familie Marić gehört hatte. Nach ein paar Kilometern erklärte er stolz: »Da ist das Grundstück«, und wies in alle Richtungen. Das Land, das Milevas Vater 1895 geerbt hatte, erstreckte sich bis zum Horizont – wie man sich auch wandte. Milevas Familie war vermögender gewesen, als ich gedacht hatte. Aber vom »Turm« war nur ein rechteckiger Erdhügel übriggeblieben, der das ursprüngliche Fundament umgab. Eine einsame Akazie neigte sich weit im Süden in den Wind.

»Stellen Sie sich bitte vor, daß das Haus deutlich von der Straße abgesetzt war«, fuhr Dragiša fort. »Es wurde von einem Hain aus Sauerkirschbäumen und ein paar großen Kastanien beschattet. Ein grober Holzzaun zog sich um das Haus, und ein bißchen weiter lag eine dichte Heckenwand. Und nun nichts, nichts mehr.«

Das Haus war während des Zweiten Weltkriegs von den Partisanen zerstört worden. Sie verwüsteten sämtliche Besitztümer vermögender Menschen, die der Armee keinen Nachschub liefern konnten oder wollten. Nach dem Krieg übernahmen im Ort ansässige Bauern das Land und blockierten es nach »serbischer Tradition«, was bedeutete, daß ein Bauer, der ein verlassenes Grundstück bearbeitete, es nach zwanzig Jahren sein eigen nennen konnte. Infolge des Krieges und wegen der Familienkatastrophe war kein einziger direkter Angehöriger der Marić-Sippe zurückgekehrt, um Anspruch auf das Land zu erheben. Und nun, mehr als fünfzig Jahre danach, war es zu spät.

Ein einziges Foto des »Turmes« ist erhalten geblieben; ich sah es in Slavicas Haus. Als ich es mit einem Vergrößerungsglas musterte, konnte ich eine Frau erkennen, die sich im Vordergrund zu einem kleinen Kind mit einem weißen Hund vorbeugt. Es war entweder Frühlingsanfang oder Spätherbst, denn die Bäume trugen kaum Blätter, und einige waren kahl. Das Alter des Kindes ist schwer festzustellen, aber es scheint ungefähr zwei Jahre alt zu sein. Dieses Kind konnte keiner von Alberts und Milevas beiden Söhnen sein, denn sie hatten den »Turm« nur besucht, als die Bäume Laub trugen. Aber vielleicht war es Lieserl. Als ich im Archiv in Zürich nach dem Originalfoto und dem Negativ suchte, waren beide verlorengegangen.

∗

Die Suche nach einem Kind, das in so jungen Jahren und vor so langer Zeit verschwunden ist, vollzieht sich vor allem nach dem Ausschlußprinzip. Zuerst mußte ich alle vorliegenden juristischen Dokumente aufspüren. Sterbeurkunden sind besonders reich an Informationen. Neben dem Geburtsdatum enthalten sie den Geburtsort, die Namen der Eltern, der Paten, der Hebamme und vor allem der nächsten Verwandten. Die letzteren waren häufig noch am Leben. Aber selbst wenn diese Angehörigen verstorben waren, konnte ich *ihre* nächsten Verwandten anhand der Familiennamen ihrer Kinder finden. Allerdings stieß ich auf ein ernsteres Problem, wenn die Eltern nur weibliche Kinder hatten, denn in Serbien übernehmen die Frauen nach der Heirat den Namen des Ehegatten.

Ich hatte bereits erfolglos in der Gegend von Novi Sad nach Lieserls Totenschein gesucht. Es wurde Zeit, nach Budapest zu fahren und im dortigen Stadtarchiv zu forschen, dem Hauptverwahrungsort für Unterlagen aus der Provinz Vojvodina während der österreichisch-ungarischen Herrschaft.

*

Die internationalen Sanktionen zwangen mich, an der jugoslawisch-ungarischen Grenze in den Puschkin-Expreß nach Budapest umzusteigen. Fast drei Stunden später, als mein Zug eine sanfte Biegung der Donau überwand, konnte ich im malvenfarbigen Zwielicht Buda im Westen und Pest im Osten erkennen. Bald erschienen glänzende weiße Steingebäude, und innerhalb von Sekunden sah ich den herrlichen Turm der Kirche des heiligen Matthias, der das prächtige Parlamentsgebäude in Pest überragt.

Ich hatte dafür gesorgt, daß mir die Dolmetscherin Katalin Thury bei meinen Forschungen in den Archiven fünf möglicher Bezirke half. Dabei ging ich von drei möglichen Szenarien aus: erstens, Lieserls Geburt war in Budapest verzeichnet; zweitens, Lieserl war zur Scharlachbehandlung nach Budapest gebracht worden und dort gestorben; und drittens, Lieserl war adoptiert worden, und es gab in Budapest Unterlagen über ihren Werdegang. Wir nannten allen Ämtern die Familiennamen Marić, Marity, Mariti, Maritz, Einstein, Ružić, Ajnštajn sowie »Štrangar«, denn dieser Name war 1871 in einer gerichtlichen Besitzstandsurkunde von Miloš Marić aufgetaucht. (Wie sich jedoch herausstellte, hatte der Gerichtsschreiber den Namen Štrangar versehentlich zu Papier gebracht; es handelte sich um den Besitzer des Hauses, das Miloš und Marija damals gemietet hatten.) Als Vornamen nannten wir Erzsébet, Lieserl, Jelisaveta und Ljubica.

Am folgenden Morgen besuchten wir die erste Dienststelle: ein großes senffarbenes Wohngebäude aus dem 19. Jahrhundert mit weißen Zierleisten, das man nach dem Zweiten Weltkrieg renoviert hatte. Zu beiden Seiten standen Gebäude, deren Fassaden von Kugellöchern – Überresten des Krieges und des Aufstandes von 1956 – übersät waren.

Katalin bat mich, im Café auf der anderen Straßenseite zu warten. Als sie fünfundvierzig Minuten später zurückkehrte, wirkte sie erleichtert. »Nun können wir zum Zentralen Meldeamt gehen und ein Formular einreichen, damit man uns Lieserls Geburts- und Sterbeurkunde aushändigt.« Sie wedelte mit dem soeben ergatterten Genehmigungsschreiben.

Alle Meldeämter, die wir aufsuchten, befanden sich in renovierten Gebäuden, die eine wunderbare barocke Fassade hatten, im Innern jedoch häßlich und modern aussahen. Große, in Leder gebundene Bücher wurden von den Regalen gehievt. Wir durften diese Bände nicht berühren, geschweige denn lesen, sondern mußten in einem Meter Entfernung stehenbleiben und die Augen abwenden. So verlangte es das Gesetz.

In Bezirk II blickte die Frau, die nach dem Namen suchte, auf und rief: »Ich hab's gefunden, ich hab's gefunden!« Katalin und ich sprangen vor, doch die Frau wich zurück.

»Oh, bitte, *bitte*«, flehte Katalin. Die Frau winkte uns mit ihrem kleinen Finger heran und drehte uns das Buch mit einer schwungvollen Geste zu. Karolina Marić, hieß es dort, war im März 1903 im Alter von vier Jahren an Krebs gestorben. Ihre Mutter trug den Mädchennamen Fischer, der Vorname ihres Vaters war Károly – hier ließ sich nicht einmal eine ferne Beziehung herstellen.

Am Neuen Öffentlichen Friedhof fand die Angestellte in einem zerbröckelnden, muffigen Buch den Namen Erzsébet Eisenberg. Lieserl ist eine Koseform von Erzsébet. Aber jene Erzsébet war im Juni 1902 im Alter von zwei Jahren gestorben – wiederum unmöglich für unser Lieserl, das damals erst sechs Monate alt gewesen wäre.

Es folgte der Wolfstal-Friedhof im zwölften Bezirk, wo eine große serbische Bevölkerungsgruppe gelebt hatte. Das hatte sich geändert. Auf diesem Friedhof war es üblich, die Leiche zu exhumieren und in einem Abfallhaufen verschwinden zu lassen, wenn die Gebühren für ein Grab nicht Jahr für Jahr entrichtet wurden. Vor dem Ersten Weltkrieg hatten die Serben einen eigenen Bereich innerhalb des Friedhofs und eigene Verzeichnisse gehabt. Doch es gab keine Möglichkeit, Lieserl zu finden, selbst wenn sie dort begraben war, denn alle Unterlagen aus der Vorkriegszeit waren durch Bomben zerstört worden.

Dann waren die Krankenhäuser an der Reihe. Das St. László-Hospital war 1903 das größte gewesen, und es hatte eine Kinderabteilung für Infektionskrankheiten. Wir fuhren in einen Außenbezirk und fanden das Krankenhaus unweit des Nagyvárad-Platzes; es bestand aus einer weitläufigen Gruppe schmutziggrauer Gebäude im mehr oder weniger neoklassischen Stil. Die Angestellte am Empfang zeigte uns den Weg zum Archiv. Vier gelangweilt wirkende Frauen saßen an ihren Schreibtischen. Bevor Katalin unsere Geschichte zu Ende erzählt hatte, versammelten sich alle um sie und stellten ihr aufgeregte Fragen. Dann eilte die Sekretärin des Direktors herein, und alle vier Frauen wiederholten ihr gegenüber unsere Geschichte.

Die Sekretärin sagte, die meisten Unterlagen seien im Krieg vernichtet worden. »Aber ich werde den Direktor fragen«, versprach sie. »Außerdem müssen Sie im Krankenhaus Rókus Kórház nachfragen.«

Rókus Kórház, auch als Semmelweis bekannt, war einst ein Krankenhaus für arme Leute und besaß ebenfalls eine Kinderabteilung für Infektionskrankheiten. Es steht in der Nähe des Bahnhofs Keleti, von wo Mileva Albert eine Postkarte geschickt hatte, als sie sich bereits auf dem Weg zu der an Scharlach erkrankten Lieserl befand.

Doch die Unterlagen des Krankenhauses waren am 25. August 1903 durch ein Feuer zerstört worden, bei dem viele Kinder Verletzungen davongetragen hatten. Milevas Postkarte wurde am 27. August an Albert abgeschickt – zwei Tage nach dem Feuer. Es ist unwahrscheinlich, daß Mileva nach Novi Sad weitergereist wäre, wenn sich ihre Tochter bereits in einem Budapester Krankenhaus befunden hätte.

*

Vor der Fahrt zum Országes Pszichiátria és Neurologiai Intézet, dem alten Staatlichen Psychiatrischen und Neurologi-
schen Institut, hatte ich mich gefürchtet. Während Katalin
und ich zu seiner Bibliothek gingen, staunte ich über die
Schönheit des Gartens, eine Oase mitten in der Düsternis. Die
Bibliothekarin, die den Auftrag hatte, uns zu helfen, führte
uns die Treppe hinauf, wo wir ein Buch mit einer Liste der
Patientinnen fanden, die das Krankenhaus zwischen 1898 und
1912 verlassen hatten. Aber das Verzeichnis enthielt nur die
Namen, das Datum der Ankunft, die Krankheit und das
Datum der Entlassung. Weitere Einzelheiten sowie die Namen
derjenigen, welche die Patientinnen begleitet hatten, und die
Geburtsdaten waren leider nicht vorhanden.

Wir suchten nach allen Erzsébets, die zwischen 1902 und
1912 eingewiesen worden waren, und fanden zwei interessante Einträge:

N., Erzsébet. Ankunft: 19. Juli 1903. Am 18. Januar 1907
nach Nagykalló, Ungarn, überwiesen. Krankheit: angebo-
rener Schwachsinn.

Bányai, Erzsébet. Ankunft: 23. Oktober 1903. Entlassung:
13. Mai 1905. Krankheit: akuter Schwachsinn. Überwiesen
nach Sátoraljaújhely, Ungarn.

Die Bibliothekarin führte uns dann hinunter in den Keller,
wo Kisten mit alten Krankenblättern und einigen Fotos gela-
gert wurden. Es war ein seltsames, etwas unheimliches Gefühl,
den Keller einer alten Nervenklinik zu betreten. Der Putz an
den Wänden des trüben Korridors bröckelte, die Fußböden
waren uneben und schmutzig; nackte Glühbirnen wiesen uns
den Weg. Zu meiner Überraschung kamen wir an Dutzenden
von Verkäufern vorbei, die in den Korridoren billige Waren
wie gebrauchte Kleidung, Parfüm, Samenkörner und Lebensmittel feilhielten.

»Das liegt daran, daß die Gehälter von Krankenschwestern
und Ärzten in Ungarn sehr niedrig sind«, erklärte die Bibliothekarin.»Die hier verkauften Waren sind viel billiger als in
einem normalen Geschäft.«

Die Archivkisten waren vom Staub vieler Jahre überzogen.

Wir fanden einige aus dem Jahre 1903: Von A bis C und von R bis Z. In keiner davon entdeckten wir Hinweise auf die in Frage kommenden Kinder. Leider konnten wir weder den Karton mit der Aufschrift »N« für die nicht identifizierte Erzsébet N. noch den mit »E« für Einstein oder »M« für Marić finden. Die Bibliothekarin stieß auf ein Buch, in dem es hieß, daß 1903 elf Kinder in ungarische Nervenkliniken eingewiesen worden seien, aber ihre Namen blieben ungenannt.

Eine Woche lang stöberten wir in einem Archiv nach dem anderen in alten, verstaubten Büchern herum. Wir befragten ältere Angestellte, die sich vielleicht an die serbische Gemeinde der österreichisch-ungarischen Zeit erinnern konnten, machten uns mit den Adoptionsgesetzen vertraut und blätterten alte Zeitungen durch. Aber wir fanden nichts.

Katalin rief Pater Magyar an, den Priester der griechisch-orthodoxen Kirche in Budapest. Die Kirche hatte einige serbische Unterlagen zur sicheren Verwahrung übernommen, und er erklärte sich bereit, alle Papiere, darunter Adoptionsurkunden und Verzeichnisse von behinderten Kindern, durchzusehen. Doch am nächsten Morgen teilte er uns mit, er habe nichts entdeckt.

»Ich rate Ihnen, Stojan Vujičić aufzusuchen«, meinte Pater Magyar. »Sein Vater war das Oberhaupt der serbischen Gemeinde von Budapest. Und nun hat Stojan viele Unterlagen bei sich zu Hause. Er ist eine wandelnde Enzyklopädie der serbischen Geschichte in Budapest!«

Vujičić, ein bekannter Schriftsteller, wirkt wie die gutaussehende serbisch-ungarische Version von Orson Welles. Wir setzten uns in ein Café neben seinem Büro im Schriftstellerverband und tranken Kaffee.

»Nachdem Sie anriefen«, sagte Vujičić, »habe ich alle Bücher durchgeblättert und nur ein einziges Kind gefunden, das 1903 oder 1904 starb: einen kleinen Jungen, der einer ›Schlange im Rachen‹, das heißt *torokgyik* oder Diphtherie, zum Opfer fiel.« Er fuhr fort: »Adoptionen waren sehr selten. Dazu kam es nur, wenn das Kind verwaist war und überhaupt keine Familienangehörigen mehr hatte. Und wenn die Adoption vor dem Ersten Weltkrieg stattfand, wurde sie nicht unbedingt verzeichnet. Um Lieserl zu finden, müssen Sie im Paradies nachschauen. Dort ist sie, und dahin gehört sie auch.«

\*

Ich flog zurück nach Belgrad, wo ich Slavica treffen würde, damit wir unsere Suche nach Julka Savić als einem möglichen Lieserl beginnen konnten. Das Flugzeug landete auf einer Landebahn, auf der Gras und andere Pflanzen wuchsen. Seit Beginn des Krieges war das Flughafengebäude in einem schlechten Zustand. Weißes Füllmaterial quoll aus den blauen Sesseln hervor. Passagiere stolperten über gewellte und zerbrochene Plastikfliesen. Der Zementboden bei der Gepäckausgabe war von kleinen Kratern durchsetzt, die man vorsichtig umgehen mußte. Im Flughafengebäude blieb die Beleuchtung tagsüber fast immer abgeschaltet, gleichgültig, wie bewölkt und dunkel es draußen war.

NATO-Streitkräfte warfen nur neunundvierzig Kilometer von Slavicas Haus entfernt Bomben ab. Sie erwartete mich am Flughafen in offenkundiger großer Aufregung.

»Ich erzähle es dir, wenn wir in deinem Hotel sind«, sagte sie. »Es hat nichts mit unserer gemeinsamen Arbeit oder mit deiner Familie zu tun. Es ist der Krieg.« Sie schwieg den Rest der Fahrt über.

Nachdem wir in meinem Zimmer angekommen waren, nahmen Slavica und ich auf zwei Stühlen am Fenster Platz und schauten über die roten Ziegeldächer von Belgrad hinweg.

»Gestern morgen wurde ich im Krankenhaus ins Wartezimmer gerufen. Eine Frau lag in den Wehen. Sie war ohne Papiere aus Kroatien geflüchtet. Als die Familie zu entkommen versuchte, wurde die Kolonne aus Fußgängern, Autos, Lastwagen und Ochsengespannen bombardiert. Der Mann war in einem Auto, die Frau und drei Kinder in einem anderen. Sie mußten mit ansehen, wie ein Geschoß sein Auto traf und ihn tötete. Acht Tage später hat sie mit ihren Kindern die Grenze nach Serbien überschritten.«

Slavica konnte nicht still sitzen. Sie sprang auf und lief, nervös die Hände ringend, durchs Zimmer.»Irgendwie fand sie unsere Klinik. Sie wurde in den Kreißsaal gebracht. Ihre Wehen und alle Lebensfunktionen waren normal. Sie brachte ein gesundes kleines Mädchen zur Welt, aber dann starb die Frau. Noch auf dem Entbindungstisch tat sie ihren letzten Atemzug. Es gab keine Möglichkeit, sie zu retten. Ihre Energie hatte nur noch ausgereicht, ein Versprechen, ein Lebewesen, zu gebären. Wir haben einige der Verwandten in Serbien ausfindig gemacht und ihnen die Kinder übergeben. Was für Kämpfe sie alle vor sich haben. Es bricht mir das Herz.«

Ich stellte unwillkürlich einen Vergleich an: zwischen einer Mutter, die ihre letzten Kräfte geopfert hatte, um ihre Tochter sicher zur Welt zu bringen, und Mileva, die anscheinend nicht energisch genug gekämpft hatte.

\*

Belgrad, auf serbokroatisch Beograd, bedeutet übersetzt »weiße Stadt«. Aber im Jahre 1902 wurde die Stadt ihrem Namen nicht gerecht. Die Gassen waren vom Abfall verstopft, das alte türkische Viertel wirkte verfallen und trostlos. Die abgewetzten Pflastersteine und die zahlreichen Schlaglöcher ließen keine rasche Durchfahrt zu, schon gar nicht für die Wagen, die von glockengeschmückten Pferden oder von schläfrigen Ochsen gezogen wurden. Am Zusammenfluß von Save und Donau gelegen, blickte die Stadt in alle Richtungen über Schlammflächen hinweg. Entlang den Ufern der Belgrader Ströme und Flüsse warfen Weiden ihre stacheligen Schatten an den wäßrigen Himmel. Im Westen konnte man die bewaldete Zigeunerinsel und im Norden die niedrigen, von Maisfeldern verschleierten Hügel um Zemun erkennen. Im Osten schienen die Augen dem Lauf der Donau bis hin zum

Schwarzen Meer zu folgen. An einem klaren Tag konnte man die Hügel an der rumänischen Grenze ausmachen.

Belgrad gilt als Kreuzungspunkt zwischen dem Westen und dem Orient und als Außenposten Mitteleuropas. Zur Zeit von Lieserls Geburt war es noch vom türkischen Einfluß geprägt. Mehrere Minarette, weiß und nadelförmig, waren über den Horizont verstreut. In Cafés saßen weiterhin Männer, die einen roten Fes trugen. Einige Frauen, mit einem Tschador bekleidet, hoben den Saum, um über die Pfützen und den Unrat zu hüpfen. Belgrad hatte 60 000 Einwohner, hauptsächlich orthodoxe Serben, dazu einen winzigen muslimischen Bevölkerungsanteil und eine kleine, doch kraftvolle Kolonie spanischsprachiger Juden.

*

Die in Belgrad lebende führende jugoslawische Literatin Vida Ognjenović hat Milevas Schicksal zuerst in einem 1972 geschriebenen Drama verarbeitet. Nun hat sie vom Serbischen Fernsehen den Auftrag erhalten, eine neue Version, welche die Liebesbriefe zwischen Mileva und Albert einbezieht, zu verfassen.

1989 wurde Vida Ognjenović zur Künstlerischen Direktorin und Intendantin des Nationaltheaters von Belgrad ernannt. Als Intendantin war sie juristisch auch für das Theatergebäude verantwortlich. 1995 wurde ihre Kurzgeschichtensammlung *Die giftige Milch der Chicorée* mit dem Ivo-Andrić-Preis, dem jugoslawischen Pendant zum Pulitzerpreis, ausgezeichnet.

Die drei Parteien, welche die Opposition zum Milošević-Regime bildeten, hatten für den 9. März 1991 eine Demonstration organisiert. Das Regime ordnete an, die Kundgebung an den Ufern der Donau, fern vom Stadtzentrum, abzuhalten, um zu vermeiden, bei der Presse oder einem größeren Publikum Aufmerksamkeit zu erlangen. Vida dagegen meinte, daß die Demonstranten den Balkon des Nationaltheaters, der auf den *Trg republike*, den Platz der Republik, hinausblickt, benutzen sollten. Sie bot ihr Theater als Bühne an und öffnete »der Revolution die Türen«. 60 000 Menschen erschienen, um den Führern der Oppositionsparteien zuzuhören. Die Demonstration wurde von Polizei und Armee abgebrochen, und Milošević entließ Vida zwei Jahre später.

Im Jahre 1996 verfestigte sich der nationale Protest. Der Platz der Republik, inzwischen Platz der Freiheit genannt, war die Stätte, an der sich Hunderttausende von Belgrader Bürgern versammelten, um gegen Milošević und seine Regierung zu protestieren. Außerdem gingen Menschen in ganz Serbien allabendlich um 19 Uhr auf die Straßen, um für eine Minute die Deckel von Abfalleimern, Töpfe und Pfannen aneinanderzuschlagen und in Pfeifen zu blasen. Ihre Form des zivilen Ungehorsams bestand darin, die Stimme des Regimes täglich kurz zum Schweigen zu bringen.

Slavica und ich fuhren zu Vidas Wohnung in der Ulica pariske komune, neben dem ersten McDonald's in Serbien. Es war einer jener düsteren Tage, die die Nacht nicht zu verdrängen vermochten. Wir mußten die Scheinwerfer einschalten, um uns im Nebel, im Schmutz der Kohlenheizungen und im strömenden Regen zu orientieren. Nachdem wir geparkt hatten, benutzte ich meine Reisetaschenlampe, um Vidas Hausnummer zu finden.

Vida arbeitet in einer Ecke ihres von Bücherregalen eingefaßten Wohnzimmers. An der Glastür eines der Bücherschränke klebt ein Foto ihres alten Freundes, des Schriftstellers Danilo Kiš.

Als Danilo Kiš 1989 starb, wurde er als wahrer Held betrauert, der alle positiven Eigenschaften seines Landes verkörperte. Hunderte von Menschen – jeder trug schweigend eine Dahlie – erschienen zu seiner Beerdigung. Er hatte gebeten, keine Grabreden zu halten. Am Ende des Nachmittags war sein Grab von dunkelroten und goldenen Dahlien übersät. Die Schritte der Trauernden hinterließen einen Pfad in den Herbstblättern.[6]

Vida begrüßte uns mit einem selbstgebackenen Apfelkuchen und frischem Mokka. Während sie sprach, waren ihre Hände ständig in Bewegung und strichen über die Ringe an ihren Fingern, die Decke auf ihren Knien und die zerbrechliche Kaffeetasse.

Slavica war ungewöhnlich still. Plötzlich stellte sie ihre Tasse auf den Tisch und sagte mit erbitterter Stimme: »Ich habe alle Friedhöfe in Belgrad abgesucht, und ich kann keine Person namens Julka Savić-Popović finden. Es ist serbischer Brauch, Familienmitglieder im selben Grab oder wenigstens auf demselben Friedhof zu beerdigen. Wo also ist Julka Popović? Ist sie wirklich tot? Oder lebt sie noch irgendwo?

Tatsächlich hatte sie überall – in jedem Belgrader Bezirk und seiner Umgebung, in jedem Kirchenamt, auf jedem Friedhof – nach Julkas Sterbeurkunde gesucht und nichts entdeckt. Noch verwirrender ist, daß es in Band 1 von *The Collected Papers of Albert Einstein* heißt, Julka sei 1985 gestorben, während in Band 2 1986 als Todesdatum angegeben wird. Das staatliche Meldeamt hat den Tod einer Person namens Julka Savić-Popović jedoch in keinem der beiden Jahre registriert.

»Das verstehe ich nicht«, meinte Slavica. »Die Sterbeurkunde ihrer Schwester Zora hat man mir nämlich sofort gezeigt.«

»Ich werde Ihnen helfen, so gut ich kann«, sagte Vida. »Aber Sie sollten sich einen Anwalt in Belgrad nehmen, der in der Lage ist, die Wahrheit zu ermitteln.« Und dann erklärte sie wie jede serbische Frau, der ich begegnet war: »Mileva hätte ihr Kind niemals zur Adoption freigegeben, das weiß ich.«

»*Ni dlaka s glave ne pada bez razloga*, nicht einmal eine Haarsträhne fällt ohne Grund vom Kopf«, sagte Slavica, als wir zum Auto zurückgingen.

\*

Slavica kehrte nach Sremski Karlovci zurück, während ich in Belgrad blieb, um einen englischsprechenden Anwalt zu engagieren, der mir helfen konnte, Julkas juristische Dokumente aufzuspüren.

Der Anwalt, den ich schließlich wählte, hatte eine faszinierende Antwort auf meine Frage.

»Wie ich kürzlich von gemeinsamen Freunden erfahren habe«, teilte er mir am Telefon mit, »behauptet Dr. Milan Popović, daß seine Mutter Julka Savić einige von Milevas Briefen vor ihrem Tod verbrannt hat. Ich vermute, daß diese Briefe Hinweise auf Lieserls Identität enthielten. Einige der Briefe sollen jedoch noch existieren und im Besitz von Dr. Popović sein, der versprochen hat, sie zu veröffentlichen. Da man nun die Liebesbriefe zwischen Mileva und Albert gefunden hat, wird an der Philosophischen Fakultät gewitzelt, daß Dr. Popović Einsteins Enkel sei. Wahrscheinlich geht man davon aus, daß Dr. Popović' Mutter in Wirklichkeit Lieserl war und von Dr. Popović' Großmutter, Helene Savić, adoptiert wurde.«

Die Belgrader intellektuelle Gesellschaft war immer schon stolz auf die Beziehung zwischen Helene und Mileva. Seitdem Lieserls Existenz 1985 erstmals bekannt wurde, kursierte in diesen Kreisen das Gerücht, daß Helene Milevas Kind adoptiert und unter dem Namen Julka aufgezogen habe. Dies wäre sicher nicht abwegig. Angeblich zwei Monate vor Lieserl geboren, war Julka nach der Geburt schwer erkrankt. Noch wichtiger: Helene war Milevas beste Freundin, und in Serbien zählt eine beste Freundin so viel wie die Familie. Der Rechtsanwalt und ich vereinbarten, uns zwei Tage später zu treffen.

Als ich Slavica anrief und von meinem Telefongespräch berichtete, war sie erstaunt. »Denk daran, die Liebesbriefe sind nicht ins Serbokroatische übersetzt und liegen in unseren Buchläden nicht einmal auf englisch vor. Also wissen nur sehr wenige Menschen überhaupt etwas von Lieserls Existenz.«

Robert Schulmann, der Direktor des *Einstein Papers Project*, hatte mir Popović' Telefonnummer gegeben. Ich rief ihn aus dem Hotel an.

»Es tut mir leid. Ich habe keine Zeit, mich mit Ihnen zu treffen«, sagte er, nachdem ich mich vorgestellt hatte. »Auf Wiederhören.« Dann hängte er ein.

Als Albert Einstein 1945 starb, vermachte er alle Manuskripte, Copyrights, Verlagsrechte, Lizenzen und Lizenzverträge sowie alle anderen literarischen Hinterlassenschaften und Rechte seinen Treuhändern. Dies waren Otto Nathan, ein geachteter Volkswirtschaftler an der Princeton University, der Albert in finanziellen Angelegenheiten beriet, und Helene Dukas, die ihm siebenundzwanzig Jahre lang als Sekretärin zur Seite stand.

Albert hatte verfügt, daß alle Rechte nach dem Tod seiner Treuhänder auf die Hebräische Universität in Jerusalem übergehen sollten. 1971 wurde zwischen der Princeton University Press und Einsteins Nachlaßverwaltern ein Vertrag zur Veröffentlichung seiner Schriften unterzeichnet. Das *Einstein Papers Project* hat bisher acht von fünfundzwanzig geplanten Bänden der *Collected Papers of Albert Einstein* herausgebracht.

1976 ließ sich der Physiker John Stachel auf längere Zeit von der Boston University beurlauben, um als Herausgeber und Direktor des Projekts zu fungieren, das damals im *Institute for Advanced Studies* in Princeton untergebracht war. Robert Schulmann wurde 1981 als Historiker und später als Mitherausgeber herangezogen. Damals verlagerte man die Papiere und das Personal aus Platzmangel in die Räume der Princeton University Press.

Kurz bevor Helene Dukas 1982 starb, beschlossen Nathan und sie, Alberts Wunsch, seinen Nachlaß nach Jerusalem zu transferieren, zu erfüllen. Zu jenem Zeitpunkt ging die Hebräische Universität eine Partnerschaft mit der Princeton University Press ein. Das Albert-Einstein-Archiv sowie Milevas Briefe an Albert, Helene Savić und andere gemeinsame Freunde wurden kopiert, und man schickte die Originale zur permanenten Verwahrung an die Hebräische Universität.

1984 wurde das Projekt schließlich an die Boston University verlegt. 1988 löste Robert Schulmann Stachel als Direktor des Projekts ab.

✳

Bevor ich 1995 zum erstenmal nach Serbien reiste, hatte ich Schulmann, einen hochgewachsenen, weitschweifigen Mann in seinem Büro an der Boston University aufgesucht. Ich fragte ihn nach Milevas Briefen an Helene, die in *The Collected Papers of Albert Einstein* nachgedruckt worden waren. Schulmann erklärte mir, da man beim Projekt in erster Linie an jenen Dokumenten interessiert sei, die ein Licht auf Alberts Lebensgeschichte werfen, seien die meisten Briefe von Mileva an Helene unveröffentlicht geblieben, abgesehen von jenen, die herzliche, doch recht trockene Postskripta von Albert enthalten. Vor dem Treffen mit Schulmann hatte ich gehört, daß es noch viel mehr Briefe als die in den Bänden abgedruckten gebe und daß Popović sie alle eifersüchtig unter Verschluß halte.

»Sie möchten wissen, was Popović über die Briefe sagt?« Schulmann lehnte sich mit einem ironischen Grinsen in seinen Sessel zurück. »Er hat mir mitgeteilt, er habe vor Jahren, nach seiner Rückkehr aus den Flitterwochen, beschlossen, sich die Briefe genauer anzusehen. Dabei entdeckte er, daß viele fehlten. Er fragte Julka, was aus ihnen geworden sei, und sie sagte, die Briefe seien so persönlicher Art, daß sie nicht wolle, daß irgend jemand sie liest.«

»Hat sie die Briefe verbrannt?« fragte ich.

»Das können wir nicht mit Sicherheit wissen, aber wenn die Briefe nicht vorliegen, muß irgend jemand etwas mit ihnen unternommen haben.«

»Können Sie mir die Kopien der existierenden Schriftstücke zeigen?«

»Ausgeschlossen«, sagte er. »Ich habe Popović versprochen, daß das *Einstein Papers Project* niemanden die Briefe sehen lassen würde, ohne zuerst seine Genehmigung einzuholen.«

»Sind die Briefe also versiegelt?«

Schulmann zuckte die Achseln.

*

Die Behauptung, daß Milevas unveröffentlichte Briefe an Helene nicht verfügbar seien, hatte mich aus der Fassung gebracht. Nach New York zurückgekehrt, stellte ich weitere Nachforschungen an. Ich fand heraus, daß John Stachel im Herbst 1985, als die Existenz der Briefe bekannt wurde, nach Belgrad gereist war. Er zahlte Popović fünftausend Dollar für Fotokopien der Briefe und traf eine Vereinbarung, die ihm Zugang zu den Briefen erlaubte. Nachdem ich wiederholt vergeblich versucht hatte, durch Stachel und Schulmann Zugang zu den Briefen zu erlangen, fühlte ich mich in meiner Arbeit behindert und machte Popović dafür verantwortlich.

Unterdessen hatte ich allerdings bereits viele Direktzitate aus jenen versiegelten Briefen in mehreren veröffentlichten Büchern und Artikeln gefunden, etwa in *Einstein, die Geschichte und andere Leidenschaften* von Gerald Holton (1995); in dem Artikel »Of Love, Physics and Other Passions: The Letters of Albert and Mileva«, ebenfalls von Holton in *Physics Today*; in *Die geheimen Leben des Albert Einstein* von Roger Highfield und Paul Carter (1993); und in *Ich vertraue auf Intuition* von Abraham Pais (1994).

Ich war mir darüber im klaren, daß Popović selbst eine Veröffentlichung zu diesem Thema plante. Als ich Schulmann über Popović' Pläne fragte, bestätigte er, daß Popović, der gerade an einem eigenen Aufsatz arbeitete, auch auf der Suche nach Lieserl war und sich gerade »an ihre Identität heranarbeitete«.

»Es ist offensichtlich, daß er Sie als Konkurrenz sieht«, sagte er mir.[7]

Ich beschloß, meinen Anwalt zu konsultieren. So erfuhr ich, daß das Papier, auf dem die Briefe geschrieben waren, zwar Popović gehöre, dies jedoch nicht bedeute, daß er auch über das Recht verfügt, die Briefe zu veröffentlichen oder zu kopieren. Trotzdem war er es, der allein Zugang zu den Briefen hatte.

*

Schulmann erklärte sich bereit, in meinem Namen bei Popović anzurufen, um die Genehmigung zur Lektüre der Briefe
für mich einzuholen. Popović lehnte ab; er wolle den Zugang
erst gestatten, wenn er mit seinem Aufsatz fertig sei. Ich bat
Schulmann um eine Kopie der Rückseite des fehlenden fünften Blattes von Milevas im Dezember 1912 verfaßtem Brief
an Helene mit Alberts Postskriptum: »der serbischen Heldin
ein Grüsschen«. Aber Schulmann erwiderte, er könne »den
Wunsch nicht erfüllen, da der Agent des Käufers der Liebesbriefe uns ersucht hat, keine Kopien auszuhändigen, jedenfalls nicht, bevor Band 8 veröffentlicht ist ... Tut mir leid.«[8]
Das kam mir unlogisch vor. Was haben Milevas Briefe an
Helene mit den Liebesbriefen zwischen Albert und Mileva zu
tun? Es handelt sich um eine völlig andere Sammlung.

∗

Kurz darauf, im November 1996, wurde Popović in einer Belgrader Fernsehsendung über Lieserl interviewt.

»Meine Mutter Julka erzählte mir, daß irgend etwas über
diese Geburt nicht ans Tageslicht dringen darf«, sagte er. »Ich
glaube, daß meine Mutter von Milevas geheimer Schwangerschaft wußte. Ich habe einige Nachforschungen nach Lieserl
angestellt und bin zu folgenden Ergebnissen gelangt: Erstens,
sie wurde in der Vojvodina geboren. Zweitens, sie hatte Scharlach. Drittens, sie wurde adoptiert. Aber da ich Mileva als
Mutter kannte, kann ich nicht akzeptieren, daß sie ihr Kind
zur Adoption freigegeben haben soll. Für mich ist Lieserls
Schicksal immer noch ein Geheimnis.«[9]

∗

Am Tag nachdem Popović einfach den Hörer aufgelegt hatte, spazierte ich in Belgrad den Bulvar revolucije hinunter, und
mir wurde klar, daß ich mich in seiner Gegend befand. Mutig
geworden, rief ich ihn an und bat um ein Treffen.

»Natürlich«, erwiderte er, »kommen Sie sofort.«

Ich fand sein Haus in der Katanićeva-Straße. Popović' Großeltern hatten es 1903 gekauft. Es liegt nun in der Mitte einer geschäftigen Großstadt, aber damals grenzte das Grundstück an wogende Weizen- und Maisfelder. Ich trat durch ein schwarzes schmiedeeisernes Tor ein und ging an einem mit grobem Stuckwerk versehenen Häuschen vorbei, das so aussah, als sollte es das dahinter liegende Gebäude vor Eindringlingen schützen. Das Hauptgebäude, das an eine türkische Festung erinnerte, war im gleichen Stil errichtet worden. Es hatte hohe, von Spitzenvorhängen verhüllte Fenster.

Popović ist Psychiater und ehemaliger Vorsitzender der Serbischen Ärzte für den Frieden. Er hatte Flüchtlinge in Lagern in ganz Serbien behandelt. Ihm lag stets daran, sich selbst und seine Familie, darunter seine Tante Zora, vor Forschern zu schützen. Zora hatte viele Jahre lang in dem Häuschen vor Popović' Villa gewohnt. Er behauptete, sie sei blind, ein kleiner »Kuckuck«, und könne sich an nichts erinnern. Jeder Besucher Popović' wurde auf dem Weg zur Straße energisch an Zoras Haus vorbeigedrängt. Sie starb 1992 im Alter von neunzig Jahren.

Wir setzten uns in sein Arbeitszimmer und begannen ein Katz- und Mausspiel, jeder versuchte herauszufinden, wieviel der andere wußte.

»Wissen Sie, wo Helenes Briefe an Mileva sind?« fragte ich.

Popović schüttelte den Kopf. »Nein, Sie etwa?«

»Nein«, antwortete ich, »aber Evelyn Einstein glaubt, sie könnten noch in der Schweiz sein – vielleicht in der Besenkammer von Aude Einstein, der Exfrau ihres Bruders Bernard.«

»Warum fliegen Sie dann nicht in die Schweiz, um sie zu interviewen?« wollte er wissen.

»Als ich von der Besenkammer erfuhr, war es schon zu spät«, erwiderte ich. Ein anderer Autor hatte Aude Einstein zu seiner privaten Informationsquelle gemacht, und sie wollte mit niemandem sonst sprechen – nicht einmal mit Schulmann.

»Können Sie jetzt aufrichtig mir gegenüber sein?« fragte ich.

»Ja«, entgegnete Popović mit einer starren, gleichmütigen Miene.

»Wissen Sie, was mit Lieserl passiert ist?« preschte ich vor.

»Vielleicht, aber ich bin nicht sicher«, gab er zurück.

»Aber Sie glauben, es zu wissen?«

»Ja.«

»Haben Sie irgendeinen Beweis?« fragte ich.

»Habe ich Beweise zur Stützung meiner Theorie? Ja und nein, ja und nein. Ich bin nicht sicher. Vielleicht, vielleicht. Wenn ich sicher wäre, würde ich meine Gedanken veröffentlichen. Ich bin ein Mann der Wissenschaft. Zwar habe ich eine Hypothese, was Lieserl betrifft, aber darüber kann ich nicht sprechen. Noch nicht. Auch in meiner Familie wird nämlich nach Lieserl gesucht. Sie ist nicht meine Tante Zora. Leider.«

Popović meinte, er müsse nach Budapest reisen, um nach Lieserls Geburts- oder Sterbeurkunde zu suchen. Ich erklärte, daß ich bereits dort gewesen sei und nichts gefunden habe. Nach dieser Mitteilung wurde er still und wandte mir den Rücken zu.

»Außerdem«, sagte ich, seinen Rücken anschauend, »hätte Mileva ihr Kind niemals aufgegeben.«

»Nein«, antwortete Popović und drehte sich wieder zu mir um. »Nein, sie war so kinderlieb. Das ist unmöglich.«

Entweder wußte er, was Lieserl zugestoßen war, oder er hatte in Wirklichkeit nicht viel mehr – oder noch weniger – Informationen als ich. Popović berichtete mir, er sei dabei, einen fünfteiligen Essay über die Beziehung zwischen den Familien Einstein und Savić für die Belgrader Zeitung *Politika* zu schreiben. Nach der Veröffentlichung des Beitrags werde er mir gestatten, Milevas Briefe im Einstein-Archiv zu lesen. Ich wußte, daß Popović diesen Essay seit vielen Jahren ankündigte. Auf das Angebot, die Briefe einzusehen, ging ich nicht ein, weil ich dem Gespräch noch kein Ende setzen wollte. Ich hoffte, ihm das Gefühl vermitteln zu können, daß ich keine Rivalin, sondern eine Verbündete sei.

»Ich habe ein paar interessante, auf deutsch geschriebene Briefe gefunden«, fuhr er fort.

»Von wem sind sie?«

Popović rückte nicht mit der Sprache heraus. »Ich gebe sie Ihnen, wenn ich meinen Essay veröffentlicht habe«, sagte er entschieden.

Unsere Begegnung ging dem Ende zu. Er bat seinen Sohn Bojan, mich hinauszubegleiten. Am Tor warf Bojan mir unerklärlicherweise einen höhnischen Blick zu. Überhaupt wußte ich nicht, warum es nötig war, mich an Zoras Haus vorbeizugeleiten, da sie ja seit mehr als einem Jahr tot war.

$$*$$

Die Kanzlei meines Belgrader Anwalts versteckte sich hinter den Prachtfassaden der Gebäude um die Nationalversammlung. Ich stieg zwei Treppen hinauf und wurde in eine freundliche weiße Wohnung mit neuverlegten hellen Holzfußböden hineingebeten. Der Anwalt war ein schlanker Mann mittleren Alters, trug einen eleganten grauen Straßenanzug und hielt eine Zigarette zwischen seinen vom Tabak verfärbten Fingern. Wir nahmen uns bei einer Tasse Mokka vor, am folgenden Morgen das staatliche Meldeamt aufzusuchen.

Da die meisten Kinder am Beginn des Jahrhunderts zu Hause geboren wurden, wäre es normal gewesen, daß Helene oder Milivoj Julkas und Zoras Geburt registrieren ließen, indem sie sich mit der Taufurkunde zum Regierungsmeldeamt in Belgrad begaben. Dort dürfte ein Angestellter den Namen des Kindes – sowie das Datum und die Stunde der Geburt, den Geburtsort, die Namen der Eltern, ihre Geburtsdaten und -orte, ihre Staatsbürgerschaft und ihre aktuelle Adresse – mit Tinte in ein großes, in braunes Leder gebundenes Hauptbuch eingetragen haben. Wenn dagegen jemand starb, wurde der Tod zuerst bei der Kirche registriert, wonach man die Urkunde zum Regierungsmeldeamt brachte, wo der Sachverhalt in ein ähnliches Hauptbuch eingetragen wurde.

Wer eine offizielle Geburts- oder Sterbeurkunde haben wollte, mußte entweder einen schriftlichen Antrag stellen oder sein Anliegen persönlich im Meldeamt vorbringen. Dann suchte der Angestellte das Hauptbuch mit dem Namen heraus und verzeichnete die Details auf dem üblichen Formular.

Slavica hatte per Post Kopien von Julkas und Zoras Geburtsurkunden und von Zoras Sterbeurkunde vom Belgrader Regierungsmeldeamt besorgt. Aber laut diesen Dokumenten waren beide im Jahre 1902 geboren worden, was nicht mit den Geburtsdaten in den *Collected Papers of Albert Einstein* – 1901 beziehungsweise 1903 – übereinstimmte. Und wir hatten Julkas Sterbeurkunde immer noch nicht beschaffen können. Mein Anwalt und ich beschlossen, wegen der abweichenden Daten in *The Collected Papers* die Geburts- und Sterbeurkunden der beiden noch einmal zu beantragen.

Das Regierungsmeldeamt liegt in der Ulica Miloša Velikog, einer breiten Allee mit Hunderten von Platanen und Kastanienbäumen. An beiden Seiten prangten die Botschaften der meisten Länder der Welt. Das Regierungsgebäude, neu und häßlich, bestand aus Steinzement. Vier Beamte standen hinter dem Tresen. Als wir an der Reihe waren, sagte mein Anwalt: »Ich suche die Sterbeurkunde von Zora Savić-Karakašević. Karakašević ist ihr Ehename.«

»Ich habe dem Gericht doch schon die Antwort gegeben«, rief der Beamte schroff. »Ich kann Ihnen die Sterbeurkunde nicht aushändigen.« Dann drehte er sich jäh um und verschwand durch eine Tür hinter dem Tresen. Wir waren sprachlos, denn wir hatten nicht einmal die Möglichkeit gehabt, um Julkas Sterbeurkunde zu bitten. Mir kam der Gedanke, daß Popović die Sache arrangiert haben könnte.

»Wir können im Moment nichts unternehmen«, meinte mein Anwalt. »Wir müssen abwarten, bis ich höhergestellte Kollegen um Hilfe ersuchen kann.«

Wir gingen in ein anderes Zimmer im selben Gebäude, und man händigte uns Julkas und Zoras Geburtsurkunde unverzüglich aus.

Laut der Geburtsurkunde, welche dieselbe Behörde Slavica geschickt hatte, war Julka am 15. Oktober 1902 zur Welt gekommen. Dem uns nun vorliegenden Dokument zufolge war sie am selben Tag und im selben Monat, doch ein Jahr zuvor geboren worden: am 15. Oktober 1901. In der Originalgeburtsurkunde aus Tübingen stand jedoch der 28. Oktober 1901. Ein ähnliches Phänomen betraf Zora. Laut ihrer Geburtsurkunde, die Slavica mit der Post erhalten hatte, war Zora am 28. Dezember 1902 geboren worden, während das jetzige Papier dasselbe Datum, allerdings ein Jahr später, nannte: den 28. Dezember 1903.

»Wenn Sie das Rätsel um Lieserl lösen wollen, müssen Sie unsere Kalendersituation begreifen«, sagte mein Anwalt. »Als sie geboren wurde, benutzte man auf dem Balkan noch den alten Julianischen Kalender. Mit anderen Worten, die Daten des neuen Gregorianischen Kalenders sind denen des alten Kalenders um zwei Wochen voraus. Zum Beispiel entspricht der 1. Januar des neuen dem 22. Dezember des alten Kalenders.«

Mit der verwirrenden Information aus dem Meldeamt suchten wir die Belgrader Gemeinde des Tempels des heiligen Sava auf, um Julkas und Zoras Taufunterlagen zu finden. Diese Dokumente sind detaillierter als Geburtsurkunden. Es war Brauch, jedes serbisch-orthodoxe Kind taufen zu lassen. Ausnahmen von der Regel hatten gewöhnlich damit zu tun, daß das Kind kurz nach der Geburt gestorben oder daß es unehelich war. Die Taufurkunde wurde von dem für das Ritual verantwortlichen Priester ausgefüllt; sie enthielt Geburtsdatum und -ort, Taufdatum und -ort, Namen und Alter der Eltern, chronologische Stellung zu den anderen Geschwistern und die Tatsache, ob das Kind ein Zwilling, unehelich oder behindert war, sowie den Namen des Priesters und der Paten.

Im Archiv der Kirche fragten wir nach den Taufdokumenten beider Schwestern. Die Angestellte entdeckte Zoras Namen auf Seite 241 eines der großen, in Leder gebundenen Hauptbücher. Als Geburtsdatum war der 28. Dezember 1902 angegeben, was mit meinen Nachforschungen übereinstimmte. Julka stand auf Seite 153. Dort hieß es, sie sei – nach dem alten Kalender – am 15. Oktober 1901 geboren worden.

Mein Anwalt versuchte, den Knoten zu lösen. »Damals war

das einzige Dokument, das man zur offiziellen Anmeldung einer Geburt benötigte, eine Taufbescheinigung – man brauchte keine Geburtsurkunde. Helene hatte einfach Julkas Taufurkunde im Regierungsmeldeamt vorgelegt und damit das Geburtsdatum ihrer Tochter für den 15. Oktober 1901 registrieren lassen. Es liegt auf der Hand, daß die wahre Identität eines Kindes mühelos manipuliert werden konnte. Helene hätte dem Priester nur ein falsches Geburtsdatum zu nennen brauchen. Interessant finde ich auch, daß Julka laut der Taufurkunde zu Hause getauft wurde, was in der gehobenen Belgrader Gesellschaft jener Zeit äußerst ungewöhnlich war. Etwas kann nicht gestimmt haben, vielleicht war sie krank. Babys wurden in der Regel vierzig Tage nach der Geburt in einer Kirche getauft. Während dieser Zeit sollte eine Mutter das Haus nicht verlassen. Denn sie war unrein und dadurch nicht hinreichend vor bösen Geistern geschützt. Aus irgendeinem Grunde wurde Julka erst mit acht Monaten getauft.«

∗

Einen Tag später, als ich mit dem Bus von Belgrad zu Slavicas achtzig Kilometer entferntem Haus in Sremski Karlovci fuhr, hatte ich das Gefühl, mich in einem Schwarzweißfilm zu bewegen. Serbien war in einen rußfarbenen Schleier gehüllt. Die einzigen Farben, die hervorstachen, waren die der Plastikkanister mit illegalem Benzin auf den Hauben von Privatautos, die man am Straßenrand geparkt hatte: leuchtend gelbes Benzin aus Rumänien, grünes aus der Ukraine, oranges aus Bulgarien, hellgelbes aus Jugoslawien (das schlechteste) und rotes Shell-Benzin aus Ungarn (das beste). Die normalen Tankstellen waren wegen des internationalen Embargos geschlossen. Die Benzinpreise änderten sich täglich, je nach den privaten Berechnungen der Schmuggler. Der Durchschnittspreis betrug 3,50 Dinar pro Liter – etwa drei Deutsche Mark.

Slavica wartete am Schnittpunkt des Sandpfades und

der Hauptstraße auf mich, und wir gingen zurück zu ihrem Haus.

»Vor zwei Tagen bin ich unter großen Schwierigkeiten nach Ruma gefahren, um meine alte Jugendfreundin Ana zu besuchen«, erzählte sie mir. »Sie war gerade einen Tag vorher zurückgekehrt, nachdem sie ihren Enkel in seinem Militärlager getroffen hatte.«

»Das heißt, sie ist ins Kriegsgebiet gefahren?« fragte ich. Mir wäre nie der Gedanke gekommen, daß man einen an den Kämpfen beteiligten Verwandten besuchen konnte.

»O ja, das ist möglich«, erklärte Slavica müde. »Wenn die Soldaten ihren Fahneneid ablegen, wird die Familie eingeladen. Während sie also zusah, wie ihr Enkel seinen Eid schwor, spürte sie, wie die Erde unter den Bomben bebte. Aber diese jungen Soldaten werden überhaupt nicht ausgebildet. Einer der jungen Männer sagte, sie hätten vor Verzweiflung geweint, weil sie ihre Gewehre nicht bedienen könnten. Trotzdem sind sie gezwungen, von einem Moment zum anderen riesige, komplizierte Waffen einzusetzen.« Slavica wirkte müde und blieb stehen, um sich gegen einen Zaun zu lehnen. Sie begann, einen kleinen Stein mit ihrem Fuß hin- und herzutreten.

»Hier und heute, im 20. Jahrhundert, müssen Anas Enkel und seine Kameraden auf Stroh schlafen – so wie unsere Vorfahren, als sie gegen die Türken kämpften. Ich konnte ihr wirklich kaum glauben.« Sie ging weiter und ich folgte ihr schweigend.

»Nachdem Ana unter vier Augen mit ihrem Enkel gesprochen hatte, ging sie hinüber zum Kantinenzelt, wo sie einige seiner Freunde kennenlernte. Als sie sich verabschiedete, sah sie zehn Männer an einem Tisch sitzen, aber unter dem Tisch waren nur zehn Beine.« Slavica öffnete das Tor und hielt es für mich offen, während ich durchging, dann ließ sie es langsam zufallen.

»Ja, das ist mir auch aufgefallen«, erwiderte ich. »Überall in Belgrad betteln Dutzende von jungen Männern. Neunzig Prozent haben nur ein Bein – die übrigen zehn Prozent haben gar keins.«

»Landminen«, sagte Slavica. »Nur Gott kann Anas Enkel nun noch schützen.«

*

Ich mußte eine Nachfahrin von Milana Bota-Stefanović, Milevas Schulfreundin in Zürich, ausfindig machen. In Milanas Briefen an ihre Eltern war häufig von Mileva die Rede. Vielleicht kannte die Familie Lieserls Geschichte. Slavica brauchte nur zwei Anrufe, um Verbindung mit Ivana Stefanović, Milanas Enkelin, aufzunehmen. Sie wohnte in Belgrad, und wir verabredeten uns mit ihr, was bedeutete, daß ich mich wieder in den trostlosen Bus setzen mußte.

Einige Historiker sind der Meinung, daß Ivanas Tante Milica Stafanović, die Tochter Milanas und des Arztes und Dichters Svetislav Stefanović, Lieserl gewesen sein könnte. Tatsächlich erfüllte sie eine der Voraussetzungen: Sie unterhielt eine lebenslange Beziehung zu Mileva. Aber ich erfuhr bald, daß sie im Jahre 1906 geboren wurde – viel zu spät, um in Lieserls Chronologie zu passen.

Slavica und ich trafen erschöpft an der Tür von Ivanas Wohnung im vierten Stock eines Mietshauses ein. Sie begrüßte uns freundlich. Ivana – eine schöne Frau von mittlerer Größte mit feingemeißelten Gesichtszügen, glatter Alabasterhaut und kurzem, von grauen Strähnen durchzogenem Haar – ist eine bekannte Komponistin und eine ausgezeichnete Violinistin. Sie wurde im Januar 1993 aus ihrem Büro bei Radio Belgrad ausgesperrt und auf unbestimmte Zeit beurlaubt, nachdem sie energisch Stellung gegen die Regierung bezogen hatte.[10]

Wir gingen durch einen langen Flur mit eleganten, avantgardistischen Kunstgegenständen. Im Wohnzimmer sahen wir ein Cembalo, verschiedene Musikinstrumente in seltsam geformten Kästen sowie zahlreiche Regale mit Büchern und Partituren. Ivana forderte uns auf, auf einer Couch Platz zu nehmen, und servierte Mokka und selbstgebackene *makovnjaca*, Mohnkuchen.

Der gesellschaftliche Umgang auf dem Balkan wird von

einer einzigartigen Etikette bestimmt. Ein Besuch kann Stunden dauern. Die Konversation beginnt mit einer Litanei von Familiendaten, geht zu allgemeineren Begebenheiten über und endet, wenn man dem Besucher Vertrauen schenkt, mit privaten Familiengeschichten. Alle sind überaus geduldig und höflich und lassen sich nicht drängen. Während wir plauderten, bemerkte ich auf dem Couchtisch neben dem Kuchen ein paar alte, hellblaue Briefe, die aus ihren Umschlägen hervorlugten. Da Ivana keine Anstalten machte, etwas zu den Briefen zu sagen, stellte ich eine provozierende Frage:

»Ivana, wußten Sie, daß Mileva und Albert vor ihrer Ehe eine Tochter hatten?«

»Natürlich«, erwiderte sie, »aber ich habe es erst vor kurzem erfahren. Ich hatte einiges über die Liebesbriefe gelesen und war nicht überrascht. In meiner Familie war Mileva immer von einem Schleier der Geheimhaltung umgeben, als hätten alle ein Schweigegelübde abgelegt. Als ich von Lieserls Existenz gehört hatte, begriff ich den Grund. Und das hat mich dazu gebracht, einige unserer Familienbriefe durchzusehen. Wir haben nämlich eine umfangreiche Sammlung der Korrespondenz zwischen Familienangehörigen in den letzten hundert Jahren. Als meine Großmutter Milana und dann meine Tante Milica in Zürich waren, schrieben sie ihrer Familie in Belgrad mindestens einmal, wenn nicht zweimal pro Tag.«

Sie setzte ihre Lesebrille auf und griff nach den Briefen. »Hier, ich habe acht Briefe von meiner Großmutter Milana gefunden, die sie ihren Eltern schrieb, als sie in derselben Pension wie Mileva wohnte.«

Es waren im Plauderton geschriebene, manchmal pflichtbewußt wirkende Briefe, wie man sie besorgten Eltern nach Hause schickt.

»Ich habe einen guten Appetit«, meldet Milana, »und ich esse gern. Jeden Morgen um zehn esse ich zwei gekochte Eier und dann zum Mittag alle möglichen Speisen.« Danach schreibt sie, höchstwahrscheinlich um ihre Eltern zu necken: »Abends trinken Ružica und ich Bier. Wir haben uns dreißig Flaschen gekauft.«[11]

»Aber das hier ist das Interessanteste«, sagte Ivana und zog ein weiteres brüchiges Stück blauen Papiers hervor. »Milana schreibt ein paar Worte über Mileva und Albert und fragt ihre Mutter dann rhetorisch: ›Warum heiraten sie nicht!‹[12] Die Antwort müßte auf der nächsten Seite stehen, aber die fehlt.«

»Hat irgend jemand diese Briefe gesehen?« wollte ich wissen.

»Ja, vor ein paar Monaten habe ich Dr. Milan Popović ein Bündel Briefe zu Forschungszwecken geliehen.«

»Popović!« rief ich. »Woher kennen Sie Popović?«

»Meine Liebe«, antwortete Ivana ruhig, »hier in Belgrad kennt jeder jeden. Es ist eine kleine Gemeinschaft.«

»Ich habe Popović vor ein paar Tagen besucht«, sagte ich. »Er behauptete, mehrere Briefe in deutscher Sprache zu haben, aber er wollte mir nicht verraten, von wem sie stammen. Schrieb Milana auf deutsch an ihre Eltern?«

»Ja, ihre Eltern ermunterten sie dazu. Der Deutschunterricht gehörte zu ihrer Ausbildung in Zürich.«

»Popović muß sich auf Ihre Briefe bezogen haben, die höchstwahrscheinlich auch die fehlende Seite enthalten«, erklärte ich. »Er erhebt Anspruch auf die Exklusivrechte und will mir die Briefe erst zeigen, wenn er seinen Essay veröffentlicht hat. Ich nehme an, er hat Ihre Genehmigung?«

»Ich gebe Forschern immer meine Genehmigung«, entgegnete Ivana. »Aber ich werde weiter für Sie Ausschau halten. Ich weiß, daß irgendwo ein Koffer mit noch mehr Briefen steht.«

»Sind vielleicht auch Fotos darunter?« fragte ich.

»Ich glaube schon. Lassen Sie mich weitersuchen. Ich verspreche Ihnen, daß ich alles aussortieren werde, was mit Mileva oder ihrer Familie zu tun hat.«

Ivana plante, bald zu ihrem Mann ins Ausland zu reisen. Sie würde unter Zeitdruck stehen, aber wir trafen eine neue Verabredung.

»Keine Sorge«, meinte sie, »ich werde mein Versprechen halten.«

*

Ivana Stefanović zufolge hatte Popović 1994 mindestens ein Dutzend in deutscher Sprache geschriebene Briefe ihrer Großmutter Milana ausgeliehen, aber als er sie ihr 1995 zurückgab, erwähnte er nicht, daß er drei Originalbriefe und mindestens zwei einzelne Originalblätter behalten hatte, so daß sie anderen Forschern – günstigerweise für ihn – nicht zugänglich waren. Und Ivana hatte sich nie die Mühe gemacht, die Briefe zu zählen. Erst im Juli 1998, als sein Buch veröffentlicht wurde, gab Popović die übrigen Texte zurück.

Mehrere der Stefanović-Briefe, darunter die drei, die er zurückbehalten hatte, und eine der fehlenden Seiten wurden in Popović' Buch abgedruckt. Aber eine der losen Seiten, mit denen ich gerechnet hatte, war nicht darunter: Nämlich jene fehlende aus Milanas Brief von 1901, in dem sie schrieb: »Warum heiraten sie nicht!«

Schließlich zitiert Popović aus einem seiner beim *Einstein Papers Project* unter Verschluß gehaltenen Briefe, den Mileva im Dezember 1901 aus Novi Sad an Helene schickte: »Doch von lauter meinen Sachen, habe ich noch gar nicht die Ankunft Deiner Kleinen beglückwünscht. Wie wirst Du glücklich sein damit! Einigermassen, so viel es eben einem möglich ist, fühle ich Dirs nach. Wie geht es denn Deinem kleinen Töchterchen? Wie hast Du es denn genannt [?]. Gewiss hast Du mit ihr recht viel zu thun, denn so Kleine sind ja gewöhnlich recht anspruchsvoll.«[13]

Damit schien festzustehen, daß ein Kind namens Julka existierte und in der Tat Helenes Tochter war. Aber nun eröffnet sich eine andere Möglichkeit: In einem weiteren der Stefanović-Briefe, die Popović behielt (und die ich erst nach der Veröffentlichung seines Buches lesen konnte), schrieb Milana ihrer Mutter am 17. Februar 1902, daß das Baby (Julka) »3,5 Monate alt« sei. Es habe »fast tot und so vertrocknet« ausgesehen, »daß ich mir ein solches Kind gar nicht vorstellen konnte. Etwas Gräßliches! Zwei Fachärzte sagten, es gebe keine Hoffnung... Der Arzt sagte, die Därme seien ein Problem.«[14] Wenn Julka kurz nach der Niederschrift dieses Briefes starb (und wie Slavica und ich herausgefunden hatten, wurde der Tod von Kleinkindern häufig nicht gemeldet), dann wäre dies der perfekte Zeitpunkt gewesen, um Lieserl von der Familie Savić adoptieren zu lassen, denn sie war noch nicht einmal zwei Monate alt. So ließe sich die Verzögerung der Taufe erklären.

Julkas fehlende Sterbeurkunde traf mit der Post – von Popović selbst abgeschickt – ein, *nachdem* er sein Buch herausgebracht hatte. Anscheinend war Julka 1985 gestorben und auf dem Novo Groblje, dem Neuen Friedhof, in Belgrad beigesetzt worden. Slavica hatte den Friedhof aufgesucht, aber Julkas Name stand nicht in den amtlichen Verzeichnissen. Sie hatte eine Reihe von Grabsteinen nach der anderen abgeschritten und den Bereich um das Familiengrab der Savić' untersucht. Aber Julkas Grabstein war nirgends zu finden.

Am Ende hatte Popović niemals behauptet, daß Julka Lieserl gewesen sei.

*

Meine Kenntnisse über Julkas Leben stützten sich in erster Linie nicht auf Milevas Briefe und schon gar nicht auf Popović' Mitteilungen, sondern auf das Buch von Milevas Biographin Desanka Trbuhović-Gjurić, einer serbischen Mathematikerin und Physikerin, deren *U senci Alberta Ajnštajna* 1969 in Serbien erschien. Vierzehn Jahre später wurde es unter dem Titel *Im Schatten Albert Einsteins* ins Deutsche übersetzt und in Bern veröffentlicht.

Desanka Trbuhović-Gjurić, die aus Belgrad stammt, beschloß, nachdem sie emeritiert worden war, Milevas Biographie zu schreiben. Sie befragte viele von Milevas Freundinnen, darunter Julka, einige Bekannte, etwa ihre Pflegerin und ihren Arzt, und eine Reihe noch lebender Familienmitglieder.

Trbuhović muß etliche der Briefe von Mileva an Helene zu Gesicht bekommen haben, denn sie zitiert das ganze Buch hindurch aus ihnen. Da Helene inzwischen tot war, muß Julka ihr die Briefe gezeigt haben. Mileva war nie zu einem Interview bereit, und erst 1968 wurde der erste längere Artikel über sie verfaßt.

»Hat jemand Lieserl erwähnt?« fragte ich Professor Ljubomir Trbuhović, Desankas Sohn, in einem Brief.

»Mit keinem Wort«, antwortete er. »Mit keinem einzigen Wort.«[15]

Eine meiner wichtigsten unbeantworteten Fragen betraf Evelyn Einsteins Foto von Zorka Marić, die mit einem Kleinkind auf dem Schoß auf einem Balkon mit einem kunstvollen schmiedeeisernen Gitter sitzt. Es war das Bild, das ich Slavica und ihrer Familie gezeigt hatte, um das Geschlecht des Babys herauszufinden. Das Kind, wahrscheinlich ein Mädchen ohne Ohrringe, ist ungefähr ein Jahr alt und sehr beschäftigt mit dem Teddybär, den es in den Händen hält. Von Anfang an hatte ich gehofft, daß dies eine Aufnahme von Lieserl sei. Ich schickte Trbuhović, der in Zürich lebt, das Foto, und er nahm es mit zu Milevas verschiedenen Wohnungen in der Stadt, in der Hoffnung, den Balkon zu finden. Er fand ihn tatsächlich: in ihrer ehemaligen Unterkunft in der Gloriastraße. Mileva hatte dort von 1914 bis 1924, viele Jahre nach Lieserls Geburt, gewohnt. Das Kind auf dem Foto bleibt unbekannt.

∗

Es wurde immer wahrscheinlicher, daß Julka nicht mit Lieserl identisch war. Der letzte Beweis für diese Vermutung war Helenes Brief von 1939 an Albert, in dem sie ihn anflehte, ihre Tante und ihre Cousine vor dem Konzentrationslager zu retten. Hätte sie in dieser schrecklichen Situation einen derart distanzierten Brief – mit der Unterschrift »Helene Savić geb. Kaufler« – geschrieben, wenn Albert Julkas wirklicher Vater gewesen wäre? In einer solchen Lage hätte sich Helene vertraulicher ausgedrückt, besonders wenn sie Albert viele Jahre zuvor den Gefallen getan hätte, sein unerwünschtes Kind zu adoptieren.

TEIL IV

Jovan Ružić, Milevas Cousin zweiten Grades, war mittlerweile das Oberhaupt von Milevas Familie mütterlicherseits. Als Slavica und ich hinausfuhren, um ihn in Novi Sad zu besuchen, regnete es so stark, daß die Scheibenwischer die Flut kaum bewältigen konnten. Bereits um 14.30 Uhr war es dunkel.

Zehn Tage zuvor hatten wir auf dem Friedhof von Titel feststellen müssen, daß der Grabstein der Familie Ružić vornübergekippt war, weshalb wir die Namen nicht lesen konnten. Ich hatte daran gedacht, die Totengräber zu bezahlen, damit sie den Stein mit einem Trecker aufrichteten, aber zuerst wollte ich Jovans Erlaubnis einholen.

Jovan wohnt am Stadtrand in einer unübersichtlichen Mietshaussiedlung. Nachdem wir viele Male angehalten hatten, um nach dem Weg zu fragen, fanden wir endlich das richtige Gebäude. Wir wurden freundlich, doch mit einer gewissen Distanz begrüßt.

Ich bot Jovan meine Geschenke an, aber er wirkte verlegen und ließ die beiden Zwanzigdollarscheine für seine Kinder rasch auf einem Regal verschwinden. Wir nahmen Platz, er öffnete ein Notizbuch mit elegantem braunem Ledereinband und las die Geburts- und Todesdaten aller männlichen Mitglieder der Familie Ružić seit dreihundert Jahren vor. Hier gab es keine neuen Informationen. Immer wenn ich ihm eine Frage stellte, die den Inhalt des Buches sprengte, hob er die Hand und zuckte mit den Achseln. Falls er irgend etwas wuß- te, wollte er es offensichtlich nicht preisgeben. Er schloß das Notizbuch, und seine Frau Dušanka brachte ein Tablett mit köstlichen Fleischpasteten, kleinen Stückchen lokaler Wurst, weichem serbischem Käse, und *šljivovica* herein.

Erbittert erkundigte ich mich: »Wenn Sie dieses Buch schrie- ben, wie würden Sie dann erklären, was Lieserl zugestoßen sein könnte?«

Ein breites Lächeln legte sich über sein Gesicht. »Zuerst möchte ich Ihnen eine Frage stellen. Was halten Sie von der Situation in Serbien?« So begann ein für den Balkan typischer Tauschhandel.

Slavica betrachtete ihre Hände und bewegte unruhig die Füße hin und her. Eine falsche Antwort meinerseits konnte jede Aussicht auf seine Kooperation verderben. Jovan Ružić schau- te mich unverwandt und todernst an. Wenn ich ihn mit den höf- lichen Worten einer Touristin abwimmeln wollte, würde er mich bestimmt durchschauen. Zum Teufel, dachte ich, also los. Ich erklärte ihm, daß es sich meiner Meinung nach um einen sinnlosen Krieg handele, einen Krieg, der von Egos und wirt- schaftlichen Gesichtspunkten bestimmt werde – einen hinter- hältig vom Westen geförderten und von Mördern gestalteten Krieg. Slobodan Milošević sei dabei, seine Regierung in einen Industriekonzern mit ihm selbst als Vorsitzenden zu verwan- deln; er mit seiner Geheimpolizei und seiner Armee, Franjo Tudjman mit seiner kroatischen Armee sowie Alija Izetbegović mit seiner bosnischen Regierung hätten es darauf abgesehen, neue Ceauşescus zu werden. Ich atmete tief durch, blickte mich im Zimmer um und sagte: »Es tut mir leid, es nicht anders aus- drücken zu können, aber ich finde, daß sie alle Mörder sind.«

Alle schwiegen. Jovan musterte den Fußboden. Ich wußte nicht, ob er mir zustimmte. Dann hob er den Kopf, ohne eine Miene zu verziehen, und sagte, als ließe er eine Perle in den Mokka fallen: »Lieserl gehörte tatsächlich zur Familie, bis sie ungefähr achtzehn Monate alt war – eine schändliche Geschichte. Ich habe nie mit jemandem darüber geredet, denn es ist schwer zuzugeben, aber nun ist es mir aus dem Gedächtnis auf die Zunge geschlüpft. Die Familie leidet immer noch unter der Schande, daß Lieserl unehelich geboren wurde. Wir nehmen es persönlich – es ist ein Teil der Balkantradition. Da Mileva diesen Fehler begangen hat, trifft die Unehre uns alle. Die Persönlichkeit eines einzigen Menschen kann die ganze Familie widerspiegeln.«[1]

Plötzlich entspannte sich alles: unsere Stimmen, die Art, wie wir auf unseren Stühlen saßen – die ganze Atmosphäre.

»Der Grabstein in Titel ist umgestürzt«, bemerkte ich. »Darf ich mir ansehen, was darauf steht?«

»Unmöglich«, erwiderte Jovan. »Vor zwei Tagen habe ich ihn gerade zum Steinmetz geschickt, damit er neu gemeißelt wird.«

»Stand Lieserls Name auf dem Stein?«

Jovan hob die Schultern, drehte die Handflächen zur Decke und bedachte mich mit einem seltsamen Lächeln. Offensichtlich war das Gespräch beendet.

Ich machte Aufnahmen von der Familie und erwähnte Lieserl nicht mehr. Jovan begleitete uns zum Auto. Auf serbische Art küßte er mir beim Abschied die Hand und sagte auf Wiedersehen.

»Bitte, denken Sie daran«, sagte er, »in Serbien läßt man ein Kind nicht wissen, daß es adoptiert ist, denn das würde sein Glück trüben. Ich bin überzeugt, daß Lieserl nicht adoptiert wurde. Aber wenn doch, hätte man ihr niemals verraten, wer sie war.« Er fügte hinzu: »Außerdem sollten Sie wissen, daß 1918 Soldaten in unserem Haus in Titel einquartiert waren. Es war ein kalter Winter, und sie verbrannten viele unserer Bücher und Papiere, um zu heizen und Essen zu kochen. In unserem Haus ist nichts von früher übrig. Es gibt überhaupt keinen Hinweis auf ein Kind. Nicht den geringsten. Glauben Sie mir, ich habe Ermittlungen angestellt!«

\*

Auf einer meiner kurzen Forschungsreisen nach Budapest saß ich zusammen mit einem jungen serbischen Ehepaar in einem geräumigen Zugabteil. Zwar herrschte auf dem Balkan Krieg, aber die beiden waren anscheinend recht wohlhabend und hatten gerade einige ihrer Familienangehörigen in Paris besucht. Wir plauderten höflich, und sie fragten mich, weshalb ich in Serbien sei. Als ich ihnen von meiner Suche nach Einsteins verschwundener Tochter erzählte, zeigten sie großes Interesse. Die Frau erzählte mir folgende Geschichte: Die Familie ihrer Mutter hatte sieben Kinder. Eine der Schwestern konnte keine Kinder haben, weshalb der Vater eine andere bat, der kinderlosen Tochter eines ihrer vielen Babys abzutreten. Die Tochter erhielt ein Mädchen und zog es auf. Das Mädchen nannte seine Adoptivmutter »Mutter« und seine wirkliche Mutter »Tante«, aber es kannte seine Identität und besuchte seine leibliche Mutter während der Kindheit häufig. Man machte nie ein Hehl aus der Situation.

Nun hatte ich also von zwei Seiten eines serbischen Brauches gehört: Lieserl könnte mitgeteilt worden sein, daß man sie adoptiert hatte – oder auch nicht. Wieder waren alle Möglichkeiten offen.

∗

»In meinem Land fällt es uns sehr schwer, unseren Namen auf ein Stück Papier zu setzen«, sagte Slavica. Wir saßen auf einer Bank vor ihrer abgeschirmten Veranda und genossen einen der wenigen Sonnentage. Sie versuchte mir zu erklären, warum gewisse Mitglieder der Marić-Familie, die wir interviewt hatten, auf ihrer Anonymität beharrten und mir dadurch solche Probleme bereiteten.

»Unser Leben ist so sehr durch zahlreiche Eroberer und innere Konflikte gezeichnet«, fuhr sie fort, »daß wir instinktiv weder gesehen noch gehört werden wollen. Ich möchte dir eine Geschichte erzählen, die ich von einem Freund gehört habe. Teile davon sind bestimmt wahr, andere Teile klingen unwahrscheinlich, und bei wieder anderen bezweifle ich die historischen Fakten. Aber vielleicht hilft die Geschichte dir trotzdem, die Schrecken des Krieges und die Psychologie des Balkans zu verstehen. Vielleicht hilft es dir sogar, zu Lieserl vorzudringen.«

*

Am 6. August 1917 eilte ein fünfzehnjähriges Mädchen namens Vesna mit ihren Freundinnen im Zentrum von Belgrad eine Straße entlang. Während die Mädchen plaudernd durch die Straße gingen, warfen sie einander Blicke zu und kicherten unablässig. Wegen der Grippeepidemie mußten sie weiße Baumwolltücher vor dem Mund tragen und lachten über ihr albernes Aussehen. Insgeheim jedoch fürchteten sie sich vor der schrecklichen Epidemie, der bereits Tausende von Menschen auf dem Balkan zum Opfer gefallen waren.

Plötzlich erklang das Getrappel sich nähernder Pferde. »Mein Gott«, dachte Vesna, »was ist bloß los?«

Die Mädchen waren von ihren Eltern gewarnt worden, sich von den Hauptstraßen fernzuhalten, aber sie hatten deren Worte mißachtet – und waren nun verängstigt. Und schon bogen einige Pferdewagen mit hohen Brettern an den Seiten um die Ecke, ratterten auf die Bürgersteige und blockierten den Weg. Aus den Wagen hörte Vesna Frauen schreien. Sie und ihre Freundinnen rannten in verschiedene Richtungen: durch die Zwischenräume zwischen den Wagen und um die Pferde herum, die keuchten und vor Schaum naß und glitschig waren. Vesna konnte sich später nur an große, behaarte Hände erinnern, die nach den Mädchen griffen. Aus dem Augenwinkel bemerkte Vesna, wie eine ihrer Freundinnen auf den runden, unebenen Pflastersteinen stolperte. Ein Mann auf einem Pferd streckte die Hand aus und riß sie hoch, als wäre sie ein gewichtsloser Lappen. Sie verschwand für immer, aber Vesna konnte entkommen.

Laut einer Zeitungsmeldung von 1917 erklärte der serbische Ministerpräsident Nicola Pašić in London, daß die Österreicher 8000 serbische Mädchen zwischen zehn und vierzehn

Jahren deportiert hätten; man wisse nicht, wohin sie gebracht worden seien.[2]

Vier Tage lang fuhren mit diesen jungen Mädchen beladene Züge durch Serbien. Bauern an der Bahnstrecke konnten hören, wie sie um Rettung flehten, wie sie geschlagen, bedroht und vergewaltigt wurden. Immer wenn die Züge in einem Dorf haltmachten, entriß man den Müttern weitere Mädchen. (Die meisten Männer waren fern und kämpften im Krieg. Die Frauen mußten sich selbst verteidigen.) Immer wenn die Züge einen Bahnhof verließen, sprangen weitere Mädchen in den Tod.

An jenem Abend schnitten sich Vesna und ihre Mutter das Haar ab und zogen Männerkleidung an. Sie packten ein paar Habseligkeiten und etwas Verpflegung ein und machten sich zum Haus einer Verwandten in dem Ort Bajina Bašta auf, was mehrere Tage dauern würde. Obwohl auch dieser Ort im feindlichen Territorium lag, glaubten sie, dort sicherer zu sein als in der Großstadt. Sie mieden die Hauptstraßen, folgten der Save bis zur Tamnava und gingen dann querfeldein nach Valjevo, einer großen Stadt, in der sie sich ein paar Tage ausruhen wollten. Sie erwarteten, in den Obstgärten entlang des Weges Nahrung zu finden. Aber die Gärten waren kahl. Als die Österreicher und die Deutschen das Land eroberten, fällten sie sämtliche Obstbäume, die sie finden konnten. Nun sah man auf den Hügeln, wo die Bäume einst gewachsen waren, nur noch Gräber und Schweine und Hunde.

Als Mutter und Tochter einen Hang am Rand von Valjevo erreichten, erblickte Vesna Tausende über die Felder verstreute Schweine. Als sie näher kamen, begriffen sie, daß die Schweine verwesende Soldatenleichen fraßen. Es war ein apokalyptisches Bild.

Mutter und Tochter hielten sich die Nase zu und eilten weiter zur Stadt, fort von dem fauligen Wind. Sie brauchten vier Tage, und als sie die Stadt erreichten, waren sie nicht mehr allein, sondern wurden von Hunderten taumelnder Menschen begleitet, die ebenfalls Zuflucht suchten. Alle schritten schweigend dahin. Vesna und ihre Mutter ruhten sich einen Tag und eine Nacht lang im Hinterzimmer einer Eisenwarenhandlung aus. Die Stadt hatte keine Lebensmittel mehr. Manche Menschen schlachteten die fleischfressenden Schweine oder aßen sogar ihre Hunde.

Es war eine Erleichterung, Valjevo zu verlassen. Mutter und Tochter hatten Hunger, aber die vor ihnen liegende malerische Landschaft lenkte sie ein wenig ab. Auf langen, verschlungenen Pfaden wanderten sie einem verschwommenen, grünblauen Horizont entgegen. Hier waren die Bäume unberührt geblieben, weil sie keine Früchte trugen, die dem Feind als Nahrung dienen konnten. Buchen und Eichen standen vereinzelt auf tiefgrünen Lichtungen. Vesna hatte das Gefühl, einem Alptraum entkommen zu sein. Auf dieser Etappe schloß sich ihnen niemand an. Die meisten Flüchtlinge waren in Valjevo geblieben oder nach Užice weitergezogen. In der letzten Nacht ihres Exodus schliefen die beiden unter einem orangenen Augustmond.

*Bolje telo u krpama i duša u svili nego duša u krpama i telo u svili* – ein Körper in Lumpen und eine Seele in Seide sind besser als eine Seele in Lumpen und ein Körper in Seide«, lautet ein serbisches Sprichwort. In Lumpen gekleidet, standen sie am folgenden Morgen auf und tranken aus einem Bach. Nach einem etwa einstündigen Marsch erreichten sie einen weiteren Hügel, der auf ein von der Drina durchzogenes Tal hinunterblickte. Bajna Bašta und damit die nächste Eisenbahnstrecke waren sechsunddreißig Kilometer entfernt. Deswegen wußten sie, daß sie sich nun in Sicherheit befanden. In jener Zeit benötigte ein Krieg noch Eisenbahnen.

Slavica ließ sich in ihrem Sessel zurücksinken. »Unsere Geschichte ist wie ein Spinngewebe – durchsichtig und instabil –, genau wie Lieserls Geschichte. Auf herkömmliche Art wirst du sie nicht finden, davon bin ich überzeugt. Du mußt die serbischen Bräuche übernehmen. Laß zu, daß sich die Geschichten entfalten, und denk mit dem Herzen. Dann wirst du die Antworten für dein Buch finden.«

*

Auf den komplizierten Wegen unserer Balkan-Detektivarbeit machten wir eine Frau ausfindig, die sechs Jahre nach Milevas Tod aus Novi Sad drei Briefe an Hans Albert Einstein in Amerika geschrieben hatte. Ich werde die Frau, die anonym bleiben will, Ana Milić nennen. Als ich zwei ihrer Briefe im Einstein-Archiv entdeckte, war dies der Beginn von Nachforschungen, die zu einer ernsthaften Kandidatin für die Rolle Lieserls führten, einer Frau, die ich hier Nada Marić nennen werde.

Im Januar 1955 schickte Frau Milić Hans Albert einen höflichen Brief, in dem sie behauptete, ein Mitglied der Familie Marić zu sein. Hans Albert antwortete, es falle ihm »etwas schwer, den genauen Grad unserer Beziehung zu durchschauen«, aber vermutlich sei Frau Milić seine Cousine.

Frau Milić schrieb zurück, sie seien in Wirklichkeit Cousin und Cousine zweiten Grades, »durch das Blut der Marić' miteinander verbunden«.[3]

Die nächste Mitteilung, die Hans Albert aus Serbien erhielt, war ein englischer Brief von Sofija Galić-Golubović im April 1957. Es handelt sich um die Antwort auf ein Schreiben, das Hans Albert »vor recht langer Zeit« abgeschickt hatte.[4]

Sofija war die einzige Tochter von Jelena Ružić-Galić, Milevas Tante, die gewöhnlich als »Nana« angeredet wurde. Um 1886 hatte Jelena Tima Galić, einen Geschäftsmann mit bescheidenem Vermögen, geheiratet. Sofija wurde 1887 geboren, fünfzehn Jahre vor ihrem Bruder Tima, der am 19. Februar 1902 – weniger als einen Monat nach Lieserl – zur Welt kam.

Sofija muß von Lieserl gewußt haben, denn bei deren Geburt war Sofija bereits fünfzehn Jahre alt und wohnte mit ihrer Familie in Vilovo, auf halbem Weg zwischen Kać und Titel und in siebenundzwanzig Kilometer Entfernung von Novi Sad. Interviews und Fotos zeigen, daß die beiden Familien viel Zeit miteinander verbrachten. Sofijas Mutter war nicht nur Marija Marić' Schwester, sondern auch deren beste Freundin.

Im Jahre 1905 hatte Sofijas Vater eine Wechselbürgschaft

für einen Freund unterzeichnet, der von ihm einen Kredit erhalten sollte, damit er andere Außenstände begleichen konnte. Aber aus einem törichten Grund zahlte Galić' Freund seine Schulden nicht zurück. Dies hatte zur Folge, daß der Gläubiger Sofijas Vater auf der Dorfbrücke ermordete – er hatte letzeren fälschlich für den ursprünglichen Schuldner gehalten.

Nach Galić' Tod wurde sein Besitz auf einer Auktion veräußert. Der gesamte Erlös diente zur Begleichung einer Reihe persönlicher und geschäftlicher Schulden. Jelena war im Alter von sechsunddreißig Jahren nicht nur verwitwet, sondern auch völlig mittellos.[5] Aber selbst wenn sie genug Geld geerbt hätte, wäre ihr nichts anderes übriggeblieben, als in den Haushalt eines Familienmitglieds einzuziehen. Alleinstehende Frauen – nicht einmal Witwen – lebten in der Vojvodina niemals alleine. Milevas Eltern nahmen Jelena und deren Kinder zu sich, wie sie im Laufe der Jahre anderen unglücklichen weiblichen Verwandten Zuflucht geboten hatten. Jelena wurde eine Art Haushälterin der Familie, und ihre Kinder Sofija und Tima wuchsen mit ihren Cousinen und ihrem Cousin auf.

✳

1951 begannen Tima Galić und Hans Albert eine Korrespondenz über das Haus der Marić' in Novi Sad. Timas erster Brief wurde Hans Albert über die Adresse seines Vaters geschickt. Albert leitete ihn an seinen Sohn weiter, der sich in Europa aufhielt und das Schreiben auf der Rückreise von der Île de France nach Amerika beantwortete. Der Brief ist verlorengegangen, doch aus Hans Alberts Antwortschreiben kann man folgern, daß der Inhalt die Verwaltung des Hauses in der Kisačka-Straße betraf, das nach Zorkas Tod mit ihrer Einrichtung und den meisten Möbeln der Marić' vermietet worden war.

Hans Albert teilte Tima mit, er sei gern bereit, bei den bürokratischen Problemen zu helfen.[6]

Sechs Wochen später erwiderte Tima: »Deine Mutter hat

die Versorgung des Hauses noch vor dem Kriege vertraut Ihrem Paten, dem Djoka Gajin, der noch vor 2–3 Jahre gestorben ist. Nach seinem Tode das Haus versorgt seine Frau Sidonie Gajin, die sich von der Sorge wegen ihre[s] Alte[rs] gerne befreuen möge ... Sobald Du und Eduard die einzige Erberseits, so bin ich der Meinung dass man die Verhandlung doch durchführen sollen und das Haus auf euch beide übertragen sollen lassen. Als Eigentümer habst freue Verfügung mit euren Eigentum. Ich Persönlich kann euch in der Sache nur helfen, darum verständige mich von deiner Absicht. Was das ganze Erbschaft anbelangt, ich werde mich beim hiesigen Juristen interessieren an welche Art und weise sollen wir die Sache erledigen ...

Gestern war ich bei meiner Schwester Soka [Sofija] in Beograd ... Sie last Dich vielmals Grüssen. Ihr Mann ist in Deutschland als Offizier in Gefangenschaft durch Bombardierung gestorben. Kinder hat sie keine, lebt allein von Ihre Pension und beschäftingt sich ein wenig auch mit Schneiderei.«[7]

Sechs Jahre vergingen, bevor die Korrespondenz fortgesetzt wurde. Sofija schrieb Hans Albert am 25. April 1957: »Jedesmal wenn ich nach Novi Sad fahre, versuche ich herauszufinden, welche Dinge noch darin [in dem Haus] sind und was übriggeblieben ist. Mehrere Male habe ich die Verwalterin nach dem Haus und den Dingen darin gefragt. Sie sagte mir, daß Deine Mutter viele der Dinge verkauft hat, und das glaube ich nicht, um ehrlich zu sein. [Aber] ich habe bemerkt, daß vieles fehlt. Vielleicht ist noch einiges übrig. Bitte schreib mir und laß mich wissen, was ich mit den restlichen Dingen tun soll.«[8]

\*

Slavica und ich schritten durch die alte Holzflügeltür auf das Grundstück des Hauses der Familie Marić in Novi Sad. Ein Hof und die einstigen Zimmer der Marić' lagen zur Linken, das Dienstbotenquartier zur Rechten. Inzwischen hat man alle

Räume zu kleinen Wohnungen umgebaut. Die Gebäude sind entweder hellrosa oder honiggelb gestrichen. Die blauen und grünen Fensterrahmen sind verblaßt, und die Farbe blättert ab. Im Hof befindet sich ein kleiner Garten. Schwertlilien und hier und dort aufragendes gelbes Basilikum, die heilige Pflanze des altslawischen Gottes Perun, gemahnten an den Winter. An einem brüchigen Spalier an der Wand waren verblichene Sonnenblumen, deren Kerne man bereits geerntet hatte, und ein Wirrwarr aus verwelkten, fast den Boden berührenden, einst tiefpurpurnen Veilchen mit groben Tauen befestigt. Da es am Morgen geregnet hatte, hing ihr Geruch in der Luft. Wir bogen scharf nach rechts ab, gingen drei geborstene Stufen hinauf und klopften an Frau Kikić' Haustür.

Frau Vidosava Kikić[9] wohnt in dem heute so genannten Einstein-Haus. Ihr Mann und sie zogen 1937, ein Jahr vor Zorkas Tod, dort ein. Frau Kikić lebt nun allein. Über siebzig Jahre alt, leidet sie an Krebs. Die winzige, abgehärmte Frau fühlte sich in unserer Gegenwart sichtlich unbehaglich. Sie bat uns in ihre kleine Vierzimmerwohnung, und wir setzten uns an einen niedrigen Tisch im Wohnzimmer. Darauf waren Bündel offiziell aussehender Dokumente säuberlich aufgestapelt. Seit Jahren versucht Frau Kikić, diese Wohnung (und zwei andere für ihre beiden Töchter) zu ihrem Eigentum zu machen. Insgesamt enthält der Gebäudekomplex neun Wohnungen. Als Tito 1945 die Macht übernahm, wurden fünf verstaatlicht und vier Hans Albert und Eduard hinterlassen. Seit vielen Jahren gibt es keinen Hausverwalter. Die Instandhaltung obliegt den Mietern, die ihre Mietzahlungen jedoch mittlerweile eingestellt haben. Die Gebäude begannen zu verfallen. 1956 reiste Frau Kikić' Mann nach Zürich, um mit Eduard Einstein über das Anwesen zu sprechen. Er fand ihn in der Heilanstalt Burghölzli. Eduard ließ nicht das geringste Interesse an dem Besitz erkennen und hatte keinen anderen Wunsch, als dem Mann ein Stück von Mozart auf dem Klavier vorzuspielen.

Im selben Jahr beantragte Herr Kikić bei Gericht, ihm die Eigentümerschaft des Hauses zu übertragen. Nach einer

Reihe juristischer Verfahren erhielt er keine Genugtuung –
alles blieb unverändert. Aber 1961 teilte die Stadtverwaltung
den Mietern der neun Wohnungen mit, daß sie auf unbe-
grenzte Zeit dort bleiben könnten. Im Jahre 1964 erklärte
der Regionale Kulturverband das Haus schließlich zu einem
Kulturdenkmal. Elf Jahre später wurde eine Gedenktafel an
der Wand links neben dem Eingang angeschraubt. Darauf
steht:

IN DIESEM HAUS HIELTEN SICH IN DEN JAHREN 1905 UND
1907 ALBERT EINSTEIN, DER SCHÖPFER DER RELATI-
VITÄTSTHEORIE, UND SEINE WISSENSCHAFTLICHE MITAR-
BEITERIN UND GEMAHLIN MILEVA AUF. DIESE GEDENKTA-
FEL WIRD AUS ANLASS DES 100. GEBURTSTAGS VON MILEVA
EINSTEIN-MARIĆ UND DES 30JÄHRIGEN BESTEHENS DER
NARODNA TEHNIKA ANGEBRACHT.

Albert besuchte das Haus 1905 und 1913.
Nun, mehr als fünfzig Jahre nach Anfertigung der Gedenktafel, möchte der Kulturverband Milevas sterbliche Überreste
nach Novi Sad zurückbringen und neben ihren Verwandten
auf dem Ortsfriedhof beisetzen lassen. Außerdem beabsichtigt man, das Haus in der Kisačka-Straße ihr zu Ehren zu
einem Kulturzentrum umzubauen.

Während meiner Forschungen hatte ich mich mit Hans
Alberts Tochter Evelyn Einstein angefreundet. Ich hoffte, die
Eigentumsfrage im Namen Evelyns und ihres Bruders Bernard lösen zu können. Slavica hatte die juristische Vorarbeit
zur Klärung der Rechtstitel geleistet, aber Evelyn hätte einen
Anwalt in Novi Sad engagieren müssen, um die vier noch im
Besitz der Familie befindlichen Wohnungen zu verkaufen.
Aber vielleicht wäre dies den Aufwand nicht wert. Slavica
vermutete, daß weder Evelyn noch ihr Bruder einen Über-
schuß aus dem Verkauf zurückbehalten würden, nachdem alle
juristischen Möglichkeiten genutzt waren. Davon abgesehen
hatten sich Frau Kikić und die anderen Mieter in all den Jah-

ren hin und wieder um die Gebäude gekümmert und konnten damit einen moralischen Anspruch auf sie geltend machen.

»Frau Kikić«, fragte ich, »wo sind Zorkas Sachen? Aus einem Brief von Hans Albert an Tima Galić geht hervor, daß 1951 noch alle Möbel und Habseligkeiten der Familie Marić in diesem Haus waren.«[10]

»Wovon reden Sie denn?« entgegnete Frau Kikić. »Alles, was hier ist, gehört mir!«

»Aber in dem Brief heißt es, daß sich das gesamte Mobiliar, das Miloš und Marija hinterlassen haben, im Haus befindet«, protestierte ich.

»Frau Kikić«, sagte Slavica beruhigend, »wir glauben, daß nie jemand Anspruch auf die Möbel und die anderen Sachen erhoben hat und daß Sie vielleicht alles für die Familie verwahren.«

Frau Kikić kniff die Lippen zusammen und fuhr mit der Hand über den Tisch. »Nein, nein«, zischte sie. »Sie müssen mit der Familie Gajin sprechen. Die hat vor uns hier gewohnt. Jetzt reden wir von *meiner*, nicht von der anderen Familie.«

✳

Milevas erste Biographin Desanka Trbuhović-Gjurić schrieb, Mileva habe einige von Alberts Briefen aufbewahrt. Sie seien vergilbt und zerknittert unter ihren Papieren gefunden worden, und Mileva habe ihren Söhnen die Briefe gezeigt.[11] Es waren die einzigen Briefe, die man nach ihrem Tod entdeckte. Sie erschienen später unter dem Titel *Am Sonntag küss' ich Dich mündlich. Die Liebesbriefe 1897–1903* (die Fotokopien befinden sich im Einstein-Archiv), und in ihnen wird Lieserls Existenz zum erstenmal enthüllt.[12] Aber es ist zweifelhaft, daß Hans Albert sie zu Gesicht bekam, solange seine Mutter am Leben war, wie sein Brief an Sofija Galić-Golubović vom 1. Mai 1957 verrät:

»Wir haben kürzlich einige alte Briefe meiner Eltern gelesen und zu unserem Erstaunen festgestellt, daß meine Mutter vor mir eine Tochter hatte und daß dieses Mädchen in Novi Sad oder irgendwo in der Nähe war. Wissen Sie, wer das ist und ob sie noch lebt? ... Vor nicht allzu langer Zeit erhielt ich einen Brief von Frau Milić. Wer ist das? Ist sie diese Schwester von mir oder wenigstens mit ihr verwandt? Weiß sie, wie wir unter diesen Umständen miteinander verwandt sind? Sie versuchte, mir etwas über unsere Beziehung zu erklären, aber ich konnte nicht so recht begreifen, was sie mir mitteilen wollte.«

Sofija schrieb am 11. Juni zurück, daß Frau Milić »großväterlicherseits mit Ihnen verwandt sein könnte, aber Großvater schätzte seine Familie nie sehr, weil alle faul und sorglos waren und er solche Menschen verachtete«. Dann beantwortete sie die Hauptfrage mit den entschiedenen Worten: »Was die von Ihnen erwähnte Schwester angeht, so sollten Sie die Angelegenheit völlig vergessen, denn Sie haben nie eine Schwester gehabt. Man hat Sie falsch informiert. Wenn es wahr wäre, meinen Sie dann etwa, daß Ihre Eltern sich nicht die Mühe gemacht hätten, etwas über ihr Wohlergehen herauszufinden?«[13]

Der Brief kam Slavica völlig sinnvoll vor. Er entsprach dem serbischen Brauch, eine schwere Schande in der Familie zu vertuschen.

»Man täuscht einfach vor, daß die Sache nie geschehen ist«, sagte Slavica. »Wenn Lieserl vor Hans Alberts Geburt starb, dann hat sie als Schwester für ihn nie existiert.«

»Aber wenn sie starb, wäre es dann nicht üblich gewesen, daß Mileva den Jungen eine sentimentale Geschichte über sie erzählt hätte?« wandte ich ein. »Und hätte man die Geschichte bei ihnen zu Hause nicht häufig wiederholt?«

»Nein, das stimmt nicht«, meinte Slavica. »Denk daran, daß Lieserl unehelich war und daß Mileva ihren Kindern diese Tatsache nicht hätte mitteilen wollen. Selbst wenn Lieserl überlebte und adoptiert wurde, hätte Milevas Schamgefühl sie daran gehindert, ihren Söhnen die Wahrheit zu sagen.«

✳

Wir mußten Sofija Galić-Golubović ausfindig machen. Slavica und ich fuhren zum Friedhofsamt bei der Almaška-Kirche in Novi Sad. Es war ein eiskalter Tag, und der Wind verschärfte die Kälte noch. Wir stießen auf einen kümmerlichen, grauen, verwitterten Holzschuppen mit einem rostigen Blechdach, das man hier und da mit flach gedrückten Pepsi-Cola-Dosen repariert hatte. Der Schuppen war von alten und rissigen Grabsteinen umgeben. Büschel erfrorenen Unkrauts drangen durch das Geröll.

Der bejahrte Friedhofsverwalter saß im Innern neben einem lodernden Holzofen, den er aus einem Kerosinkanister gebaut hatte. Der Mann trug ein seltsames Sortiment von Kleidungsstücken: Pullover über Hemden, Hemden über Pullovern. Auf dem Kopf hatte er eine Baseballmütze mit der verblichenen Aufschrift »Brooklyn Dodgers«. Darüber lag eine alte, von Motten zerfressene Armeedecke, die er mit einer knotigen Hand unter dem Kinn festhielt.

Slavica bat ihn einschmeichelnd um Hilfe bei unserer Suche nach Tima Galić' Grab.

»Zahlen Sie die Instandhaltungs- und die Friedhofsgebühren für die Familiengräber der Marić' und der Galić'«, erwiderte er, »und Sie können sich ansehen, was Sie wollen.«

Wir zahlten die Gebühren in Höhe von rund hundert Dollar. Dann zeigte uns der Friedhofsverwalter das Register. Nach langem Blättern fand Slavica die Sterbeurkunde von Tima Galić, der am 13. Juli 1980 beigesetzt wurde, und seiner zweiten Frau Andjela, die 1985 gestorben war. Auf Timas Urkunde stand, daß Andjela seine Beerdigung arrangiert habe; ein gewisser Svetozar Krajić aus Belgrad hatte Andjelas Begräbnis veranlaßt.

Wir gingen in den hinteren Teil des Friedhofs zum Grab der Marić'. Der Grabinschrift zufolge ruhten unter dem Stein fünf Menschen: Milevas Vater Miloš, ihre Mutter Marija, ihre Schwester Zorka, ihre Tante Jelena Galić und ein Cousin zweiten Grades, Dragica Galić. Lieserl war nicht erwähnt.

*

»Ich habe Svetozar Krajić aufgespürt«, sagte Slavica und hängte das Telefon ein. »Er war ein Verwandter von Tima Galić' zweiter Frau. Wie ich von ihm höre, hatte Tima eine Tochter namens Branka, die Lieserls Cousine zweiten Grades war. Sie wohnt in Belgrad, aber Svetozar kennt die Adresse nicht. Er hat versprochen, sich bei seinem nächsten Besuch in Belgrad danach zu erkundigen und uns dann zu informieren.«

»Hier auf dem Balkan könnte das ein Jahr dauern«, stöhnte ich.

Wir überlegten, ob es eine andere Möglichkeit gab, Branka zu finden. Aber eine Stunde später meldete sich Svetozar Krajić, um uns ihre Adresse und Telefonnummer zu nennen. Slavica war verblüfft. Sie rief sofort Branka an, die zu einem Gespräch am folgenden Tag bereit war.

Der Bus nach Belgrad war überfüllt mit Soldaten und Polizisten. Sobald wir einstiegen, dröhnte laute serbische Musik, eine Mischung aus Hardrock und nahöstlichem Folk, über unsere Unterhaltung hinweg. Ungefähr auf halbem Weg hielt der Bus an einem militärischen Kontrollpunkt an. Die Musik wurde abgestellt. Zwei Soldaten, jeweils mit einem Gewehr und einer Pistole bewaffnet, kletterten in den still gewordenen Bus. Sie befahlen allen Männer, sich auszuweisen. Slavica verschränkte die Hände, als müsse sie sich beherrschen. Ich war zuerst eher neugierig als nervös.

Zwei Reihen vor uns riß ein Soldat einen jungen Mann, der mit seinem schwarzen Pullover und seiner Baskenmütze wie ein Student aussah, von seinem Sitz hoch und drängte ihn lautlos aus dem Bus. Ich war so wütend, daß ich aufspringen wollte, doch Slavica packte meinen Arm und schüttelte den Kopf. Niemand rührte sich. Dann fuhr der Bus weiter, und die Musik plärrte von neuem los.

Wir waren gedrückter Stimmung, als wir mit der Straßenbahn bis zur Endstation der Linie elf und zu Branka Galić' Mietshaus fuhren.

Slavica klingelte, wonach Branka und ein schwarzer, langhaariger Hund aus der Wohnung hervorkamen. Branka stellte uns ihren Hund Zavka vor, als wäre er ein Mensch.

Dann sagten Branka und Slavica einstimmig: »*Kad se pas raduje prijatelj je došao.*« Während sie noch lachten, übersetzte Slavica: »Wenn sich der Hund freut, ist ein Freund gekommen.«

Branka Galić war achtundfünfzig Jahre alt und gerade als Englischlehrerin pensioniert worden. Von zierlicher Gestalt, mit stahlgrauem kurzem Haar und riesigen dunklen Augen, strahlt sie Neugier, Energie und hohe Intelligenz aus. Sie wohnt mit ihrem Mann, dem berühmten politischen Karikaturisten Corax, in einem neueren Viertel von Belgrad. Ein Konzertflügel nimmt neben Büchern und Kunstgegenständen einen großen Teil des Wohnzimmers ein.

Wir begannen natürlich mit Kaffee und Kuchen und plauderten über alltägliche Themen. Schließlich kam ich zur Sache. »Wußten Sie, daß Mileva und Albert Einstein eine Tochter namens Lieserl hatten?«

»Ganz und gar nicht.« Sie schien wirklich verblüfft zu sein. Slavica erzählte ihr die Geschichte, und danach zeigte ich ihr den Brief, den ihre Tante Sofija Hans Albert Einstein im Jahre 1957 geschickt hatte.

Branka las den Text verwirrt. »Das verstehe ich nicht. Zu dem Zeitpunkt, als meine Tante Hans Albert diesen Brief schrieb, wohnte ich schon bei ihr. Ich ging in Belgrad zur Schule. Und in der Tat war ich es, die ihr Englisch beibrachte.« Sie hielt den Brief in den Händen und schüttelte den Kopf. »Warum sollte Tante Sofija behaupten, daß sie nie eine Schwester hatte? Warum hörte ich nie Gerüchte, während ich bei ihr war?« Sie dachte nach und sagte plötzlich: »Ich weiß! Die Papiere meines Vaters! Er hat die Unterlagen und Fotos der Familie sorgsam verwahrt. Sie sind alle in Novi Sad. Ich kann sie für Ihre Recherchen besorgen. Und wenn Sie damit fertig sind, können Sie Evelyn Einstein die Papiere für ihre Hinterlassenschaft übergeben.«

Sie überlegte von neuem. »Aber es gibt ein Problem. Mein Cousin, der nun in den Bergen ist, um seine kranke Mutter zu pflegen, hat den Schlüssel. Ich werde ihn mit dem Auto abholen und in die Berge zurückbringen müssen, nachdem wir uns die Unterlagen angesehen haben. Wie Sie wissen, ist es nicht einfach, Benzin zu bekommen. Also muß ich mir etwas einfallen lassen.«

»Können wir nicht einfach zu ihm fahren und uns den Schlüssel ausleihen?« fragte ich.

»Es ist eine komplizierte Familienangelegenheit«, antwortete sie. »Denken Sie daran, dies ist ein patriarchalisches Land. Mein Cousin ist das Familienoberhaupt. Daran kann ich nichts ändern.«

»In Ordnung, aber ich werde Ihnen Geld für das Benzin geben«, beharrte ich.

»Da ist noch etwas«, meinte Branka. »Er hat immer Angst, daß das Feuer im Ofen ausgeht. Seine Mutter ist so alt, daß sie es nicht selbst anzünden kann. Ich werde also jemanden mitnehmen müssen, der bei seiner Mutter bleibt und auf den Ofen aufpaßt, während ich mit ihm die fast zweistündige Fahrt nach Novi Sad mache. Die Sache muß also gut organisiert werden, aber ich verspreche Ihnen, daß ich sie für Sie erledigen werde.«

Wir dankten Branka und verabschiedeten uns. Als wir bereits die Treppe hinuntergingen, sagte Branka: »Vergessen Sie nicht, meine Liebe, *sto oceva, ali jedna majka.*« Slavica und Branka lachten, und ich fragte mich, was diese Worte wohl bedeuteten.

Es war bereits dunkel. Während der langen Rückfahrt nach Novi Sad saßen Slavica und ich schweigend und düster nebeneinander. Uns war klar, daß es viele Monate dauern konnte, bis Branka die Papiere ihres Vaters besorgt hatte. Und das traf zu. Erst sechs Monate nachdem ich Serbien verlassen hatte, konnte Branka das Material ihres Vaters durchsehen – und sie fand keine Spur von Lieserl.

✳

Slavica zog die Elfenbeinspangen aus ihrem drahtigen, silbernen Haar, um es erneut festzustecken. Wir lauschten einem ihrer Lieblingsmusikstücke, *Molitva* (»Das Gebet«) von

Josif Marinković, auf einem alten Grammophon. Es war der 31. Oktober, der Tag des heiligen Lukas, und die Gläubigen, also auch Slavica, machten es sich gemütlich. Der Tag des heiligen Lukas markiert die Grenze zwischen Herbst und Winter.

Im Laufe des Tages schob sich die Sonne hinter die Gornja Crkva Vavedenja, die tiefgelbe serbisch-orthodoxe Kirche auf der anderen Straßenseite. Ihre Türme spiegelten die Sonne wider, warfen die Strahlen durch das Fenster und erhellten die Simse.

»*Mrzne se*, es ist kalt.«

Slavica trat durch die Haustür auf die Veranda. Winzige Töpfe mit neugepflanzter Petersilie und Ringelblumen säumten die Wände zu beiden Seiten. Zwei Paar Schuhe standen zur Linken: ein altes Paar Armeestiefel und ein Paar abgetretener Holzschuhe, die noch Spuren ihrer einstigen tiefroten Farbe zeigten. Slavica holte die neuen Pflanzen herein und stellte sie auf die Fenstersimse.

Während Slavica die Blumen begoß, sagte sie: »Ich habe Frau Milić gefunden. Sie hat noch dieselbe Adresse, die vor zweiundvierzig Jahren auf ihrem Brief an Hans Albert stand.«

Slavica rief Frau Milić an. Nachdem ich ihr häufig zugehört hatte, wußte ich, daß sie die Stimme nach einer sanften Einführung und einem Austausch von freundlichen Floskeln stets um eine Oktave hebt. Dann, wenn sie sachliche Vorkehrungen trifft, geht sie zu einer tieferen Tonlage über. Genau das geschah in jenem Moment.

»Es ist merkwürdig«, sagte Slavica später. »Sie klang wirklich nicht sehr überrascht, als ich anrief. Vielleicht will sie uns helfen.«

Ich übte mein Serbokroatisch, um mich auf das Gespräch mit Frau Milić vorzubereiten. *Bili ste vrlo ljubazni što ste me pozvali*, wiederholte ich immer wieder. »Es ist sehr liebenswürdig von Ihnen, daß Sie mich eingeladen haben.«

Slavica hörte lächelnd und nickend zu, aber es war offensichtlich, daß sie kein Wort verstand und mich aus Höflichkeit nicht korrigierte.

Am folgenden Tag fuhren wir zu Frau Milić' Haus in Novi Sad, und sie bat uns freundlich herein. Die ehrwürdige Dame von über siebzig Jahren setzte sich in einen alten Sessel, der an eine verblaßte rote Madagaskarpalme gelehnt war; ihr graues Haar war in große Locken gelegt. Neben ihr stand ein kleiner runder Tisch mit einem weißen Zierdeckchen, das mit roten Rosen bestickt war. Darauf ruhten ihre Lesebrille, ein Foto ihrer älteren Schwester, die recht streng wirkte, ein weiteres von Hans Albert und seiner Frau Frieda, aufgenommen in den 1950ern, sowie ein Bild einer jungen, hübschen Frau, die dunkel onduliertes Haar hatte und ihre linke Augenbraue argwöhnisch in die Höhe zog.

Das Zimmer bildete ein Rechteck mit einem Tisch und einem Klavier an einem, einer Fensterreihe und einer Wand aus dunkelbraunen Schränken am anderen Ende. Unter den Schränken war ein Bett eingelassen. Wie in vielen älteren europäischen Behausungen, die ich besucht hatte, gab es kein Schlafzimmer. In diesen Wohnungen verwandelte sich das Schlafzimmer morgens wie durch Zauberei in einen Aufenthaltsraum.

Mittlerweile hatte ich gelernt, daß in Serbien ein Gastgeber seine Besucher nicht einmal fragt, ob sie Kaffee trinken möchten. Gäste setzen es als selbstverständlich voraus, daß er nach ihrem Eintreten sofort serviert wird.

»Darf ich Ihnen beim Kaffeekochen helfen?« fragte ich Frau Milić.

»*Da, da*«, antwortete sie, stützte sich auf einen Holzstock mit einem seltsamen vogelförmigen Knochen als Griff und führte mich langsam zur Küche.

»Sie sollten das Wasser nie kochen«, brachte sie mir bei. »Sie müssen es nur *fast* kochen lassen.«

Sie goß eine kleine Menge »fast kochenden« Wassers in eine *džezva*, eine Kupferkanne mit schmalem Hals. Dann schüttelte sie Kaffeepulver ins Wasser und stellte die *džezva* mit dem Kaffeesatz aufs Feuer, um das Wasser wiederum fast aufkochen zu lassen. Der Schaum schob sich, während sie die Kanne viermal über die Flammen gleiten ließ, bis oben zum

*Ungarischer Ausweis von Miloš Marić, dem Vater von Mileva.* Foto mit freundlicher Genehmigung von Biblioteka Matice Srpske, Novi Sad.

*Milevas Mutter Marija Ruzić Marić mit der Familie ihrer Schwester Jelena Ruzić Galić in Titel, ca. 1905. Sitzend von links nach rechts: Tima Galić, seinen Sohn Tima haltend; Marija Ruzić Marić, Jelena Ruzić Galić; Anika Matić, Jelenas Nichte. Stehend von links nach rechts: Sofija Galić Golubović und Lazar Golubović.* Foto mit freundlicher Genehmigung von Branka Koraksić-Galić, Belgrad.

*Das Haus der Marić' in Titel, in dem Mileva und vermutlich Lieserl geboren wurden.* Foto Michele Zackheim.

*Bahnhof von Novi Sad, ca. 1902.* Foto mit freundlicher Genehmigung von Futuro Publishing, Novi Sad.

*Theater von Novi Sad mit Königin-Elisabeth-Café, um 1900.* Foto mit freundlicher Genehmigung von Futuro Publishing, Novi Sad.

*Das Haus der Marić' in der Kisačka-Straße, Novi Sad.* Foto mit freundlicher Genehmigung von Monolith Enterprise.

*Dr. Lazar Marković, Hausarzt der Familie Marić, Novi Sad, ca. 1920.* Foto mit freundlicher Genehmigung von Dr. Karmensita Berić-Maskarel.

*Pauline Einstein, Mitte des 19. Jahr-hunderts.* Foto mit freundlicher Geneh-migung des Albert Einstein Archivs und der Hebrew University.

*Albert Einstein und Mileva Einstein-Marić mit ihrem ersten Sohn Hans Albert. Dieses Familienfoto wurde vermutlich um 1906 in Bern auf-genommen, als Albert beim Schweizer Patent-amt arbeitete.* Foto mit freundlicher Genehmigung von Ivana Stefanović, Belgrad.

*Hochzeitsfoto von Helene Kaufler und Milivoj Savić, 1900.* Foto mit freundlicher Genehmigung von Milan Popović.

*Bisher unveröffentlichtes Foto einer nachdenklichen Mileva Einstein-Marić, 1906.* Foto mit freundlicher Genehmigung von Monolith Enterprises.

*Mileva mit Hans Albert, ihrem Bruder Miloš, ihrer Cousine Sofija Galić Golubović und ihrer Tante Jelena Ružić (sitzend), um 1907, Novi Sad.* Foto mit freundlicher Genehmigung von Dr. Ljubomir Trbuhović.

*Eduard und Hans Albert Einstein,
um 1912.* Foto mit freundlicher
Genehmigung von Monolith
Enterprises.

*Milevas Schwester Zorka Marić
mit nicht identifiziertem Kind, zwischen
1903 und 1920.* Foto mit freundlicher
Genehmigung von Monolith Enterprises.

*Eduard und Hans Albert Einstein,
Zürich 1919. Zu jener Zeit lebte
Albert bereits mit seiner Cousine Elsa
Einstein Löwenthal in Berlin.*
Foto mit freundlicher Genehmigung von
Ivana Stefanović, Belgrad.

*Bislang unveröffentlichtes Foto von Mileva, Zürich, um 1927.*
Foto mit freundlicher Genehmigung von Monolith Enterprises.

*Helene Kaufler Savić' Töchter Julka und Zora, um 1912.*
Foto mit freundlicher Genehmigung von Dr. Milan Popović.

*Julka Savić-Popović, Belgrad, um 1928.*
Foto mit freundlicher Genehmigung von Dr. Milan Popović.

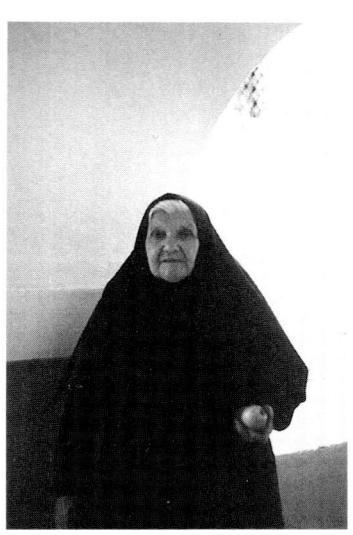

*Anka Streim, Eduard Einstein und Mileva Einstein-Marić, Zürich 1929.* Foto mit freundlicher Genehmigung von Ivana Stefanović.

*Elsa und Albert Einstein auf einer Party in New York in den frühen 30ern. Foto mit freundlicher Genehmigung von Photoworld.* Foto aus dem American Institute of Physics, Emilio Segrè Visual Archives.

*Grete Markstein als Camilla Palpiti in »Der böse Geist des Lumpazivagabundes«, Berlin, um 1922.* Foto mit freundlicher Genehmigung des Stadtmuseums Berlin.

*Paul Rückelt, Berlin, um 1932.* Foto mit freundlicher Genehmigung von Margaret Rückelt.

*Grete Markstein, London,*
*um 1935.*
Foto mit freundlicher Genehmigung von Richard Markstein.

*Janosch Plesch und Albert Einstein, Berlin 1932.* Foto mit freundlicher
Genehmigung von United Press International.

*Grete Marksteins Sohn Gustav Georg Markstein, London 1936.*
Foto mit freundlicher Genehmigung von Richard Markstein.

*Milevas Cousin Branko Miškov.*
Foto Michele Zackheim.

*Marie Grendelmeier, Nachbarin von Mileva Einstein-Marić, 1998.*
Foto Michele Zackheim.

*Milan Popović, Belgrad 1995.*
Foto Michele Zackheim.

Trichter vor, und jedesmal blies sie darauf, um ihn abschwellen zu lassen. Sie zuckerte den Kaffee nicht, denn: »Das ist nicht serbische, sondern bosnische Art.«

Wie immer, wenn wir einen Zeugen befragten, zeigten wir ihr Fotos aus Evelyn Einsteins Sammlung. Sie erkannte keine einzige Person.

»Es tut mir leid, ich möchte Sie nicht enttäuschen. Aber vielleicht interessiert es Sie, daß wir eine Nonne in der Familie hatten.« Sie wandte sich den Bildern auf dem Tischchen zu.

»Hier.« Sie deutete auf eine hübsche Frau. »Im Kloster wurde sie Schwester Teodora genannt.« Ich schaute Slavica an, die mir über die Kekse hinweg zulächelte.

»Ihr wirklicher Name war Nada Marić«[14], sagte Frau Milić. »Sie wurde um 1902 in Kać geboren. Ihr Vater Pavle Marić war mit Miloš Marić, Milevas Vater, verwandt. Und sie hatte die Persönlichkeit der Marić'.«

»Wie meinen Sie das?« warf ich ein.

»Nada war ungestüm in der Liebe. Sie erinnerte mich immer an Mileva. Im späteren Leben wurde sie finster und verschlossen, genau wie Mileva. Als Kind hielt sie sich oft bei Milevas Eltern auf, und dann, 1914, starb Nadas Vater überraschend während des Armeedienstes. Er wurde ins Meer geworfen – in Serbien nennt man es den Blauen Friedhof. Ihre Mutter Anika starb im selben Jahr an Typhus. Nada war erst zwölf Jahre alt. Nach dem Tod ihrer Eltern bezahlte Milevas Vater ihre Ausbildung, auch wenn er sich weigerte, einigen anderen jungen Frauen im Verwandtenkreis, zum Beispiel meiner Schwester, finanziell zu helfen.« Frau Milić deutete wieder auf die streng blickende Frau auf dem Foto.

»Eine Verwandte hat mir erzählt, daß Nada das Privatgymnasium der Schwestern Broch in Zagreb besucht haben könnte. Es gehörte Ada Broch, einer kroatischen Freundin von Mileva. Aber ich bin mir nicht sicher. Jedenfalls weiß ich, daß Miloš ihr nach dem Abschluß des Gymnasiums anbot, sie auf die Universität zu schicken, aber sie lehnte ab. Sie wollte einfach nur für sich allein lesen. Alle warnten Nada, daß sie sich die Augen verderben werde, aber es war das einzige, was sie glücklich zu machen schien.«

Nach fünf Jahren in Zagreb kehrte Nada im Urlaub nach Novi Sad zurück und lernte Marko Lazić[15] kennen, einen hochrangigen Angestellten im Sozialamt der Stadt. Sie heirateten im Jahre 1926. Marko, ein eleganter Mann mit einem gepflegten Schnurrbart und pomadisiertem, zurückgekämmtem dunkelbraunem Haar, trug mit Vorliebe modische Anzüge, Schleifen und spitzbübische Filzhüte. Er war gesellig, flirtete gern und fühlte sich als Patriarch.

Nada dagegen litt an einer Schüchternheit, die leicht als Reserviertheit mißverstanden werden konnte Dabei war sie hochintelligent, viel intelligenter als ihr Mann, aber sie liebte ihn leidenschaftlich.

Im Oktober 1936, nach zehnjähriger Ehe, entdeckte Nada, daß Marko ein Verhältnis hatte. Sie war außer sich, denn er bildete den Mittelpunkt ihres Lebens. Die beiden hatten keine Kinder.

Voll verzweifelter Wut vergiftete Nada das gemeinsame Essen und legte sich neben Marko, um zu sterben. Am folgenden Morgen wurden die beiden von einer Nachbarin entdeckt und ins Krankenhaus gebracht, wo Marko wenige Stunden später starb.

Nada überlebte und wurde nicht angeklagt. Der Leichenbeschauer, ein Freund der Familie, gab bekannt, Marko sei an einer Salmonellenvergiftung gestorben.

Nach dem Tod ihres Mannes kapselte Nada sich immer mehr ab. Häufig verließ sie ihr Haus mit den fünfzig roten Rosenbüschen in der Ulica Vojvode Mišića von Novi Sad und zog zu den serbischen Klöstern. Sie besuchte den Gottesdienst, fastete und beichtete regelmäßig. Ihre Pilgerreisen setzten sich vierzig Jahre lang fort.

In all den Jahren beobachtete Nadas Familie sie aufmerksam. Sie benahm sich zwar normal, doch ihre Angehörigen wußten, daß in ihrem Innern etwas zerstört war. Wenn man sie fragte, wie es ihr gehe, antwortete sie: »Nun ja, ich lebe.« Manchmal wirkte sie bei einem Besuch den ganzen Nachmittag hindurch völlig gesund, um dann unvermittelt ein Familienmitglied zu bezichtigen, es spioniere ihr nach.

Im Zweiten Weltkrieg wohnte Nada bei der Familie Marić in Kać. Sie schien zusammenzuschrumpfen, so daß sie die Familie an eine Stoffpuppe erinnerte, die man zu oft gewaschen hatte. Nach dem Krieg kehrte sie für einige weitere Jahre in das Haus in Novi Sad zurück. 1951 wurde sie von Funktionären des Tito-Regimes ohne jede Warnung vor die Tür gesetzt. Sie habe politische Unruhe auf der Straße angezettelt, da sie den traditionellen religiösen Kranz aus kleinen gelben Blumen an ihre Haustür gehängt hatte. Der Kranz war ein Symbol der serbischen Orthodoxie und sollte eine Familie vor Unglück schützen.

Nada zog zu ihrer kinderlosen Cousine, Frau Milić, und deren Mann. Sie besaß nur noch ihre Rente, da sie der Kirche das gesamte Erbe ihres Vaters und Miloš Marić' überschrieben hatte. Die Milić' und Nada besuchten häufig klassische Konzerte, die Oper und manchmal das Theater in Belgrad. Nada bestand immer darauf, ihre Karte selbst zu bezahlen und die beiden danach zu Tee und Gebäck einzuladen. Aber den größten Teil des Jahres hindurch hielt sie sich weiterhin in Klöstern auf. Wenn sie heimkehrte, arbeitete sie im Garten oder ging in die Kirche. Das war ihr ganzes Leben – bis 1976, als sie ins Kloster Krušedol eintrat.

\*

Dreißig Kilometer östlich von Sremski Karlovci bogen Slavica und ich von der Hauptstraße nach rechts auf einen unbefestigten Weg ab und legten auf einer kurvenreichen Fahrt durch die Fruška Gora, eine bis knapp sechshundert Meter aufsteigende Hügellandschaft, weitere sechs Kilometer zurück. Dies sind die ersten Hügel der Südkarpaten, in denen noch Wildkatzen, Hirsche und Wildschweine umherstreifen. Das serbisch-orthodoxe Kloster Krušedol, im 15. Jahrhundert gegründet, lieg in einem niedrigen, fruchtbaren Tal, in dem man Wein anbaut. Wir erreichten das Gebäude durch ein altes schmiedeeisernes Tor. Die abblätternden, verschossenen, aus dem 17. Jahrhundert stammenden Fresken der Kirche lieferten einen biblischen Hintergrund für die auf dem vorderen Rasen weidende Schafherde. Dutzende von Flüchtlingen aus der Krajina spazierten über das gepflegte Grundstück.

Schwester Vera, eine lebhafte Frau in den Achtzigern mit einem runden, sympathischen Gesicht, kam heraus, um uns zu begrüßen. Sie trug das traditionelle lange, schwarze Gewand von Nonnen und Mönchen. Ihr einziger Schmuck war ein Ehering an der rechten Hand. Der orthodoxen Tradition gemäß tragen Nonnen kein Kruzifix um den Hals. Sie führte uns auf einem schmalen Pfad durch Birnen- und Apfelgärten und dann einen Hügel hinauf zum Klosterfriedhof. Unterwegs forderte Schwester Vera mich auf, helle Pflaumen zu pflücken und sie mir in die Taschen zu stecken.

Der Friedhof bestand aus einer geringen Anzahl von Gräbern und blickte auf die Fruška Gora hinaus. Vor jedem Grab stand ein fast ein Meter hohes weißes Marmorkreuz. Einer der Steine kennzeichnete die letzte Ruhestätte von Schwester Teodora, die 1991 gestorben war. Daneben erhob sich eine leere weiße Marmorplatte am Grab einer anderen Nonne, die noch auf den Tod wartete. Wir setzten uns ins Gras am Fuß der Gräber, aßen die hellen Pflaumen und schauten schweigend über das Tal hinweg.

Als wir zum Kloster zurückkehrten, wurden wir von Schwester Apolinarija, der Oberin und Veras leiblicher Schwester, in den Besuchersaal geleitet. Wir nahmen unter einer nicht ganz sieben Meter hohen Decke Platz; die Wände waren mit zahlreichen verblaßten religiösen Gemälden geschmückt. Auch Schwester Apolinarija trug eine Kutte, doch im Gegensatz zu Schwester Vera hatte sie eine *kamilavka* aufgesetzt, einen steifen schwarzen Hut von dreißig Zentimeter Höhe, der dem Kopfschmuck mancher auf Ikonen abgebildeten Heiligen ähnelte.

Schwester Vera erzählte uns bei Mokka und frischgepflückten Trauben aus dem Weingarten von der Geschichte des Klosters. Immer wenn Slavica oder ich eine tiefer gehende Frage stellten, bestand ihre Antwort darin, lediglich zu nicken, zu lächeln, das Gesicht zu verziehen oder die Augen zum Himmel zu heben. Man darf über Familien, ihr Vermögen oder ihre intellektuellen Erfolge reden, aber es ist unhöflich, Klatsch zu verbreiten.

Schließlich erkundigten wir uns nach Schwester Teodora. Schwester Vera warf der Oberin, die fast unmerklich nickte, einen Blick zu. Dann faltete Schwester Vera die Hände im Schoß, bekreuzigte sich und begann zu sprechen.

»Sie müssen wissen«, sagte sie, wobei sie Slavica betrachtete, »daß ich wegen Ihres Schwiegervaters, des Priesters Dokmanović, zu dieser Unterredung bereit bin. Wir kennen und respektieren Ihre Familie.«

Slavica nickte und lächelte schwach.

»Schwester Teodora starb 1991, wie Ihnen bekannt ist. Sie verließ uns friedlich und ohne Schmerzen. Ich werde Ihnen ihre Zelle zeigen. Nehmen Sie Ihre Mäntel mit, es ist kalt.«

Schwester Vera stand auf, und wir folgten ihr die abgetretene Steintreppe hinunter und um so viele Ecken, daß ich die Orientierung verlor. Sie hielt vor einer kleinen Tür inne, die tief in eine dicke gekalkte Wand eingelassen war. Ich spürte den muffigen Geruch von Fäulnis.

Obwohl die Tür hoch genug war, wirkte die Zelle so bedrückend, daß wir alle in gebückter Haltung eintraten. Die Zelle war etwa drei mal drei Meter groß; sie hatte eine niedrige Decke und einen Steinfußboden. An der gegenüberliegenden Wand befand sich ein Fensterchen, das fast völlig von Efeu bedeckt und von Zigarettenrauch verrußt war. Das wenige hereinfallende Licht wirkte grünlich. Schwester Teodoras Zelle war von einem einfachen, sauberen Zimmer in einen düsteren, von Rauch erfüllten Schlafraum für männliche Flüchtlinge verwandelt worden. Bis hoch zur Decke hatte man Etagenbetten angebracht. Nach einem Moment des Schweigens waren wir froh, die Zelle wieder verlassen zu können.

Wir folgten Schwester Vera zurück zu ihrem Büro. Auf einem ihrer Regale stand ein großes, in Leder gebundenes

Buch, das sie herunternahm und auf einen Tisch legte. Sie öffnete eine Seite kurz vor dem Ende und zeigte uns folgenden Eintrag: »Am 28. August 1987, im Alter von neunundsiebzig Jahren, stellte Nada Marić-Lazić Schwester Apolinarija den förmlichen Antrag, Nonne zu werden.« Zu dem Antrag gehörte eine Erläuterung der Gründe für ihren Wunsch, ins Kloster einzutreten. Schwester Apolinarija zeigte uns den Antrag. Nada schrieb: »Ich habe früher häufig unsere serbischen Klöster besucht und mich dort recht lange, über Wochen und Monate hinweg, aufgehalten, um den Nonnen und Mönchen zu helfen. Soweit es meine finanzielle Situation zuließ, bedachte ich die Klöster mit Spenden; ich wurde jedoch nie Nonne ... Da ich in diesem Kloster gewohnt habe und gründlich mit den existierenden Vorschriften vertraut bin und da es mein großer Wunsch ist, Nonne zu werden, möchte ich Sie um eine Empfehlung bitten und auch darum, daß der Bischof die Zeremonie für mich abhält. Infolge meines hohen Alters werde ich nicht in der Lage sein, mir selbst oder den anderen zu dienen, deshalb bitte ich die übrigen Nonnen in diesem Kloster um Hilfe. Auch wenn ich erkranke, werde ich ihre Hilfe benötigen. Als Gegenleistung verspreche ich, dem Kloster zwei Drittel meiner Rente abzutreten. In der Hoffnung, daß Sie dem Bischof dieses Ersuchen übermitteln, und in ständiger Dankbarkeit Nada Lazić.«[16]

Schwester Apolinarija schickte dem Bischof ihre Empfehlung: »Wir sind nun bereit, sie aufzunehmen. Es ist Ihre Entscheidung.« Ein paar Tage später wurde Nada Marić-Lazić Schwester Teodora.

Schwester Vera berichtete uns, daß Schwester Teodora kaum sprach, aber sehr viel las. Sie betete zu Gott, als habe sie in ihrem früheren Leben Sünden begangen. Sie liebte die Einsamkeit. Ihren Mann Marko erwähnte sie selten, aber sie liebte ihn noch immer. Sein Bild hing hinter ihrem Bett. Schwester Teodora beteiligte sich sehr aktiv an den Vorbereitungen für die Besuche des Bischofs in dem Kloster. Sie machte sich nichts aus gewöhnlichen Menschen und war sehr starrsinnig. Wie bei mehreren Frauen in der Familie Marić war eines ihrer

Beine erheblich schwächer als das andere. In ihren letzten Jahren stürzte sie oft und war drei Jahre lang bettlägerig. Trotz ihres schweren Leidens beklagte sie sich laut Schwester Vera nie.

Schwester Vera bat uns ins Wohnzimmer. »Es gibt noch etwas, das ich Ihnen mitteilen möchte. Ich weiß nicht, was es bedeutet, aber es beschäftigt mich seit langem, und ich bin neugierig. Schwester Teodora suchte den Priester sehr häufig auf. Als ich sie fragte, weshalb sie öfter mit ihm sprach als wir anderen, antwortete sie: ›Um mich von meiner Last, meinem inneren Zorn, zu befreien.‹

›Du siehst immer so traurig aus‹, bemerkte ich. ›Was hast du getan, das dich so traurig macht? Wirst du es noch einmal tun?‹ Schwester Teodora erwiderte: ›Ich mußte es wegen meines Zornes tun – aber ich habe es immer bereut. Es liegt mir schwer auf der Seele.‹«

Die Nonne seufzte. »Sie hat mir nie verraten, was sie belastete. Und da der Priester nach unserem Kirchengesetz keine Geheimnisse enthüllen darf, nahm er ihres mit ins Grab.«

Ich warf Slavica einen fragenden Blick zu, um zu erfahren, ob wir Schwester Vera die Ursache erklären sollten. Aber Slavica schürzte verneinend die Lippen.

Schwester Vera erhob sich. Sie müsse unser Gespräch beenden, da sie Vorbereitungen für ein am folgenden Tag stattfindendes Begräbnis treffen müsse. Dann streckte sie mir die Hand entgegen. Ich wollte sie schütteln, aber Schwester Vera legte die andere Hand auf meine, schloß die Augen und murmelte etwas. Ich hoffe, daß es ein Gebet war.

Auf der Rückfahrt fragte ich Slavica, weshalb wir Schwester Vera nicht die Wahrheit über Nada hätten sagen können.

»Das wäre nicht richtig gewesen«, belehrte mich Slavica. »Sie hätte geglaubt, daß du das Gelübde des Priesters brichst. Es wäre eine sündhafte Bürde für sie gewesen.«

Nachdem Slavica und ich das Kloster verlassen hatten, fuhren wir nach Novi Sad. Ein Sturm war plötzlich ausgebrochen, und Slavicas kleiner Zastava 101 schwankte im heulenden Regen und Wind. Wir überquerten die Donau auf der Alten Brücke, und Slavica erzählte mir von einem Massaker, das die ungarischen Besatzer während des Zweiten Weltkriegs in knapp einem Kilometer Entfernung begangen hatten. Man nennt es *Novosadskaja racija*, die Razzia von Novi Sad.

»Am 1. Januar 1942 wurden über tausend Juden und Serben zusammengetrieben und zum großen Strand von Novi Sad eskortiert. Dort mußten sie sich aufstellen und wurden systematisch niedergeschossen. Dann warf man die Opfer, von denen einige noch lebten, durch ein Eisloch in den Fluß.«

Gleichgültig, mit wem ich in Zukunft über diese Brücke fuhr, die mittlerweile von NATO-Bomben zerstört wurde, ich wurde immer wieder an den schrecklichen Vorfall erinnert.

Es gibt in dieser Gegend noch eine andere tragische Geschichte, über die niemand reden möchte. Aber ich erfuhr von mehreren Frauen, daß zahllose unerwünschte oder uneheliche weibliche Babys im 19. und frühen 20. Jahrhundert von einer mehrere hundert Meter entfernten, inzwischen abgerissenen Brücke in den Tod geschleudert worden sind.

✳

Schwester Teodora – Nada Marić-Lazić – wuchs innerhalb der Familie Marić auf. Sie war von der gleichen zwanghaften Leidenschaft für ihren Mann besessen wie Mileva. Ungewöhnlich intelligent, neigte sie zu tiefen, grimmigen Depressionen. Ihr linkes Bein war kürzer als ihr rechtes. Trotz alledem konnte ich keinen Hinweis auf eine Begegnung zwischen Schwester Teodora und Mileva finden.

Als Albert sich von Mileva hatte scheiden lassen, hätte sie ungehindert Kontakt mit dem echten Lieserl aufnehmen können. Aber keine der Personen, die wir befragten, hatte irgend etwas über eine Beziehung zwischen Mileva und Nada – Schwester Teodora – zu erzählen. Wenn Mileva Verbindung mit ihr aufgenommen hätte, hätte jemand in der Gegend davon gehört, – in erster Linie Schwester Vera, mit der Schwester Teodora häufig vertrauliche Gespräche führte. Wenn Teodora sie allerdings zur Geheimhaltung verpflichtet hätte, hätte sie uns darüber nichts erzählt.

Auch besagt Nadas Geburtsurkunde, daß sie im Juli 1904 geboren wurde – mehr als zweieinhalb Jahre nach Lieserl –, wiewohl wir gemerkt hatten, daß man offiziellen Dokumenten in Serbien nicht immer trauen kann. Als wir versuchten, ihren Taufschein in ihrem Geburtsdorf Kać oder in Titel zu finden, wo Lieserl wahrscheinlich geboren wurde, blieben unsere Bemühungen erfolglos.

✳

Wir mußten die Familie Gajin aufspüren. Mileva hatte Sidonija und Djoka Galić das Haus in der Kisačka-Straße zur Verfügung gestellt und die beiden zu ihren Bevollmächtigten erklärt. Wie wir wußten, hatte sich diese Familie pflichtbewußt um die juristischen Angelegenheiten der Marić' gekümmert, und wir wollten prüfen, ob sie noch Papiere besaß, die sich auf Lieserl oder vielleicht auf Nada Marić bezogen. Gerüchten zufolge verwahrten die Gajins auch einige von Milevas Habseligkeiten aus dem Haus in der Kisačka-Straße.

Es war unheimlich, aber immer wenn wir an jenem Tag versuchten, das Meldeamt in Novi Sad anzurufen, um einen Termin zur Einblicknahme in die neuesten Todesurkunden der Familie Gajin zu verabreden, klingelte das Telefon. Wir wurden von Historikern verfolgt, die ebenfalls nach Lieserl suchten. Man rief aus Zürich, Belgrad, Titel, Kać und Amerika an und drängte uns, unsere Quellen preiszugeben. Eine Historikerin hinkte mit Interviewanfragen permanent sechs Stunden hinter uns her und ersuchte Personen, die sich gerade zu Exklusivgesprächen mit uns bereit erklärt hatten, um Interviews. Wir hörten, sie sei wütend über »die Frau aus Amerika«. Bei alledem blieben wir höflich, doch entschieden bei unserer Absicht, allein vorzugehen.

»Ich habe das Gefühl, einem hysterisch-historischen Angriff ausgesetzt zu sein!« meinte Slavica.

Schließlich gelang es ihr, einen Termin im Meldeamt zu arrangieren. Am folgenden Tag stellten wir fest, daß das Amt in Novi Sad kaum betriebsfähig war. Am Eingang hatte man kahle Glühbirnen angebracht. Gruppen von zwanzig bis dreißig Flüchtlingen standen vor schmuddeligen verschlossenen Türen, rauchten und warteten in offenkundiger Hoffnungslosigkeit. Wir betraten ein kleines, fast leeres Zimmer, an dessen einer Wand abgegriffene Lederbände mit den Geburts- und Todesdaten der Bürger von Novi Sad standen. Wir erklärten der Angestellten, daß wir die Todesurkunden der Gajins benötigten, und sie begann in sechzig Zentimeter hohen, handschriftlich geführten Hauptbüchern zu blättern. Innerhalb von ein paar Minuten fand sie die Todesurkunde sowohl Sidonija als auch Djoka Gajins. In den Dokumenten war das Haus der Marić' in der Kisačka-Straße als Adresse der Gajins zum Zeitpunkt ihres Todes angegeben. Außerdem wurde der Name ihrer Tochter – Mira Gajin – genannt, jedoch ohne Adresse.

»Ich werde Frau Kikić anrufen müssen«, sagte Slavica finster. »Sie weiß bestimmt, was aus Mira geworden ist, da sie die Wohnung ursprünglich von ihr gemietet hat.«

Slavica rief Frau Kikić aus dem Meldeamt an, und ich sah, wie sich ihr Gesicht während der Unterhaltung aufhellte.

»Sie hatte die Adresse«, berichtete Slavica. »Aber sie kannte Miras Ehenamen nicht. Wie sich herausstellt, hat Frau Kikić Verwandte, die in demselben Gebäude wie Mira wohnen. Sie erinnert sich an ein Gespräch über diesen Zufall.« Wir eilten zu Miras Adresse und standen vor einem Labyrinth aus zwölfstöckigen Mietshäusern.

»Kennen Sie eine Frau namens Mira, deren Großeltern früher in der Kisačka-Straße gewohnt haben und deren Mädchenname Gajin ist?« fragte sie alle Umstehenden. Innerhalb einer Stunde hatte sie Miras Wohnung gefunden. Aber in Serbien wäre es äußerst unhöflich, ohne Einladung an die Tür einer Fremden zu klopfen, zumal zu einem Zeitpunkt, als wegen des Krieges ungewöhnliche Hysterie herrschte. Wir fuhren also wieder heim.

Slavica rief eine ihrer Freundinnen bei der Telefongesellschaft an und erfuhr Miras Nummer allein mit Hilfe ihrer Adresse und ihres Vornamens. Innerhalb weniger Minuten hatte sie Mira Gajin am Telefon. Sie erklärte den Zweck des Anrufs und betonte unsere Beziehung zu Evelyn Einstein. Mira war zunächst ungläubig, gab nach etlichen Minuten jedoch zu: »Ja, ich habe ein paar Sachen, die Mileva gehört haben. Ich werde mit Ihnen sprechen, aber ich möchte nicht, daß Sie meinen Ehenamen benutzen. Verwenden Sie statt dessen Gajin. Keine anderen Journalisten, keine Fernsehleute. Ich möchte in Ruhe gelassen werden.« Slavica erklärte sich einverstanden und vereinbarte ein Treffen für den folgenden Tag.

Am nächsten Tag fuhren wir zur Matica Srpska, der 1826 gegründeten ältesten serbischen Kulturinstitution. Hier trafen Serben sich früher, um die neuesten wissenschaftlichen und philosophischen Ideen zu diskutieren. Heute ist dies das Hauptarchiv und die wichtigste Bibliothek von Novi Sad. Dort fanden wir einen Mietvertrag zwischen Mileva und den Gajins, der am 1. Juli 1940 unterzeichnet worden war. Mileva hatte formell erklärt, daß die Gajins »für weniger als einen Pfennig« zwei Zimmer in der Kisačka-Straße mieten dürften und daß der »Vertrag nie auslaufen wird«[17].

Dann besuchten wir Mira Gajin und ihre stille, arbeitslose Tochter Sanja. Wir tauschten Höflichkeitsfloskeln aus, und ich schenkte Frau Gajin etwas Kaffee und Schokolade. Während wir Kaffee tranken, fragte Slavica: »Wußten Sie, daß Mileva eine Tochter hatte, bevor sie Albert Einstein heiratete?«

Frau Gajin stellte ihre Tasse abrupt auf den Tisch. »Nein, natürlich nicht. Wer soll das glauben!« Ihr Gesicht war aufgewühlt, aber sie stellte keine Fragen, sondern blieb still sitzen. Auch ihre Tochter und Slavica schwiegen. Ich merkte, daß meine Freundin einen Plan ausheckte.

»Hören Sie zu, Frau Gajin«, sagte Slavica schließlich. »Vielleicht können wir einander helfen. Ich weiß, daß es schwierig ist, heutzutage Arbeit zu finden, und ich glaube, daß ich etwas für Ihre Tochter tun könnte. Ich werde es versuchen. Wenn Sie uns Ihrerseits helfen würden, wäre meine Freundin aus Amerika sehr dankbar.«

Plötzlich änderte sich die Atmosphäre. Sanja straffte den Rücken, blieb allerdings weiterhin stumm. Frau Gajin lächelte zum erstenmal.

»Ich habe in einem Korb in der Dachkammer verschiedene Papiere«, antwortete Frau Gajin, »außerdem Briefe, Fotos und Möbel. Und hier« – sie zeigte auf einen Stapel auf dem Tisch – »habe ich einige von Milevas Büchern und ihren Zeichenkasten. All das werde ich Ihnen geben, damit Sie es zu ihrer Enkelin Evelyn in Amerika mitnehmen können. Ich habe auch Briefe, die beweisen, daß Mileva Albert Einstein stärker geholfen hat, als man bisher anerkennt. Ich verspreche, daß ich bis Sonntag alles andere durchsehen und Ihnen geben werde, was Sie möchten.«

»*Krava se drži za rep a čovek za reč*, eine Kuh hält man an ihrem Schwanz und einen Menschen an seinem Wort fest«, sagte Slavica liebenswürdig zu ihr.

»*Dajem vam časnu reč*, ich gebe Ihnen mein Ehrenwort«, beteuerte Frau Gajin. Und sie schüttelten einander die Hand.

Ein paar Tage später kehrten wir zu Frau Gajin zurück, aber diesmal war sie recht kühl und sichtlich verlegen. Trotzdem händigte sie uns mehrere Papiere aus, darunter einige, die den Besitz der Marić' betrafen. Anscheinend hatte Milevas Vater 1914 eines seiner bosnischen Grundstücke in Banja Luka an den Bauern Karl Fuhrneisen verloren, der behauptete, seine Familie habe das Land seit fünfundvierzig Jahren bestellt, weshalb es nun ihm gehöre. Das Gericht entschied zu seinen Gunsten.

Der »Korb aus der Dachkammer« enthielt auch uneingelöste Dividenden der Nationalbank in Höhe von 2800 Kronen. Und wir fanden das Lied, das Mileva schrieb, nachdem sie sich in Albert verliebt hatte. Leider entdeckten wir kein Wort über Lieserl oder darüber, daß Mileva Albert bei der Formulierung seiner Theorien geholfen hatte.

Immerhin gab Frau Gajin uns ein Buch: *Die sexuelle Frage* von Prof. Dr. August Forel. Zufällig war derselbe Dr. Forel Direktor der Landesheilanstalt Burghölzli in Zürich, des psychiatrischen Krankenhauses, in das Eduard Einstein später eingewiesen wurde. Auch Zorka hatte man dort während ihres katastrophalen Besuches bei Mileva im Jahre 1917 gepflegt. 1901 erwähnte Mileva ein weiteres Buch von Forel, *Der Hypnotismus*, in einem Brief an Albert, als sie sich in Stein am Rhein aufhielt. Sie schrieb: »Nach meiner Empfindung unterscheidet sich Forel von einem Wurderartzt nur dadurch, dass er seinen Patienten, infolge seines Ausgedehnteren Wissens, mit mehr Selbstbewusstsein, alias Frechheit gegenübersteht.«[18] Seit Jahren suchen Historiker vergeblich nach dem Exemplar von *Der Hypnotismus*, das Mileva und Albert in ihrer Bibliothek hatten. Es war nie gefunden worden.

Aber niemand wußte etwas von Milevas Exemplar der *Sexuellen Frage*. Als ich das Buch einsteckte, bemerkte ich eine hervorstehende Kante. Eine kleine Schrift mit dem Titel *Alkoholvergiftung und Degeneration* von Dr. Gustav von Bunge, noch in Fraktur gedruckt, fiel heraus. Sie war im Januar 1904 in Bern erschienen. Eine Seite war mit einem staubig-rosigen Seidenband gekennzeichnet. Sowohl das Buch als auch die Broschüre enthielten zahlreiche Unterstreichungen und etliche Anmerkungen, die weder Slavica noch ich lesen konnten.

Die übrigen Bücher waren *David Copperfield* auf deutsch, ein *Allgemeiner deutscher Muster-Briefsteller* (1868), *Das allgemeine Strafgesetz* (1871), *Weiner's Medizinalkalender* (1920) und *Knjiga Za Paru: Silazak Sa Prestola* (Ein Buch für einen Pfennig: Absetzung vom Thron) von Kario Amurelli (1889). Das letztere behandelt die serbische Geschichte und das Leben des kroatischen Königs Mutimir. Auf einer Seite, die Mutimirs Leben beschreibt, hatte Mileva den Satz »Liebe ist keine Sünde« unterstrichen.

Ich blätterte alle Bücher Seite um Seite durch. In *David Copperfield* fand ich einen *Postai föladóvevény*, eine Postbescheinigung, die vermutlich als Lesezeichen verwendet worden war. Es handelte sich um eine Quittung für einen nicht spezifizierten Betrag und für ein Päckchen, das fünfhundert Gramm wog. Milevas Vater hatte es ihr im April 1905 nach Bern geschickt. Auf dem Rand der Bescheinigung erkennt man Zorkas Versuche, sechzehnmal ihre Initialen »ZM« zu schreiben – bald mit kyrillischen, bald mit lateinischen Buchstaben.

Schließlich öffnete ich Milevas mit schwarzem Leder überzogenen Zeichenkasten, der an den Ecken mit goldenen Lilien geschmückt war. Im Innern befanden sich, säuberlich in rötlich-purpurnen Samtfächern angeordnet, erlesen gefertigte Messinginstrumente.

∗

Infolge der internationalen Sanktionen lag die Arbeitslosigkeit in Serbien bei über fünfzig Prozent. Es war ein kleines Wunder, daß es Slavica gelang, Frau Gajins Tochter eine Stellung im Sekretariat ihrer Entbindungsklinik zu verschaffen.

Slavica und ich hatten angenommen, daß Frau Gajin im Sinne der alten Tradition des Tauschhandels nun weitere Körbe in der Dachkammer heraussuchen werde. Tatsächlich rief sie am Tag, nachdem Slavica die Stelle für Sonja gefunden hatte, an.

»Es gibt noch zwei Körbe in der Dachkammer«, sagte sie. »Und es tut mir leid, daß ich sie nicht erwähnt habe.«

Wir verabredeten ein weiteres Treffen mit ihr, doch sie reichte uns nur einen nutzlosen Zettel.

»Ich bin müde«, klagte Frau Gajin. »Mir ist nicht nach Arbeit zumute. Kommen Sie später wieder. Heute kann ich Ihnen nichts mehr anbieten.«

Später erfuhren wir, daß ihre Tochter beschlossen hatte, die Stellung in der Klinik nicht anzutreten.

∗

Am folgenden Abend meldete sich Ivana Stefanović, Milana Bota-Stefanović' Urenkelin, per Telefon. »Sie müssen nach Belgrad zurückkommen«, forderte sie. »Ich habe noch ein Bündel Sachen für Sie gefunden!«

An einem jener stürmischen Tage, an denen der Regen um die Ecken der Gebäude peitschte, statteten Slavica und ich Ivana unseren nächsten Besuch ab.

Nachdem wir uns am Tisch mit dem Kaffeeservice niedergelassen hatten, erblickte ich einen Stapel Fotos und einige weitere Briefe neben der blauen Zuckerschale. Slavica hatte sie ebenfalls bemerkt und versuchte, mich nicht anzuschauen.

Sobald es die Regeln der Höflichkeit erlaubten, fragte Slavica: »Ivana, dürfen wir uns die Bilder ansehen?«

Ivana breitete die Fotos auf dem Tisch aus. Unglaublicherweise besaß sie einen Abzug von fast allen Aufnahmen, die ich in Evelyns Archiv für interessant gehalten hatte.

»Das ist ein Bild meiner Großmutter Milica als junge Frau, 1929«, sagte Ivana und reichte mir das Foto. Mileva, Eduard und Milica posieren vor einer Reihe hoher Büsche. Die Sonne wirft durchbrochene Schatten auf ihre Kleidung. Milica, die eine einfache weiße Sommerbluse trägt und deren dunkles Haar zurückgekämmt ist, schaut widerwillig in die Kamera. Eduard steht dicht hinter ihr. Er ist ebenfalls weiß gekleidet und mustert, von der Kamera abgewandt, ein weißes Blatt Papier. Mileva steht zur Linken. Sie ist vierundfünfzig Jahre alt und trägt ein langärmeliges kariertes Kleid, das sie von Hals bis Fuß bedeckt. Sie wirkt untersetzt, matronenhaft und unglücklich. Sie betrachtet ihre Füße.

»Mileva versuchte, eine Ehe zwischen meiner Großmutter und Eduard anzubahnen«, fuhr Ivana fort. »Deshalb wurde sie oft nach Zürich eingeladen.« 1929 berichtete Milica ihrer Mutter und ihrem Vater von einem dieser Besuche. Ivana las uns den Brief vor: »Wurde von mehreren Freunden Frau Einsteins gebeten, eines von Papas Gedichten zu rezitieren, damit sie den serbischen Klang hören konnten. Ich fand Frau Einsteins Exemplar von Papas Buch *Verse und Rhythmen*. Papa,

Eduard hat mich gebeten, eines Deiner Gedichte ins Deutsche zu übersetzen. Zufällig öffnete ich Dein Buch auf der Seite mit dem Gedicht ›Der Schmerz des Unbekannten‹. Ich sagte, das Gedicht sei, wenn mich meine Erinnerung nicht im Stich lasse, geschrieben worden, als Paja [ihr Bruder, d. Verf.] schwer an Scharlach erkrankt war. Diese Bemerkung schien Eduard sehr zu interessieren. Ich sollte ihm erklären, weshalb Papa das Gedicht geschrieben hatte: Sei es ein reiner Zufall gewesen, oder habe er die Krankheit vorausgeahnt?«[19]

»Haben Sie das Gedicht?« fragte ich Ivana.

Sie stand auf und zog einen dünnen Band aus einem Bücherregal. »Ich werde es Ihnen übersetzen:

Heute nacht hatte ich einen schrecklichen Traum:
Ein lebloser Kopf in einem scharlachroten Umhang.
Ein kleines Kind ging an mir vorbei,
Meine ganze Seele war von einer dunklen Wolke bedeckt.

Woher kam die Vision, was hat sie zu bedeuten?
Welche Tragödie kündigt sie mir an?
Welch böse Hoffnung trägt sie mir zu?
Warum verbindet der Tod sich mit dem Kaiserzeichen?

Oh, ich habe nicht vergebens geträumt,
Ich wußte es und spürte es im Innern,
Irgendwo ist mir etwas Böses zugestoßen.

Irgendwo bebte ein Stern,
Irgendwo vergoß eine Seele Tränen,
Der Himmel verströmte Dunkelheit wie eine Sintflut.[20]

»Er fürchtete um das Leben seines Sohnes«, interpretierte Slavica. »Nur wenige Kinder überlebten den Scharlach damals. Sein Sohn hatte Glück.«

Ich hörte Ivana und Slavica so konzentriert zu, daß ich einige Fotos auf den Fußboden fallen ließ. »*Nema problema*, kein Problem!« lachte Ivana. »Aber was ich als nächstes zu sagen habe, ist nicht so lustig. Leider war die Ehestiftung zwischen Milica und Eduard ein Fiasko.«

Eines Abends wurde Eduard, dessen Geisteszustand bereits bedenklich war, zudringlich, machte unsinnige Bemerkungen und versuchte, Milica zu küssen und ihre Brüste zu berühren. Am folgenden Tag kehrte sie nach Belgrad zurück, und der gelbe Wagen der Anstalt Burghölzli holte Eduard ab. Damit zerstob Milevas letzte Hoffnung auf ein normales Leben für ihren Sohn.

Wir betrachteten die übrigen Fotos. Die meisten waren Bilder von Ivanas Familie, die Milana und dann ihre Tochter Milica an Mileva geschickt hatten. Aber eines war fast identisch mit dem, was Milica, Mileva und Eduard zeigte, abgesehen davon, daß Milica von einer Frau ersetzt war, die Mileva stark ähnelte. Auf der Rückseite steht das Datum »Juli 1929« in Milevas Handschrift.

Obwohl dieses Foto nur Minuten später als das mit Milica aufgenommen wurde, strahlt es eine ganz andere Stimmung aus. Alle wirken fröhlich. Die Büsche sind unverändert, und sogar die Lichtstrahlen, die auf sie fallen, lassen erkennen, daß die Sonne nur um wenige Minuten weitergezogen ist. Auf diesem Bild hat sich Mileva das Haar zurückgekämmt und es locker zu einem Knoten aufgesteckt. Die Frisur steht ihr, und sie schaut verträumt zu den Bäumen hinauf. Erstaunlicherweise sieht sie zwanzig Jahre jünger aus. Eduard blickt hier direkt in die Kamera. Seine Krankheit war ihm noch nicht anzusehen.

Die unbekannte Frau befindet sich links auf dem Foto. Ihr dunkles Haar ist zurückgestrichen, niedrige Brauen scheinen über ihren dunklen Augen zu schweben. Sie hat eine kleine Stupsnase und einen attraktiven Mund – ein Spiegelbild Milevas.

»Und hier ist noch ein interessanter Brief, den ich gefunden habe. Er erklärt, glaube ich, wer die Frau ist. Meine Mutter hat ihn, während sie Mileva in Zürich besuchte, meiner Urgroßmutter geschrieben. ›3. Juli 1929‹«, las Ivana vor.

»›Eine Studentin aus Zemun wohnt bei Mitza [Mileva], und

sie ist sehr nett.‹ Das muß die geheimnisvolle Frau auf dem Bild sein. Sie war im selben Monat wie Milica dort. Was halten Sie davon?«

∗

Slavica sagte häufig, wenn wir wegen unserer Ermittlungen frustriert waren:»Gott schließt manchmal eine Tür, um hundert andere zu öffnen.« Ich hatte gefolgert, daß die junge Frau wahrscheinlich eine Studentin des Polytechnikums war, wo Mileva und Albert studiert hatten. Mileva hatte über viele Jahre eine Verbindung zu ihrer früheren Hochschule behalten.

Ich fuhr mit dem Zug nach Zürich. Dort forderte ich biographische Einzelheiten über eine nicht identifizierte Studentin, die unter Milevas Adresse eingetragen war, aus dem Studentenverzeichnis von 1929.

Eine Stunde später wurde mir mitgeteilt:»Ihre unbekannte Frau ist Anka Streim aus Zemun. Durch die Adresse in ihren Unterlagen wird bestätigt, daß sie bei Mileva Einstein wohnte.«

Anka Streim wurde in der Stadt Zemun geboren, die direkt am Zusammenfluß zwischen Save und Donau liegt. Laut ihren Hochschuldokumenten war Ankas Vater Hinko Apotheker, und ihre Mutter war Hausfrau. Zemun bildete einen wirtschaftlichen Vorposten für seine große Schwesterstadt Belgrad. Während Anka heranwuchs, waren die meisten Häuser klobige, von Balken gestützte Gebäude dicht am Fluß mit seinem ständigen Schiffsverkehr und seinen bunten Booten.

Anka besuchte die Schule in Zemun, doch sie war so intelligent, daß sie ihre Heimatstadt mit zehn Jahren verließ, um eine gründlichere Ausbildung zu erhalten. Von 1918 bis 1926 wurde sie an der Mädchenschule in Zagreb unterrichtet. Danach wechselte sie in die Schweiz zum Polytechnikum über, dem Mekka für Studenten aus der Vojvodina, und erwarb dort 1930 ihr Diplom im Fach Maschinenbau.

Den Unterlagen zufolge war Anka 1908, sechs Jahre nach

Lieserl, geboren worden. Wichtiger dürfte jedoch gewesen sein, daß Anka, wenn sie mit Lieserl identisch wäre, weiterhin irgendeine Rolle in Milevas Leben gespielt haben müßte. Doch sie zog 1929/30, vor ihren letzten beiden Semestern, aus Milevas Gebäude aus und wurde nie wieder erwähnt. Vielleicht wollte sie nicht mehr bei Mileva bleiben, weil Eduard inzwischen unheilbar erkrankt war.

Slavica und ich gaben jedoch nicht auf. Wir versuchten, Ankas Familie in Zemun zu finden, aber wir stießen weder auf Geburtsurkunden noch auf Schuldokumente, noch auf eine Apotheke. Es gab nicht die geringste Spur von Anka Streim.

✳

Zwei Tage später saß ich wieder im Zug nach Novi Sad. An der serbisch-ungarischen Grenze wurde mein Erster-Klasse-Abteil klassenlos, denn Frauen strömten herein, die nach Sofia fuhren, um dort Textilien einzukaufen und diese nach Serbien zu schmuggeln. Nur Frauen unternahmen solche Zugreisen, während Männer Zigaretten, Whisky, Benzin und Medikamente in Bussen, Lieferwagen und zu Fuß schmuggelten. Die Frauen verstanden sich darauf, ihre Abteile in Schlafsäle zu verwandeln. Sie zwängten ihr gesamtes Gepäck zwischen die Sitze, warfen Mäntel darüber und legten sich Fuß an Kopf, Kopf an Fuß zum Schlafen nieder. In einem Abteil mit sechs Sitzen zählte ich einundzwanzig Frauen. Ein Mann, der verpackte Lebensmittel aus einem rostigen Einkaufskorb anbot, schob sich auf dem Gang hin und her. Der Geruch von Äpfeln und Ölen drang durch den ohnehin muffigen Zug. Passagiere debattierten laut darüber, ob sie die Fenster öffnen oder schließen sollten. Es war eine Erlösung, am Bahnhof von Novi Sad einzutreffen und dann heim zu Slavica nach Sremski Karlovci zu fahren.

Am nächsten Morgen ging ich die Straße hinunter zur Gutenberg-Buchhandlung, wo man ein paar Titel in englischer Sprache, hauptsächlich Übersetzungen aus dem Serbokroatischen, vorrätig hatte. An eine Wand war ein altes, blauweiß emailliertes Straßenschild mit der Aufschrift »ТРТ БРАНКА РАДИЧЕВИЂА« (Branko-Radičević-Platz) – nach dem großen serbischen romantischen Dichter, der von 1824 bis 1853 lebte – angeheftet. Bevor Titos kommunistisches Regime die Macht übernahm, wurde Sremski Karlovci von den Faschisten, der kroatischen Ustaša-Bewegung, beherrscht. Damals war das Straßenschild entfernt worden, und nun zögerte man offenbar, es wieder dauerhaft anzubringen. Wollte das gegenwärtige Regime die Straße vielleicht nach einem seiner eigenen Helden benennen?

Ich fragte den Ladenbesitzer, ob das Straßenschild verkäuflich sei.

»Nein«, antwortete er. »Ich versuche, es dem *Gradski Muzej*, dem Städtischen Museum, wo die Werke des Dichters ausgestellt sind, zu spenden. Aber die Behörden wissen nicht, wie und wo sie unsere Geschichte präsentieren sollen – in der Öffentlichkeit oder in den Katakomben!«

Später am Nachmittag rief der Besitzer mich in Slavicas Wohnung an. Das Museum hatte sein Angebot zurückgewiesen, da es sich um einen offenkundigen Akt der politischen Herausforderung handele. Als ich ihm erklärte, das Schild sei ein historisches Kunstwerk, bot er es mir als Geschenk an. Ich lehnte ab, und er verkaufte es mir für zwanzig Dollar. An jenem Abend rezitierte Slavica eines von Radičević' Gedichten, das sie an Lieserl erinnerte.

Wenn du ein Stern bist, mein Kind,
Solltest du unter den Sternen sein,
Unter den Sternen, mein Kind,
Die deine engsten Schwestern sind.

TEIL V

1922 starb Milevas Vater Miloš an einem Schlaganfall – also
an einer Krankheit, die gewöhnlich von starkem Streß aus-
gelöst wird. Er war sechsundsiebzig Jahre alt geworden. Laut
Familienmitgliedern hatte er sich am Ende seines Lebens für
einen Versager gehalten. All seine Träume und Bemühungen
schienen zu nichts geführt zu haben, und seine Kinder hatten
ihn entehrt. In seinen letzten Jahren kapselte er sich ab und
verließ das Haus in der Kisačka-Straße kaum mehr. Mileva
reiste nach Serbien, um ihn beisetzen zu lassen. Damals erlitt
ihre Schwester Zorka einen weiteren psychotischen Anfall.
Mileva wandte sich ein paar Tage nach der Beerdigung ihres
Vaters ans Gericht, um Zorka für geistesgestört erklären zu
lassen.

$$*$$

Im selben Jahr wurde Albert Einstein für seine Beiträge zur
theoretischen Physik und für seine Entdeckung des Gesetzes
des photoelektrischen Effekts mit dem Nobelpreis ausgezeichnet. Man hatte die Preisverleihungen während des Ersten
Weltkriegs ausgesetzt, doch Albert war immer zuversichtlich
gewesen, daß ihm die Ehre irgendwann zuteil werden würde,

so daß er Mileva die Nobelpreissumme im Rahmen des Scheidungsvertrags von 1919 als Abfindung angeboten hatte. Als es jedoch soweit war, knüpfte er Bedingungen an die Auszahlung des Betrags. Mileva erhielt zwar die Zinsen, doch sie konnte das Kapital nicht ohne Alberts Genehmigung angreifen. 1923 teilte Albert ihr mit, er habe 45 000 Franken für Immobilienkäufe auf ihr Bankkonto überwiesen. Das restliche Geld, so ordnete er an, sollte in Milevas Namen in argentinischer, schwedischer und dänischer Währung auf einer New Yorker Bank deponiert werden.[1]

Mileva folgte Alberts Vorschlag und kaufte in den folgenden vier Jahren drei Wohnhäuser in Zürich. Als sie Albert Fotos eines der Gebäude schickte, erwiderte er, es freue ihn, daß sie wieder »mit einem Haus schwanger« sei.[2] Albert wünschte ihr Glück und gab seiner Hoffnung Ausdruck, daß die Mieter nicht säumig sein und Mileva nicht verärgern würden. Er wolle die Häuser gern begutachten, zumal seine Opfer ihren Kauf ermöglicht hätten.[3] Mileva und ihre Söhne sollten von den Mieteinkünften aller drei Häuser leben, aber dadurch ließen sich ihre Kosten nicht decken. Trotzdem durfte sie den Nobelpreisbetrag nicht ohne Alberts Einverständnis antasten.

∗

Nachdem sich Mileva 1923 völlig von ihren entkräftenden Krankheiten erholt hatte, erhielt sie ein verblüffendes Geschenk. Aus heiterem Himmel traf eine an ihre Mutter adressierte Karte von ihrem Bruder Miloš in Novi Sad ein. Er sei am Leben, befinde sich noch in Rußland und sei unterwegs in die Heimat. Mileva eilte in die Vojvodina, um ihn zu empfangen. Aber in letzter Minute beschloß er seltsamerweise, in Rußland zu bleiben.

Ein paar Wochen später schickte er seiner französischen Frau Marta, die in Novi Sad bei den Marić' auf ihn wartete, eine Postkarte: Sie habe die Freiheit, nach ihrem Gutdünken zu handeln, da er nicht heimkehren werde. Miloš wurde später Histologie-Professor in Saratow, wo seine Kollegen »sei-

ne sehr guten wissenschaftlichen Kenntnisse, seine enorme
Belesenheit, sein phänomenales Gedächtnis und seine Fähigkeit, komplizierte Dinge kurz und einfach zu erklären«,
bewunderten. Allerdings sei Marić »anderen gegenüber ein
wenig verschlossen und ungesprächig«.[4]
Die Einzelheiten des russischen Lebens von Miloš Marić
sind seitdem im versiegelten Regierungsarchiv von Saratow
begraben. In seiner Heimat wurde er hinter vorgehaltener
Hand als *otpadnik*, als Deserteur, gebrandmarkt, wodurch die
Familie Marić noch mehr Unehre auf sich zog. Seine Frau
Marta verschwand von der Bildfläche, nachdem sie aus Novi
Sad abgereist war.

✳

1923 war Albert bereits vermögend. Er ließ sich exklusiv eine
neue Geige anfertigen; »sie klingt wunderbar«, schrieb er
Hans Albert und Eduard.[5] Mileva hatte sich Geld von ihm
geliehen, und er ließ ihr bei der Rückzahlung Zeit und verlangte keine Zinsen. Stolz teilte er ihr mit, daß es kaum einen
entgegenkommenderen geschiedenen Ehemann als ihn selbst
geben könne. Er sei ihr treu geblieben, wenn auch vielleicht
nicht in der Art, wie sie es als junges Mädchen erwartet habe.[6]
Im Juni kam er nach Zürich, um Hans Alberts weitere Stu-
dienpläne zu erörtern. Er erwog sogar, sich in Milevas Wohnung einzuquartieren, fürchtete sich jedoch vor einem öffentlichen Skandal, da man ohnehin schon zuviel über ihn redete.
Mittlerweile wurde es für öffentliche Personen wie Albert
gefährlich, durch Europa zu reisen. Antisemitische Reak-
tionäre nannten ihn in ihren Schriften abfällig den »jüdischen
Heiligen«. Ein Jahr zuvor war Alberts Freund, der neue deutsche Außenminister Walther Rathenau, ermordet worden,
während er in einem offenen Wagen durch einen Berliner Park
fuhr. Seit 1918 waren mehr als dreihundert politische Morde
begangen worden, weshalb Albert 1922 alle Vorträge und
öffentlichen Auftritte absagte.
Elsa hatte jedoch das Gefühl, daß eine Katastrophe bevor-

stand. Sie war überzeugt, daß Alberts Leben gefährdet sei, und bat ihn, eine bereits projektierte Reise an die Universität Leiden früher als geplant anzutreten. Albert willigte ein, obwohl er ihre Ängste für übertrieben hielt. Er wußte nicht, daß sie für Polizeischutz gesorgt hatte. Am Tag seiner Abreise hielten mehrere Polizisten auf dem Bahnhof nach verdächtig wirkenden Personen Ausschau. Und zwei bewaffnete Beamte in Zivil begleiteten Albert in seinem Abteil, damit er sicher nach Holland gelangte.[7]

✳

Das Leben in Deutschland wurde mit jedem Tag schwieriger. Der Niedergang der Wirtschaft hatte endlose Streiks und Unruhen zur Folge. Im November 1923 scheiterte Hitlers Staatsstreich in München, und er floh in einem gelben Auto zum Haus einer Freundin außerhalb der Stadt. Zwei Tage später fand die Polizei ihn in einem Schrank, wo er hinter den Kleidern der Hauswirtin kauerte. Er wurde verhaftet und für knapp über ein Jahr in Landsberg inhaftiert.[8] Während dieser Zeit schrieb er *Mein Kampf*.

Albert ließ Hans Albert und Eduard wissen, daß sich die Entwicklung in Berlin überschlage. Eine Woche lang habe man weder Strom noch Gas und manchmal sogar kein Wasser gehabt. Die Universität sei geschlossen gewesen.[9] Laut Freunden glaubte Einstein, der Nationalsozialismus sei »auf leeren Magen geboren worden«[10].

Albert schrieb Mileva, da sie nicht mehr abfällig von ihm spreche, wolle er die alte freundschaftliche Beziehung wiederherstellen und denke sogar daran, sie und ihre Söhne in der Wohnung in Zürich zu besuchen.[11] Wie immer dauerte ihr *rapprochement* jedoch nicht lange.

Albert hatte von einer Reise nach Brasilien im Frühjahr 1925 ein paar Geschenke, höchstwahrscheinlich als Versöhnungsgaben, mitgebracht und sie Mileva nach Zürich geschickt. Aber Mileva reagierte nicht so, wie er erwartet hatte. Er beschuldigte sie, ihm nichts als Unzufriedenheit und

Mißtrauen entgegenzubringen, was ihn allerdings nicht überraschen könne, da sie nicht normal sei.[12]

1925 muß Mileva in einem Brief an Albert gedroht haben, sie wolle ihre Memoiren schreiben, da sie Geld brauche. Albert erwiderte, ihre Drohung sei lachhaft, denn niemand würde ihr Gekritzel ernst nehmen, wenn sie nicht mit einem bedeutenden Mann verheiratet gewesen wäre. Er könne ihr nur raten, bescheiden zu sein und den Mund zu halten.[13]

Die Mieteinnahmen und die geringfügigen Beträge, die Mileva mit Klavier- und Mathematikstunden verdiente, reichten für ihren Lebensunterhalt kaum aus. Eduard brauchte immer wieder teure Kuren, manchmal in den Bergen, manchmal an einem See. Gleichwohl behauptete Mileva weiterhin, er habe »nichts organisches, sondern nur nervöse Störungen«.[14]

Die beiderseitigen Freunde Michele Besso und Heinrich Zangger versuchten, in dem langjährigen finanziellen Disput zu vermitteln. Besso schrieb Zangger, Mileva solle Albert mitteilen, daß sie Bankrott anmelden, Eduard unter Vormundschaft stellen lassen und Sozialhilfe beziehen müsse.[15] Schließlich war Mileva gezwungen, zwei der Häuser zu verkaufen, um Eduards Pflege bezahlen zu können. Albert weigerte sich, ihr weitere Hilfe zu leisten.

✳

Im Februar 1928, drei Monate bevor die Nazis zehn Mandate im Reichstag errangen, erlitt Albert einen leichten Herzinfarkt, während er im schweizerischen Davos – derselbe Kurort liefert die Kulisse für Thomas Manns *Zauberberg* – unentgeltliche Vorlesungen über die Physik hielt. Das Ziel der Vorlesungen war, das Verständnis zwischen Franzosen und Deutschen zu fördern und den Tuberkulosekranken im Sanatorium des Ortes geistige Anregungen zu bieten.[16] Ein paar Tage nach Alberts Infarkt traf Elsa ein und organisierte seine Rückreise nach Berlin. Er wurde angewiesen, vier Monate im Bett zu bleiben.

In jener Zeit wurde Alberts Beziehung zu Mileva wieder herzlicher. Er entschuldigte sich sogar bei ihr, weil er sie im Vorsommer nicht besucht habe. Er sei der Meinung gewesen, sie werde sich ohne ihn »mit dem jungen Gast wohler fühlen«[17]. Wer war der junge Gast? Könnte es eine junge Frau aus Serbien gewesen sein? War Lieserl eine der Besucherinnen, die Mileva in den Jahren 1928 und 1929 empfing?

✳

Trotz der finanziellen Engpässe war 1929 ein gutes Jahr für Mileva, hauptsächlich weil Eduard eine willkommene Ruhepause vor seinem nächsten und schlimmsten psychiatrischen Vorfall genoß. Er war nun neunzehn Jahre alt und hatte gerade an der Universität Zürich mit dem Medizinstudium begonnen. Wie seine Mutter, die eifrig einschlägige Artikel von bekannten Ärzten las, war er von der Psychologie fasziniert. Er wollte Psychiater werden und Freuds Theorien in die Praxis umsetzen. Später schrieben Einstein-Biographen, Eduard sei so gründlich mit den Freudschen Methoden der Psychoanalyse vertraut gewesen, daß man ihn selbst nicht habe analysieren können. Entweder habe er mehr als seine Analytiker gewußt oder sie überlistet.

Albert hielt, obwohl er Freud 1926 persönlich kennengelernt hatte, nichts von dessen Theorien. Er lehnte es ab, sich einer Psychoanalyse zu unterziehen, und schrieb Mileva im Februar 1932, er habe nicht das geringste Vertrauen zu der Methode. Acht Monate später teilte er Eduard mit, dieser solle ihn über die Psychoanalyse unterrichten, und er werde sich bemühen, dabei ernst zu bleiben.[18]

Es gibt keine detaillierten klinischen Unterlagen über Eduards Krankheit. Alle psychiatrischen Befunde sind gesetzlich versiegelt. Aber aufgrund der nichtmedizinischen Informationen, die Einstein-Biographen von Freunden der Familie erhalten haben, läßt sich vermuten, daß Eduard als schizophren diagnostiziert wurde.

1930, als Eduard zwanzig Jahre alt war, begann er, seinem

Vater hysterische, vorwurfsvolle Briefe zu schicken. Er bezichtigte Albert, einen Schatten über sein Leben gelegt und ihn verlassen zu haben.[19] In einem Brief nach dem anderen brachte er den Haß auf seinen Vater zum Ausdruck.

Am 29. November 1930 fuhr Mileva nach Berlin. Sie traf rechtzeitig ein, um zusammen mit einer Menge von Einstein-Bewunderern und den üblichen Reporterscharen beobachten zu können, wie Alberts Stieftochter Margot Löwenthal-Einstein das Schöneberger Standesamt mit ihrem Bräutigam Dimitri Marianoff verließ. Dieser schrieb später, er »wäre nicht auf [Mileva] aufmerksam geworden, wenn sie uns nicht mit einem derart intensiven, eindringlichen Blick gemustert hätte. Margot flüsterte: ›Das ist Mileva.‹ Wir erfuhren nie, weshalb sie dort war.«[20] Mileva war in Berlin, um mit Albert über Eduards Zustand zu sprechen.

Eduard war sich seiner psychischen Befindlichkeit bewußt und konnte, wenn er sich ausgeglichen fühlte, sachkundige Gespräche mit seinem Vater führen. Albert war weiterhin der Auffassung, daß seinem Sohn nichts fehle. Er belehrte Eduard, daß Menschen wie Fahrräder seien und nur dann im Gleichgewicht bleiben könnten, wenn sie sich vorwärtsbewegten. Solange man gut arbeite, sei alles in Ordnung.[21]

Aber Eduard konnte überhaupt nicht arbeiten, geschweige denn gut. Ein akutes Gefühl der Ablehnung durch seinen Vater und der damit einhergehende Selbstekel verstärkten sich derart, daß er wie gelähmt war.

Als Albert 1930 nach Zürich fuhr, um sich selbst Klarheit über Eduards Zustand zu verschaffen, ignorierte sein Sohn ihn mehr oder weniger. Zwei Tage nach Alberts Abreise versuchte Eduard, sich im zweiten Stock aus dem Fenster zu stürzen. Seine zierliche Mutter hielt ihn zurück und konnte ihn soweit besänftigen, daß ein Krankenhausaufenthalt vermieden wurde.

Im folgenden Jahr, 1931, erlitt der einundzwanzigjährige Eduard seinen ersten Zusammenbruch, der ihn in tiefe Melancholie abgleiten ließ. Der Auslöser war offenbar eine gescheiterte Liebesbeziehung zu einer reiferen Frau, die ebenfalls

Medizin studierte und vermutlich verheiratet war. Albert blieb gelassen und riet Eduard, sich lieber ein »harmloses Spielzeug« als eine »gerissene« Frau zuzulegen.[22]

Im Herbst 1932 begann Eduards endgültiger Abstieg in den Wahnsinn. Er hämmerte wütend auf sein Klavier ein und brachte nur noch üble Dissonanzen hervor. Hin und wieder bedrohte er Mileva physisch und griff sie sogar an. Manchmal, wenn sie Besuch hatte oder eine Klavierstunde gab, schlich Eduard splitternackt ins Wohnzimmer. Dann drängte die entsetzte, verlegene, doch beschützerische Mileva ihre Gäste zur Tür hinaus. Nach einem gewalttätigen Angriff, bei dem Eduard versuchte, sie zu erwürgen, wurde er für eine Reihe von Monaten in die Nervenheilanstalt Burghölzli eingewiesen. Mileva schrieb Albert verzweifelt, daß sein schwerkranker Sohn häufig nach dem Vater frage und mit jedem verschobenen Besuch mürrischer und beleidigter werde.[23]

Albert war nicht bereit, Eduard in Zürich zu besuchen, und er wollte auch nicht verstehen, daß Mileva für die Versorgung ihres Sohnes finanzielle und psychologische Schlachten schlagen mußte. 1932 bekräftigte Albert, daß er psychoanalytische Behandlungen ablehne: »Wenn [jemand] nicht selber die Kraft findet, auf eigenen Beinen zu stehen, dann soll er in Gottes Namen am Rockzipfel hängen bleiben.«[24]

Eduard wurde im Laufe der Zeit auf vielerlei Art behandelt: mit Ruhekuren, Schlafentzug, Zwangsbädern, Drogen, Insulin- und Schocktherapie. Hans Albert behauptete sogar, daß die Schocktherapie seinen Bruder »ruiniert« habe.[25] Am Ende galt Eduard – wie seine Tante Zorka – als »hoffnungslos geisteskrank«.[26]

Nachdem er sich jahrelang geweigert hatte, den sich verschlechternden Geisteszustand seines Sohnes und die Vorzüge einer psychiatrischen Behandlung zu akzeptieren, kapitulierte Albert schließlich. 1936 gestand er in einem Brief an Eduard, er habe begriffen, daß Freuds Hauptthese korrekt sei.[27] Aber inzwischen war es zu spät.

*

Milevas Schwierigkeiten mit Eduard verstärkten sich dadurch, daß Albert beschloß, seine frühere Familie in seinem Testament nicht zu berücksichtigen. Er schrieb Mileva, er habe ihr die Nobelpreissumme abgetreten, um ihre Zukunft und die der Kinder zu sichern. Mileva solle sich verpflichten, diesen Betrag bei Alberts Tod den Kindern zu überschreiben und sein Testament nicht anzufechten.[28]

Aber die Kosten für Eduards Pflege hatten bereits den größten Teil des Preisgeldes verschlungen. Und nachdem Alberts Familienangehörige und Freunde lautstark ihre Empörung geäußert hatten, gab er klein bei. Er überließ es Hans Albert zu tun, was dieser im Verein mit Mileva – und wenn möglich, mit Eduard – für nötig halte.[29]

Mileva kannte Albert nun seit vierunddreißig Jahren, und er war ihr immer noch ein Rätsel. Während er an einem Tag großzügig und aufgeschlossen sein konnte, erwies er sich am nächsten als schroff und unnahbar.

∗

Eduards älterer Bruder Hans Albert, den der jüngere sehr verehrte, war mittlerweile Bauingenieur. Fünf Jahre zuvor, 1927, hatte er Frieda Knecht geheiratet, deren Familie im selben Haus wie Mileva in der Gloriastraße in Zürich wohnte. Hans Albert folgte dem Familienmuster: Wie Mileva war Frieda älter als ihr Mann (in diesem Fall neun Jahre) und ihm intellektuell ebenbürtig. Trotz der Wiederstände seiner Eltern war er fest entschlossen gewesen, sie zu heiraten.

Albert warnte seinen Sohn vor dem allzu großen Altersunterschied, unter dem er selbst so sehr gelitten habe. In zehn Jahren werde Hans Albert seine Ehe als unerträgliche Fessel empfinden, und Frieda werde ihn mit wahnsinniger Eifersucht verfolgen.[30] In seinem Bemühen, Hans Albert an der Eheschließung zu hindern, klang Einstein wie Pauline fünfundzwanzig Jahre zuvor, als sie ihn vor Mileva gewarnt hatte: »Bis du dreißig bist, ist sie eine alte Hex'.« Hans Albert ließ sich jedoch nicht abschrecken.

Albert beharrte aber ebenso auf seiner Position. Er, der unter dem Tadel seiner Mutter gelitten hatte, als diese seine Heirat mit Mileva nicht billigte, benahm sich nun genauso unnachsichtig. Er schrieb Mileva, Hans Albert sei zu naiv, um die Situation richtig einzuschätzen. Die Eltern müßten mit allen Kräften versuchen, die Katastrophe zu verhindern.[31] An alledem sei Mileva schuld: »Wenn Du Albert nach München gegeben hättest, wäre er zu einer besseren Kenntnis des weiblichen Geschlechts gekommen und nicht in die Netze der ältlichen und schlauen Jungfer gegangen. Wenn er wenigstens nicht die jammervollen Sprösslinge bekommen müsste. Aber *sie* wird schon dafür sorgen!«[32]

Albert erfuhr von einem Experten, daß es katastrophal sein könne, wenn das Paar ein Kind habe. In beiden Familien gebe es zu bedeutsame erbliche Mängel.[33] Albert und Mileva glaubten offensichtlich, daß der mütterliche Zweig von Friedas Familie für Geisteskrankheiten anfällig sei.

Ebenfalls im Februar schrieb er, er könne sich mit der Lage abfinden, falls die beiden keine Kinder hätten. Denn die Erbmasse »unserer eigenen Kinder« sei nicht makellos.[34]

Mit dieser Feststellung könnte Albert auch eine Anspielung auf Lieserl gemacht haben, denn von den beiden Söhnen wies nur einer – Eduard – ein beeinträchtigtes Erbgut auf. Hans Albert war völlig gesund. Der Plural in Alberts Brief könnte also auf Lieserl hindeuten.

Selbst als Hans Albert und Frieda schon fast ein Jahr verheiratet waren, jammerte Albert immer noch über die Verbindung. Er berichtete Mileva, daß Hans Albert bei einem Besuch im Juli leider seine Frau mitbringen werde.[35] Aber als sie eintrafen und Albert Frieda endlich kennenlernte, war er von beiden angenehm überrascht. Hans Albert sei glücklich, gelöster und offener, Frieda habe unzweifelhaft einen positiven Einfluß auf ihn. Und sie selbst sei gar nicht so übel, wie er erwartet hatte: vielleicht ein wenig egozentrisch und nicht sehr taktvoll, aber es hätte viel schlimmer sein können. Kurz, wenn sie kinderlos blieben, werde Albert mit seinem Schicksal versöhnt sein.[36]

Innerhalb eines Jahres wurde Frieda schwanger. Albert drückte Mileva gegenüber in einem Brief sein Bedauern über die unheilvolle Entwicklung aus.[37] Am Ende zeigte sich jedoch, daß es in Friedas Familie keinerlei erbliche Veranlagung zu Geisteskrankheiten gab; Friedas Mutter hatte lediglich an einer »Schilddrüsenüberfunktion« gelitten.[38] Frieda und Hans Albert sollten drei Söhne und eine Adoptivtochter – Evelyn – haben. Alle waren gesund.

Evelyn Einstein bestätigte mir, daß Hans Albert eine kluge Entscheidung getroffen hatte: »Frieda war ein wirklich wunderbarer Mensch. Sie war bis zu ihrem Tod wie ein Teenager in ihn vernarrt.«

✳

1929 veröffentlichte Virginia Woolf *Ein Zimmer für sich allein* und formulierte hierin, daß jede Frau ein Bedürfnis nach einer Privatsphäre und Unabhängigkeit habe. Zur selben Zeit begann Mileva, die eigene Individualität und ihr neues Leben zu schätzen. Albert war erleichtert über Milevas Zufriedenheit, denn auch er selbst wollte das Kriegsbeil begraben.[39] Deshalb beschloß er 1929, am Zionistenkongreß in Zürich teilzunehmen und bei Mileva »ganz wie zu Hause« zu wohnen.[40] Albert lebte immer noch gemeinsam mit Elsa in Berlin, doch er führte sein eigenes Leben, und Elsa ging ihm aus dem Weg. Nach zehnjähriger Ehe war Alberts Verhältnis zu seiner Cousine zu einem Abbild seiner früheren Gemeinschaft mit Mileva geworden. Elsa gegenüber verhielt er sich nun distanziert und kühl und drang darauf, nicht von ihr gestört zu werden. Hans Albert sollte später über seinen Vater sagen: »Er ... stellte sein Gefühl wie einen Wasserhahn ab.«[41]

Mileva war begeistert, Albert wenigstens eine Woche bei sich zu haben. In der Wohnung herrschte eine angenehme, weitaus bessere Atmosphäre als während ihrer Ehe. Milica Stefanović, die Mileva damals besuchte, erzählte, daß Albert morgens »mit aufgekrempelten Ärmeln auf dem Klavier zu improvisieren« pflegte.[42] Mileva sei »in ihrer Erregung voll von geistigem Liebreiz« gewesen.[43] Sie habe geistvolle Bemerkungen und Scherze gemacht und »war wie von einem inneren Feuer beleuchtet, schön wie eine Blume, die sich nur den Sonnenstrahlen öffnet«[44]. Alberts verhaltene Zuneigung schien sie aufleben zu lassen. Vielleicht nahmen Albert und Mileva auch erneut intime Beziehungen der einen oder anderen Art auf.

✳

Marie Grendelmeier wohnte dreiundfünfzig Jahre lang im selben vierstöckigen Haus wie Mileva, der Huttenstraße 62 in Zürich. Mitte der neunziger Jahre war sie eine über achtzigjährige beherrschte, sanfte Frau mit schlohweißem Haar, verblüffend blauen Augen und einer tiefen Bräune. Ihr Englisch war stockend, aber klar. Bei meinem Besuch brachte ich ihr amerikanische Pralinen als Geschenk mit, da ich erfahren hatte, daß man in der reichen Schweiz alles, nur keine amerikanischen Süßigkeiten erhalten könne.

Ich stellte meine Standardfrage: »Wußten Sie, daß Mileva und Albert eine Tochter hatten?«

Marie Grendelmeier lächelte höflich. »Nicht, bevor das Buch mit den Liebesbriefen herauskam«, antwortete sie und faltete die Hände im Schoß. »Hier in Zürich wurde die Tochter weder von Mileva noch von sonst jemandem erwähnt. Ich hatte nicht einmal Gerüchte gehört. Und Sie müssen bedenken, daß Zürich eine kleine Stadt ist, besonders was die Hochschulkreise angeht. Alle wissen übereinander Bescheid.

Seit 1942, als wir hier einzogen, stieg ich bis 1948, Milevas Todesjahr, einmal im Monat die Treppe hinauf, um ihr den Scheck für die Miete zu bringen. Bei dieser Gelegenheit streichelte ich ihre Siamkatze, die zu meinem Erstaunen auf dem Tisch sitzen durfte, und bewunderte ihre neuen Blüten. Mileva sammelte Kakteen und war sehr aufgeregt, wenn sie eine neue Blüte trieben.

Sie war allein – sehr, sehr einsam. Irgend etwas in ihrem

Herzen machte sie traurig. Vielleicht war es ihr verlorenes kleines Mädchen, vielleicht ihr kranker Sohn Eduard, vielleicht ihre verflossene Liebe zu Albert. Ich weiß es nicht. Zwar sah ich sie nie weinen, aber sie wirkte dauernd traurig. Sie ging nie aus sich heraus.« Frau Grendelmeier hielt für einen Moment inne und sah aus dem Fenster.

»Eduard nahm sie ganz in Anspruch. All ihre Aufmerksamkeit konzentrierte sich auf ihren Sohn. Sie mußte ohne fremde Hilfe für ihn kämpfen. Wie ich mich erinnere, konnte er den Fön nicht leiden. Der warme Wind machte ihn sehr nervös, und er warf Sachen aus dem Fenster, damit das Geheul aufhörte. Mileva warnte mich immer, wenn er damit anfing. Sie fürchtete, er könnte mich versehentlich verletzen.

Albert vernachlässigte sie in finanzieller Hinsicht. Mileva war sehr schlecht gekleidet. Sie trug lange schwarze Kleider, die ihre Füße bedeckten. Vielleicht schämte sie sich, in einem Modegeschäft gesehen zu werden. In den letzten Jahren badete sie nicht sehr oft und wirkte unsauber. Ich entsinne mich, daß ihre Hände sehr dünn waren und daß sie ihren Ehering am rechten Ringfinger trug. Oft steckte sie sich eine ovale Brosche an, aber sie verzichtete immer auf Ohrringe. Am Ende ihres Lebens hatte sie sehr wenig Haare. Die übriggebliebenen band sie zu einem kleinen Knoten. Immer wenn sie die Wohnung verließ, trug sie ein schwarzes, hinten zusammengeknüpftes Kopftuch. Sie war eine so offensichtlich arme Frau, daß ich immer darauf achtete, meinen Scheck pünktlich abzuliefern.«

1939 hatte Mileva Albert um Hilfe gebeten, da sie die Kosten für Eduards Pflege und die Unterhaltung des Hauses nicht mehr aufbringen konnte. Daraufhin übernahm Albert das Eigentum, um eine Zwangsversteigerung zu verhindern. Dann überlegte er es sich trotz Milevas flehentlicher Bitten anders und verkaufte das Haus, in dem sie seit fast vierundzwanzig Jahren wohnte, für 85000 Schweizer Franken an einen Privatmann. Er erklärte Mileva, er habe dafür gesorgt, daß sie bis zum Ende ihres Lebens mietfrei in ihrer Wohnung bleiben dürfe. Doch ein paar Monate später, am 31. Dezember, erhielt sie die Kündigung vom Zürcher Wohnungsamt, da ihr Vertrag abgelaufen sei.[45] Sie sollte entgegen Alberts Versprechungen ausziehen. Glücklicherweise wandte sich Milevas Freundin Lisbeth Hurwitz an die Behörden und konnte den Vertrag verlängern lassen. Unterdessen hatte man die 85 000 Schweizer Franken versehentlich an Mileva gezahlt. Albert war außer sich.

Er beschwerte sich Hans Albert gegenüber, daß Mileva das Geld vielleicht versteckt habe oder daß es gestohlen worden sei. Bei ihrem mißtrauischen Charakter sei alles möglich.[46] Er forderte, daß sie ihm das Geld nach Princeton überwies; andernfalls werde er Eduard aus seinem Testament streichen. Sie schickte ihm das Geld nicht, und Eduard wurde trotzdem weiter im Testament berücksichtigt.

✳

1998 fuhren Slavica und ich die zweiundsiebzig Kilometer von Sremski Karlovci nach Osten zu dem Dorf Titel und dem Haus, in dem Mileva und wahrscheinlich auch Lieserl geboren wurden. Das riesige Gut ist nun in mehrere Grundstücke unterteilt. Man kann die Umrisse des ursprünglichen Anwesens ermitteln, indem man die ananasförmigen, schmiedeeisernen Ornamente auf den Zäunen ausfindig macht und ihnen zu den genauso schmuckvoll gestalteten Kreuzen an den Ecken des Grundstücks folgt. Milevas Cousin Emil Ružić (Jovans Vater), der weit über neunzig Jahre alt ist, wohnt immer noch dort. Slavica versuchte, eine Verabredung mit ihm zu treffen, aber er hatte dauernd Ausflüchte parat. Wie sich herausstellte, war er schwer krank. Wir hatten beschlossen, trotzdem nach Titel zu fahren, um wenigstens Fotos zu machen. Und mit etwas Glück würden wir Emil Ružić vielleicht sogar zu Hause antreffen. Aber das Tor war geschlossen, und wir fanden keine Spur von ihm.

Slavica fragte die Nachbarn, ob sie wüßten, wo die übrigen Familienmitglieder heute lebten. Wie sich rasch zeigte, wohnten einige von ihnen unter dem Namen Miškov direkt auf der anderen Straßenseite.

»Warte hier«, wies Slavica mich an und betrat den ummauerten Garten, in dem blaßrote, späte Rosenbüsche wucherten. Zehn Minuten später kehrte sie strahlend zurück.

»Komm. Man hat uns eingeladen.«

In der Küche saß geradeaus von uns ein schmächtiger alter Mann namens Branko Miškov auf einem schmalen Bett, neben sich ein rissiger weißer Emaillespucknapf. Zuerst war er nervös und reserviert.

»Das sind sehr schöne Wände«, lobte ich, während ich mich umschaute. »Ich habe noch nie Wände gesehen, die so bemalt sind. Wie wird das gemacht?«

Ein Lächeln glitt über sein Gesicht, und er erhob sich mühsam vom Bett, um mir die Hand zu schütteln. Hochgewachsen und hager mit spärlichen grauen Haaren, war er ganz in Schwarz gekleidet. Er schob seine schwarze Strickmütze beim Sprechen unruhig auf dem Kopf hin und her.

»Das nennt man *moleraj*«, erklärte er. »Ein langer Streifen Papier mit ausgeschnittenen Mustern wird wie eine Schablone an die Wand gehalten. Dann nehmen wir eine Walze und bemalen die Schablone. Kurz darauf lösen wir die Schablone, und die Wand ist verziert. Einige dieser Wände sind vor über hundert Jahren gestrichen worden«, fuhr er mit ausgebreiteten Armen fort, »und sie sehen immer noch wie neu aus!«

Seine Frau – sie war mittleren Alters – kam in die Küche. Sie trug verschiedene bunte und gemusterte Kleidungsstücke; um die Hüfte hatte sie sich einen Pullover und über die Haare ein hinten verknotetes Tuch gebunden. Ihre Arme waren nackt und muskulös und ihre Hände offensichtlich mit der Scholle vertraut. Sie roch nach Erde und lachte ungehemmt. Ihre schüchterne Tochter saß auf einem alten blauen Melkschemel in der Küchenecke. Eine entfernte Cousine, aus deren Mundwinkel eine Zigarette hing, lehnte sich an den Blechausguß. Ihr faltiges Gesicht war von Mißtrauen erfüllt.

Wir alle setzten uns hin, um Kaffee zu trinken. Ich fragte den alten Mann, ob er etwas über Lieserl wisse.

»Ich erinnere mich an nichts«, sagte er.

»Aber Sie haben doch Ihr ganzes Leben lang in diesem Haus gewohnt. Kennen Sie keine Familiengeschichten über Lieserl?«

»Ich erinnere mich an nichts«, wiederholte er. »Aber« – er lachte verschwörerisch – »ich weiß, daß Mileva eine sehr vernünftige Frau war und daß ihre Schwester Zorka und Albert Einstein einen kleinen Stich hatten.«

Ich bat ihn um eine Erklärung, doch er zuckte nur die Achseln und lächelte mich an. Dann fuhr er fort: »Wenn Lieserl überlebt hätte, was ich bezweifle, dann müssen Sie bedenken, daß das Kind mit einem Schandfleck geboren wurde. Sie müssen nach einer unglücklichen Frau suchen. Dann werden Sie Lieserl finden.«

∗

Bis zu ihrem Tod im Jahre 1938 wohnte Zorka Marić im Haus ihrer Mutter. Obwohl sie chronisch bedrückt und störrisch war, konnte sie sich, einer einfachen Routine folgend, selbst versorgen. Aber sobald jemand ihr eine Frage stellte oder einen ihrer Pläne änderte, kam ihr Jähzorn zum Ausbruch. Immerhin konnte sie ihren Verfall gerade noch in dem Maße zügeln, daß ihr die Einweisung in eine Anstalt erspart blieb.

Seit 1829 hatte Novi Sad eine eigene Nervenklinik, das heißt in Wirklichkeit ein ödes Zimmer »für schwachsinnige Geister«[47] im hinteren Teil des Städtischen Krankenhauses. Die Krankenblätter sind verschwunden, aber es ist unwahrscheinlich, daß Zorka dort jemals eingewiesen wurde – schon gar nicht zu Miloš' Lebzeiten –, denn dies hätte weitere Schande über die Familie gebracht.

Am Neujahrstag 1935 starb Milevas geliebte Mutter zu Hause in der Kisačka-Straße. Sie war neunundachtzig Jahre alt geworden. Zorka mußte das Begräbnis organisieren, da Mileva Eduard pflegte und Zürich nicht verlassen konnte.

Ich hörte von Familienangehörigen, daß Zorka zum Bestattungsinstitut ging und den teuersten Leichenwagen und den teuersten Sarg in bar bezahlte. Sie wollte ihre Mutter allein beisetzen, aber der Priester beschloß, die Freunde der Familie zu informieren.

Zorka stand vor dem Morgengrauen auf, um sich mit dem Priester, dem Kutscher des Leichenwagens und – zu ihrem Verdruß – mit den Freunden ihrer Mutter zu treffen. Man legte Marija in einen mit weißem Satin ausgekleideten Sarg und trug sie hinaus zum Leichenwagen, der vier gläserne Seiten hatte und dessen Dach mit schwarzem Samt überzogen war. Der Wagen hatte überdurchschnittlich große Räder, wodurch der Sarg erhöht wurde und von allen gesehen werden konnte. Einer der Männer trug das *barjak*, ein schwarzes Banner mit einem Kreuz, während sich die Sargträger und der Kutscher langsam durch die Kisačka-Straße bewegten. Der Priester stimmte das *opelo* an, ein Gebet für den Frieden der Seele: »Alles ist nur ein Schatten, wie ein Traum, unberechenbar. In einem Augenblick endet das Leben auf Erden, und das Reich des Todes beginnt. Oh, Jesus Christus, gewähre dieser Seele Frieden und lasse sie das Licht deines Antlitzes erblicken.«

Der Leichenzug brauchte nur achthundert Meter zurückzulegen, bevor er nach links auf den Almaško-Friedhof einbog und weitere fünfzig Meter zum Familiengrab hinter sich brachte. Marija Marić wurde über dem Sarg ihres Mannes beigesetzt. Drei Jahre später würde ihre Tochter Zorka ihr folgen.

Kurz nach dem Begräbnis kam Mileva nach Novi Sad, um den Nachlaß ihrer Mutter zu regeln. Sie quartierte Zorka aus dem Hauptgebäude in einen der kleineren Flügel am Hof um. Zorka hatte nichts dagegen, denn sie liebte Mileva abgöttisch und war nur zu gern bereit, alle ihre Wünsche zu erfüllen. Vor jedem Besuch Milevas brachte Zorka ihre zahlreichen Katzen bei verschiedenen Leuten in der Stadt unter, damit Mileva nicht merkte, wie viele Tiere ihre Schwester wirklich hatte. Dann riß sie sich zusammen, was vermutlich bedeutete, daß sie keinen Alkohol trank, und machte sich daran, ihre Wohnung zu säubern. Doch sobald Mileva abgereist war, verschlechterte sich Zorkas Zustand wieder rasch.

Nach Marijas Tod übernahmen die Gajins die Verantwortung für Zorkas Wohlergehen. Inzwischen hatte sie wahrscheinlich einige Zeit in der psychiatrischen Anstalt Kovin am anderen Ende von Belgrad oder in einem Kloster in Zemun oder in einem Nonnenkloster in Rakovica verbracht.

Am 26. Januar 1938, nachdem sie Zorka drei Tage lang nicht zu Gesicht bekommen hatten, brachen die Nachbarn in die Wohnung ein und fanden Zorka tot auf einem Strohbündel vor. Ihre dreiundvierzig Katzen hatten ihre Leiche nicht angerührt, da massenhaft Futter und eimerweise Wasser für sie bereitstanden. Zorka war fünfundfünfzig Jahre alt geworden.

✳

Drei Jahre später, an einem Samstag nachmittag im Frühjahr 1941, saß Dr. Mihovil Tomandl, der Direktor der Stadtbibliothek von Pančevo, siebenundneunzig Kilometer von Novi Sad entfernt in der Brauerei Velfert. Das Bier wurde im hinteren Teil des Gebäudes gebraut, und auf der vorderen Terrasse hatte man eine kleine Bar – ausschließlich für Männer – eingerichtet. Die Gäste saßen an Tischen aus breiten, groben Brettern im Schatten eines alten Baumes. Während Tomandl ein Bier trank, wurde er Zeuge eines Gesprächs zwischen zwei deutschen Verwaltungsoffizieren am Nachbartisch. Am folgenden Montag sollten sieben Waggonladungen mit Schriftstücken aus dem Staatsarchiv in Petrovaradin (von Novi Sad aus direkt am anderen Donauufer) in das Archiv des Kriegsministeriums in Wien gebracht werden. Tomandl hörte auch, daß sämtliche in deutscher Sprache verfaßten Archivunterlagen bereits aus der Vojvodina hinaustransportiert worden seien. An dieser Stelle endete das Gespräch, die Deutschen standen auf, beglichen ihre Rechnung und verließen die Brauerei.[48]

Die Nazis waren daran interessiert, alle deutschen Verzeichnisse, Bücher und Manuskripte aus den Archiven des besetzten Europa zu sammeln. Vor dem Zweiten Weltkrieg hatte es in Kać einen hohen deutschen Bevölkerungsanteil gegeben. Als man die deutschen Dokumente des Ortes beschlagnahmte, transportierte man irrtümlicherweise auch sämtliche Unterlagen der orthodoxen Kirche ab. Wenn Lieserl also in Kać getauft worden war, ließ sich dies nicht mehr anhand von amtlichen Eintragungen nachprüfen.

Dr. Pavle Stanojević, der gegenwärtige Direktor des Vojvodina-Archivs in Novi Sad, erklärt, daß die deutsche Regierung noch heute in ihren Museen und Magazinen Ikonen und andere kirchliche Kunstwerke verwahre, die aus der Vojvodina gestohlen worden seien. Die Deutschen weigerten sich, die Gegenstände zurückzugeben, da die Serben ihre Besitzansprüche nicht belegen könnten.

Aber das ist noch nicht die ganze Geschichte. Ein Deutscher aus Berlin war 1928 nach Novi Sad gekommen und hatte sich bei den Bürgern eingeschmeichelt – wobei er von Anfang an als Spitzel der Nazis agierte. Drei Jahre nach dem ersten Dokumentendiebstahl arrangierte er den Transport von weiteren dreißig Waggonladungen. Er befahl, das Material in den Salzbergwerken der Tschechoslowakei zu lagern, und nahm die Bestandsliste mit. Nachdem die Archive in der Tschechoslowakei eingetroffen waren, stellten die Deutschen ein Team von sechzig Wissenschaftlern zusammen, die das Material sichten und den Beweis erbringen sollten, daß das Königreich Serbien den Ersten Weltkrieg angezettelt habe. Bei Kriegsende wurde nur eine einzige dieser Waggonladungen zurückgeschickt, und 1997 hatte man deren Inhalt immer noch nicht inventarisiert.

Hofrat Dr. Peter Broucek, der Direktor des Wiener Kriegsarchivs, begann bereits 1944 über die Rückgabe einiger dieser Schriftstücke zu verhandeln. Er teilte mir 1998 in einem Telefonat mit, etliche Dokumente seien dem Kriegsarchiv in Belgrad wieder übereignet worden. Aber die Unterlagen, welche die deutschsprachige Bevölkerung der Vojvodina betrafen, seien irgendwo zwischen Wien und Berlin verlorengegangen.

»Gab es ein Inventar des Archivs?« fragte ich.

»Meines Wissens nicht. Während des Krieges handelte es sich schließlich um ein Nazi-Archiv. Und obwohl die Nazis für ihre Bürokratie bekannt waren, scheinen sie diese Dokumente nicht inventarisiert zu haben, oder das Verzeichnis ist verschwunden.«[49]

✳

Große Teile der Vergangenheit sind im Kriegschaos zerstört worden. Manchmal entdeckte ich Geburtsurkunden in einem Dorfarchiv, mußte jedoch feststellen, daß die Todesurkunden im Nachbarkeller von Bomben zerstört worden waren oder daß der Feind eine Handgranate in ein Gemeindeamt geworfen hatte oder daß sich Menschen gezwungen sahen, die Papiere und deren Holzbehälter zu verbrennen, um nicht zu erfrieren, oder daß eine Regierung die Dokumente hatte einstampfen lassen.

Eines Abends erstellten Slavica und ich eine Liste von zweiunddreißig Archiven in Serbien, Ungarn und Österreich, die für die Suche nach Lieserl bedeutsam waren. Uns wurde klar, daß man das Krankenhausarchiv in Novi Sad noch nicht erforscht hatte.

Dort wurden wir eines Nachmittags von Dr. Grozdana Čonak empfangen, einer zierlichen Frau mit langem schwarzem Haar und sehr schwarz geschminkten Augen, die eine Geschichte der Medizin in Novi Sad schreibt. Wir schritten an alten, schäbigen Holzgebäuden vorbei, die nun leerstanden. Das Krankenhausgelände, das einst gepflegte Gärten, gestutzte Bäume und von Blumen gesäumte Kieswege geschmückt hatten, war vernachlässigt. Dr. Čonak entschuldigte sich für die Mißstände.

»Wissen Sie, man zahlt mir den Gegenwert von hundert Dollar im Monat. Ich kann mir nicht leisten, medizinische Fachzeitschriften zu abonnieren oder auch nur Artikel zu fotokopieren, die ich für meine Arbeit benötige. Ich muß den Text mit der Hand abschreiben. Das Krankenhaus ist bankrott, genauso wie die Menschen von Novi Sad. Das wenige Geld, das wir bekommen, ist eine magere Spende von der Regierung.«

Wir blieben vor einem Gebäude stehen, das an eine Kaserne erinnerte. Ein Mann, der einen schäbigen englischen Tweedanzug trug, verbeugte sich und küßte mir die Hand. Er stellte sich mir als Aleksandar Roslavljev, Krankenhausarchivar, vor. In stockendem Englisch bat er uns herein.

Als erstes roch ich Schimmel. Ungezählte Reihen von Regalen bogen sich unter feuchten, modrigen Papieren. Die Decke wies ausgedehnte Wasserflecken vom Regen des Vortags – und vom Regen der vergangenen fünfzig Jahre auf. Papierstapel waren über die Fußböden verstreut, einige ruhten sogar in Pfützen. Slavica und ich waren sprachlos. Die Ärztin und der Archivar konnten nur resigniert die Achseln zucken.

»Wir versuchen, unser Archiv zu retten«, sagte Roslavljev. »Kommen Sie, ich zeige Ihnen unseren neuen Restaurierungsraum.«

Wir gingen zu einem anderen, rund hundert Meter entfernten Gebäude, das ebenfalls wie eine Kaserne aussah. Aber der Restaurierungsraum war sauber und trocken – zu trocken. Bei dem Versuch, das Papier zu trocknen, hatte man die Heizung zu hoch aufgedreht. Zwei Buchbindemaschinen waren an lange Tische aus wiederaufbereiteten Holzstücken geschraubt. In einem Bücherschrank standen ein paar einsame restaurierte und etikettierte Archivkästen. Anscheinend hatte man dieses Projekt erst kurz zuvor in Angriff genommen.

»Haben Sie Unterlagen aus der Zeit um 1903 gesehen?« fragte ich Herrn Roslavljev.

Er schüttelte den Kopf. »Das wird noch Jahre dauern. Wenn sie existieren, sind sie ganz unten in den Stapeln. Da alles so feucht ist, können wir die Papiere nicht bewegen, sonst werden sie noch stärker verwischt und lösen sich auf – das Jahr 1903 würde wahrscheinlich in Ihren Händen zerbröckeln.«

»Unser Land ist nun seit sehr langer Zeit in Aufruhr«, sagte Dr. Čonak. »Diese Dokumente haben viele Regime überstanden. Ich weiß genau, daß die Kommunisten am Ende des Zweiten Weltkriegs viele unserer alten Unterlagen zu neuem Papier verarbeitet haben. Höchstwahrscheinlich sind Lieserls Krankenblätter gar nicht hier.«

Dr. Čonak ist Fachärztin für Infektionskrankheiten, und wir erkundigten uns nach ihrer Meinung über Scharlach.

»Sehr wenige Kinder haben Scharlach in den Jahren, die Sie erforschen, überlebt«, antwortete sie. »Es gab kein Heilverfahren. Man mußte einfach Glück haben, um eine Epidemie wie die von 1903 durchzustehen.« Sie verzog das Gesicht. »Wer weiß, vielleicht ist sie [Lieserl] an Scharlach gestorben und unter der Türschwelle der Marić' beerdigt worden. Das kam nämlich vor. An Ihrer Stelle würde ich sie für tot erklären.«[50]

∗

Milenko Damjanov ist ein bejahrter Verwandter von Ivana Stefanović. Er wohnt in Novi Sad. Seine Haushälterin, die seit vierzig Jahren für ihn arbeitet, führte uns in ein großes Zimmer, in dessen Mitte ein langer Tisch stand. Darauf lag eine bestickte Leinendecke mit zwei leeren Kristallkerzenhaltern und einem Kristallaschenbecher. Nachdem wir Platz genommen hatten, trat der adrette Herr Damjanov ein, und wir erhoben uns, um uns mit ihm bekannt zu machen. In der Vojvodina ist es immer noch Brauch, einem älteren Mann die Hand zu küssen. Slavica zögerte, dann streckte sie die Hand zur Begrüßung aus.

Damjanov wurde 1909 geboren und war gerade neunundachtzig Jahre alt geworden. Er hat die charakteristische serbische Kopfform: quadratisch mit einer breiten Stirn, dichtes graues Haar und einen flotten Schnurrbart.

»Natürlich erinnere ich mich an Mileva«, begann er. »Ich sah sie jedesmal, wenn sie nach Novi Sad kam. Zum erstenmal bemerkte ich sie 1916, als ich sechs Jahre alt war. Ich erinnere mich an die Geschichten über sie, denn sie war mit dem berühmtesten Mann der Welt verheiratet, und meine

236

Familie war natürlich sehr stolz darauf, Umgang mit ihr zu haben. Wir hörten auch, daß sie dem Professor bei der Ausarbeitung seiner Theorie geholfen hatte. Wußten Sie«, fragte er, an mich gewandt, »daß Mileva besser in Mathematik war als ihr Mann? Keiner ist bereit, Mileva anzuerkennen. Das ist eine weltweite Schande. Alle schützen den großen Einstein!

In meiner Familie hielt man es für liberal oder sogar für avantgardistisch, daß Mileva und Albert vor ihrer Trauung zusammenlebten. Meine Familie verurteilte die beiden nicht. Andererseits weiß ich, daß Milevas Eltern nur schwer mit der Situation fertig werden konnten. Sie hatten nie erwartet, daß Mileva heiraten würde. Und natürlich weiß ich von ihrer Tochter Lieserl. Eigentlich war niemand überrascht, als Mileva schwanger wurde – obwohl sie einen Skandal heraufbeschwor! Aber ihr Baby, das man in unserer Familie Ljubica nannte, war nicht hundertprozentig gesund. Mileva hatte versucht, ihren Bauch zu verbergen, indem sie enge Korsetts trug. Dadurch erhielt ihre ungeborene Tochter nicht genug Sauerstoff. Meine Familie war genau im Bilde. Ihr Baby lebte nicht lange. Das kann ich Ihnen versichern. Das weiß ich.«

»Herr Damjanov«, fragte ich, »glauben Sie, daß Mileva und Albert Lieserl vor ihrem Tod in einer Anstalt untergebracht haben?«

»Niemals«, erwiderte er nachdrücklich. »Niemals hätten die Marić' so etwas getan! Wenn das Kind am Leben geblieben wäre, hätte Mileva es nach der Trauung mit Albert in die Schweiz gebracht, wo es für ehelich erklärt worden wäre. Ich würde meinen Kopf dafür verwetten, daß es nicht adoptiert wurde. Wahrscheinlich ließ man es nicht einmal taufen. Wenn ein Kind damals starb, legte man es einfach in eine Holzkiste und brachte es zum Friedhof.

Es ist bekannt, daß ungetaufte Kinder in meinem Land am Rand des Friedhofs beerdigt wurden. Man legte keine Dokumente über ihren Tod an. Erst nach dem Ersten Weltkrieg wurden Grabsteine für Kinder unserer Tradition. Bis dahin erinnerte höchstens ein Holzkreuz, meistens sogar ohne eingeschnitzten Namen, an ein totes Kind. Solche Kreuze zerfielen innerhalb von zehn Jahren.«[51]

Laut der *Vortragssammlung vom Ersten Ärztekongreß der Bundesrepublik Jugoslawien* (1949) gab es 1903 vor der Scharlachepidemie in der Gegend von Novi Sad ungefähr tausend Kinder. Vor Jahresende starben etwa vierzig Prozent von ihnen, so daß allein in jenem Jahr um vierhundert anonyme Gräber entstanden sein müssen. Selbst damals wäre es unmöglich gewesen, Lieserls Grab unter ihnen zu finden.

✳

Als wir Herrn Damjanov am Abend verließen, hatte sich ein dichter Nebel über die Stadt gelegt. Sobald wir die Alte Brücke überquerten, mußten wir unsere Geschwindigkeit drosseln und im Schneckentempo weiterfahren, da unsere bernsteinfarbenen Scheinwerfer die Straße kaum noch erhellten. Es war mein letzter Abend in Serbien, und Slavica wollte ein typisches Vojvodina-Essen für mich zubereiten. Dazu gehört Fisch aus der Donau.

»Ich werde die Abzweigung ganz bestimmt finden«, versprach sie. »*Dobro*, da sind wir!«

Slavica bog auf einen Sandweg am Ufer der Donau ein. Ein paar Dutzend Meter vor uns kennzeichnete eine trübe Verandalampe das Haus und den Laden des Fischhändlers. Die Vorderwand des Gebäudes grenzte ans Wasser. Zwei kleine Holzboote waren am Kai vertäut.

Wir stiegen aus dem Auto und gingen den Pfad hinunter. Der kühle Abendnebel trug den einzigartigen Geruch der Donau – nach frischen Ackerschollen und einem Hauch Fisch – herüber. Ein Hund kündigte unser Eintreffen durch lautes Gebell an. Die Tür öffnete sich, und eine alte Frau ließ uns ein. Der große Raum enthielt einen Holztisch, Rohrstühle und einen langen, aus dicken Holzplatten bestehenden Tresen. Auf einem offenen Feuer brodelte ein alter gußeiserner Kessel mit *kotlić*, einer köstlich duftenden Fischsuppe. Ein paar Männer standen Bier trinkend und rauchend herum, während zwei

Frauen den Tisch deckten und eine dritte den Topf umrührte.

Slavica erzählte ihnen, ich sei aus Amerika, und sie boten mir sofort einen *rakija* an. »Auf die Freiheit! Auf Amerika!« prostete einer der Männer, und wir tranken aus.

Nachdem Slavica ihr mit der üblichen Singsangstimme vorgetragenes Gefeilsche beendet hatte, verließen wir den Laden mit der *jesetra*, einem Donaustör, der in altes Zeitungspapier gewickelt und mit einem gebrauchten Bindfaden verschnürt war. Langsam rollten wir nach Hause.

Slavica machte sich sofort in der Küche an die Arbeit. Sie bestand darauf, daß ich mich zu ihrer Familie setzte und einen weiteren *rakija* trank. »Živeli! Prost!« sagte ihr Mann Nikola. Maria, Miloš, Nikola und ich hoben die Gläser. »*Sve najbojlje!* Alles Gute!« wünschten sie mir einstimmig.

Vier Bienenwachskerzen brannten in der Mitte des Tisches. Im Hintergrund ertönte ein Mozartkonzert leise aus dem Radio. Die graue Katze, die sonst nie ins Haus gelassen wurde, war hereingeschlüpft und hatte sich vor dem Heizkörper zusammengerollt.

Es ist serbische Tradition, dem Gast am ersten und letzten Abend ein besonderes Essen zu servieren. Dies war ein Festmahl. Der gebackene, dunkelsilberne Fisch mit seinen glasigen Augen wurde vor mich hingestellt. Er war mit Petersilie und winzigen Hügeln hellroter Paprika garniert, von durchscheinenden Zwiebelringen umringt und mit eingelegtem süßem Gemüse gespickt. Dann brachte Slavica *sarma*, Kohlrouladen, braungeröstete Kartoffeln und grüne Bohnen herein. Nach einem Moment der Stille begannen wir zu essen.

Als ich nach Serbien kam, war ich mir des Rufes, den das Land in der Welt hat, nur zu sehr bewußt. Ich machte mir Sorgen wegen des Krieges und wegen der Menschen, denen ich begegnen und mit denen ich vielleicht schwere politische Auseinandersetzungen haben würde. Aber ich war nur auf Anstand und Ehre gestoßen, und in Slavica hatte ich eine lebenslange Freundin gefunden.

Nach dem Essen blieben wir alle am Tisch sitzen und tranken noch mehr von Nikolas selbstgebranntem Aprikosen-*rakija*.

»Ich werde wegen Lieserl Alpträume haben«, scherzte ich.

»Nein, das ist nicht nötig«, meinte Slavica beruhigend. »Du bist fast zur Antwort vorgestoßen. Kein Grund zur Unruhe.« Sie lachte. »Außerdem ist es in meinem Land leicht, Alpträume zu verhindern. Man hat uns beigebracht, daß wir nur einen Besen umzukehren und an die Schlafzimmertür zu stellen brauchen. Wenn der Alptraum den Besen auf Augenhöhe sieht, rennt er hinaus in die Nacht.«

Keiner von uns wollte ins Bett gehen. Da wir ohnehin um fünf Uhr zum Belgrader Flughafen fahren mußten, beschlossen wir, einfach aufzubleiben. Bis in die frühen Morgenstunden hinein sichteten wir das Material, übersetzten einige der letzten Interviews, datierten alles und steckten es in die entsprechenden Ordner.

»All diese Möglichkeiten«, rief ich. »All diese möglichen Szenarios. All diese möglichen Lieserls.«

»Erinnerst du dich noch was Branka Galić gesagt hat? *Sto oceva, ali jedna majka*«, fragte Slavica.

»In Ordnung, Slavica«, sagte ich mit gespielter Langeweile. »Was bedeutet das?«

Sie lachte. »Es kann hundert Väter, aber nur eine einzige Mutter geben! Vergiß nicht, daß du Mileva verstehen mußt, um Lieserl zu finden.«

Slavica mag es nicht, sich am Flugplatz von jemandem zu verabschieden. Deshalb wollten wir ohne sie losfahren. Ich war so durcheinander, daß ich kein Wort hervorbringen konnte. Wir umarmten uns und küßten einander dreimal auf die Wangen. Slavica umschloß meine Hände und flüsterte: »*Srećna i zdrava bila*, mögest du glücklich und gesund sein.«

# TEIL VI

Anfang November 1935, als sich der Winter über die englische Landschaft zu legen begann, stieg Grete Markstein in einen Zug nach Oxford. Sie war unterwegs zu einem Treffen mit Frederick Lindemann, dem Direktor des Clarendon Laboratory und einem Freund Albert Einsteins. Grete wollte den Anspruch, sie sei Einsteins Tochter, geltend machen.

Um zu jenem Novembertag zu gelangen, hatte ich meine Recherchen zunächst in Berlin aufgenommen, denn ich hatte herausgefunden, daß Grete Schauspielerin gewesen war und an einem Berliner Theater gearbeitet hatte. Der Journalist Stefan Elfenbein stellte sich mir als Dolmetscher und Fremdenführer zur Verfügung. In meinem Namen war er an das Geheime Staatsarchiv Preußischer Kulturbesitz herangetreten, in dem staatliche Aufzeichnungen und Dokumente seit der Zeit des Heiligen Römischen Reiches Deutscher Nation bis hin zur Auflösung Preußens als politischer Einheit im März 1947 verwahrt werden. Außerdem findet man dort die Akten von Staatsangestellten, die für Unruhestifter gehalten wurden. Da Grete für das Staatstheater gearbeitet hatte, war möglicherweise auch für sie eine Akte angelegt worden. Die Originale lagern in Zementbunkern in Potsdam, fast dreißig Kilometer außerhalb Berlins. Nach dreitägiger Suche stieß man auf eine Akte mit dem Zeichen *Lit. M, Nr. 220, 1920–1924, 1928.*

Wer das Gelände des Staatsarchivs betritt, macht eine geradezu surreale visuelle Erfahrung. Das imposante zweistöckige Gebäude ist von einem seltsam unpassenden weißen Lattenzaun umgeben. Wir klinkten die kleine Pforte auf und schritten über einen langen Kiespfad. Im Innern wiesen wir uns als Forscher aus und erhielten Schlüssel zu zwei Schließfächern, in denen wir unsere Habseligkeiten, abgesehen von einem Schreibblock und einem Bleistift, verstauen mußten. Eine breite graue Granittreppe führte zu einer hohen Holztür mit einem glänzenden Messinggriff, hinter der ein höhlenartiger Raum lag. Vor uns und zu beiden Seiten saßen ungefähr sechzig Historiker, die den Inhalt vergilbter Papiere und Bücher seit dem 17. Jahrhundert in ihre Computer eintippten. In einem muffigen Nebenzimmer reichte uns ein Mann hinter einem Schreibtisch eine Akte. Auf dem Etikett stand in kunstvoller Kursivschrift: *Fräulein Grete Maria Markstein.* Wir öffneten die Akte, und fünfundvierzig Dokumente erweckten Grete zum Leben.

✳

Grete Markstein wurde in Wien geboren und wuchs in der Währingerstraße auf – unweit der Wohnung Sigmund Freuds und der Universität, im neunten Wiener Bezirk, ein paar Blocks vom Donaukanal entfernt.

Fast die Hälfte der jüdischen Bevölkerung wohnte zu jener Zeit, zumeist in Armut, in der Leopoldstadt zwischen dem neunten und dem zweiten Bezirk. Aber Gretes Vater Samuel war ein hochqualifizierter Agent der Schiffahrtsgesellschaft German Lloyd und ein geachtetes Mitglied des jüdischen Mittelstandes. Er wurde 1854 im ungarischen Szeged geboren, fünf Jahre bevor man den Juden dort eine relative Gleichberechtigung einräumte. Als junger Erwachsener konnte er ungehindert nach Wien übersiedeln. 1883 heiratete er Helene Neumann, eine 1863 in Wien geborene Jüdin.

1884 kam ihr erstes Kind, Katharina Lili, zur Welt, und zwei Jahre später folgte ihr einziger Sohn Leopold, der nach der jüdischen Tradition den Namen seines verstorbenen Großvaters erhielt. Grete war das dritte und letzte Kind. Zwar heißt es in einer Wiener Geburtsurkunde, sie sei 1894 zur Welt gekommen, doch später behauptete Grete, 1902 geboren worden zu sein.

1914 erklärte Österreich Serbien den Krieg, und die Familie Markstein zog nach Baden, rund zwanzig Kilometer südlich von Wien. Der malerische und friedliche Ort war für seine heilsamen schwefelhaltigen Thermalquellen berühmt. Damals wurden Grete und ihre beiden Geschwister bei der Synagoge in Baden und, wie es das Gesetz vorschrieb, bei der Polizei gemeldet.

Grete, obwohl klein und ein wenig untersetzt, wuchs zu einer hübschen jungen Frau heran. Sie hatte dunkelbraune Locken, die sich nie bändigen ließen, hohe Wangenknochen, ein markantes Kinn und eigenwillige dunkle Augen. Als verwöhntes Nesthäkchen war sie extrovertierter als die anderen Familienmitglieder. In ihrer Jugend war sie ein reizbares Mädchen, das zu dramatischen Gefühlsausbrüchen neigte. Grete zeigte eine ungewöhnliche schauspielerische Begabung und hatte eine schöne Gesangsstimme, die ihre Eltern durch Privatstunden förderten.

Gretes Familie blieb während der Kriegsdauer in Baden, doch sobald sie alt genug war, kehrte sie allein nach Wien zurück, wo sie Schauspielerin wurde.

✳

Eine der Wiener Eigenheiten um die Jahrhundertwende war der Antisemitismus. Wer sich nach einem Menschen erkundigte, stellte gewöhnlich als erstes die Frage: »Ist er ein Jud?« Eine schwer faßbare, doch nicht zu verkennende Bigotterie durchdrang die Künste. In jener Zeit, als Grete auf der Bühne stand, wiesen ihre Glaubensgenossen die jüdischen Eigenschaften zurück und wollten vorurteilsfrei allein wegen ihrer

Begabung akzeptiert werden. So entstand eine starke Assimilationsbewegung von »Überläufern«, die ihr jüdisches Erbe zugunsten einer radikalen Individualisierung aufgaben.

In Wien gelang es Grete, den Ruf einer »Schauspielerin«, nicht einer »jüdischen Schauspielerin«, zu erwerben. Wie viele andere Wiener jüdische Künstler ist sie nicht im Archiv der Israelitischen Kultusgemeinde aufgeführt, das die meisten genealogischen Verzeichnisse seit 1860 enthält. Auch in ihrer späteren Arbeit übernahm sie keine jüdischen Rollen.

Es dürfte in Wien gewesen sein, daß Grete den berühmten Theaterregisseur Max Reinhardt kennengelernt hat, der ursprünglich Goldmann hieß und ebenfalls Jude war. Er kehrte nach dem Ersten Weltkrieg nach Wien zurück. Das Theater in der Josefstadt wurde für ihn restauriert, damit er seine aufwendigen Produktionen, die für ihre spektakulären Farben und ihren Prunk bekannt waren, inszenieren konnte.

∗

1918 verloren die Mittelmächte den Krieg. Die Niederlage führte zum Zusammenbruch der österreichischen Kriegsanleihen. Viele mittelständische jüdische Anleger, darunter Gretes Vater und Bruder, büßten ihre gesamten Investitionen ein. Im November desselben Jahres starben beide Männer innerhalb von zwei Monaten – wahrscheinlich durch die verheerende Grippeepidemie.

Ein Jahr später zog Grete im Alter von siebzehn oder fünfundzwanzig Jahren nach Brüx in Böhmen (heute Most in der Tschechischen Republik).[1] Anscheinend hatte sie durch die Beziehung zu Reinhardt ein Engagement am dortigen Stadttheater erhalten. Sie trat vor einem Publikum von siebenhundert Braunkohlenbergarbeitern auf.

Dort lernte sie Lola Stein kennen und arbeitete mit ihr zusammen; diese war vierunddreißig Jahre alt und eine etablierte Schauspielerin mit einer Gewerkschaftsnummer und einer Adresse. Grete hatte keines von beiden.[2] Aber wie Grete war Lola Jüdin und weit von ihrer Hamburger Heimat entfernt. Ende 1919 zogen beide nach Berlin um. Sie blieben in den nächsten vierundzwanzig Jahren miteinander befreundet.

\*

1920 schrieb Grete dem Intendanten Leopold Jessner, sie sei »vor beinah Jahresfrist – durch Herrn Professor Reinhardt hierher bestellt –« in Berlin eingetroffen.[3] Die meisten Neuankömmlinge in Berlin behaupteten, einen bedeutenden Vertreter der Bühnenwelt zu kennen, in der Regel Max Reinhardt.[4] Aber Grete war eine der wenigen, die – durch ihre Arbeit in Wien – Reinhardt tatsächlich kannte.

1919 war Berlin kalt und trostlos und versuchte, nach dem »schmutzigen Geschäft des Krieges« wieder auf die Beine zu kommen.[5] Die Grippeepidemie war endlich abgeklungen, Flüchtlinge aus dem Osten und erschöpfte Soldaten strömten in die Stadt. Grete hatte sehr wenig Geld, aber ihr schien eine gewisse Verheißung in der Luft zu liegen. Es war der Beginn der goldenen zwanziger Jahre. Die Künste blühten, denn zahlreiche Künstler hatten sich in Berlin versammelt, um schöpferische Freiheit von repressiven Regierungen zu finden. Es gab 245 Kinos und 35 große Theater, die bei jeder Vorstellung bis zum Bersten gefüllt waren.

Trotzdem brauchte Grete sechs Monate, um Arbeit zu finden, denn in Berlin gab es viele junge Schauspielerinnen. Während sie auf ihre große Chance warteten, blieb ihnen häufig nichts anderes übrig, als in einer der vielen glanzvollen Nacktrevuen aufzutreten.[6] Im Juni 1920 unterzeichnete Fräulein Grete Maria Markstein einen Vertrag mit den Staatlichen Schauspielen, dem angesehensten Berliner Theater, unter Leopold Jessner.

Jessner, der für seine kühnen Nachschöpfungen der klassischen Literatur bekannt war, hatte seine erste Spielzeit als Generalintendant der Staatlichen Schauspiele mit einer expressionistischen Version von Schillers *Wilhelm Tell* eröffnet. Er entwarf ein avantgardistisches Bühnenbild, in dessen Zentrum eine riesige Treppe mit vielen verschiedenen Plattformen stand. In dem Stück war der Landvogt Geßler, dessen Wangen man mit grellem Rouge geschminkt hatte, mit der Uniform und den Abzeichen eines preußischen Junkers ausstaffiert. Das Publikum geriet außer Rand und Band, und es kam zu den ersten großen »Kunstunruhen« der zwanziger Jahre: »Kontroverse Ansichten zu den Aufführungen führten zu lautstarken Unmutsäußerungen und sogar zu Faustkämpfen unter den Besuchern, doch offenbar hatten alle ihren Spaß dabei.«[7]

In jener mitreißenden künstlerischen Renaissance konnte sich Grete einen Platz erstreiten. Zu Jessners Repertoire gehörten Dramen von Brecht und Wedekind, und seine Hauptdarstellerliste las sich wie ein *Who's who?* der deutschen Bühnenelite. Gretes Engagement bei Jessner weist darauf hin, daß sie eine ausgezeichnete Schauspielerin gewesen sein muß.[8] Nun konnte sie Mitglied der Genossenschaft Deutscher Bühnenangehöriger werden. In ihrem Vertrag gab sie ihr Fach als »junge Liebhaberin« an, doch ihr Alter wurde nicht erwähnt.[9]

Ohne Verzug bat Grete den Intendanten, »einen Vorschuß in der Höhe von 2000–2500 Mark mir anweisen zu lassen«[10]. Es war ein verständliches Ersuchen, bei dem es sich damals jedoch um eine Ausnahme handelte. Normalerweise bezahlten Theater ihre Schauspieler *nach* einer Inszenierung, nicht davor oder in deren Verlauf. Dadurch konnte man ihnen einen Teil der Gage für unerklärtes Fehlen – etwa für zu viele Krankheitstage – oder sogar für schlechtes Benehmen abziehen. Dem Vertrag gemäß sollte der Vorschuß »in monatlichen Raten von 250 Mark« mit vier Prozent Zinsen »beginnend am 1. September 1920« zurückgezahlt werden.[11]

∗

Grete trat seit weniger als einem Jahr in Berlin auf, als das »Problem der ostjüdischen Flüchtlinge in der österreichischen Nationalversammlung erneut angesprochen wurde«. Einige Abgeordnete wollten »wissen, weshalb man die Vertreibung der Flüchtlinge nicht beschleunige«[12]. Grete wurde sich des

Judenhasses noch deutlicher bewußt, als man ihre Wiener Jugendfreundin, die Schauspielerin Sári Fedák, am 14. März während einer antijüdischen Demonstration mißhandelte. Die Polizei bewachte die Brücken, so daß der Pöbel das jüdische Ghetto nicht angreifen konnte, aber etliche Randalierer ließen ihre Wut an den Fenstern eines jüdischen Restaurants aus, verwüsteten das Innere und schlugen die Gäste zusammen. Unter »Juden raus!«-Schreien zerrte man Gretes Freundin aus einem Auto, prügelte auf sie ein und riß ihr fast die ganze Kleidung vom Körper. Die Anführer der Ausschreitungen behaupteten, die Bewegung richte sich gegen »ausländische jüdische Wucherer, nicht gegen Wiener Einwohner«. Es gehe nur darum, »die jüdische Gefahr zu verringern«[13].

Inzwischen hatte Grete, immer noch als »junge Liebhaberin«, einen neuen Vertrag mit dem Schauspielhaus unterzeichnet, durch den ihre Gage auf 3300 Mark erhöht wurde. Eine ihrer wichtigsten Rollen war die der Camilla Palpiti in *Lumpazivagabundus*. Am 1. Januar 1922 schrieb der Kritiker Alfred Klaan eine überschwengliche Rezension in der *Vossischen Zeitung*, in der er Grete Markstein unter den Nebendarstellern speziell hervorhob.[14]

Von den fünfunddreißig Schauspielern wurden nur acht in der Rezension erwähnt, und Grete war auch als einzige im Programmheft abgebildet. Sie trug hier ein langes weißes, ausgeschnittenes Kleid. Grete war nicht glamourös, sondern wirkte wie eine Charakterdarstellerin, die gerade ein Lied anstimmen wollte. Mit ihrem dunklen, in Ringellöckchen gelegten Haar machte sie einen schüchternen, doch auch ein wenig herausfordernden Eindruck. Über beiden Ohren hatte man ihr eine prächtige Kamelie angesteckt, und sie hielt eine weitere in den Händen.

Grete nutzte ihre Situation und bat Jessner am Jahresende auf ihrem neuen, bossierten rosa Briefpapier, ihr wegen einer »sehr wichtigen persönlichen Angelegenheit« ein paar Tage Urlaub zu gewähren. Jessner willigte kommentarlos ein.[15] In Gretes Leben ging es bergauf. Sie hatte Geld, Ansehen, eine Zukunft und pflegte nun einen teureren Lebensstil.

Am 30. Januar 1922 bat Herr Steinhardt, der Besitzer eines eleganten Modewarengeschäfts, die Direktion des Staatstheaters, »mich gütigst durch eine Zeile über die Kreditwürdigkeit und wirtschaftlichen Verhältnisse des Fräuleins Grete Maria Markstein ... verständigen zu wollen, da ich die Dame als Kundin sehr schätze und beabsichtige, ihr für ihre laufenden Bezüge bei mir ein Konto einzurichten«[16].

Die Theaterdirektion jedoch lehnte Steinhardts Ansinnen auf der Rückseite seines Briefes ab, »da über die persönlichen Verhältnisse der Angehörigen des Staatstheaters Auskunft grundsätzlich nicht erteilt wird«[17].

Am Ende des Jahres begann Grete, sich über ihre Stellung innerhalb des Ensembles zu beklagen. Im Dezember 1922 schickte sie Jessner einen Brief, weil sie kein persönliches Gespräch mit ihm arrangieren konnte:

»Da ich bei meinem vorigen Besuch das Gefühl hatte, dass ich Ihnen nicht sehr gelegen kam, so bitte ich nunmehr auf schriftlichem Weg meine Sache Ihnen in Vorlage bringen zu dürfen. Wie Sie nunmehr bereits ... erfahren haben werden, habe ich die Rolle der Recha das letztemal nicht gespielt sondern Frl. Sandheim. Gleichzeitig wurde mir ein gleichmässiges Alternieren als sicher zugesagt.

Was es für eine junge Schauspielerin bedeutet das erstemal vor Presse zu spielen werden Sie Herr Intendant verstehen. Ich bitte Sie daher, mir kein Unrecht zuzufügen und mich diesmal für Nathan einzusetzen.«[18]

Jessner antwortete zehn Tage später:

»Sehr geehrtes Fräulein Markstein! Sie durften bei Ihrem letzten ›Besuch‹ sehr wohl das Gefühl haben, ›nicht gelegen‹ zu kommen. Denn nachdem Ihnen wahrheitsgemäss mitgeteilt worden war, dass ich mich ... in den Räumen der Verwaltung im 1. Stock aufhielt, traten Sie unangemeldet *durch die Hintertür* in meinem Zimmer ein, als ich für einen Augenblick, um Informationen einzusehen, mich dorthin begeben hatte. Sie werden verstehen, dass dieser ›Besuch‹ zu Aufklärungen Ihrerseits nicht angetan war.

Zur Sache selbst bemerke ich: dass ich im allgemeinen und unter den gegebenen Umständen gegen ein Alternieren in der Rolle der Recha *nichts einzuwenden* hatte – dass Ihnen ein solches Alternieren jedoch keineswegs ›sicher zugesagt‹ war. Es kommt hinzu, dass Fräulein Sandheim allerdings bei der letzten Vorstellung des ›Nathan‹ gespielt hat, *Sie jedoch vorher dreimal hintereinander* als Recha aufgetreten waren. Ausserdem hat Fräulein Sandheim infolge der augenblicklichen künstlerischen Konstellation weniger im Repertoire gestanden, während Sie in jeder Peer Gynt-Vorstellung auftreten. Schon aus diesem Grunde ist Fräulein Sandheim, lange bevor Sie diesbezüglich interpellierten, für den 28. d. Mts. mit der Rolle der Recha betraut worden. Hochachtungsvoll, Jessner.«[19]

Am folgenden Tag, dem 29. Dezember, begab sich Grete ins Cecilien-Sanatorium. Diese Reaktion sollte zu einem ihr eigenen psychologischen Muster werden, denn fortan versank sie nach jedem Rückschlag in Hypochondrie. Das Theater erhielt folgende Benachrichtigung: »Fräulein Grete-Maria Markstein befindet sich in meiner Klinik in Behandlung und ist voraussichtlich nicht vor ca. 10 Tagen imstande ihre Tätigkeit wieder aufzunehmen. Dr. med. Herzberg.«[20]

Das Cecilien-Sanatorium war eine Privatklinik, die hauptsächlich von Künstlerinnen, alleinerziehenden Müttern und Frauen, die eine Abtreibung benötigten, in Anspruch genommen wurde. Die Klinik spezialisierte sich zudem auf Lungenleiden, die Grete in ihrem späteren Leben heimsuchen sollten.

Zwei Wochen nach ihrer Entlassung aus der Klinik brauchte sie wiederum Geld, da sie sehr geschwächt sei und da der Arzt ihr verordnet habe, sich besser zu ernähren.[21] Diesmal bat sie um 50 000 Mark, die allerdings zur Zeit der galoppierenden Inflation fast wertlos waren.

Im Januar 1923 kehrte Grete an die Arbeit zurück und unterzeichnete einen neuen Vertrag mit dem Schauspielhaus – vom 1. September 1923 bis zum 30. August 1924 – für 5500 Mark. Innerhalb der ersten drei Wochen wandte sie sich wieder an Jessner. Dieser Brief war noch nachlässiger verfaßt und klang naiver als die früheren:

»Sehr geehrter Herr Intendant Jessner! Ich erlaube mir Sie, auf unser Gespräch vom 27 Abends zu erinnern. Ich alterniere seit Jahren mit Frl Sandheim die Recha in Nathan der Weise und die Ingrid in Peer Gynt. Nun fährt Frl. Sandheim fort, und ich möchte gerne allein diese Rolle spielen, wenn es verehrter Herr Intendant nach Ihrem Sinn wäre. Auch möchte ich gerne mal die Solvey in Peer Gynt spielen dürfen – vielleicht, wäre jetzt gerade die Gelegenheit für mich. Bitte um Verzeihung, daß ich in diesen Tagen, wo Sie verehrter Herr Intendant so beschäftigt sind, noch mit meinen Wünschen komme. Aber ich möchte so gerne mehr spielen und Sie werden mich verstehen. In Verehrung und Ergebenheit Ihre Sie hochschätzende Grete Maria Markstein.«[22]

Grete glaubte, ein Risiko eingehen zu können, denn inzwischen stand sie in dem Ensemble von sechsunddreißig Personen an sechster Stelle. Sie hatte erhebliche Fortschritte gemacht. Eine Woche später antwortete Jessners Sekretärin: »Im Auftrag des Herrn Intendanten Jessner teile ich Ihnen ergebenst mit, dass Herr Intendant nicht in der Lage ist, zurzeit Entscheidungen über Ihre Wünsche treffen zu können.«[23]

Einen Monat nach der Abfuhr durch Jessner reiste Grete an Bord der *George Washington* nach New York. Sie hatte dem Theater gemeldet, sie wolle sich zwei Monate lang in den Vereinigten Staaten aufhalten, um einen Film zu drehen, aber nichts deutet darauf hin, daß Grete jemals in der amerikanischen Filmindustrie gearbeitet hat.[24]

Auf der Passagierliste des Schiffes erklärte sie, nicht zwei, sondern drei Monate bleiben zu wollen. Zudem behauptete sie in diesem Dokument schriftlich, sie sei unterwegs zu ihrem Freund »Präsident Rückelt«, dem »Präsidenten des deutschen

Konsulats« in New York City. Grete gab an, 1897 geboren
worden und folglich sechsundzwanzig Jahre alt zu sein – es
war die erste der vielen rätselhaften Verfälschungen ihres
Geburtsdatums. Ihre engste noch lebende Verwandte sei ihre
Mutter Helene Markstein in Wien.[25]

Im deutschen Konsulat in New York gab es keinen »Präsidenten Rückelt« – der Konsul war Dr. Karl Lang. In Wirklichkeit besuchte Grete ihren Freund Paul Rückelt, der in dem
Berliner Vorort Alt-Buchhorst zum Schuhmacher ausgebildet
worden war. Dort betrieb Rückelts Vater ein kleines Hotel
und ein Restaurant an einem See, an dem sich viele Berliner
am Wochenende erholten. Wovon Paul seinen Lebensunterhalt bestritt, nachdem er nach Berlin gezogen war, läßt sich
nicht ermitteln. Margaret Rückelt, die Enkelin von Pauls Bruder Otto, erinnert sich, daß er Theateragent wurde und wahrscheinlich dadurch mit Grete Bekanntschaft schloß. Damals
war er bereits verheiratet und hatte einen Sohn.[26]

Einen Monat später teilte Grete Jessner mit, sie habe ihm
schon lange schreiben wollen, »aber ich war in so einem Tru-
bel des Neuen in Beruf und Leben, daß ich nicht die Ruhe
fand. Amerika ist jetzt wenn man von Deutschland kommt
ein Märchen und Wunder. Zu allem Überfluß, mir ging es
soweit recht gut im Beruflichen, nur muß man in allem, wenn
man von Deutschland kommt, erst ein Mißtrauen der Amerikaner überwinden, daß leider noch immer da ist. Überhaupt
[gibt es] nur Amerikaner, denn die Deutschen, die hier leben,
fühlen sich nicht als Deutsche sondern als Amerikaner meistens.«[27]

Grete hielt die angemessene Form nicht ein. Ihr Brief war
allzu vertraulich geworden. »Es wird viel zu erzählen geben«,
schwatzt sie und bittet dann »um zwei Wochen ›Nachur-
laub‹«. Sie fährt schmeichlerisch fort: »Wenn alles gut geht,
werden Sie lieber Herr Intendant Jessner, für einige Zeit hier
Ihr künstlerisches Zepter schwingen. Rückelt ist sehr tätig,
um die finanzielle Sicherung bis auf den letzten Cent zusammen zu bringen. Sie werden viel Interessantes erleben. Rückelt
schreibt erst, wenn er alles unter Dach und Fach hat. Er hofft

anfangs, spätestens Mitte März in Berlin zu sein. Viele herzliche Grüße. Ihre dankbare Sie verehrende Grete Maria Markstein.«[28]

Grete scheint Rückelt nun zum Theaterproduzenten ernannt zu haben. Höchstwahrscheinlich war es ein Hirngespinst von ihr, daß Jessner mit ihr in New York zusammenarbeiten werde, denn darüber liegt kein einziges Dokument vor.[29]

Ende März, einen Monat später als mit Jessner vereinbart, kehrte Grete nach Berlin zurück – und legte sich sofort ins Bett. Ein Arzt schrieb an Jessners Büro, »daß Frau Grete Markstein infolge schwerer Erschöpfungszustände bettlägerig erkrankt ist u. noch eine weitere 14tägige Erholung braucht«[30]. Zwei Wochen später teilte der Arzt mit, »daß Frau Grete Markstein noch immer leidend ist u. vorläufig bis zum 15. Mai berufsunfähig ist«[31].

Grete blieb noch anderthalb Jahre am Schauspielhaus. Aber Ende 1924 – genau am Tag der Entlassung Hitlers aus dem Gefängnis – wurde ihr Vertrag nicht verlängert. Finstere Zeiten standen Deutschland – und auch Grete – bevor. Sie war arbeitslos und lebte mit Rückelt zusammen. Wovon und wo sie lebten, ist nicht bekannt.

Im August 1925 starb Gretes Mutter in Wien, und sie reiste zur Beerdigung nach Österreich. Zusammen mit ihrer älteren Schwester Katharina Lili regelte sie den Nachlaß ihrer Mutter, aber innerhalb von ein paar Tagen kehrte sie nach Berlin zurück.

Am Ende des Jahres war Grete schwanger, vermutlich von Rückelt. Der Zeitpunkt war schlecht gewählt. Wie die meisten anderen Berliner der Unter- und Mittelschicht hatten die beiden Mühe, auch nur zu überleben, während die Weimarer Dekadenz in den Cafés, Nachtclubs und Tanzsälen der Stadt blühte.

Gustav Georg Markstein kam am 26. August 1926 im Cecilien-Sanatorium zur Welt. Es war dieselbe Klinik, in der sich Grete von ihren verschiedenen physischen und psychischen Anfällen erholt hatte, und sie wurde von demselben Arzt,

Dr. Herzberg, versorgt. Als Adresse nannte sie die Keithstraße 11, aber dort hatte die Schauspielergewerkschaft ihr Büro, und das Gebäude enthielt keine Wohnungen. Inzwischen lebte Grete nicht mehr mit Rückelt zusammen. Georg und sie wohnten im Hotel Kaiserhof, einer billigen Pension in der lärmerfüllten Potsdamer Chaussee.

*

1926 gab die deutsche Regierung immer höhere Summen für das Militär aus. Die wirtschaftliche Not machte Berlin allmählich zu einer deprimierten und gespenstischen Hauptstadt. Grete konnte ihre Miete nicht mehr bezahlen. Am 27. Dezember 1927 erging ein Pfändungs- und Überweisungsbeschluß des Amtsgerichts Charlottenburg gegen »die Schauspielerin Grete Maria Markstein«.

»Nach dem vollstreckbaren Urteil des Amtsgerichts Charlottenburg vom 27. Dezember 1927 steht der Gläubigerin gegen die Schuldnerin ein Anspruch auf 200. RM ... nebst 7% von Hundert Zinsen seit dem 8. Oktober 1927 und 27.94 RM festgesetzte Kosten zu. Wegen dieses Anspruchs und der unten zu I berechneten 1.55 RM ... Kosten für diesen Beschluss sowie wegen der Kosten für die Zustellung dieses Beschlusses und wegen der 4.80 RM Antragskosten wird die angebliche Forderung der Schuldnerin an die Intendantur der Staatstheater, Berlin, Dorotheenstraße auf Gehalt, Spielhonorar, sowie auf sonstige Bezüge aus Dienstvertrag und Dienstverhältnis in Höhe von 2/3 des 30. RM wöchentlich übersteigenden Betrages auf Höhe der vorstehenden Beträge gepfändet.

Die Drittschuldnerin darf an die Schuldnerin insoweit nicht mehr zahlen.

Die Schuldnerin hat sich insoweit jeder Verfügung über die Forderung, insbesondere über die Einziehung derselben zu enthalten.«[32]

Der Pfändungsbeschluß wurde am 16. Februar 1928 zuge-stellt. Am 7. März teilte das Theater dem Rechtsanwalt Max Goldstücker hinsichtlich des Pfändungsvollzugs gegen die Schauspielerin Grete Maria Markstein mit, »daß die Schuld-nerin nicht zum Personal der Staatstheater gehört. Die Pfän-dung ist daher wirkungslos.«[33]

Sofort nach diesem Brief riß Grete das Ruder ihres Lebens herum. Sie zog in eine Wohnung in der Emserstraße 39 im Bezirk Schöneberg, einer wohlhabenden jüdischen Gegend, zehn lange Häuserblocks von den Einsteins entfernt. Das Schreiben an Rechtsanwalt Goldstücker war das letzte Doku-ment in Gretes Ordner. Da sie nicht mehr für den Staat arbei-tete, wurde die Akte geschlossen.

*

1991 veröffentlichte Berthold Leimbach *Tondokumente der Kleinkunst und ihre Interpreten, 1889–1945*. Darin ist haupt-sächlich von jüdischen Künstlern die Rede, die bis Kriegs-ende in Berlin gearbeitet hatten. Leimbach behauptete, Gre-te habe der Kabarettgruppe »Der blaue Vogel« angehört und sei eine russisch-jüdische, im Holocaust umgekommene Ein-wanderin. Beide Informationen sind unzutreffend. Richtig nur, daß sie Jüdin war. Später berichtigte Leimbach diesen Abschnitt.

Im Jahre 1929 machte Grete eine Grammophonaufnahme für die Ultraphon-Gesellschaft: eine Sammlung von Volkser-zählungen aus aller Welt. Herr Leimbach schickte mir eine Bandaufnahme. Eine von Grete selbst geschriebene Erzählung trägt den Titel »Jim Bibo«. Nachdem ich die Kassette in mein Tonbandgerät gelegt hatte, erklang Gretes melodische Stim-me über achtundsechzig Jahre hinweg:

»Jim Bibo, ein Negerknabe, liebte ein Mädchen, Weiße Wolke genannt. Da Jim Bibo sein Mädchen, die Weiße Wol-ke, über alles liebte, tätowierte er ihren Namen in seinen Arm ein. Der Sommer ging zu Ende, und White Cloud hat-

te einen anderen Freund vom feindlichen Negerstamm Aki-
bin. Als Jim Bibo dies sah, biß er sich aus seinem Arm den
Namen von White Cloud. Er legte das Stück Fleisch in die
Sonne, denn nur die Sonne ist so gut, daß sie alles leicht
versteht. Danach schlich er sich in das Zelt, in dem White
Cloud schlief, und nähte das kleine Stück Fleisch in den
Mantel von White Cloud ein ... Und Jim Bibo sagte zu mir:
Wenn White Cloud den Mantel trägt, an der Stelle, wo ich
meine Haut einnähte, wird [sie] keine Sonne mehr fühlen.
Dies erzählte mir Jim Bibo.«[34]

Wie andere Künstler jener Zeit verschickte Grete wahrscheinlich Kopien ihrer Aufnahme an Adressen der höheren
Berliner Gesellschaft, um Kontakte anzuknüpfen. Denn die
höheren Kreise hielten weiterhin üppige Diners ab, bei denen
schauspielerische oder musikalische Unterhaltung geboten
wurde. Grete verdiente sich offenbar einen Teil ihres Unter-
halts als Vortragskünstlerin. Es gibt keine weiteren Informationen darüber, wie sie sich finanziell durchschlug, und auch
keine Schulunterlagen für Georg oder Nachsendeanschriften
für Grete.

✳

Bei den Wahlen vom Mai 1928 errang die NSDAP zehn Reichs-
tagssitze. Hitlers Partei verabscheute Berlin als Schmelz-
tiegel alles Bösen, womit sie »Prostituierte, Kneipen, Kinos,
Marxismus, Juden, Stripteasetänzerinnen, Neger und die
widerwärtigen Erscheinungen der ›modernen Kunst‹« meinte.[35]
    Albert Einstein verkörperte für die Nationalisten vieles von
dem, was sie verachteten: »Er war Jude, liberal, Weltbürger
und Pazifist, Skeptiker und Erneuerer, ein Wissenschaftler,
dessen Entdeckungen jeder durchschnittlichen Intelligenz verschlossen blieben.«[36] Er war massiven Angriffen durch die
Nazis ausgesetzt, von denen einige sein Leben bedrohten.
Manche scharten sich vor seiner Wohnung zusammen, riefen

Beleidigungen oder schrieben haßerfüllte Briefe, die sie an seiner Tür ablieferten. Außerdem vertraute Albert einem Freund an, »daß ihn die Presse so sehr belästige, daß er kaum noch arbeiten könne«[37].

Vier Monate zuvor, im Januar 1929, hatte er eine sechsseitige Abhandlung über die einheitliche Feldtheorie veröffentlicht, die enormes Aufsehen in den Medien erregte. Die *New York Herald Tribune* telegraphierte den gesamten Text nach New York, wo ein Team von Wissenschaftlern der Columbia University erfolglos versuchte, den Inhalt zu entschlüsseln. Man hielt Einsteins neue Theorie für nicht beweisbar und völlig unverständlich. Einige seiner Wissenschaftlerkollegen reagierten mit leiser Verwirrung. Der große Physiker Max Born erklärte: »Viele von uns empfinden das als tragisch, für ihn selbst, der nun seinen Weg in Einsamkeit gehen muß, und für uns, denen der Meister und Bannerträger fehlt.«[38]

Gleichwohl kannte Alberts Berühmtheit keine Grenzen. Dauernd stapelten sich Einladungen zu gesellschaftlichen Ereignissen im Flur auf dem klobigen Biedermeiertisch. Häufig beklagte er sich bei Elsa, daß solche Feiern und ihre Veranstalter ihn nicht im geringsten interessierten, wobei ihm sein Ruf als Exzentriker bei etwaigen Absagen zustatten kam.[39]

Allerdings waren Albert und Elsa fast immer bei den aufwendigen Abendgesellschaften zugegen, die Dr. János Plesch, Einsteins Arzt und Vertrauter, und dessen Frau Melanie veranstalteten.

Die Villa der Pleschs war von einem Freund, dem Architekten Bruno Paul, entworfen worden. In manchen der in einem imposanten Barockstil gestalteten Zimmer sah man leuchtende handgemalte Paneele von Max Slevogt, einem modischen Künstler jener Zeit; andere waren mit einer Louis-XV-Täfelung ausgekleidet, in die man komplizierte Cherubim und Kronen eingeschnitzt hatte. Besonders eindrucksvoll war ein bestickter seidener Bettvorhang in Königsblau, Gelb und Zinnoberrot aus dem Kaiserpalast in Peking.

Extravagante Chinoiserie-Paneele in einem anderen Schlafzimmer zeigten bemalte Gittermuster aus Eichenholz und exo-
tische Vögel aus einem Parmaer Palast des 14. Jahrhunderts.
Die Familie wohnte im Hauptgebäude, und Plesch hatte seine Praxis in einem der Flügel.

Laut den persönlichen Aufzeichnungen des Ehepaars Plesch
waren die Mahlzeiten stets erlesen: von Kalbfleischrücken mit
Trüffeln bis hin zu Lachs mit Austernsauce oder exquisiter
Foie gras in individuellen Kristallschüsseln. Eines Abends kre-
denzte Plesch den Gästen sogar seinen kostbarsten Wein, den
Johannisberger Schlossberg von 1884, den ihm seine Freundin Fürstin Metternich verehrt hatte.[40]

Plesch war auch für seine üppigen Herrenabende bekannt,
an denen Männer wie der Diplomat Graf Brockdorff-Rant-
zau, der Nobelpreisträger Fritz Haber, die Musiker Fritz
Kreisler und Arthur Schnabel und die Maler Max Slevogt und
Emil Orlik teilnahmen.[41] Hier hatten die Herren laut Plesch
Gelegenheit, erhabene und bedeutende Ideen zu diskutieren
und sich von Revuemädchen unterhalten zu lassen.

Alle seine Gäste, schrieb Plesch, »waren hier miteinander
freundschaftlich bekannt; das verbürgte einen offenen, unge-
zwungenen und, ich möchte fast sagen, sublimierten Gedan-
kenaustausch«[42]. Er bot stets die besten Weine und die teuersten Zigarren an, und es hieß, Einstein sei bei diesen
Veranstaltungen seine »kostbarste Trophäe« gewesen.[43]

\*

Nach dem New Yorker Börsenkrach von 1929 verschlimmerte sich die ohnehin kritische Wirtschaftssituation in
Deutschland noch weiter. Die Unternehmen entließen mehr
als eine Million Arbeiter pro Monat, und viele machten Bankrott. In der Viermillionenstadt Berlin gab es 750 000 Arbeitslose. An dem ihr zugewiesenen Tag mußte sich Grete häufig
in eine um den gesamten Block führende Schlange einreihen,
um einen kleinen Stempel zu erhalten, der ihr ein Anrecht auf
den heutigen Gegenwert von monatlich knapp dreißig Mark

verschaffte. Im Oktober 1930 behauptete Hitler, seine NSDAP habe nun eine Million Mitglieder.

∗

Am 28. November 1930 schrieb Elsa Einstein Grete einen Brief, in dem sie sich zu einer Grammophonaufnahme von Grete äußerte:

> »Da das Gutachten, das ich seinerzeit der Ultraphon-Gesellschaft sandte, verloren ging, will ich Ihnen kurz zu Ihren Händen noch folgendes über die Platten schreiben: die Platten haben meinem Mann und mir grosse Freude bereitet. Es ist das erste Mal, dass eine Harmonie zwischen den Märchen und den exotischen Ländern in dieser künstlerischen und volkstümlichen Form geschaffen worden ist. Auch finde ich es schöpferisch und künstlerisch ausgezeichnet und bin überzeugt, daß diese Platten vielen grossen und kleinen Menschen Freude bringen werden. Mit freundlichen Grüßen Ihre E. E.«[44]

Zwei Jahre später, 1932, ließ Albert der »Vortragskünstlerin« Grete Markstein achtzig Mark zustellen.[45] Das Geld stammte aus Einsteins »physikalischem Fonds«. Dabei handelte es sich um ein Bankkonto in Höhe von 10 000 Mark, das Freunde von Einstein, die anonym bleiben wollten, eingerichtet hatten. Er konnte sich nach Belieben daraus bedienen und brauchte keine Rechenschaft über seine Ausgaben abzulegen. Jedesmal wenn Albert einen Betrag abhob, stockten seine heimlichen Freunde das Konto in aller Stille wieder auf.

Nachdem sich das erotische Verhältnis zu Elsa erschöpft hatte, zog Albert in ein separates Schlafzimmer auf der gegenüberliegenden Seite der Wohnung. Wie früher mit Mileva führte er nun eine reine Vernunftehe.

Aus Krankheitsgründen war Elsa vorzeitig gealtert. Sie war füllig geworden, doch ihr Gesicht wirkte ausgezehrt. Ihr graues Haar schien wie das Alberts auf charmante Weise widerspenstig zu sein. Elsas lebhafte blaue Augen waren ihr hübschestes Merkmal. Obwohl sowohl weit- als auch kurzsichtig, lehnte sie es ab, eine Brille zu tragen. Einmal versuchte sie bei einem Bankett angeblich, die Zierorchideen auf ihrem Teller zu essen.[46]

Albert hatte sich unterdessen in einen Don Juan mittleren Alters verwandelt. Sein Silberhaar betonte seine dunklen Augen, und es war so lang, daß der Wind es dramatisch hochwirbeln konnte. Alberts Körper war immer noch kräftig und muskulös. Mit vierzig Jahren war Albert ein markanter, gutaussehender Mann. Und die Frauen schienen ihn nie in Ruhe zu lassen – sie brachten Blumen zur Tür, schoben Liebesbriefe unter die Matte und stellten ihm Limousinen zum privaten Gebrauch zur Verfügung.

Er hatte stets mehrere Affären zur gleichen Zeit, aber nach Mileva war er dafür bekannt, weniger intellektuelle Frauen zu bevorzugen. Chaim Weizmanns Frau Vera erklärte, »es mache ihr nichts aus, wenn Einstein ihr Augen mache, weil intellektuelle Frauen ihn nicht wirklich anzögen«[47].

Aus einer der Liebschaften könnte am 14. April 1932 ein Junge hervorgegangen sein. 1995 behauptete der in Prag lebende Ludek Zakel, er sei das Kind von Albert und Elsa Einstein. Ludeks Geschichte hat mehr Beachtung verdient, als ihr zunächst zugemessen wurde.

Ludeks Angaben zufolge hielt sich seine angebliche Mutter Elsa Einstein 1932 zur Untersuchung eines Tumors im Prager Krankenhaus St. Apollinarus auf, dessen Direktor mit Albert befreundet war. Wegen Einsteins Prominenz habe sie sich nicht in Berlin um medizinische Hilfe bemühen wollen. Bei der Untersuchung habe man laut Ludek jedoch keinen Tumor gefunden, sondern eine Schwangerschaft im Endstadium diagnostiziert! Das widerspricht allerdings Elsas Krankengeschichte. 1913, ein Jahr nachdem Elsa die Affäre mit Albert begonnen hatte, beklagte sie sich bei ihm über eine Herzerweiterung. Er riet ihr, sich einige Monate Ruhe zu gönnen.[48] Damals war sie siebenunddreißig Jahre alt und hatte bereits drei Kinder von ihrem ersten Mann, Max Löwenthal. Das letzte Kind, ein 1903 geborener Junge, starb kurz nach seiner Geburt.

1932, in Ludeks Geburtsjahr, war Elsa bereits sechsundfünfzig Jahre alt. Und sie litt schon an der Herz- und Nierenkrankheit, der sie vier Jahre später zum Opfer fallen sollte. Es wäre ungewöhnlich – mehr noch, ein medizinisches Phänomen – gewesen, wenn sie in diesem Alter, neunundzwanzig Jahre nach ihrer letzten Entbindung, ein Kind geboren hätte.

Aber als Ludek Mitte Juli 1931 gezeugt wurde, hatte Einstein ein inniges Verhältnis mit einer Wienerin namens Margarete Lebach. Sie besuchte ihn einmal wöchentlich in seinem Sommerhaus, wozu sie mit dem Zug von Berlin nach Potsdam und danach mit dem Postbus nach Caputh fuhr.

Caputh ist ein Dorf wenige Kilometer südlich von Potsdam, wo Templiner See und Schwielowsee ineinander übergehen. 1929 hatten sich die Einsteins dort ein Holzhaus bauen lassen.

»In dem neuen Holzhäuschen gefällts mir großartig«, schrieb Albert seiner Schwester Maja. »Trotz der durch dasselbe erzeugten Pleite. Das Segelschiff, die Fernsicht, die einsamen Herbstspaziergänge, die relative Ruhe, es ist ein Paradies.«[49]

Margarete war das Gegenteil von Elsa: schön, blond, lebenslustig und sexuell anziehend. Das Paar segelte in Alberts geliebtem Boot, dem *Tümmler*, und picknickte in den Wäldern um die Havel. Die Liaison setzte sich den Sommer hindurch fort, und Elsa mußte das Haus bei Margaretes Besuchen verlassen. Albert ließ ihr nur die Wahl, sich aus seinem Privatleben fernzuhalten oder die Scheidung einzureichen. Elsa entschloß sich, zum Einkaufen nach Berlin zu fahren. »Sie hat sozusagen das Feld geräumt«, berichtete ihr Hausmädchen Herta Waldow.[50]

Ludek sieht Albert erstaunlich ähnlich und erinnert, was sein Verhalten und seinen Intellekt betrifft, an Hans Albert. Er ist sogar Physiker geworden. Was wichtiger ist, seine Adoptivmutter Eva Zakel hat beeidigt, daß er Elsas Sohn sei. Ludek wurde mitgeteilt, Elsa habe beschlossen, ihn adoptieren zu lassen, weil Albert keine Kinder mehr wollte und weil die Einsteins Europa bald verlassen mußten. Frau Zakel sagte aus, sie habe einen Sohn geboren, der einen Tag später im Prager Krankenhaus St. Apollinarus gestorben sei. Aber ihr Mann habe sich so inständig ein Kind gewünscht, daß innerhalb von Stunden ein Austausch gegen Elsas Sohn arrangiert worden sei. In der Tat ist der Name von Frau Zakels leiblichem Sohn, Jindrich, in dem Krankenhausverzeichnis gestrichen und durch den Namen Ludek ersetzt worden.[51]

Es gibt keinen Beweis dafür, daß sich Elsa zu jenem Zeitpunkt in Prag aufhielt. Wahrscheinlich war sie mit Albert in Caputh. Andererseits leistete Margot Einstein, Alberts Stieftochter, einen »feierlichen Eid«, daß Ludek Elsas Sohn sei.[52] Die Lösung verbirgt sich vermutlich in Margots Korrespondenz, die erst 2006 von der Hebräischen Universität freigegeben wird.

Wenn Alberts Geliebte Margarete Lebach Ludeks Mutter war, könnte sie von vornherein geplant haben, das Kind adoptieren zu lassen. Frau Zakels traurige Situation ergab sich gerade zum richtigen Zeitpunkt, um den Austausch zu ermöglichen. Margarete benutzte möglicherweise den Namen »Elsa«, um sicherzustellen, daß ihr Baby sein rechtmäßiges Erbe in der Familie Einstein antreten konnte. Ein DNS-Test wäre erforderlich, um Ludek Zakels Behauptung zu stützen, doch weder von Albert oder Elsa, noch von Margarete liegt stabiles Genmaterial vor. Margarete starb 1938, nachdem das Naziregime ihr eine Krebsoperation verwehrt hatte.[53]

\*

Um Punkt zwölf am Montag, dem 30. Januar 1933, wurde Hitler deutscher Reichskanzler. Innerhalb von Minuten wimmelte es auf den Straßen von Anhängern der Nazis. Mehr als achtzig Prozent der liberalen Berliner Bevölkerung, die das Regime nicht guthießen, verriegelten ihre Türen und Fenster.

Tausende von Parteimitgliedern sammelten sich, um nur zwölf Häuserblocks von der Wohnung der Einsteins und sechs Blocks von der Wohnung Gretes und ihres siebenjährigen Sohnes entfernt zu feiern. Die Nazis traten unter den Bäumen des Tiergartens an und bildeten Marschsäulen. In jeder Reihe standen sechzehn fanatische Männer Schulter an Schulter. Im Triumph marschierten sie auf die Charlottenburger Chaussee und wandten sich unter Trommelwirbel und dem Lärm von Militärkapellen ostwärts zum Brandenburger Tor. En masse sangen die Gläubigen das Horst-Wessel-Lied, und die Worte donnerten ein für allemal über das Land hinweg. Fünf Wochen später begann der Exodus der jüdischen Intelligenz. Die erste »Säuberungsaktion« gegen eine Gruppe von Juden wurde vom Leiter des neu eingerichteten Reichsministeriums für Volksaufklärung und Propaganda, Joseph Goebbels, vorgenommen.

*

Kurz nach Georgs Geburt hatten sich Grete Markstein und Rückelt voneinander getrennt. Er quälte sie jedoch weiterhin, indem er nachts betrunken erschien und ihren Sohn in Angst und Schrecken versetzte. Kurz nach Hitlers Ernennung zum Reichskanzler tauchte Rückelt noch einmal an Gretes Tür auf. Sie ließ ihn nicht ein, und er machte sich wütend davon. Einige Stunden später erschien eine Gruppe von Männern in braunen SA-Uniformen. Sie drangen in Gretes Wohnung ein, schlugen sie mit Fäusten und vergewaltigten sie möglicherweise. Der entsetzte Georg hatte sich im Kleiderschrank im anderen Zimmer versteckt. Später erzählte Grete ihm, die Männer hätten sie überfallen, weil sie Jüdin sei und die Werke Goethes, den die Nazis hoch schätzten, aufgenommen habe. Wenn sich Georg Jahre später an diese Ereignisse erinnerte, glaubte er, daß Rückelt dafür verantwortlich gewesen sei.

Grete bereitete sich darauf vor, das Land zu verlassen. Sie säuberte die Wohnung, wusch sämtliches Geschirr ab und stellte ein volles Wasserglas auf den Küchentisch. Diese List sollte den Anschein erwecken, daß die beiden noch dort wohnten, und ihnen ein paar Tage Vorsprung verschaffen.

Voller Panik flüchteten sie aus Berlin. Grete hatte keinen Paß, kein Visum, keine Genehmigungen, keine Empfehlungsschreiben, überhaupt nichts Amtliches. Wahrscheinlich hatte sie wie alle anderen Juden ihren Paß und ihren Personalausweis bei den Behörden abgeben müssen. Das einzige Dokument, das sie dabeihatte, war ein Glückwunschtelegramm von Hermann Göring zu einem Auftritt in Berlin, bei dem sie aus Goethes Werken vorgetragen hatte.

Mit dem letzten Geld, das Grete hatte zusammenkratzen können, machten Georg und sie sich zusammen mit 37 000 anderen verängstigten Juden nach Paris auf. Die Massen drängten sich in Züge, die täglich vom Anhalter Bahnhof nach Westen fuhren. Die ihrer Rechte beraubten Bürger schoben sich durch den wabernden Rauch und die sprühende Schlacke, um der Freiheit entgegenzureisen.

Aber Grete wußte, daß sie in Paris nicht lange in Sicherheit sein würden. Am 30. Januar waren zahlreiche SA-Marschkapellen an der französischen Botschaft am Pariser Platz vorbeigezogen. Während eine Kapelle nach der anderen vor der Botschaft haltmachte, stimmte sie mit einem Trommelwirbel das trotzige alte Kriegslied »Siegreich wollen wir Frankreich schlagen« an.[54]

✳

Als Hitler Ende Januar 1933 die Macht übernahm, weilten Albert und Elsa in Pasadena, wo er am California Institute of Technology forschte und Vorlesungen hielt. Elsa, immer zwischen der Liebe zu ihren Töchtern und der Loyalität zu Albert hin und her gerissen, war außer sich, denn Margot und Ilse und deren Männer hielten sich noch in Deutschland auf.

Vier Wochen nach Hitlers »Machtergreifung« schrieb Albert seiner Geliebten Margarete Lebach in Berlin: »Im Hinblick auf Hitler wage ich nicht, deutschen Boden zu betreten.«[55] Einen Tag nachdem er diese Worte geschrieben hatte, brannte der Reichstag, und Hitler hob die Rede- und Pressefreiheit auf.

Am 10. März verkündete Einstein, er werde sich »nur in einem Lande aufhalten, in dem politische Freiheit, Toleranz und Gleichheit aller Bürger vor dem Gesetz herrschen ... Diese Bedingungen sind gegenwärtig in Deutschland nicht erfüllt.«[56]

Am folgenden Tag stiegen Elsa und er in einen Zug nach New York, und in der letzten Märzwoche reisten sie mit der *Belgenland* nach Antwerpen ab. Albert kehrte nach Europa zurück, um seine Vortragspflichten zu erfüllen. An Bord des Schiffes hörten sie von den »Säuberungsmaßnahmen« der Nazis. Wie Albert vorhergesehen hatte, würden sie nie wieder deutschen Boden betreten.

Am 28. März, dem Tag ihrer Ankunft in Belgien, ließ sich Albert im Auto nach Brüssel fahren, um auf der deutschen Gesandtschaft seinen Paß abzugeben und seinen Verzicht auf die deutsche Staatsangehörigkeit zu erklären.

»Gute Nachricht von Einstein – Er kommt nicht wieder!« titelte der *Berliner Lokalanzeiger*.[57] Der Gegenwert von 50000 US-Dollar wurde auf den Kopf des Staatsfeindes Einstein ausgesetzt. Dazu soll er bemerkt haben: »Ich wußte gar nicht, daß ich soviel wert bin.«[58]

Die Einsteins gingen ins Exil in die Villa Savoyarde in dem belgischen Badeort Le Coq sur Mer. Der belgische König befahl, das Haus bewachen und Albert stets von zwei Polizisten in Zivil begleiten zu lassen.

Aber die Einsteins hätten sich auch nach Zürich begeben können. Mileva hatte beide eingeladen, bei ihr zu wohnen, bis sie eine sichere Passage zurück nach Amerika erhalten konnten. Albert erwiderte, er sei glücklich und überrascht über Milevas Einladung, vor allem über ihr Verständnis für seine und Elsas Not. Doch er wies das Angebot zurück, weil die Schweiz von zweifelhaften deutschen Elementen überschwemmt und die Gefahr für ihn und Elsa zu groß sei.[59]

Am 29. März wurde die Wohnung der Einsteins in der Berliner Haberlandstraße von Braunhemden durchsucht und

geplündert. Zwei Tage später konfiszierte man ihre Bank-
konten. Der letzte Schlag erfolgte durch die Mitteilung, daß
die Nazis ihr geliebtes Haus in Caputh ausgeraubt und sogar
den Garten verwüstet hätten. Auf der Suche nach Waffen sei
nur ein Küchenmesser gefunden worden. Alberts Stieftöchter
und deren Männer hatten seine Papiere gerettet und diese mit
der Diplomatenpost an das französische Außenministerium
geschickt.[60] Abgesehen von ein paar Teppichen, einigen Bildern und anderen nicht identifizierten Wertsachen wurden die
meisten ihrer Möbel nach Princeton verschifft.

Während dieser chaotischen Vorgänge wurde Eduard im
Mai wieder in die Heilanstalt Burghölzli eingewiesen, und
Albert machte einen raschen Abstecher nach Zürich. Dort
stritt er sich aus unbekannten Gründen mit Hans Albert. Nach
Belgien zurückgekehrt, beschwerte er sich in einem Brief an
seinen Sohn, daß sein Leben durch mehr Verpflichtungen bela-
stet sei als das eines durchschnittlichen Menschen. Deshalb
könne er nicht den gleichen Ansprüchen und Forderungen
unterworfen werden wie eine gewöhnliche Person.[61]

✳

Seit 1928 arbeitete Helene Dukas als Sekretärin für Einstein.
Sie hatte die Stelle durch Vermittlung ihrer Schwester Rosa
erhalten, die der Jüdischen Waisenhilfe als erste Sekretärin
diente. Elsa Einstein war Ehrenpräsidentin der Organisation.

Helene, 1896 in Freiburg im Breisgau am Fuß des Schwarz-
walds geboren, war das fünfte von sieben Kindern. Ihre Mutter Hannchen starb 1909, als Helene dreizehn Jahre alt war.
Danach wurde Helene von ihrem Vater Leopold, einem Wein-
händler, der hinter dem Haus eine Brennerei betrieb, und von
ihrer ältesten Schwester Celine aufgezogen. Als Celine heiratete, war Helene an der Reihe, den Haushalt zu besorgen.
Deshalb konnte sie die Schule nicht abschließen.

1921, als Helene sechsundzwanzig Jahre alt war, trat sie
ihre erste Stelle als Kindergärtnerin an und wurde anschlie-
ßend Erzieherin in München. Von 1924 bis 1928 arbeitete sie

als Sekretärin in einem kleinen Berliner Verlag, bis dieser aufgelöst wurde und sie ihren Arbeitsplatz verlor.

Als Rosa vorschlug, sie solle sich als Sekretärin bei Albert Einstein bewerben, rief Helene: »Du bist verrückt geworden, so was kann ich nie tun.«[62] Aber sie ließ sich überreden, es zumindest zu versuchen. Helene nahm ihre Arbeit für Albert am Freitag, dem 13. April 1928, auf und wich in den folgenden siebenundzwanzig Jahren nicht mehr von seiner Seite.

Im Oktober 1933 stachen Albert, Elsa, Helene Dukas und Alberts Assistent Walther Mayer mit der S. S. *Westerland* nach Amerika in See. Albert überließ es Elsa, Mileva, Hans Albert und Eduard von Bord aus mitzuteilen, daß er bereits unterwegs sei. Außerdem wies er Elsa an, Mileva zu schreiben, daß das gesamte für seine Söhne bestimmte Geld von den Nazis beschlagnahmt worden sei. Aber das traf nicht zu, denn im Laufe der Jahre hatte Albert seine Einnahmen aus dem Ausland in den Niederlanden und den Vereinigten Staaten deponiert.

Im April 1933 schrieb er Max Planck: »... ich war vorsichtig und habe vorgebaut.«[63] Und seinem besten Freund Besso versicherte er: »Mich persönlich hat es eigentlich nicht erwischt ...«[64]

Nachdem Albert Europa im März 1933 verlassen hatte, sollte er weder Eduard noch Mileva je wiedersehen.

Elsa empfand mehr Verantwortung gegenüber ihrer Familie als Albert. Sie redete ihren Töchtern und deren Männern zu, gleichfalls zu emigrieren. Diese weigerten sich, versprachen jedoch, Albert und Elsa später zu folgen. Margot wohnte damals in Paris, und Ilse zog ein Jahr später dorthin, als sie an einer schweren Magentuberkulose erkrankte. Bis dahin hatte Ilse das Problem als psychosomatische Krankheit bezeichnet. Endlich wurden Ärzte hinzugezogen, darunter ein nicht namentlich bezeichneter Spezialist aus Berlin.[65] Es handelte sich allerdings nicht um János Plesch, denn sein Paß weist für 1934 keine Reise nach Frankreich aus.

Elsa wurde in Princeton erst benachrichtigt, als Ilses Zustand bereits kritisch geworden war. Sie flehte Albert an, mit ihr nach Europa zu kommen, doch er lehnte ab. Mitte Mai brach Elsa allein an Bord der *Belgenland* auf. Als sie in Paris eintraf, konnte sie ihrer Tochter nur noch beim Sterben beistehen. Elsa glaubte, Ilse verraten zu haben.

Sie vertraute ihrer Freundin Antonina Vallentin an, daß beide Kinder schreckliche Prüfungen durchgemacht und sie bestimmt benötigt hätten. Deshalb machte sie sich Vorwürfe, nicht früher zu ihnen gefahren zu sein.[66]

Elsa verließ Europa zum letztenmal mit der in einem Federkissen versteckten Asche ihrer Tochter. Während der langen Reise nach Amerika ruhte ihr Kopf nachts auf dem Kissen.

*

Grete Markstein und ihr Sohn stiegen an der Pariser Gare du Nord aus dem Zug und sahen sich einem wilden Durcheinander gegenüber. Auf den Bahnsteigen wimmelte es von deutsch-jüdischen Flüchtlingen. Tausende waren in Paris eingetroffen, wo sie jedoch nicht nur von Mitgliedern der französischen Faschistenbewegung, sondern auch von gewöhnlichen Bürgern schikaniert wurden. Die jüdischen Flüchtlingskomitees waren auf eine derartige Flut von Neuankömmlingen nicht vorbereitet.[67] Bevor sich diese Ad-hoc-Komitees auch nur organisieren konnten, waren wenigstens 1200 jüdische Kinder in Paris verhungert.[68] Manche der gerade eingetroffenen Juden waren so entsetzt über die Zustände in der Stadt, daß sie wieder in die Züge zurück nach Berlin stiegen.

Im Juli 1934 begannen einige Privatbürger und Hilfsorganisationen, Essensmarken und einen Betrag von etwa 25 Franc für jeden Flüchtling bereitzustellen. Aber viele Menschen waren so eingeschüchtert, daß sie ihre Zimmer nicht verlassen wollten. Persönliche Habseligkeiten wurden immer wieder gestohlen, und die Missetäter verwischten ihre Spuren, indem sie die jüdischen Opfer anzeigten, die man dann böswillig aus Frankreich auswies.[69] Das Elend und die Verzweiflung der Menschen waren unbeschreiblich. Die Zahl der Selbstmorde vervielfachte sich. Manche Flüchtlinge, von Hunger und Ausweglosigkeit in die Gosse getrieben, begannen zu betteln. Viele wurden von dem Asyl in der Rue Lamarck aufgenommen, das hoffnungslos überfüllt und von Ungeziefer verseucht war.

Die französischen Unterlagen über jüdische Emigranten, welche die nationalsozialistische Besatzung überlebt hatten, wurden schließlich an *Jewish World Relief* weitergeleitet. Wenn Grete Unterstützung beantragt hatte, mußte sie in diesen Akten verzeichnet sein. Aber weder Grete noch Georg sind in den noch erhaltenen Dokumenten erwähnt. Auch in Hotelgästebüchern ist Gretes Name nicht zu finden. Vermutlich hatte sie sich irgendeine andere Art der finanziellen Unterstützung verschafft. Obwohl jüdische Emigranten fast nie eingestellt wurden, könnte sie eine nicht registrierte Arbeit angetreten haben, oder vielleicht leistete ihr eine Privatperson Hilfe. Laut einem im Einstein-Archiv entdeckten Dokument glaubte Gretes Tante Melanie Neumann in Wien, ihre Nichte habe bei einer jüdischen Pariser Familie an der Place d'Odéon im sechsten Arrondissement Zuflucht gefunden.

\*

Während Einstein nach Amerika emigrierte, waren János Plesch und seine Familie nach Frinton in Südostengland ausgewandert. Sie nahmen eine Reihe von Autos, ein Busch-Zeiss-Teleskop und eine Vielzahl von Schrankkoffern mit. Der übrige Besitz der Familie war von den Nazis beschlagnahmt worden, darunter auch das elegante Haus in der Budapester Straße. Bald darauf mietete Plesch eine alte Villa in Thorpe-le-Soken in Essex.

Um im Vereinigten Königreich als Mediziner praktizieren zu können, mußte Plesch noch einmal zwei Jahre studieren, was er bereitwillig tat. Das Examen bestand er mühelos. Er hatte als Arzt in Europa einen so guten Ruf, daß seine Praxis in England rasch wuchs.

In seinen Memoiren, *Ein Arzt erzählt sein Leben,* berichtet Plesch, daß eines Tages eine Frau mit einem Kind zu ihm gekommen sei und sich als Einsteins uneheliche Tochter ausgegeben habe. Er fand die Frau sehr überzeugend: »Ich begann sogar, Ähnlichkeiten im Aussehen zwischen Einstein und dem Kind, einem gescheiten, aufgeweckten und reizenden kleinen Buben, zu sehen. Nun, sie überzeugte mich ... Dann schrieb ich Einstein einen taktvollen Brief, in dem ich die Lage erklärte und ihm von seiner Tochter und dem Enkel berichtete. Zu meinem großen Erstaunen zeigte Einstein kein wirkliches Interesse, und um sein väterliches und großväterliches Herz zu bewegen, schickte ich ihm zwei wirklich kluge und hübsche kleine bunte Bilder, die der Junge gezeichnet hatte, und ein Photo. Also, dachte ich, die Gesichtszüge des Jungen werden ihn rühren. Ich erhielt dann einen Brief, in dem er mir schrieb, das Ganze sei ein Schwindel. Er amüsierte sich sehr darüber, und ich schämte mich noch monatelang.«[70]

Eine Sammlung von einundzwanzig kleinen, in braunes Leder gebundenen Terminkalendern von Dr. János Plesch befindet sich in seinem Archiv im Jüdischen Museum in Berlin. Jedes Heft ist zehn mal fünf Zentimeter groß, hat goldfarbene Seitenränder und ebensolche bossierte Jahreszahlen auf dem Einband. Zwei stammten aus seiner Budapester Zeit und die übrigen aus seinen Jahren in England. Keines hatte mit seinem Leben in Berlin zu tun.

Am 15. März 1934 hatte Plesch in London eine Verabredung mit einer Person namens »Einstein«. Eine weitere Begegnung mit »Einstein« fand am Donnerstag, dem 19. April, statt. Obwohl Albert Mileva gegenüber 1934 von einer möglichen Reise nach Paris gesprochen hatte, blieb er letztlich in den USA. Folglich konnte er nicht der von Plesch erwähnte »Einstein« sein.

Am 22. Januar 1935 schrieb Albert seinem Freund Frederick Lindemann in Oxford, daß er so bald nicht wieder nach Europa reisen werde, da ihm der Mut fehle, nicht nur sich nach Oxford, sondern auch nach Paris und Madrid aufzumachen. Deshalb werde er in Princeton bleiben.[71]

Plesch traf sich weiterhin mit dem mysteriösen »Einstein«. Am 9. Januar 1935 aß er um 13.30 Uhr mit einem »Einstein« zu Mittag, am 10. Januar kam es um 17 Uhr zu einer einstündigen Begegnung; am Freitag, dem 18. Januar, hatte er eine Verabredung mit »Einstein« und verzeichnete hinter dem Namen »Mehr Betten bereitstellen«. Plesch trug »Einstein« zwischen dem 9. Januar und dem 17. März 1935 fünfunddreißigmal, also fast täglich, in seinen Terminkalender ein. Und dann tauchte »Einstein« nicht mehr auf.

Albert kehrte nach 1933 nie mehr nach London zurück. In seiner Chronologie gibt es keine rätselhaften Lücken, keine unerklärlichen »Sichtungen«, keine Gerüchte. Wer also war Pleschs »Einstein«? Zwischen 1933 und 1937 waren sechs Einsteins als in London ansässig gemeldet: A. Einstein, Mrs. Edna Einstein, Mrs. Helene Einstein, zwei M. Einsteins und ein Norbert Einstein.

Mrs. Edna Einstein und Mrs. Helene Einstein erwiesen sich als Witwen, die in eine andere Familie gleichen Namens eingeheiratet hatten. Ein M. Einstein war ein Tabakhändler in der Grafton Street und der andere ein Schneider, der von Mrs. Fanny Ginsberg, einer Hutmacherin, Räumlichkeiten gemietet hatte. Norbert Einstein war ein Makler in der Old Broad Street. Keiner der Herren hatte etwas mit Alberts Familie zu tun. Damit blieb nur A. Einstein, der sich in 119 Highbury New Park, direkt neben dem Pflegeheim der Heilsarmee, ein Zimmer gemietet hatte.

Zuerst dachte ich, es könne sich um Alberts Cousin Alfred Einstein handeln, einen bekannten Musikwissenschaftler, der als Rezensent für das *Berliner Tageblatt* gearbeitet hatte. Alfred floh 1933 aus Berlin nach London, wo er sich aufhielt, bevor er 1938 nach Amerika emigrierte. Aber er hatte nie im Highbury New Park gewohnt.[72] Außerdem erwähnt János Plesch, der für sein Namedropping bekannt war, Alfred kein einziges Mal in seinen Memoiren. Und der Name Plesch taucht nie in Alfreds Unterlagen auf. Es ist also möglich, daß mit »Einstein« Grete Markstein gemeint war.

Zu jenem Zeitpunkt stand Grete Markstein an einem

Kreuzweg ihres Lebens. Sie könnte vor August 1935 mit Georg nach London gekommen und bei Freunden untergeschlüpft sein. Oder sie könnte, wie es in ihrer Anmeldung beim *Jewish Refugees Committee* in London heißt, am 20. August 1935 mit ihrem künftigen Ehemann Zygmunt Herschdoerfer eingetroffen sein.[73] Allerdings geht aus den Dokumenten des *Jewish Refugees Committee* hervor, daß Grete sich erst in ihrem Todesjahr 1943 dort meldete.[74]

Herschdoerfer wurde am 19. August 1906 im polnischen Drogobych geboren. Er hatte in Wien studiert, war dann chemischer Forscher geworden und lebte seit 1935 zusammen mit seinen beiden älteren Schwestern Maria und Stephania in Paris. Irgendwo im sechsten Arrondissement könnte er Grete kennengelernt und sich in sie verliebt haben. Fest steht, daß er ins Vereinigte Königreich emigrierte und seine Schwestern zurückließ. Am 21. August 1942 wurden Maria und Stephania von den Nazis im Geleitzug Nummer 22 deportiert. Beide kamen in Auschwitz um.[75]

※

1923 wurde für den touristischen Wochenendverkehr zwischen Frankreich und Großbritannien ein formloses Fahrkartensystem eingerichtet. Bis zu seiner Einstellung im Juni 1933 machten sich Tausende von jüdischen Flüchtlingen dieses System zunutze, um ohne Papiere in Großbritannien einzureisen. Vertriebene Juden wurden stets aufgefordert, sich nach ihrer Ankunft im Vereinigten Königreich beim *Jewish Refugees Committee* zu melden.[76] Dort hatten sie eine kurze, doch detaillierte Familiengeschichte vorzulegen und sachdienliche Angaben über ihre Ausbildung, ihren Beruf und ihre finanzielle Situation zu machen. Das *Refugees Committee* leistete nicht nur finanzielle Hilfe, sondern bemühte sich auch, den Vertriebenen Unterkunft und Arbeit zu verschaffen. Zu seinen Aufgaben gehörte es weiterhin, ein Verzeichnis aller im Land eintreffenden Juden zu erstellen, damit Angehörige und Freunde einander ausfindig machen konnten. Als Grete sich registrieren ließ, gab sie »1902« als ihr Geburtsjahr an – dasselbe wie Lieserls. Zwar wurden die meisten Personalakten von Flüchtlingen während des Krieges durch Brandbomben vernichtet, doch das *Refugees Committee* besitzt immer noch einen Index, der sich auf die ursprüngliche Meldeliste bezieht. Darin sind Name, Geburtsjahr, Geburtsort, Beruf und Reiseziel aller registrierten Bewerber aufgeführt.

Die von Grete vorgelegten Informationen sind offensichtlich zweifelhaft. Sie behauptete, am 20. August 1935 im Vereinigten Königreich eingetroffen zu sein. Aber an jenem Tag liefen nur zwei Schiffe – die *Quaker City* und die *Jamaica Progress* – aus Frankreich ein, und weder Markstein noch Herschdoerfer wurden auf den Passagierlisten oder als Wochenendtouristen genannt. Außerdem behauptete sie fälschlich, Polin und von Beruf Psychologin zu sein. Als Adresse gab sie 99 Addison Road, London W 14 an, aber unter dieser Adresse hat Grete weder den Grundbüchern noch dem Wählerverzeichnis zufolge jemals gelebt.

Neun Tage darauf, am 20. August 1935, heiratete Zygmunt Herschdoerfer, neunundzwanzig Jahre alt, von Beruf Chemiker und wohnhaft im Waldorf Hotel in Aldwych, die dreiunddreißigjährige Grete Maria Markstein, ledig und ebenfalls im Waldorf wohnhaft. Das Waldorf Hotel war keineswegs eine Absteige für Flüchtlinge, sondern, wie heute auch noch, ein vorzügliches Etablissement im Zentrum von London. Die Eheschließung fand auf dem Standesamt des Londoner Bezirks Westminster statt. So wurde Grete Markstein, geboren 1902, zu Frau Zygmunt Herschdoerfer.

Herschdoerfer dürfte Grete nicht in dem Glauben geheiratet haben, daß sie aus Polen stamme. Da er selbst gebürtiger Pole war, hätte er ihr diese Lüge nicht abgenommen. Aber wenn sie gemeinsam in England einreisten, könnten sie sich eine Geschichte ausgedacht haben, um Gretes Aufnahme als hochqualifizierte Arbeitskraft in Großbritannien zu erleichtern.

✳

Am 23. November 1935, drei Monate nach Gretes und Zygmunts Trauung, erhielt ein Freund von Albert, der deutsche Mathematiker und Physiker Hermann Weyl, in seinem Haus in Princeton ein Telegramm. Der Absender war Frederick Lindemann, Direktor des Clarendon Laboratory in Oxford:

»Mrs. Herschdoerfer behauptet, Einsteins Tochter zu sein stop Bemüht sich um Unterstützung in hohen Kreisen stop Kann ihn wegen ihrer Stiefmutter nicht um Hilfe bitten stop Werde mißtrauisch stop Bitte frag Einstein persönlich und telegraphiere sofort. Lindemann, Christchurch.«[77]

Mit den »hohen Kreisen« war eine Gruppe angesehener Physiker gemeint, die in Oxford lebten und lehrten. Lindemann erklärte, Grete sei nach Oxford gekommen, um ihm mitzuteilen, sie könne sich nicht direkt an Albert wenden, da ihre Stiefmutter Elsa Einstein einem solchen Schritt im Weg stehe.

»Nehmen Sie keinen Kontakt zu uns auf. Verschwinden Sie. Sie bedeuten uns nichts«, schrieb Elsa angeblich in einem von mehreren Briefen an Grete. Grete hatte diese Briefe aufbewahrt, aber sie sollen, zusammen mit einigen Fotos von Grete von Zygmunt Herschdoerfers zweiter Frau Aurelia vernichtet worden sein, nachdem er 1993 gestorben war.[78]

Irgendwann zwischen 1932, als Albert Grete achtzig Mark überwies, und November 1935, als Grete Anspruch auf Lieserls Identität erhob, muß es zu einem Streit mit Elsa gekommen sein. »Sie bedeuten uns nichts«, konnte nur heißen, daß Grete versucht hatte, sich permanent in Alberts und Elsas Leben hineinzudrängen.

Als ich Aurelia Herschdoerfer interviewte, erzählte sie mir, sie habe Zygmunt zehn Jahre nach Gretes Tod geheiratet und er habe nie über die Vergangenheit gesprochen. »Und ich habe ihn auch nie nach seiner Vergangenheit gefragt. Es verstand sich von selbst, daß wir nicht darüber reden würden. Nach seinem Tod fand ich Briefe, aber ich habe sie alle vernichtet.«

*

Elsa, Albert, Helene Dukas und Walther Mayer trafen am 17. Oktober 1933 in New York ein. Sie wurden von Abraham Flexner empfangen, dem Gründungsdirektor des *Institute for Advanced Study* in Princeton, der Einstein eine Stelle angeboten und seine Reise organisiert hatte. Flexner ließ Einstein und dessen Gefolge direkt aus dem Hafen mit einer Barkasse zur Battery mitten in Manhattan bringen, um der Schar der Fans und der Presseleute zu entgehen. Von dort fuhr man sie zur Peacock Inn in Princeton, und nach ein paar Tagen bezogen sie ein gemietetes Haus in 2 Library Place unweit des Universitätsgeländes. Sie feierten ihre Ankunft in ihrem neuen Heim mit einem Musikabend. Albert spielte mit einem Streichquartett Mozart, Haydn und Beethoven.

Zwei Jahre später zogen sie in ihre permanente Unterkunft in der 112 Mercer Street, ebenfalls in Princeton. Während der Hektik des Umzugs schwoll Elsas linkes Auge durch ein Netzhautödem stark an – es war der Vorbote einer tödlichen Nieren- und Herzkrankheit. Sie mußte sich ins Bett legen und durfte sich nicht bewegen. Am 23. November, als Lindemann das Telegramm abschickte, war Elsa schwer krank und unfähig, irgend jemandem den Zugang zu Albert zu verwehren, wie Grete behauptet hatte.

Es ist möglich, daß Grete Elsa nur als Vorwand für ihr Unvermögen benutzte, direkt mit Albert in Kontakt zu treten. Im Lindemann-Archiv im Nuffield College, Oxford, findet man kein Telegramm oder einen Antwortbrief von Einstein an seinen Freund Frederick. Aber dieser muß innerhalb einer Woche eine (vielleicht telefonische) Nachricht erhalten haben, denn Grete wurde unverzüglich von Lindemann selbst über Alberts Antwort informiert. Am 1. Dezember 1935 schrieb der mit Einstein ebenfalls befreundete Physiker Max von Laue Albert aus Oxford: »Die Angelegenheit mit Deiner Pseudo-Tochter hier hat mich amüsiert; nur ärgert mich dabei die Leichtgläubigkeit dieser Engländer. Als die Dame von der Anfrage bei Dir und Deiner Antwort vernommen hatte, bat sie telephonisch Lindemann um Diskretion!!!! Es gibt doch eine gewisse, naive Unverschämtheit, die ausserordentlich komisch wirkt.«[79]

Offenbar »stritt Einstein jede Bekanntschaft mit der Frau ab«,[80] wie Lindemann einer Freundin, Bertha Bracey, mitteilte. Der Brief an Bracey ist jedoch verschwunden.

∗

Zygmunt Markstein-Herschdoerfer muß von Gretes Behauptung, sie sei Einsteins Tochter, gewußt haben, da er Elsas Briefe an seine Frau aufbewahrte. Und er muß Grete sehr geliebt haben, da er ihren Namen sogar als zweiten Familiennamen benutzte. Zygmunt war ein geachteter Chemiker und Herausgeber des dreibändigen Werkes *Quality Control in the Food Industry*, das immer noch im Druck ist. Es fehlte ihm nicht an Geld, da er seit seiner Ankunft auf den Britischen Inseln für den Chemiekonzern Unilever arbeitete und bald zum Mitglied des *Royal Institute of Chemists* ernannt wurde. Nach seinem Tod hinterließ er mehr als 24 000 Pfund. Außerdem vermachte er Verwandten und Freunden Schmuck, der Grete gehört hatte. Interessanterweise erwähnt keiner von Einsteins Freunden – weder Weyl noch Lindemann, noch Plesch –, daß Grete um Geld gebeten habe, als sie behauptete, Einsteins Tochter zu sein. Da sie es nicht auf Erpressung angelegt hatte, bleibt ihr Motiv rätselhaft.

Einstein mochte die meisten seiner Freunde überzeugt haben, daß Grete gelogen habe, doch János Plesch war anderer Ansicht. Am Samstag, dem 1. Februar 1936, etwas über zwei Monate *nach* Lindemanns Telegramm, besuchte Grete den Arzt um 16.30 Uhr für eine Stunde. Seitdem half Plesch ihr trotz Einsteins Dementi im Verein mit anderen Freunden, die ihr immer noch glaubten (deren Namen er allerdings nicht nennt).[81] Sie verschafften ihr einen Arbeitsplatz, über den jedoch keine Einzelheiten bekannt sind, und brachten Georg, der nun George hieß, in einer Schule unter.

Grete erschien von Februar bis 1. August zweimal im Monat – insgesamt fünfzehnmal – bei Plesch. Vielleicht litt sie bereits an der Lungentuberkulose, die ihr bald zum Verhängnis werden sollte. Ihr Mann »Dr. Herschdoerfer« suchte Plesch dreimal auf.[82]

∗

Zehn Monate nachdem Grete mit ihrer Behauptung an Lindemann herangetreten war, beauftragte Albert seine Sekretärin Helene Dukas, einen Detektiv zu engagieren, der Informationen über Grete sammeln sollte. Helene Dukas wandte sich im August 1936 an einen »jüdischen Detektiv« namens F. Biel.[83] Der Tonfall der Korrespondenz zwischen Dukas und Biel läßt vermuten, daß Einstein und sie ihn persönlich kannten.

Am 19. August meldete F. Biel Helene Dukas, er habe mit »ein bischen Glück« ermittelt, daß Grete Markstein am 31. August 1894 im neunten Wiener Bezirk geboren worden sei. Ihr Vater Samuel stamme aus Serezny in Ungarn und sei in Baden gestorben. Der Geburtsort von Gretes Mutter bleibt unerwähnt, doch sie sei wie ihr Mann in Baden dahingeschieden. Biel gelang es, »eine Schwester des Vaters namens Melanie Neumann, Wien IX«, zu entdecken. »Frau N. bestätigte mir auch, dass Grete M. in Berlin, Schauspielhaus, engagiert war und bei den Umwälzungen in Deutschland das Land verliess.« Frau Neumann habe ihm Gretes damalige Adresse genannt: »VI. Paris, Place de Lodión.«

Biel schloß: »Es besteht kein Zweifel mehr, dass sich meine Angaben auf die gesuchte Person beziehen und ich hoffe, damit meinem hochverehrten Auftraggeber etwas gedient zu haben.«[84]

Es gibt eine Reihe eklatanter Fehler in Biels Bericht. Laut der Israelitischen Kultusgemeinde und dem Magistrat der Stadt Wien starb nur Gretes Vater in Baden, ihre Mutter dagegen in Wien. Melanie Neumann war nicht die Schwester von Gretes Vater Samuel, sondern die ihrer Mutter Helene. Und die Straße von Paris, die er »Place de Lodión« nannte, war in Wirklichkeit die Place d'Odéon.

Außerdem schrieb der Detektiv über Grete: »Ihr Ruf wurde mir von einem Herrn in Baden, der sie noch persönlich kannte, als mangelhaft bezeichnet«[85], womit Biel andeutete, daß Grete sexuelle Dienstleistungen erbracht habe. Bezeichnenderweise wird dieser Vorwurf weder in ihren Unterlagen im Geheimen Staatsarchiv noch in irgendeinem anderen verfügbaren Dokument erhoben. Auch Plesch und die Männer in Oxford machten keine derartigen Anspielungen.

*

1936, vermutlich nachdem Biel seinen Bericht vorgelegt hatte, verfaßte Albert einige Knittelverse, die er Plesch schickte:

> »Meine Freunde all mich foppen,
> Helft mir die Familie stoppen!
> Hab vom Wirklichen genug
> Das ich lang und ehrlich trug.
>
> Doch dass ich noch unentwegt
> Eier seitwärts hätt' gelegt
> Wär' zwar niedlich anzuhören
> Täts nicht andere Leute stören.«[86]

Plesch seinerseits schickte Albert am 29. September ein Gedicht:

> »Ja da gibt es nichts zu lachen
> Kinder machen, – Kinder machen,
> Eltern manchmal kein Vergnügen.
> Aber eines mehr zu kriegen
> Ohne jeglichen Genuss
> Ist der grösste Überfluss.
>
> Zum Zuchthengst wird, – und weiss nicht wie
> Durch Niedertracht ein Weltgenie!

Der Mensch soll sich darob nicht grämen,
Er braucht sich deshalb nicht zu schämen
Denn alles ist ja relativ
Und nur ein Tölpel nimmt es schief.

Drum fahre fort in Gottes Namen:
Beglück die Welt durch Deinen Samen!
Amen.

J. Plesch, Stiefonkel.«[87]

Die beiden Männer begannen eine zweiundzwanzigjährige
Korrespondenz, sobald sie Berlin verlassen hatten, doch nur
zweiundzwanzig Briefe von János an Einstein befinden sich
im Einstein-Archiv und nur dreizehn Briefe von Einstein an
Plesch im Plesch-Archiv. Während der »Grete-Markstein-
Ära« gibt es eine auffällige Lücke. Alle in diesem Zeitraum
geschriebenen Briefe fehlen – wahrscheinlich wurden sie auf
Einsteins Geheiß von Helene Dukas und Plesch selbst vernichtet.

✳

Aber die entscheidende Frage bei alledem bleibt: Woher könnte Grete gewußt haben, daß Albert eine Tochter gehabt hat?
Woher könnte sie Lieserls Geburtsdatum gekannt haben? Niemand ahnte etwas von Lieserl – weder Alberts Freunde noch
sein Arzt und vielleicht nicht einmal seine zweite Frau. Auch
Grete gab sich nie namentlich als Lieserl aus, sondern nur mit
Hilfe ihres Geburtsdatums. Lieserls Existenz war ein erstaunlich gut gehütetes Geheimnis. Woher hatte Grete genug Informationen, um einige Gelehrte in Oxford zu überzeugen, daß
sie Einsteins Tochter war? Und wie konnte sie Plesch immer
noch für sich gewinnen, *nachdem* die Gruppe in Oxford ihr
eine Abfuhr erteilt hatte? Wenn sie wirklich abgefeimt war,
warum wandte sie sich dann nicht mit der Geschichte an die
Presse? Warum haftete der Episode kein Hauch von Erpressung an? In keiner von Gretes Theaterakten heißt es, sie sei

diebisch gewesen – höchstens ehrgeizig und intrigant. Wenn Grete eine Betrügerin war, hatte sie ein verblüffend elegantes Possenspiel inszeniert.

Nach Gretes letztem Treffen mit Plesch erscheint sie nicht mehr in seinen Unterlagen. Sieben Jahre später starb Grete Markstein-Herschdoerfer, Nummer 223 im Meldebezirk Wirral der Grafschaft Chester, am 7. September 1943 in 10 Brimstage Street. Sie war einundvierzig Jahre alt und die Ehefrau von Zygmunt Markstein-Herschdoerfer, einem Chemiker, der für die Hersteller von Seifentalg und Margarine arbeitete. Sie starb zu Hause an Lungentuberkulose, attestiert von Dr. med. J. W. Cowen,[88] mit Zygmunt und George an ihrer Seite.

Bis George Markstein einundzwanzig Jahre alt war, hielt er Kontakt zu Gretes Bühnenkollegin Lola Stein. Lola wußte auch, daß Grete sich für Einsteins Tochter hielt.

1947, vier Jahre nach Gretes Tod, schickte Lola aus London einen in fast korrekter deutscher Schriftsprache verfaßten Brief an Albert Einstein: »Georg G. Markstein, der Sohn Ihrer Tochter Frau G. M. Markstein-Herschdörfer (früher Wien und Berlin), welche bis zu ihrem Tode 1, Lancaster Terrace, London, W. 2 (England) wohnte, schuldet mir £ 35.16.0. Ich lege Photocopy des Schuldscheines bei und hoffe, dass Sie, sehr geehrter Herr Professor, diese Schuld Ihrer Angehörigen an mich begleichen werden, da ich als Jüdischer Flüchtling, alleinstehend, kaum mein Auskommen habe und dieses Geld sehr benötige. Als Freundin Ihrer verstorbenen Tochter habe ich ihrem Andenken getreu, mich des jungen Mannes angenommen, als er 17 Jahre alt war.«

Vermutlich hatte Lola nach Gretes Tod ihre Hilfe angeboten. George war ein schwieriger Junge. Er haßte seinen Stiefvater, den er für zu streng und zu pedantisch hielt. Seiner Ansicht nach hatte Zygmunt Grete gezwungen, eine gewöhnliche Hausfrau zu werden. Nach dem Tod seiner Mutter zog George aus und ignorierte Zygmunts flehentliche Bitten um Versöhnung.

»Ich forderte Georg M. Markstein per Einschreiben nach seiner Volljährigkeit zur Bezahlung seiner Schuld auf und erhielt die Nachricht ›Gone away‹«, fuhr Lola fort. »Der Original-Schuldschein ›I owe Miss Stein the sum of £ 35.16.0‹ ist in meinem Besitz. Verzeihen Sie, dass ich mich an Sie persönlich, hochverehrter Herr Professor Einstein, wende. Ich weiss keine andere Möglichkeit.«[89]

Als Lola diesen Brief schrieb, war sie zweiundsechzig Jahre alt und hatte Berlin acht Jahre zuvor verlassen. 1947 hätten £ 35 für die Jahresmiete einer Wohnung oder sogar eines Häuschens ausgereicht. Wahrscheinlich handelte es sich um ihre gesamten Ersparnisse.

Albert erwiderte spöttisch: »Ich habe bereits sehr drollige Erlebnisse durch die nun verstorbene Frau Markstein gehabt, die sich mit ausgesprochenem Erfolg als meine natürliche Tochter ausgegeben und mit dieser Erfindung selbst bei nahen Freunden Glauben gefunden hat. Ich habe das Märchen dadurch entkräften können, dass festgestellt wurde, dass Frau Markstein entsprechend dem amtlichen Geburtsregister von Baden bei Wien nur dreizehn Jahre jünger gewesen ist als ich, sodass die Geschichte selbst für Solche wenig glaubhaft geworden ist, welche sonst ausgesprochenes Vertrauen in meine Tüchtigkeit und Productivität hegen.« Das stimmt nicht ganz. Laut Biels Bericht war Grete 1894 geboren worden, so daß zwischen ihr und Albert ein Altersunterschied von fünfzehn, nicht von dreizehn Jahren bestand.

»Was den jungen Markstein anbetrifft«, fuhr Albert fort, »so scheint es, dass auch dieses Äpfelchen nicht weit vom Stamme gefallen ist, vorausgesetzt, dass Ihre Mitteilung über die Schuld solider begründet ist als die Tochterschaft der Mutter.«[90]

Der exaltierte George Markstein wurde ein berühmter Autor von sieben Spionageromanen und vier Fernsehspielen, unter denen *The Prisoner* am bekanntesten ist.[91] Er starb im Jahre 1987.

Lola gab sich jedoch noch nicht geschlagen, sondern entgegnete Einstein in einem handgeschriebenen Brief in schlechtem Deutsch: »Ich nehme es als eine besondere Ehre an, eine so interessante Antwort von Ihnen erhalten zu haben. Wenn

es auch ein negativer Erfolg in Bezug auf Markstein war –
den Verlust ich nun hinnehmen muss – so gibt es doch nichts
Böses, dass nicht zum Guten führt.«[92] Dann bittet sie Albert,
ihr »zu einem Affidavit in die U. S. A. zu verhelfen«. Einstein
ließ den Brief unbeantwortet.

*

János Plesch begann 1942, seine Memoiren zu schreiben. Im
Januar 1944 schickte er Einstein eine Kopie des Manuskripts.
Albert möge vor allem die ihn selbst betreffenden Abschnit-
te lesen und nach Belieben Korrekturen vornehmen.

»Ich freue mich auf Ihr [auto]biographisches Buch«, erwiderte Albert. »Wenn ich nach der Kostprobe meine Erwar-
tungen einrichten darf, so ist es eine Fülle von Wahrheit, die
als ein Mosaik aus nicht zutreffenden Details dargestellt wird.
Ich reagiere natürlich sauer auf das über mich Geschriebene,
weil ich das Individuum überhaupt nicht gerne beleuchtet sehe
sondern lieber im Nebel und Halbdunkel. Das Vieh ist so
widerspruchsvoll, dass alles was man Kohärentes darüber
sagt, irgendwie falsch ist. Wenn sichs nun um mich selber handelt fühle ich das am deutlichsten … Wissen Sie, dass auch
Professoren in Oxford der Markstein ins Garn gegangen
sind?«[93]

Albert machte in seinem fünfseitigen, einzeilig getippten
Brief an Plesch vom 3. Februar 1944 etliche Kommentare und
Korrekturen. »Meine erste Ehe war zwar schmerzlich; sie hat
aber doch von 1902–14 gehalten. Else heiratete ich nicht in
Prag, sondern etwa 1917 in Berlin.« Er irrte sich in wenig-
stens zwei seiner Aussagen. Denn er hatte Mileva 1903, nicht
1902 geheiratet und sie 1914 verlassen. Die Scheidung erfolg-
te erst 1919. Im selben Jahr, nicht 1917, heiratete er Elsa.
Nichtsdestoweniger arbeitete Plesch Alberts Korrekturen im
Mai in das Manuskript ein.

»Sie haben so Recht, was sie ueber solche Art von Remi-
niszenzen, wie ich sie probiere zu schreiben, sagen, dass sie
ein Mosaik von nicht zutreffenden Details darstellen«, ant-

wortete Plesch. »Man sieht Menschen in Tunika auf Coturn, um ihre Lebensluege auf ein hoeheres Piedestal zu stellen und dann zu bedecken; man hat nicht das Recht, sie nackt wie man sie manchesmal besonders als Arzt zu sehen bekommt, anders wie sie es selber wollten, zu schildern. Drum hatte ich es vorgehabt, dem Buch den Titel ›Luege von A bis Z‹ zu geben.«[94]

In diesem Stil fuhr er fort: »Doch glauben Sie mir, wenn ich all diese 700 Seiten geschrieben habe, habe ich mich koestlich darueber amuesiert, wie wundervoll wir alle zum Luegen trainiert sind und wie wenig Menschen es sich erlauben koennen wahr zu sein. Der gute Ibsen hat den Nagel mit dem Hammer auf den Finger getroffen wenn er sagt: ›nimm Einem die Lebensluege weg und dann hast du ihm das Leben weggenommen.‹ Dieses ganze Buch ist mit diesem Kompromiss geschrieben.«[95]

Pleschs Manuskript landete schließlich auf dem Schreibtisch des Lektors und Übersetzers Edward Fitzgerald beim Londoner Verlag Victor Gollancz. Fitzgerald war an einer Veröffentlichung interessiert; ihm liege besonders an dem Kapitel über Einstein, da dieser »das Kapitel, wie wir hören, persönlich durchgesehen hat«[96].

Ich versuchte vergeblich, das »durchgesehene« Originalmanuskript in Pleschs Archiv bei der *Royal Society* in London ausfindig zu machen. Da ich nach Randbemerkungen und Änderungen Ausschau hielt, die mir bei meinen Recherchen helfen konnten, fragte ich János Pleschs Sohn Peter, was aus dem Text geworden sei.

»Das Manuskript ist vernichtet worden«, sagte er. »Es gab keinen Grund dazu, einen riesigen, unordentlichen Stapel Papiere aufzubewahren.«[97]

✳

Vier Monate nach Biels Nachforschungen über Grete starb Elsa Einstein, die seit siebzehn Jahren mit Albert verheiratet war, an einem verschneiten Tag im Dezember 1936 an einer

Nieren- und Herzkrankheit. Seit dem Tod ihrer Tochter Ilse waren anderthalb Jahre vergangen, und Elsa hatte sich nie von dem Trauma erholt. Elsas Freundin Antonina Vallentin, die Auslandskorrespondentin des liberalen *Manchester Guardian*, hatte den Eindruck, Elsa habe einfach mit dem Leben abgeschlossen.

»Käme jetzt mein Ilschen herein, wäre ich sofort ganz gesund«, schrieb Elsa in ihrem letzten Brief an Antonina. Und diese unterstrich in ihrem Buch *The Drama of Einstein. A Biography (Das Drama Albert Einsteins)*, daß ihre Freundin das Opfer eines grausamen Konflikts zwischen ihrer leidenschaftlichen Mutterliebe und der Liebe zu ihrem Mann geworden sei.[98]

In ihrem letzten Brief teilte Elsa Antonina ein paar Tage vor ihrem Tod mit, Albert wandere herum wie eine verlorene Seele. »Ich habe nie gedacht, daß er mich so liebte. Und das tröstet mich.«[99] Dabei hatte Albert ein paar Jahre nach seiner Eheschließung mit Elsa Plesch gegenüber erklärt, die Ehe müsse von »einem phantasielosen Schwein« erfunden worden sein.[100]

An Elsas Todestag soll Albert mit äußerlicher Ruhe gesagt haben: »Begrabt sie.«[101] Im Januar 1937 schrieb er in einem Brief an Hans Albert: »Es kommt wirklich alles zusammen, um uns das Dasein schwer zu machen.«[102]

\*

In der Zwischenzeit hatte sich für Mileva nichts geändert. Ihre Finanzen befanden sich in einem chaotischen Zustand, und Eduard war nun ausweglos in seiner Geisteskrankheit gefangen.

Viele Jahre zuvor, in einem hoffnungsvollen Abschnitt ihres Lebens, hatte Mileva eine Brombeerhecke am Rand und eine Rotbuche genau in der Mitte ihres Gartens gepflanzt. Am 23. Mai 1948 hatten die Brombeersträucher und die Rotbuche gerade zu blühen begonnen, als Eduard einen seiner Anfälle erlitt. Er war besessen von der Idee, etwas verloren zu haben. In unbezähmbarer Wut stürzte er Möbelstücke um und riß Gegenstände von den Regalen.

Am folgenden Tag rannte Milevas Haushälterin Frau Kerekes hinunter zur Nachbarin Marie Grendelmeier, um diese um Hilfe zu bitten.

Marie lief hinauf und fand Mileva regungslos auf dem Bett vor. Als sie genauer hinschaute, merkte sie, daß Milevas Augen sich noch bewegten.

Sie rief den Rettungsdienst an, setzte sich dann an Milevas Seite und hielt ihre Hand. Marie versprach tröstend, sie werde sich um Eduard kümmern. Nachdem man Mileva abgeholt hatte, versuchten Marie und Frau Kerekes, die Wohnung zu säubern. Sie entdeckten, daß die Speisekammer in der Küche mit ranziger Butter und schimmeligem Brot vollgestopft war.

Man brachte Mileva in eine Privatklinik in der Carmenstraße. Wie sich herausstellte, hatte sie ihren zweiten Schlaganfall innerhalb von zwei Jahren erlitten und war nun linksseitig gelähmt. Fast drei Monate lang lag sie im Krankenhaus an einem Fenster, das auf einen Garten hinausblickte. Meistens rief sie aus Angst um Eduard: »Nein, nein, nein.«[103] Aber Eduard saß neben Mileva und hielt ihre Hand. Sein Geist hatte sich soweit geklärt, daß er seiner Mutter Trost und Mitgefühl spenden wollte.

Mileva wollte unbedingt Hans Albert sprechen, um sich von ihm versichern zu lassen, daß er sich seines Bruders annehmen werde. Aber Hans Albert und seine Familie wohnten nun in Amerika. Zum letztenmal hatte er seine Mutter 1946, fast zwei Jahre zuvor, besucht. Albert war zwar bereit, die Überfahrt zu bezahlen, aber er drückte sich so zweideutig aus, daß er seinen Sohn entmutigte: Es werde ein Schock, verbunden mit einem Abschied, für Hans Albert sein, seine Mutter unter solchen Umständen wiederzusehen.[104]

Hans Albert blieb in Amerika.

Es war der 4. August 1948, ein brütender Sommertag in Zürich, als die vom See aufsteigenden Dämpfe von den Bergen gefangen und in der Stadt eingesperrt wurden. In dem einen Moment war Mileva sich noch ihrer Umgebung bewußt und konnte klar sprechen, doch im nächsten endete ihr Leben.

Helene Dukas und Frieda Einstein flogen nach Zürich, um Milevas Nachlaß abzuwickeln. Sie suchten überall nach den fehlenden 85 000 Franken und fanden das Geld, das Mileva versehentlich für den Hausverkauf ausgezahlt worden war, schließlich unter der Matratze. Wie ihr Vater, der seine Ersparnisse im Ofen versteckt hatte, verbarg auch Mileva ihr Geld zu Hause. Die Serben nennen diesen Brauch *pare iz slamarice*, »Geld aus der Matratze«.

Helene und Frieda nahmen die 85 000 Franken, die Liebesbriefe zwischen Mileva und Albert und andere Wertgegenstände mit. Sie schenkten der Nachbarin Marie Grendelmeier ein altes Knäuel hellroter Angorawolle. Daraus strickte Marie einen Pullover, den sie trug, bis er zerlumpt war.[105]

\*

Eduard hatte seine Mutter verloren und war nun völlig allein. Statt ihn nach Amerika zu holen, bestellte Albert in Zürich einen Vormund, Dr. Heinrich Meili, für ihn. Zuerst wurde Eduard der Obhut des Pfarrers Hans Freimüller in dem Schweizer Dorf Uitikon übergeben. Freimüller hatte Ahnung von Psychoanalyse und Erfahrung im Umgang mit gestörten jungen Männern. Eduard blieb ein Jahr in Uitikon, wo er sich wohl fühlte. Dann brachte Meili ihn jedoch aus unbekannten Gründen zu einer Rechtsanwaltswitwe im Zürcher Vorort Höngg.

Während er hier wohnte, entwickelte Carl Seelig, einer von Alberts Biographen, eine vertrauensvolle Beziehung zu Eduard und nahm ihn unter seine Fittiche. Seelig dürfte damals sehr viele Einzelheiten über die Familie Einstein erfahren haben, doch aus Respekt und aufgrund der Freundschaft mit Eduard verwertete er kaum etwas davon in seinem Buch. Auf Eduards Wunsch hin erbot sich Seelig sogar, die Vormundschaft zu übernehmen, doch Albert lehnte ab, da der Posten schon vergeben sei. Eduard wurde nun permanent in der Heilanstalt Burghölzli untergebracht.

1944, vier Jahre vor Milevas Tod, erhielt Eduard den letzten Brief von Albert. Zehn Jahre später schrieb Einstein an Seelig, um zu erklären, warum er den Kontakt zu seinem Sohn abgebrochen hatte: »Sie haben sich wohl schon gewundert, warum ich mit Teddy [Eduard] nicht in Briefwechsel bin. Es liegt da eine Hemmung zu grunde, die völlig zu analysieren ich nicht fähig bin. Es spricht aber mit, dass ich glaube, schmerzliche Gefühle verschiedener Art bei ihm zu wecken, dadurch, daß ich irgendwie in Erscheinung trete.«[106]

Eduards Zustand verschlimmerte sich weiter. Er spielte nicht mehr auf seinem geliebten Klavier, weil das Personal ihm vorhielt, er störe die anderen Patienten. Deshalb verbrachte er den größten Teil seiner Zeit damit, als eine Art Hilfsgärtner, bekleidet mit einem verschossenen blauen Overall und Holzschuhen, auf dem Anstaltsgelände zu arbeiten. Seine großen dunklen Augen wirkten entrückt, und er konnte sich selten auf seine Gesprächspartner konzentrieren. Das einzige, was an seinen Vater erinnerte, war sein Einstein-Schnurrbart.

Am 25. Oktober 1965 starb Eduard an einem warmen Herbstabend in Zürich. Er war fünfundfünfzig Jahre alt. In der Todesanzeige wurde er lediglich als »Sohn des verstorbenen Prof. Albert Einstein« bezeichnet. Mileva blieb unerwähnt.

✳

Gegen Ende seines Lebens schrieb Albert eine Art Autobiographie mit dem Titel *Mein Weltbild*. Darin spricht er überhaupt nicht von seiner Familie – weder von Mileva noch von Hans Albert, noch von Eduard, noch von Lieserl, noch von Elsa. Vielmehr verkündet er stolz, er habe sein ganzes Leben lang versucht, sich von den »Ketten des rein Persönlichen« zu befreien.[107]

Einmal rühmte er sich einem Freund gegenüber: »Ich fahre immer mit meiner Harmlosigkeit, die doch zu 20% bewusst ist, am besten. Dies gelingt leicht, wenn man gegen die Gefühle der lieben Mitmenschen genügend gleichgültig ist; so gleichgültig, als sie es verdienen, ist man ja doch nie.«[108]

Alberts Sekretärin Helene Dukas war seine Komplizin bei diesem Bemühen. Und sie beschützte ihn rückhaltlos. Die unscheinbare, hagere Frau, die gern derbe Schuhe und zugeknöpfte Strickjacken trug, blieb stets im Hintergrund, doch sie regierte Alberts Leben mit eiserner Hand. Hans Albert vermutete, die beiden hätten ein Verhältnis. Er wurde in seinem Argwohn dadurch bestärkt, daß Helenes Zimmer in Princeton direkt neben Alberts Arbeitszimmer lag, während Elsa am anderen Flurende untergebracht war. Zudem hinterließ Albert Helene mehr Geld als jedem Mitglied seiner eigenen Familie – zusätzlich zu den Nettoeinnahmen aus seinen Tantiemen und Lizenzgebühren sowie allen seinen Büchern und persönlichen Habseligkeiten.

Peter A. Bucky, der Sohn von Einsteins Freund Dr. Gustav Bucky, mutmaßte in seinem Buch *Der private Albert Einstein*, daß Helene Dukas Lieserl gewesen sein könne. Die Familien Einstein und Bucky lernten einander in Berlin kennen und waren bereits eng befreundet, als sie alle nach Amerika emigrierten, wo Gustav Bucky Pleschs Rolle als Alberts Vertrauter und Arzt übernahm.

Nach Gustavs Tod im Jahre 1963 begann Peter, Material für das Buch zu sammeln. Er meint, Helene sei von der Familie Dukas adoptiert worden und dann auf mysteriöse Weise in Alberts Haushalt erschienen. Er gibt zu bedenken: »Das Mädchen … ist perfekt dafür geeignet, mit der Organisation von Einsteins Arbeit fertig zu werden, schließlich ist sie erblich von beiden Seiten wissenschaftlich vorbelastet.« Und nur eine Blutsverwandte habe Alberts Psyche und seinen wissenschaftlichen Geist so gut verstehen können.

Dukas war so sehr mit Albert verschmolzen, daß Otto Nathan, Alberts zweiter Treuhänder, nach ihrem Tod feststellte: »Einstein ist mit ihrem Hinscheiden einen zweiten Tod gestorben.«[109] Aber Helene wurde 1894 geboren, sechs Jahre vor Lieserl, als Albert achtzehn Jahre alt war.

∗

Am 18. April 1955 starb Albert um 1.20 Uhr ohne Familienangehörige oder Freunde im Princeton Hospital.

János Plesch trank gerade in einem New Yorker Hotel seinen Morgenkaffee und hörte Radio, als bekanntgegeben wurde, daß sein Freund an einem massiven Aneurysma der Aorta gestorben sei. Plesch war nicht überrascht, denn er hielt Albert zwar für eine »noble Seele«, aber er wußte, daß dieser ein »recht schwaches Gefäßsystem« gehabt hatte.[110] Alberts Lungenprobleme waren denen von Pleschs inzwischen ebenfalls verstorbener Patientin Grete Markstein sehr ähnlich gewesen.

Gustav Bucky und János Plesch waren seit langem für jenen Abend miteinander verabredet. Sie hatten ihre aus Berlin datierende Freundschaft trotz der Ferne aufrechterhalten. Bucky teilte Plesch telefonisch mit, Einstein sei bereits eingeäschert worden, weshalb sie ihrem ursprünglichen Plan gemäß in New York bleiben sollten.

»Du kannst Dir vorstellen, wie ich mich fühle«, begann Plesch einen weitschweifigen Brief an seinen Sohn: Einsteins Arzt habe bei ihm am späten Abend eine letzte Visite gemacht, und Albert habe bis gegen ein Uhr geschlafen. Dann habe er ein paar deutsche Worte gemurmelt, welche die Nachtschwester nicht verstehen konnte, und sei nach zwei tiefen Atemzügen ohne Qual gestorben.[111] Danach beschrieb Plesch Albert als eine überaus sexuelle Persönlichkeit, was sich an seinen vollen Lippen und seiner wohlgeformten, doch großen Nase habe ablesen lassen. Außerdem behauptete er, Albert habe an der »Herrenkrankheit« Syphilis gelitten. Plesch erklärte, er habe in seiner langen medizinischen Praxis festgestellt, daß Unterleibsaneurysmen wie die Einsteins fast ausnahmslos syphilitischen Ursprungs seien. Eine frühere Syphilisinfektion werde auch durch die Tatsache belegt, daß Albert oftmals an einer sekundären Anämie gelitten habe. Da Einsteins Söhne aus der ersten Ehe von gesunden Eltern gezeugt worden seien, müsse er sich die Infektion in der Zeit vor seiner zweiten Ehe zugezogen haben. Von dieser These ließ Plesch sich nicht abbringen.

Einen Tag später war Plesch immer noch mit seinem Brief beschäftigt und konzentrierte sich auf Alberts Gesundheit. Einstein war stets ein starker Raucher mit einer besonderen Sucht nach den längsten, dicksten und schwärzesten Zigarren gewesen, wie Peter Michelmore, einer seiner Biographen, schrieb. Deshalb habe er bereits als junger Mann braun gefärbte Zähne und eine rauhe Kehle gehabt. Als Albert 1922 Japan besuchte, wurde er von dem Karikaturisten Ippei Okamoto befragt, ob er zum Vergnügen rauche oder nur, um seine Pfeife säubern und wieder stopfen zu können. Einstein antwortete: »Es geht mir ums Rauchen, aber am Ende klumpt sich alles zusammen. Und wie beim Rauchen geht es auch im Leben, vor allem in der Ehe.«[112]

Seit seiner Ankunft in Amerika hatte man Albert geraten, das Rauchen aufzugeben, weil er sonst ein Aneurysma riskiere. Doch er erwiderte nur ironisch: »Dann soll sie [die Aorta] eben platzen.«[113] Merkwürdigerweise fand er einen Verbündeten in Plesch, der das Rauchen nicht für gesundheitsschädlich hielt. Seiner Meinung nach brauchte sich Albert keine Beschränkung aufzuerlegen. Plesch war empört, als er hörte, daß Einstein auf dem Weg zum Institut Zigarren- und Zigarettenstummel aufgesammelt habe, um seine Pfeife heimlich zu stopfen. Plesch dachte, solche Täuschungsmanöver seien unter Alberts Würde, weshalb er ihn fortan mit Tabak und Zigarren belieferte. Gleichwohl war Plesch aufrichtig besorgt über Alberts Einstellung zu seiner Gesundheit. Man habe den Eindruck, als wollte Einstein nicht einmal von seinem eigenen Körper abhängig sein, um ausschließlich seiner Arbeit leben zu können. Es handele sich um eine umfassende Persönlichkeitsspaltung.

Am Ende des Briefes schrieb Plesch, Alberts und Milevas Ehe sei auf freundschaftliche Weise aufgelöst worden. Und mit Elsa habe er eine absolut harmonische und friedliche Ehe geführt, da sie ihn am besten gekannt und ihn sein Leben habe führen lassen, wie der »kleine Albert« es für richtig hielt.

Pleschs Revisionismus, wie der vieler Mythenschöpfer (darunter Einstein selbst), sorgte dafür, daß die Rätsel im Leben seines Freundes auf Jahrzehnte hinaus unangetastet und ungelöst bleiben würden.

TEIL VII

Der Psychoanalytiker Dr. John Phillips ist fast achtzig Jahre alt. In seiner langen Karriere hat er häufig schizophrene Patienten behandelt. Ein besonders guter Freund von ihm war der inzwischen verstorbene Erich von Kahler, der Autor von *The Tower at the Abyss: An Inquiry into the Transformation of the Individual*. Von Kahler war in Princeton ein Nachbar und Freund Einsteins gewesen. 1951 trafen sich Phillips und von Kahler einmal zum Essen und unterhielten sich über Einsteins Kinder. Phillips zeigte sich sehr interessiert an diesem Thema, weil er wußte, daß Eduard Einstein als schizophren diagnostiziert worden war. Er erinnert sich deutlich, daß von Kahler sagte: »Professor Einstein hat mir erzählt, daß sein erstes Kind mongoloid gewesen sei.« Zuerst dachte Phillips, von Kahler rede über Eduard, aber dann fiel ihm ein, daß Eduard der jüngere von Einsteins beiden Söhnen war.

»Von Kahler bezog sich nicht auf Eduard«, bekräftigte Phillips, als ich ihn 1996 interviewte. »Glauben Sie mir, ich kenne den Unterschied zwischen einer schizophrenen und einer mongoloiden Person. Und Einstein kannte ihn auch.«

＊

Im Februar 1912 schloß Albert Freundschaft mit Paul Ehrenfest, einem brillanten Physiker und hervorragenden Lehrer.
Die beiden Männer verbrachten soviel Zeit wie möglich miteinander und ergingen sich in langen intellektuellen Debat-
ten.

Eine von Ehrenfests großen Sorgen war sein 1917 geborener Sohn Wassik, der an schwer ausgeprägtem Down-Syndrom litt. Gegen Ehrenfests ausdrücklichen Wunsch wurde
Wassik 1932 in einer Amsterdamer Anstalt untergebracht.
Kurz darauf versuchte Albert seinen Freund durch die Bemerkung zu ermuntern: »Wertvolle Individuen dürfen nicht aus-
sichtslosen Dingen hingeopfert werden.«[1] Obwohl er sich auf
Ehrenfests Sohn bezog, dachte er bei diesen Worten wohl auch
an Eduard – und möglicherweise an Lieserl.

Ein Jahr darauf trennte sich Ehrenfests Frau und Kollegin
Tatjana von ihm. Er war untröstlich. Am 27. September
besuchte er seinen sechzehnjährigen Sohn. Kurz nachdem er
Wassiks Zimmer betreten hatte, ertönten zwei Schüsse. Ehrenfest hatte seinen Sohn durch einen Schuß ins Gesicht getötet
und dann die Waffe gegen sich selbst gerichtet. Beide waren
auf der Stelle tot.[2]

∗

Das neunte Gebot »Du sollst kein falsch Zeugnis reden wider
deinen Nächsten« wird in der Vojvodina als feierliches Versprechen, stets die Wahrheit zu sagen, interpretiert. Man sagt:
»*Obećanje je dužnost*, ein Versprechen ist eine Pflicht.«

Wenn ein Serbe beschließt, ein sorgsam gehütetes Geheim-
nis zu enthüllen, dann gewöhnlich erst nach vielen Jahren des
Schweigens. Außerdem wird er sich auf ein anderes Bibelwort
berufen, nämlich auf die Ermahnung des Paulus, daß die
Wahrheit »in zweier oder dreier Zeugen Mund bestehen«
müsse.[3] Alle Zeugen, die ich befragte, gaben zunächst ein
Bekenntnis zur Ehre und zur Wahrheit ab. Genau dieser
Kodex wird von Shoshana Felman und Dori Laub in ihrem
Werk *Testimony: Crises of Witnessing in Literatur, Psycho-*

*analysis, and History* behandelt: »Zeugnis abzulegen bedeutet mithin nicht nur, daß man etwas erzählt, sondern daß man sich selbst und die Erzählung für andere einsetzt. Durch die Rede übernimmt man die *Verantwortung* für die Wahrhaftigkeit eines Ereignisses ...«[4]

Auch die metrische Tradition der serbischen Volksballade pflegt die Ehrfurcht vor dem aufmerksamen Zuhören; in ihr wird die mündliche Darbietung einer geistigen und moralischen Wahrheit zur Kunstform.[5] Folglich gründet sich die ungeschriebene Geschichte der serbischen Erfahrung auf das »Vertrauen in den Wert individueller Zeugen«,[6] so daß die Überlieferung eine beispiellose Glaubwürdigkeit erhält.

In Lieserls Geschichte gibt es sieben Zeugen, die ehrenhafte Aussagen geleistet haben: Dragiša Marić, ein Cousin dritten Grades von Mileva, der bestätigte, daß Lieserl bei ihren Großeltern blieb, als Mileva nach Bern zurückgekehrt war; Dragišas Mutter Ljubica Marić, die mir erzählte, daß eine deutschsprachige Frau Lieserl fortgebracht habe; Jovan Ružić, ein Cousin zweiten Grades von Mileva, der nie ein Wort über Lieserl verloren hatte und ihre Existenz nicht sehr leicht einräumen konnte – aber es »ist mir vom Gedächtnis auf die Zunge geschlüpft«; Sofija Galić-Golubović, Milevas Cousine, die Hans Albert gegenüber jedes Wissen um Lieserl leugnete, um ihr Schweigegelübde einzuhalten; Milenko Damjanov, dessen Eltern eng mit Mileva befreundet waren und die ihm mitgeteilt hatten, daß Milevas Baby nicht völlig gesund gewesen sei, weil sie versucht hatte, ihren Bauch unter strammen Korsetten zu verbergen; Grete Markstein, die – vielleicht durch ihre Kontakte zu Albert – von der Existenz einer Tochter wußte, und schließlich der Psychoanalytiker Dr. John Phillips, von dem ich erfuhr, daß Einsteins erstes Kind mongoloid gewesen sei.

Zur Ermittlung der Wahrheit gilt es festzustellen, ob die Tatsachen und Nuancen übereinstimmen – oder nicht. Lieserls Geschichte wird von vielen homogenen Fäden durchzogen. Sämtliche Zeugen sagen aus, daß sie 1902 als Milevas und Alberts uneheliches Kind in der Vojvodina geboren wurde. Die meisten bestätigen, daß Milevas Eltern das Kind versorgten, während ihre Tochter in Bern lebte. Alle außer Phillips berichten, daß Lieserl an Scharlach erkrankte. Ljubica Marić und Mira Alečković erinnern sich an eine deutschsprachige Frau, die das Kind mitnahm. Damjanov und Phillips äußern sich zu Lieserls »Problemen«. Alle sind sich einig, daß sie mit ungefähr zwei Jahren von der Bildfläche verschwand.

Außerdem gab Alečković, eine berühmte serbische Autorin von Kindergedichten, am 29. März 1997 im Zusammenhang mit Milan Popović' Buch folgendes Statement ab: »Ich erinnere mich an die Aussage meiner Mutter Milica Marić, einer engen Verwandten von Mileva Einstein-Marić' Vater Miloš, daß Milevas uneheliches Kind im Kloster Kovilj bei Novi Sad getauft worden sei. Dann habe Miloš Marić' Schwester Julka das Kind einer deutschen Frau übergeben, damit es die deutsche Sprache lernen könne. Von meiner Großmutter hörte ich, das Mädchen sei 1903 gestorben. Es hieß Lizerel [*sic*].«[7]

Slavica und ich hatten das im 18. Jahrhundert zwischen Novi Sad und Titel erbaute Kloster Kovilj mit Hilfe eines der dortigen Mönche durchsucht. Der Mönch durchforschte sämtliche Unterlagen im Archiv und fand keine Spur von Lieserls Geburt, Taufe oder Tod.

Lieserls Geschichte war nur wenigen in der Gemeinde bekannt und nicht zum Gegenstand des Klatsches geworden. Nicht einmal Mitglieder der engeren Familie wie Ana Milić, Mira Gajin und Branka Galić wußten Bescheid. Dr. Lazar Marković, Lieserls Arzt, ließ seine eigene Familie im dunkeln – wiewohl sich mehrere seiner sieben Töchter an »eine seltsame Wolke des Schweigens, was Mileva anging«, erinnerten.[8] Diejenigen, die entweder direkte oder indirekte Zeugen von Lieserls Existenz waren, nahmen »die Einsamkeit der Verantwortung« auf sich, von der Felman und Laub sprechen.[9] Oder wie Slavica gesagt hätte: »*Jezik za zube*, die Zunge bleibt hinter den Zähnen. Man hält den Mund und erfüllt sein Versprechen.«

Fast neunzig Jahre – und zwei oder mehr Generationen –

sind vergangen, bevor die Bewohner der Vojvodina glaubten, sich über Lieserl äußern zu können. Die Veröffentlichung der Liebesbriefe zwischen Mileva und Albert schien die Erlaubnis mit sich zu bringen. Trotzdem ließen sie sich nicht auf Gerüchte ein. Wenn sie eine Frage nicht vollauf beantworten konnten, fügten sie kein schmückendes Beiwerk hinzu.

✳

Am späten Nachmittag des 17. Januar 1904, einem Sonntag, beschloß Mileva, die damals vier Monate mit Hans Albert schwanger war, einen Vortrag über Alkoholismus von Dr. Gustav von Bunge in der französischen Kirche in Bern zu besuchen. In der Kirche erwarb sie ein Exemplar der Broschüre *Alkoholvergiftung und Degeneration*. Diese Schrift steckte zwischen den Seiten von Dr. August Forels Buch *Die sexuelle Frage*, das Frau Gajin unter Milevas Papieren gefunden und Slavica und mir gegeben hatte.

Zu Beginn des Jahrhunderts machten viele Mediziner Front gegen den Alkoholmißbrauch. Auch Albert wurde 1916 von einem Arzt namens Otto Juliusburger behandelt, der »sich als wackerer Kämpfer gegen den Alkohol hervorgetan« hatte. Einstein war sich mit dem Arzt »über die Verdummung der Menschheit durch den Schnaps einig«[10], obwohl er gutes Essen und gute Getränke liebte.[11] Als Albert sich im folgenden Jahr von einem Magengeschwür erholte, schrieb er an Michele Besso: »Ich verpflichte mich dagegen, alles, was unglaublich ist, sonst zu thun, zu meiden zu saufen etc., kurz mich als medizinisch loyal und gottergeben zu gerberden.«[12]

Mileva schien sich Sorgen um ihre Schwester Zorka gemacht zu haben. Als diese Mileva 1907 in Bern besuchte, zeigte sie bereits einen abnormen Hang zum Alkohol. »Vielleicht könnt Ihr einen Schluck Wein für mich nehmen. Ich habe gehört, daß Ihr Wein aus Eurem Weinberg habt. Trinkt nicht alles aus, bevor ich komme«, schrieb Zorka Freunden in Sremski Karlovci auf einer Postkarte.[13]

Sie war vierundzwanzig Jahre alt und galt bereits als *mirna ludakinja*, als »stille Wahnsinnige«.

Als von Bunges Broschüre aus Milevas Exemplar von *Die sexuelle Frage* herausfiel, hatte ich bemerkt, daß manche Passagen des Textes unterstrichen waren. Im *Oxford English Dictionary* heißt es, Unterstreichungen hätten den Zweck, »größere Aufmerksamkeit zu erregen«. Auch können sie eine gelungene Wendung oder eine bedeutsame Aussage betonen. Es handelt sich um eine Form der schweigenden Konversation, um eine Methode, sich etwas Neues beizubringen. Die Unterstreichung hebt ein Argument hervor oder löst eine neue Idee aus. Sie schafft eine symbiotische Verbindung zu den Ansichten und Gefühlen des Autors. Plötzlich werden die eigenen Gedanken von jemandem in der Außenwelt bestätigt.

Von Bunges dünne, vergilbte Broschüre umfaßt lediglich acht Seiten. Die Unterstreichungen sind nur noch schwach zu erkennen, doch deshalb nicht weniger bedeutsam. Eine erste von Mileva hervorgehobene Passage lautet:

> »*Ein Mensch mit gesundem Blut überwindet siegreich die Bakterien der Zahnfäulnis, die Tuberkelbazillen; die freie Salzsäure des gesunden Magens und die Galle zerstören die Bakterien der Nahrung. Anders verhält es sich, sind die Zellen der Organe geschwächt, versehrt; dann werden die Fäulnisbakterien Meister.*«[14]

Mileva fürchtete vielleicht, daß Wein ihre Blutqualität beeinträchtigt habe, als sie mit Lieserl und nun mit Hans Albert schwanger war. Dem Fötus fiel es bereits schwer, sich wie ein Komma um ihre linke Hüfte zu legen. Um den Schmerz lindern, nahmen Frauen häufig etwas Wein, manchmal auch *rakija*, zu sich. In vielen Fällen verschaffte der Wein größere Erleichterung als Laudanum, die medizinisch gebilligte Opiumtinktur.

Ein paar Absätze davor unterstrich Mileva:

*»Das größere [Unglück] ist das kranke Blut, welches das Kind ererbt von einer degenerierten Mutter, die unfähig ist, eine fundamental wichtige normale Funktion zu verrichten. Wenn eine Mutter die Fähigkeit zum Stillen besitzt, läßt aber das Kind sorgfältig künstlich ernähren, so wird das Kind sich noch verhältnismäßig gut entwickeln. Wenn dagegen die Mutter unfähig ist, zu stillen und läßt das Kind von der besten Amme normal ernähren, so wird das Kind doch zu Erkrankungen disponiert bleiben und diese Disposition vererben auf Kinder und Kindeskinder. Die Unfähigkeit zu stillen ist nämlich nicht eine Erscheinung für sich, sondern sie ist ein Symptom einer allgemeinen Degeneration ... Kann eine Frau ihr Kind nicht stillen, so kann fast ausnahmslos auch die Tochter nicht stillen, und die Fähigkeit ist unwiederbringlich für alle kommenden Generationen verloren.«*[15]

Mileva hatte ihre beiden ersten Kinder nicht stillen können. Für dieses Unvermögen konnte es mehrere Gründe geben, zum Beispiel Mastitis (Brustdrüsenentzündung) – eine Krankheit, die damals sehr schmerzhaft und langwierig war, da man noch kein Penicillin hatte – oder Kindbettfieber, eine Infektion direkt im Genitaltrakt, das heißt in der Vagina oder dem Uterus. Das Fieber konnte von einer nichtsterilen Entbindung oder auch von Anämie, allzu langen Wehen, einer traumatischen Geburt oder wiederum von einer Brustinfektion herrühren. Vielleicht war Mileva einfach zu krank, um Lieserl zu stillen. Deswegen war es eine sinnvolle Alternative gewesen, eine Amme heranzuziehen, was Mileva auch tat.

Albert war besonders stark daran interessiert gewesen, daß das Kind gestillt wurde. Bereits vor der Geburt hatte er geschrieben: »Es [Lieserl] soll doch nicht mit Kuhmilch gestopft werden, es könnt' ja dumm davon werden (die Deine müßte doch viel gehaltvoller sein, mein' ich, was denkst?!).«[16]

*

Das andere Buch, das ich von Frau Gajin erhalten hatte, Prof. Dr. August Forels 596 Seiten starkes Werk *Die sexuelle Frage* (1905) hat einen eingerissenen braunen Papiereinband, auf dem ein nackter Mann vor einem knorrigen Baum steht. Er hat eine in Kopfhöhe erhobene Axt in der Hand. Es sieht so aus, als wollte er den Baum der Erkenntnis fällen, aber vielleicht repräsentiert das Bild auch die Ausrottung alter Ideen und primitiver Vorstellungen.

Mileva hatte, gemessen am Umfang des Buches, nicht allzu viele Abschnitte unterstrichen. Aber die Auswahl war verblüffend. Ich mußte immer wieder tief durchatmen, denn plötzlich hielt ich ein Indiz in der Hand, das die Ergebnisse meiner langen Detektivarbeit bestätigte. Ich erinnerte mich an Slavicas Worte, daß ich Mileva verstehen müsse, um Lieserl zu finden. Nach Jahren der Forschung war ich Mileva noch nie so nahe gewesen wie in diesem Moment, als ich ihre handschriftlichen Notizen las.

✳

Fünf Jahre nach Hans Alberts Geburt war die vierunddreißigjährige Mileva zum drittenmal schwanger. Ihr Leben mit Albert war bereits in Auflösung begriffen. Einst eine brillante Studentin, war sie nun Mutter und Hausfrau. In dieser Phase stieß sie vermutlich auf Forels Werk.

Mileva öffnete die Titelseite und schrieb auf serbokroatisch »Die Quelle der Wahrheit« neben den Titel *Die sexuelle Frage*. Eine der ersten Passagen, die sie unterstrich, folgt der Aussage über »das Wachstum des Kernes der Samenzelle« und »des Eikernes«: »Beide treten vollständig gleichberechtigt einander gegenüber auf.« Hier geht es Mileva um den Zusatz: »*Ein Sinnbild der sozialen Gerechtigkeit beider Geschlechter!*«[17] Ein anderer Satz lautet: »Der tiefere Sinn der Sache liegt darin, dass nun, sobald sich im weiteren Verlauf die konjugierten Kerne in zwei Zellen teilen, ... jede dieser zwei Zellen ziemlich genau soviel männliche, wie weibliche Substanz erhält.« Danach unterstrich sie: »*Wir wollen nicht sagen ›ganz genau‹,*

302

*denn der mütterliche und der väterliche Einfluss verteilen sich doch nicht ganz genau gleich in ihren Nachkommen.*«[18]

1909 war Albert Mileva gegenüber bereits kühl und distanziert und stellte anderen Frauen nach. Das einst leidenschaftliche und erregende Sexualleben des Paares war erloschen. Mileva las: »Durch die Vernachlässigung von Empfindungen und Bewegungen nehmen beide und nimmt zugleich der Drang nach beidem ab. Untätigkeit in einem Gebiet macht träge in demselben, da sie die Widerstände im Gehirn vermehrt, und ist die Trägheit einmal da, so erschwert sie die Erneuerung der Tätigkeit.« Sie unterstrich: »*Es ist daher nicht zu verwundern, dass dieses Gesetz auch bei der Libido sexualis zutrifft, und dass die Enthaltung den Trieb vermindert, seine Züchtung ihn dagegen stärkt.*«[19]

✳

Im Jahre 1901 hatten Albert und Mileva Forels Buch *Der Hypnotismus oder die Suggestion und die Psychotherapie: ihre psychologische, psychophysiologische und medizinische Bedeutung* gelesen. Sie teilte Albert mit, daß sie Forel für einen »Wunderartzt«, das heißt für einen Quacksalber, hielt.[20] Wahrscheinlich hatte Milevas Reaktion mit dem Kursus »Grundriß der Psychologie« zu tun, den sie im Wintersemester 1896/97 besuchte. Ihr Professor hatte Forels Theorien zu »einer unmoralischen Sache« erklärt, was Mileva einleuchtete.

Aber sie schien ihre Meinung geändert zu haben, als 1905 *Die sexuelle Frage* erschien. An den Rand schrieb sie »Dr. med. F.« neben: »*Das Ideal ist die Verbindung von Wissen und Kunst mit Ehrlichkeit und Uneigennützigkeit … Viele Ärzte machen es unbewusst in ihrer Art wie die meisten Theologen, indem sie auf des Meisters Wort schwören und durch seine Brille sehen, statt selbständig zu denken und zu beobachten.*«[21] Mileva wußte Forels Ansichten nun zu schätzen. Ihr Interesse an der Psychologie und dem Unbewußten war gereift.

✳

In dem Kapitel »Der Geschlechtstrieb« las Mileva, »dass die Prostitution den Männern einen normalen Beischlaf verschafft!« Und sie unterstrich: »*Als ob die bezahlte Begattung mit einer feilen Dirne, die dabei nichts empfindet und sich nur bestrebt, durch künstlich gelernte Manieren ihre Klienten anzureizen, die sie überdies mit venerischen Krankheiten zu schmücken pflegt, zur normalen Sexualität gehörte!*[22]

Mileva machte sich offenkundig Sorgen über Alberts Sexualleben jenseits ihres Schlafzimmers. Einstein-Historiker deuten an, daß Albert vor der Ehe mit Mileva häufig Prostituierte aufgesucht und daß sie vielleicht davon gewußt habe.[23]

Dr. János Plesch behauptete stets, daß Albert sich irgendwann, bevor er Mileva verließ und bevor er Elsa heiratete, mit Syphilis infiziert habe. Aber Albert hätte sich die Krankheit auch schon vor 1910 zugezogen haben können, als er ein aktives Interesse an anderen Frauen erkennen ließ.

Wenn er sich mit Syphilis ansteckte, bevor Mileva im November 1909 mit Eduard schwanger wurde oder sogar bevor Lieserl 1902 zur Welt kam, könnte er Mileva infiziert haben, die dann eine latente Bazillenträgerin gewesen wäre. Sie wiederum könnte das Baby *in utero* über die Plazenta angesteckt haben.[24] Je kürzer vor der Empfängnis die Mutter infiziert wird, desto größer ist das Risiko einer angeborenen Syphilis für den Fötus. Nach der Geburt kann das Baby eine Vielzahl von Symptomen aufweisen: von Hautschäden bis hin zu Wachstumsstörungen, zu einer Leber- und Milzschwellung und zu geistiger Retardierung. In einer Gruppe von drei Geschwistern, deren Mutter latent infiziert ist, könnte jedoch ein gesundes zwischen zwei syphilitischen Kindern geboren werden.[25] Damit ließe sich erklären, daß Hans Albert völlig gesund war.

»Ich glaube, ... behaupten zu können«, las Mileva ebenfalls in dem Kapitel »Der Geschlechtstrieb«, »dass, wenn ein Mann gegen sich selbst ehrlich sein will, er immerhin zwischen der künstlichen Reizung des Geschlechtstriebes und dem natürlichen Bedürfnis meistens unterscheiden kann.« Einer der nächsten Sätze ist mit einem neugespitzten Bleistift unterstrichen: »*In der Regel wird eine ernste fortgesetzte Arbeit, verbunden mit Ablenkung von allen künstlichen Reizmitteln, den Geschlechtsreiz in mässige Grenzen zurückdämmen* ...« Dann folgt: »Wir haben schon die pornographische Kunst als eines der Mittel zur künstlichen Reizung der Libido bezeichnet.«[26] Mileva markierte nun mit dicken Strichen: »*Für niedriger angelegte Menschen kommen aber vor allem ihre unkünstlerischen, rohen, auf Reizung des Geschlechtstriebes zu Gewinnzwecken hinzielenden Abarten in Betracht. Die Gewinnsucht! Dieses Wort bezeichnet die Hauptquelle des Uebels. Die gewinnsüchtige Ausbeutung des Geschlechtstriebes ist neben derjenigen der alkoholischen Trinkgewohnheiten ein Hauptfeld des sozialen Raubritterwesens.*«[27] Mileva war so verstört über diese Aussage, daß sie die Titelseite des Buches aufschlug und in die linke untere Ecke als Gedächtnisstütze »S. 78« schrieb.

Danach unterstrich sie, daß sich »*beim besseren, geistig höherstehenden Menschen die höheren, tiefassoziierten Sympathiegefühle der wahren Liebe ... der genannten tierischen Elementargewalt entgegenstemmen*«.[28] Und danach: »*Es kommt auch vor, daß die Liebe der Libido vorangeht und dieses führt oft zu den glücklichsten sexuellen Verhältnissen ... Vielfach ist heute noch die religiöse Ehe die einzige Eheform. Fast überall herrscht sie noch als Hauptsitte neben der Zivilehe. Diese einfache Tatsache zeigt, wie tief wir noch in den Schlingen der Ueberlieferungen stehen.*«[29]

Als Albert sich einmal mit einem Freund über die Ehe unterhielt, erklärte er, daß jede persönliche Beziehung eine unerträgliche Folter für ihn sei.[30] Mileva könnte die »Schlingen der Ueberlieferungen« am eigenen Leibe gespürt haben. Jedenfalls muß es emotional belastend gewesen sein, mit einem Ehemann zusammenzuleben, der später sagen konnte, er habe »Mileva Marić nur aus Mitleid geheiratet. Mileva ... war wenig anziehend, häßlich, sie hinkte, und im übrigen wollte keiner etwas mit ihr zu tun haben.«[31] Sie muß sich verzweifelt nach Trost gesehnt haben. Aber sie wandte sich nicht der Kirche zu, obwohl sie auf ihre eigene Art religiös zu sein schien. Vielmehr versuchte sie, in einer abstrakten Erforschung philosophischer und psychologischer Ideen und in der Beziehung zu ihren Kindern Halt zu finden.

Und doch ließ Mileva während ihrer leidenschaftlichen Verbindung mit Albert nie von ihren feministischen Überzeugungen ab. Jene Ansichten waren für die damalige Zeit ungewöhnlich, obwohl sie von ihren Kommilitoninnen allgemein akzeptiert wurden. Forel schrieb: »Instinktiv begeistert sich ferner die Frau für geistig hochstehende, edel denkende Männer. Sie bestrebt sich daher, diese, für welche sie schwärmt, nachzuahmen, und ihre Ideen der Verwirklichung näher zu bringen.« Mileva zog am Rand einen vertikalen Strich neben den Zeilen: »*Geben wir den Frauen ihre vollen bürgerlichen Rechte, zugleich mit freien Anschauungen und höherer Bildung, so wird sich ihre schaffensfreudige, begeisterte Ausdauer nicht mehr der obskuren Mystik, sondern dem sozialen Fortschritt widmen.*«[32]

Mileva unterstrich danach: »*... im gemeinschaftlichen Eheleben sollte die Hausarbeit des Weibes nicht als selbstverständliche nicht zu vergütende Leistungen, sondern gerade so gut wie die männliche Verdienstarbeit gewertet und auf dem Konto des weiblichen Besitzes geschrieben werden ... Auf solche Weise würde viel Unheil als Folge zahlreicher Ehen vermieden.*«[33]

In dem Abschnitt »Utopische Gedanken über die ideale Zukunftsehe« las Mileva, daß »in vollster Gleichberechtigung« erzogene Kinder »mit dem Bewusstsein der Verschiedenheit der Lebensaufgaben« ausgestattet sein würden. Sie markierte am Rand mit einem vertikalen Strich: »*Man hat sie gelehrt, dass sie wahre und höchste Befriedigung nur in der emsigen Erfüllung der verschiedensten, ihren Anlagen entsprechenden Aufgaben, sowie in der Mitarbeit an dem Wohl der Gesellschaft und ihrer einzelnen Mitmenschen finden können. Man hat ihnen im weiteren gelehrt, nutzlose Spielereien, eitlen Tand und Luxus zu verachten und dem eigenen Besitz keinen Wert beizulegen, dafür ihren Ehrgeiz allein in die Quantität und Qualität der von ihnen geleisteten Arbeit zu setzen.*«[34]

Kurz davor schreibt Forel, begleitet von Milevas Unterstreichung: »*Ich hege die Ueberzeugung, dass einzig und allein die Einführung des wissenschaftlichen Geistes, eines gesunden induktiven und gesunden Denkens in den Schulen und überhaupt in den Massen der Menschheit dem gedankenlosen Papageienwesen und dem unsinnigen Schlendrian, wie er aus dem Nachbeten blödsinniger Vorurteile und autoritativer Sätze entspringt, einigermassen steuern kann.*«[35] Mileva las sodann: »Zur Vermehrung besonders günstige Objekte sind … die sozial nützlichen Menschen, das heisst, diejenigen Menschen, die grosse Freude an Arbeit haben, dabei verträglich und gleichmässigen Humors, gutmütig und gefällig sind.« Dann kennzeichnete Mileva am Rand: »*Wenn sie ausserdem einen hellen Verstand und regen Geist, oder gar eine künstlerische oder in anderer Richtung schöpferische Phantasie besitzen, sind sie ganz besonders glückliche und gute Keimträger für die Zukunft!*«[36]

✳

Albert konnte nicht mit Geld umgehen. Häufig verlor oder verschenkte er es. Wenn Mileva sich über seine Extravaganz ereiferte, warf er ihr vor, sie sei knauserig und wolle ihn unter dem Pantoffel halten. Forel schrieb: »Wird die Ehe auf Grund beidseitiger freier Entschliessung eingegangen, wissen beide Teile, was sie tun, macht sich der korrumpierende Einfluss des Geldes nicht mehr geltend … So bilden gegenseitige Liebe und Achtung auf der einen Seite den persönlichen, inneren, und die gesetzlich vorgeschriebenen Pflichten gegenüber den erzeugten Kindern auf der anderen Seite den äusseren Kitt der Ehe.«[37]

Alberts Mutter Pauline räumte nie ein, daß Milevas Familie recht wohlhabend war,[38] während die Einsteins kaum Besitz hatten. Sie weigerte sich auch, Milevas kluge Verwaltung der Familienfinanzen anzuerkennen. Es gelang Mileva, einen beträchtlichen Anteil von Alberts Geld zu sparen. Dieses Geld legte sie in soliden Aktien an, ohne sich auf Spekulationsgeschäfte einzulassen.[39] Doch als wollte sie auf Paulines Haltung hinweisen, markierte Mileva am Seitenrand: *»Man soll nur die Entrüstung der Eltern sehen, wenn ihre Kinder sich mit Personen verloben, die angeblich unter ihrem Stand sind oder die zu wenig Geld besitzen und dergleichen mehr.«*[40] Immerhin ließ Albert nicht zu, daß Mileva ihre erhebliche Mitgift von 10000 Schweizer Franken während ihrer gemeinsamen Jahre angriff.

»Ich habe Ihre Tochter nicht des Geldes wegen geheiratet«, hatte Albert seinem Schwiegervater Miloš Marić um 1904 erklärt, »sondern weil ich sie liebe, weil sie mir nötig ist, weil wir beide eins sind.«[41] Mileva begann einen weiteren Absatz zu kennzeichnen, als die Bleistiftspitze abbrach. Da sie in ihrem Schreibtisch keinen anderen Bleistift fand, benutzte sie statt dessen ihren Füllfederhalter. Mit schwarzer Tinte hob sie hervor, *»dass die Haus- und Mutterarbeit einer Ehefrau ebensogut als Erwerbsarbeit taxiert zu werden verdient, wie die speziellere Berufsarbeit des Mannes ausserhalb des Hauses«*[42]. Und ein paar Seiten später: *»Ein tüchtiger, arbeitsamer, ideal gesinnter und körperlich gesunder Mann sucht sich eine ebenbürtige Lebensgefährtin und findet sie. Beide machen sich das Leben nicht leicht, sondern belasten sich mit recht viel Arbeit, besonders mit sozial nützlichen Aufgaben und erzeugen in angemessenen Zwischenräumen soviel Kinder, als sie ohne Gefährdung der Gesundheit des Weibes es tun können. Hier haben wir das Ideal der Verbindung eines positiven Altruismus und eines positiven Egoismus.«*[43] Hinter diese Zeile setzte Mileva ein sehr großes und deutliches »M«. Durch ihr Initial bestätigte sie, daß diese Passage ihre eigene Situation genau wiedergab.

\*

In dem Abschnitt »Die Kunst, lange zu leben« griff Mileva wieder zu ihrem Bleistift. An der äußersten linken Seite, dicht am Bundsteg des Buches, zog sie einen langen Strich fast über die ganze Seite hinweg. Es war eine überaus beunruhigende

Passage für sie: »Nach Ablauf des sexuellen Liebesrausches findet dann der Mann keinen Gefallen mehr an seiner Frau, verliebt sich in andere, spart seine Liebenswürdigkeiten für diese und seine üblen Launen für seine Frau auf, während letztere ihre Reize nicht mehr innerhalb ihrer Häuslichkeit zur Geltung zu bringen trachtet.« Danach markierte Mileva: »*Wir geben von vornherein zu, dass der Mensch seine Natur nicht lange verleugnen kann, man ist das, was man durch Vererbung sein kann.*«[44]

Alberts Unbeherrschtheit war in seiner Familie wohl bekannt. Evelyn Einstein erzählte mir 1995: »[Wenn] wir miteinander spielten, war er wie ein Kind. Er war wunderbar. Andererseits warf er mich die Treppe hinunter! Das geschah 1949 eines Tages, als wir ihn in Princeton besuchten.« Evelyn war bereits sehr früh eingeschärft worden, daß sie im Arbeitszimmer ihres Großvaters nichts anfassen dürfe. Aber eines Tages konnte sie der Versuchung nicht widerstehen und betrat das Zimmer. Sie blieb mit auf dem Rücken verschränkten Händen in der Mitte stehen und schaute sich um.

»Er bemerkte mich in seinem Arbeitszimmer. Aber er wußte nicht, daß man mir beigebracht hatte, nichts auf einem fremden Schreibtisch anzufassen.« Plötzlich hörte Evelyn hinter sich einen wilden Schrei, und bevor sie sich umdrehen konnte, hatte Großvater Einstein sie an den Schultern gepackt und stieß sie aus dem Zimmer. Sie stolperte und »stürzte die Treppe hinunter. Seine Wut konnte rasch ausbrechen und war unkontrollierbar«[45].

\*

Mileva las weiter: »Der weiblichen Psyche ... gehen die intellektuelle Phantasie und die originelle Kombinationsgabe in der Regel ab. Um so kräftiger sind dafür ihre praktische, intuitive Auffassungsgabe und ihre Gefühlsphantasie.« Mileva unterstrich: »*Dafür bildet das ungemein feine ästhetische und ethische Fühlen des Weibes, ihr natürlicher Takt, ihr natürliches Bedürfnis, ein Stückchen Poesie in alle Dinge des*

*Lebens zu legen, ... die wahre und warme Sonne des Famili-*
*englückes – eine Sonne, die Mann und Kinder oft genug gelas-*
*sen geniessen, ohne zu ahnen, wie viel sorgenvolle Arbeit und*
*Liebe dahinter steckt, wie viel Mühe sich eine liebende Mut-*
*ter oft gibt, um nur einen jener Sonnenstrahlen hervor-*
*zulocken, in deren erwärmendem Lichte Friede und Freude*
*erwachen.«*[46]

Forel fuhr fort: »Namentlich soll der Mann in der Frau, die
er wert hält und die ihm durch die Ehe verbunden ist, nicht
nur den Inbegriff aller häuslichen und weiblichen Tugenden
verehren, sie soll für ihn auch stets mehr oder weniger die
Göttin bleiben, als die sie ihm im Beginn seiner Liebe erschien.« Nun unterstrich sie: »*Dies aber kann und wird*
*geschehen, auch nachdem ihre Jugend dahin ist, vorausge-*
*setzt, dass die Sympathiegefühle einer edleren und höheren*
*Liebe vorhanden waren, und erhalten geblieben sind. Dann*
*werden sie, wie die ganze Persönlichkeit, auch die äussere*
*Gestalt einer geliebten Frau verklären und sie wird ihrem*
*Mann die Göttin bleiben, die sie ihm von jeher war.«*[47]

\*

In dem Kapitel »Die sexuelle Liebe und die übrigen Aus-
strahlungen des Geschlechtstriebes im Seelenleben des Menschen« las Mileva: »Ein echtes Weib freut sich an jedem Fortschritt ihrer Schwangerschaft. Kaum sind die letzten
Geburtswehen überstanden, lacht sie hellauf vor Freude und
Rührung, wenn sie das erste Gewimmer des Neugeborenen
hört.«[48] Mileva markierte die folgenden Zeilen am rechten
Rand: »*Die sogenannte Affenliebe ist für den Neugeborenen*
*einigermassen berechtigt, denn derselbe braucht eine bestän-*
*dige und sorgsame Pflege. Es gibt wenig schöneres auf der*
*Welt, als die helle Freude, die eine junge, natürlich fühlende*
*Mutter an der Pflege ihres Neugeborenen findet, und es gibt*
*nichts entartenderes, als die Uebergabe desselben in fremde*
*Hände.«*[49] Und genau das hatte Mileva Lieserl angetan. Wie
eine »entartete« Mutter hatte sie ihr Baby in der Vojvodina

bei einer Amme, ihrer Mutter und ihrer Schwester zurückgelassen.

Forel schildert eine Situation, die Mileva möglicherweise 1904 in Zeitungsberichten verfolgt hatte: den Fall Frieda Kellers aus dem Schweizer Kanton St. Gallen. Sie war vergewaltigt worden und hatte 1899 mit fünfundzwanzig Jahren eine Tochter zur Welt gebracht. Zwölf Tage nach der Geburt quartierte sie das Baby im Kinderheim St. Gallen ein. Frieda stand unter ungeheurem finanziellen Druck, da sie wöchentlich fünf Franken für die Versorgung ihrer Tochter aufbringen und ihrer Schwester vierunddreißig Franken für ihre eigene Kost und Logis zahlen mußte.

Fünf Jahre vergingen. Nach dem fünften Osterfest wurde Frieda vom Kinderheim mitgeteilt, daß sie ihre Tochter abholen müsse. Frieda brachte das Mädchen zu einer einsamen Stelle im Wald und setzte sich hin, während das Kind spielte. Nach einer Weile hob sie mit ihren Händen und Schuhen ein Grab aus und erdrosselte das Mädchen mit einer Schnur, wobei sie den Knoten so stark anzog, daß es später schwer war, ihn zu lösen.[50] Innerhalb von zwei Monaten wurde die Leiche durch einen starken Regen bloßgelegt. Die Mutter gestand ihre Tat sofort. Forel schrieb: »Wie kann aber ein im übrigen ganz gutes, braves und fleissiges Weib, das die Kinder sonst lieb hat, dazu kommen, ihr unschuldiges eigenes Kind zu fürchten und zu verabscheuen? Hätten sich die Richter diese Frage gestellt und dieselbe beantwortet, so hätten sie den Mut zu einer Verurteilung, geschweige denn zu einem Todesurteil nicht finden können ...«[51] Mileva unterstrich den Rest des Satzes: »... *denn ihr Gewissen hätte ihnen die wahren Schuldigen zu deutlich gekennzeichnet: feige männliche Roheit, heuchlerische sexuelle Sitten und ungerechte Gesetze.*«[52] Auch Mileva hatte erfahren müssen, welche soziale Ungerechtigkeit gegenüber den Frauen herrschte.

✳

In dem Kapitel über das Lebensrecht von »Monstern, Idioten oder Deformierten« schrieb Forel: »Man baut grosse Idiotenanstalten und freut sich königlich darüber, wenn nach jahrelangen, heissen und rührenden Bemühungen des sich dazu aufopfernden Personals der kleine Blödsinnige etwa wie ein Papagei einige Worte laut zu sprechen vermag oder gar aufs Papier kritzeln kann, noch mehr, wenn solche kleinen Affen mit nach oben gedrehten Augen maschinenmässig ein Gebet herzusagen gelernt haben.« Dann unterstrich sie: »*Ehrlich ausgesprochen täten die aufopfernden Pfleger und Lehrer solcher Idioten besser, letztere sterben zu lassen und selbst tüchtige Kinder zu zeugen.*«[53] Ähnlich hatte sich ja auch Albert gegenüber Paul Ehrenfest geäußert.

Ich erinnerte mich an einen entsprechenden Hinweis in von Bunges Schrift. Auf Seite sechs hatte Mileva einen Absatz zweimal dick mit schwarzer Tinte unterstrichen: »*Möge es nicht mehr allzu lange dauern, bis die einfache Wahrheit im Volksbewußtsein sich festgesetzt hat, daß das Zeugen kranker, entarteter Kinder das schwerste Verbrechen ist, das Menschen überhaupt begehen können.*«[54]

Das war die letzte gekennzeichnete Passage in von Bunges Broschüre. Milevas Hervorhebungen in den beiden Texten deuteten auf ihre feministischen Überzeugungen, ihre sexuellen Sorgen, ihre Unruhe über die Beziehung zu ihrem Mann und letztlich auf Lieserls Geschichte hin. Mileva hatte unbewußt eine Art Lebensbericht hinterlassen.

Bei ihrer nächsten Reise in die Vojvodina nahm Mileva das Buch und die Broschüre mit und hinterlegte sie in einem Schrank im Haus der Familie in Novi Sad. Zweiundachtzig Jahre später holte Frau Gajin beide Texte aus ihrer Dachkammer herunter und übergab sie mir.

✳

Ganz zu Beginn meiner Suche nach Einsteins Tochter hatte ich die Möglichkeit, daß Lieserl geistig zurückgeblieben war oder am Down-Syndrom litt, ernsthaft erwogen und recherchiert. In einem früheren Gespräch mit der bejahrten Ljubica Marić in Kać stieß ich auf ein trügerisches Stück des Puzzles.

Ich fragte Frau Marić: »Können Sie sich an Kinder in dieser Familie erinnern, die so seltsam waren wie Zorka und Ihre Tante?«

»Sie meinen Idioten?« fragte sie und überlegte einen Moment lang. »Ich weiß von zwei Kindern, die in den frühen Sechzigern geboren wurden. Sie waren sehr introvertiert und fanden sich nur mit mathematischen Zahlen zurecht. Ich bin nicht sicher, was mit ihnen geschah. Wahrscheinlich wurden sie auf eine Sonderschule geschickt.« Zwar reicht diese Information nicht aus, um einen erblichen Hang zur geistigen Zurückgebliebenheit oder zum Down-Syndrom in der Familie zu belegen, aber während meiner Arbeit tauchten immer wieder Hinweise auf eine mögliche Behinderung von Lieserl auf. Nun verstehe ich, daß Milevas Entscheidung, ihr Baby zu verlassen, den Schlüssel zu Lieserls Geheimnis liefert. Mileva hatte sich zu diesem Akt gezwungen, weil sie absolut nichts für Lieserl tun konnte. In jenen Tagen galt ein zurückgebliebenes Kind als unerziehbar. Man setzte es einfach in eine Ecke und befahl ihm, still zu sein. Wenn das Kind zappelig wurde, fesselte man es mit einem Seil am Hand- oder Fußgelenk an einen Pfahl oder sperrte es häufig in einen Schrank ein.

Milevas serbische Herkunft hinderte sie daran, ihre Tochter adoptieren zu lassen oder in ein Waisenhaus zu schicken. In der Vojvodina gab es keine größere Schande, als ein Kind Fremden zu überlassen. Adoptionen waren so selten, daß es darüber weder alte Volkssagen noch zeitgenössische Geschichten gibt.

Nach fünfjährigen Recherchen bin ich davon überzeugt, daß Lieserl geistig schwer behindert war und daß Mileva und ihre Familie sie zu Hause unterbrachten. Mileva konnte ein anomales Kind nicht mit nach Bern nehmen. Albert stand am Beginn seiner erstaunlichen Karriere, sie hatten kein Geld für Lieserls Pflege und konnten sich nicht auf einen offiziellen

Gesundheitsdienst stützen. Es war am besten, das Kind im Schoß der Familie Marić zu verstecken. Meiner Meinung nach war es Lieserls Gebrechen, das Alberts Äußerung in seinem Brief vom 19. September 1903 so kühl klingen ließ: »Die Geschichte mit dem Lieserl thut mir sehr leid. Es bleibt so leicht vom Scharlach etwas zurück.« Albert war klar, daß Lieserl nicht nur geistige, sondern auch körperliche Probleme hatte.

Wir wissen, daß Mileva sich von Grund auf verändert hatte, als sie im September 1903 zu Albert nach Bern zurückkehrte. Was immer sich ereignet hatte, »war zu persönlich, und sie hielt es ihr ganzes Leben lang geheim«[55].

✳

Ich fand einen Freund und Vertrauten in einem Mann, der der Familie Gajin nahegestanden und einige Zeit in deren Haus verbracht hatte, als Mileva noch lebte. Ich vertraute ihm meine Theorie an: daß Milevas Vater spezielle und entschlossene Schritte unternommen hatte, um Lieserls Geschichte nicht öffentlich werden zu lassen; daß er, wo er konnte, dafür gesorgt hatte, daß keine offiziellen Dokumente über sie in staatlichen oder kirchlichen Archiven zurückblieben. Jene Quellen, die außerhalb seines Einflußvermögens lagen, waren der Zerstörung des Krieges oder den Zeitläuften zum Opfer gefallen. Mein Freund stimmte mir zu – dies war das erste Mal, daß jemand, der von den Ereignissen von Lieserls kurzem Leben wußte, meinen Verdacht bestätigt hatte.

Von den vier Frauen, deren Biographie ich untersuchte – Julka Savić-Popović, Nada Marić (Schwester Teodora), Anka Streim und Grete Markstein –, kann keine schlüssig als Lieserl bezeichnet werden. Ich bin überzeugt, daß Lieserl Einstein-Marić, die mit einer geistigen Behinderung geboren wurde, mit einundzwanzig Monaten an Scharlach starb. Ihr junges Leben endete am 15. September 1903, dem Tag der Sonnenfinsternis.

314

# ANHANG

# Anmerkungen

VORBEMERKUNG DER AUTORIN UND PROLOG

1 Gespräche mit Evelyn Einstein, 1995 und 1999.
2 Mileva Marić an Helene Savić, Mai 1901, in: John Stachel: The Collected Papers of Albert Einstein (im folgenden: CPAE), Bd. 1, # 109.
3 Ibid.
4 Ibid.
5 Ibid.
6 Ibid.
7 CPAE, Bd. 1, # 107, Albert Einstein an Mileva Marić, Mai 1901.

TEIL I

1 Ruth S. Farnam: A Nation at Bay: What an American Woman Saw and Did in Suffering Serbia, Indianapolis 1912, S. 40.
2 Traian Stoianovich: A Study in Balkan Civilization, New York 1967, S. 14.
3 Alec Brown: Yugoslav Life and Landscape, London 1955, S. 14.
4 Miloš Tsernianski: Migrations, New York 1994, S. 59.
5 Interview mit Dragiša Marić, Kać, März 1995.
6 Živko Marković in dem Vortrag »Contribution of Mileva Marić Einstein to Science«, gehalten anläßlich des Symposiums »Mileva Marić Einstein«, Novi Sad, Oktober 1995.

7 Interviews mit Jovan Ružić, Novi Sad, März 1995 und am
   10. Februar 1998.
8 Woislav M. Petrovitch: Serbia: Her People, History and Aspirations, London 1915, S. 22.
9 A. Czeizel/G. Tusnády: Isolated Common Congenital Abnormalities in Hungary, Budapest 1984, S. 158.
10 G. Th. M. Bossers: Congenital Anomalies of the Hip Joint, in:
   A. J. C. Huffstadt (Hrsg.): Congenital Malformations, Princeton 1980, S. 285. Mit gebührender Aufmerksamkeit kann das
   Problem bei der Geburt behoben werden. Die Behandlung kann
   in einer sanften Senkung des Gelenkkopfes in die Gelenkhöhle
   bestehen. Die Senkung wird durch das Anlegen einer Abdukti-
   onsschiene für zwei bis sechs Monate aufrechterhalten.
11 Ibid., S. 287.
12 Milka Bajić-Poderegin: The Dawning, New York 1995, S. 114.
13 Schulunterlagen aus *Glavni imenik Kraljevske male realke u
   Mitrovici* (Hauptregister der Königlichen Unteren Realschule)
   und *Ispitno Isvješće Pućke Škole u Ruma* (Prüfungsbericht der
   Grundschule in Ruma).
14 Senta Troemel-Ploetz: Mileva Marić: The Woman Who Did Einstein's Mathematics, in: Women's Studies International Forum,
   Bd. 3, Nr. 5, 1990, S. 35.
15 János Plesch und Peter H. Plesch: Some reminiscenses of Albert
   Einstein, in: The Royal Society, London, Bd. 42.2, 1995, S. 310;
   Carl Seelig: Albert Einstein: A Documentary Biography, London
   1956, S. 58.
16 CPAE, Bd. 1, # 91, Wehrpaß, 13. März 1901.
17 CPAE, Bd. 1, # 39, Albert Einstein an Mileva Marić, 16. Februar 1898.
18 Milana Bota-Stefanović an ihre Mutter, 1898, Sammlung Ivana
   Stefanović.
19 Milana Bota-Stefanović an ihre Eltern, 1898, Sammlung Ivana
   Stefanović.
20 Petar Petrovitch Nyegosh: The Mountain Wreath, London 1930,
   S. 106.
21 Milan Popović: Jedno privatelstvo. Pisma Milevi i Alberta
   Ajnštajna Heleni Savić, Montenegro 1998, # 16, Mileva Einstein-Marić an Helene Savić, 20. März 1903.
22 Gefolgert aus CPAE, Bd. 1, # 50, Albert Einstein an Mileva
   Marić, Anfang August 1899.

23 CPAE, Bd. 1, # 69, Albert Einstein an Mileva Marić, 1. August 1900.

24 CPAE, Bd. 1, # 73, Albert Einstein an Mileva Marić, 20. August 1900.

25 CPAE, Bd. 1, # 75, Albert Einstein an Mileva Marić, 13. (?) September 1900.

26 CPAE, Bd. 1, # 79, Albert Einstein an Mileva Marić, 3. Oktober 1900.

27 CPAE, Bd. 1, # 81, Albert Einstein an Helene Kaufler, 11. Oktober 1900.

28 Milana Bota-Stefanović an ihre Mutter, 3. Juni 1898.

29 CPAE, Bd. 1, # 53, Mileva Marić an Albert Einstein, nach dem 10. August, vor dem 10. September 1899.

30 CPAE, Bd. 1, # 70, Albert Einstein an Mileva Marić, 6. August 1900.

31 CPAE, Bd. 1, # 69, Albert Einstein an Mileva Marić, 1. August 1900.

32 Nada Čurcija-Prodanović: Heroes of Serbia, London 1963, S. 146.

33 Slavica Dokmanović und ich fanden dieses Gedicht unter Milevas Sachen in der Dachkammer von Mira Gajins Haus. Es ist zudem vertont, und Mileva hatte den Text und die Melodie auf vorgedrucktem Notenpapier niedergeschrieben. Ich stellte Nachforschungen über den Ursprung des Gedichts an, da ich vermutete, es sei von jemand anders verfaßt worden, aber ich habe keinen Beleg für diese Annahme gefunden.

34 CPAE, Bd. 1, # 93, Albert Einstein an Mileva Marić, 23. März 1901.

35 CPAE, Bd. 1, # 127, Albert Einstein an Mileva Marić, 12. Dezember 1901.

36 CPAE, Bd. 1, # 101, Albert Einstein an Mileva Marić, 15. April 1901.

37 CPAE, Bd. 1, # 96, Albert Einstein an Mileva Marić, 4. April 1901. Es handelt sich um den Artikel: Folgerungen aus den Capillaritätserscheinungen, veröffentlicht in: *Annalen der Physik*, 4 (1901): S. 513–523.

38 Desanka Trbuhović-Gjurić: Im Schatten Albert Einsteins: Das tragische Leben der Mileva Einstein-Marić, Bern/Stuttgart/Wien 1993, S. 83.

39 CPAE, Bd. 1, # 94, Albert Einstein an Mileva Marić, 27. März

1901. Seltsamerweise widmen die Herausgeber der CPAE Einsteins Statement keine Fußnote.

40 Vgl. Troemel-Ploetz, a. a. O., S. 419. Marity ist die ungarische Schreibung von Marić.

41 Peter Michelmore: Einstein. Profile of a Man, New York 1962, S. 45.

42 Trbuhović-Gjurić, a. a. O., S. 94.

43 CPAE, Bd. 1, #75, Albert Einstein an Mileva Marić, 13. (?) September 1900.

44 Ibid., Anm. 5; Interview mit Senta Troemel-Ploetz, 16. April 1995.

45 CPAE, Bd. 1, #68, Albert Einstein an Mileva Marić, 23. (?) Juli 1900.

46 Ibid.

47 Ibid.

48 CPAE, Bd. 1, #74, Albert Einstein an Mileva Marić, 30. August oder 6. September 1900.

49 Ibid.

50 Interview mit Milenko Damjanov, Novi Sad, Februar 1998.

51 Prinz Lazarovich-Hrebelianovich und Prinzessin Lazarovich-Hrebelianovich: Servian People: Their Past and their Destiny, New York 1910, S. 52.

52 CPAE, Bd. 1, #81, Albert Einstein an Helene Kaufler, 11. Oktober 1900.

53 CPAE, Bd. 1, #102, Albert Einstein an Mileva Marić, 30. April 1901.

54 CPAE, Bd. 1, #96, Albert Einstein an Mileva Marić, 4. April 1901.

55 CPAE, Bd. 1, #102, Albert Einstein an Mileva Marić, 30. April 1901.

56 CPAE, Bd. 1, #103, Mileva Marić an Albert Einstein, 2. Mai 1901.

57 CPAE, Bd. 1, #111, Albert Einstein an Mileva Marić, 28. (?) Mai 1901.

58 CPAE, Bd. 1, #112, Albert Einstein an Mileva Marić, 4. (?) Juni 1901.

59 Interview mit Dragiša Marić, Kać, März 1995.

60 Slavko Goldstein (Hrsg.): Jews of the Austro-Hungarian Empire, Zagreb 1989, S. 142.

61 CPAE, Bd. 1, #68, Pauline Einstein an Albert Einstein, 29. (?) Juli 1900.

62 Ibid.
63 Lewis Pyenson: Einstein's Natural Daughter, in: Science History Publications Ltd., History of Science, XXVIII (1990), S. 375.
64 Vera St. Erlich: Family in Transition: A Study of 300 Yugoslav Villages, Princeton 1966, S. 159.
65 CPAE, Bd. 1, # 111, Albert Einstein an Mileva Marić, 28. (?) Mai 1901.
66 Olive Lodge: Peasant Life in Jugoslavia, London 1991, S. 301.
67 CPAE, Bd. 1, # 101, Albert Einstein an Mileva Marić, 15. April 1901.
68 CPAE, Bd. 1, # 114, Albert Einstein an Mileva Marić, 7. (?) Juli 1901.
69 CPAE, Bd. 1, # 125, Mileva Marić an Helene Kaufler, 23. November – Mitte Dezember 1901.
70 CPAE, Bd. 1, # 116, Mileva Marić an Albert Einstein, 8. Juli 1901.
71 CPAE, Bd. 1, # 119, Albert Einstein an Mileva Marić, 22. (?) Juli 1901.
72 CPAE, Bd. 1, # 116, Mileva Marić an Albert Einstein, ca. 8. Juli 1901.
73 CPAE, Bd. 1, # 121, Mileva Marić an Albert Einstein, 31. (?) Juli 1901.
74 Ibid.
75 Popović, # 12, Mileva Marić an Helene Kaufler, Herbst 1901.
76 Ibid.
77 Lodge, a. a. O., S. 166.
78 Milana Bota an ihre Mutter, 4. November 1901.
79 Mitteilung von Silvana Bolli, ETH-Rektoratskanzlei, 20. Mai 1996.
80 Milana Bota an ihre Mutter, 4. November 1901.
81 Mitteilung von Archivar Dr. Michel Guisolan, Stadt Stein am Rhein, Stadtarchiv, 6. Juni 1997.
82 CPAE, Bd. 1, # 123, Mileva Marić an Albert Einstein, 13. November 1901.
83 Ibid.
84 Ibid.
85 Zastava, 16. November 1901.
86 CPAE, Bd. 1, # 126, Albert Einstein an Mileva Marić, 28. November 1901.
87 Ibid.

88 CPAE, Bd. 1, # 127, Albert Einstein an Mileva Marić, 12. Dezember 1901.

89 Ibid.

90 Ibid.

91 CPAE, Bd. 1, # 125, Mileva Marić an Helene Kaufler, 23. November – Mitte Dezember 1901.

92 CPAE, Bd. 1, # 127, Albert Einstein an Mileva Marić, 12. Dezember 1901.

93 CPAE, Bd. 1, # 114, Albert Einstein an Mileva Marić, 7. (?) Juli 1901.

94 P. Kemp: Healing Ritual. Studies in the Technique and Tradition of the Southern Slavs, London 1935, S. 44.

95 Lodge, a. a. O., S. 265.

96 CPAE, Bd. 1, # 130, Albert Einstein an Mileva Marić, 19. Dezember 1901.

97 *Naše Doba*, 16. Dezember 1901.

98 *Zastava*, 19. Dezember 1901.

99 CPAE, Bd. 1, # 131, Albert Einstein an Mileva Marić, 28. Dezember 1901.

100 Ibid.

101 Mila Bosić: Godišnji običaji Srba u Vojvodini, Novi Sad 1996, S. 442.

102 *Naše doba*, 30. Dezember 1901.

103 Czeizel/Tusnády, a. a. O., S. 155.

104 Gespräch mit Marija Dokmanović, Mai 1998.

105 Nicholson J. Eastman/Louis M. Hellmann: Williams Obstetrics, New York 1961, S. 1120.

106 CPAE, Bd. 5, # 19, Mileva Einstein-Marić an Helene Savić, 15. Mai 1904. 1904, nach der – statistisch leichteren – Geburt ihres zweiten Kindes, schrieb Mileva an Helene, sie sei sehr geschwächt und bedürfe der Schonung. Man darf annehmen, daß sie nach der ersten Geburt, medizinisch gesehen, in einem ähnlichen Zustand war.

107 Czeizel/Tusnády, a. a. O., S. 157.

108 Ibid.

109 Ibid., S. 165.

110 Maja Winteler-Einstein, CPAE, Bd. 1, S. lvi.

111 Albrecht Fölsing: Albert Einstein: A Biography, New York 1997, S. 11.

112 Winteler-Einstein, a. a. O., S. lvii.

113 CPAE, Bd. 1, # 134, Albert Einstein an Mileva Marić, 4. Februar 1902.

114 Ibid.

115 CPAE, Bd. 1, # 138, Pauline Einstein an Pauline Winteler, 20. Februar 1902.

116 Stadtarchiv Bern, Serie E 2.2.1.4/004.

117 CPAE, Bd. 5, # 1, Albert Einstein an Mileva Marić, 28. Juni 1902 oder später.

118 Carl Seelig: Albert Einstein: A Documentary Biography, London 1956, S. 59.

119 CPAE, Bd. 5, # 2, Albert Einstein an Hans Wohlwend, 15. August – 3. Oktober 1902.

120 Peter Michelmore: Einstein, Profile of the Man, New York 1962, S. 42. Dies ist eine Bemerkung, die Hans Albert Einstein um 1960 in einem Interview mit Michelmore machte. Damals wußte er bereits von Lieserl.

121 Hope Mayo (Hrsg.): The Einstein Family Correspondence, Including the Albert Einstein–Mileva Marić Love Letters, New York 1996, S. 28.

122 CPAE, Bd. 5, # 4, Heiratsurkunde, 6. Januar 1903.

123 Popović, # 16, Mileva Einstein-Marić an Helene Savić, 20. März 1903.

124 Ibid.

125 Farnam, a. a. O., S. 27.

126 Popović, # 15, Mileva Einstein-Marić an Helene Savić, 1903.

127 Interview mit einem Vertreter der Berner Polizei, Bern, 3. November 1998.

128 Interview mit Marianne Howald, Berner Stadtarchiv, Bern, 2. November 1998.

129 Alle Zugfahrpläne wurden großzügigerweise von Dr. Ljubomir Trbuhović nach dem Guide Internationale de la Compagnie für Sommer 1903 bereitgestellt.

130 Magyar Szó. 28. August 1903.

131 CPAE, Bd. 5, # 12, Mileva Einstein-Marić an Albert Einstein, 27. August 1903.

132 Ženski Svet, Nr. 11, 1. November 1903.

133 Merck's 1901 Manual, New York 1901, S. 237.

134 CPAE, Bd. 5, # 13, Albert Einstein an Mileva Einstein-Marić, 19. (?) September 1903.

135 Artikel 25 des Berner Zivilrechts; mit freundlicher Geneh-

migung des Département Fédéral des Affaires Etrangères, Bern.

136 CPAE, Bd. 5, # 13, Albert Einstein an Mileva Einstein-Marić, 19. (?) September 1903.
137 Ronald W. Clark: Einstein: The Life and Times, New York, 1971, S. 31.

TEIL II

1 CPAE, Bd. 1, # 76, Albert Einstein an Mileva Marić, 19. September 1900.
2 Popović, # 81, Mileva Marić an Helene Kaufler, 11. Oktober 1900.
3 CPAE, Bd. 1, # 83, Mileva Marić an Helene Kaufler, 11. Dezember 1900.
4 CPAE, Bd. 1, # 81, Albert Einstein an Helene Kaufler, 11. Oktober 1900.
5 CPAE, Bd. 1, # 86, Albert Einstein an Helene Kaufler, 20. Dezember 1900.
6 Abstammungsurkunde Nr. 618, Standesamt Tübingen, 30. Oktober 1901.
7 Ibid.
8 Sammlung von John Stachel, Mileva Marić an Helene Savić, Oktober 1901.
9 Popović, # 16, Mileva Einstein-Marić an Helene Savić, 20. März 1903.
10 Ibid.
11 Popović, # 18, Mileva Einstein-Marić an Helene Savić, 14. Juni 1904.
12 Ibid.
13 Ibid.
14 Ibid.
15 Elizabeth Roboz-Einstein: Hans Albert Einstein: Reminiscences of His Life and Our Life Together, Iowa City 1998, S. 94.
16 Dr. Dušan Popov (Hrsg.): Enciklopedija Novog Sada, Bd. 2, Novi Sad 1994, S. 137.
17 Popović, # 20, Mileva Einstein-Marić an Helene Savić, Juli 1906.
18 Ibid.

19 Popović, # 19, Mileva Einstein-Marić an Helene Savić, 1906. Im Berner Archiv werden Paß- und Visaunterlagen nur für fünfzig Jahre verwahrt. Folglich hatte man alle Hinweise auf Milevas Reisen 1953 vernichtet.

20 Popović, # 21, Mileva Einstein-Marić an Helene Savić, 29. März 1909.

21 Ibid.

22 Sammlung von John Stachel. Mileva Einstein-Marić an Helene Savić, 25. Juni 1909.

23 Popović, # 22, Mileva Einstein-Marić an Helene Savić, 1909.

24 Ibid.

25 Ibid.

26 Sammlung von John Stachel, Mileva Einstein-Marić an Helene Savić, 3. September 1909.

27 CPAE, Bd. 5, # 166, Albert Einstein an Georg Meyer, 7. Juni 1909.

28 Roger Highfield und Paul Carter: The Private Lives of Albert Einstein, New York 1993, S. 125; Albert Einstein an die Tochter von Anna Meyer-Schmid, 27. Juli 1951.

29 CPAE, Bd. 5, # 187, Albert Einstein an Michele Besso, 17. November 1909.

30 Popović, # 28, Mileva Einstein-Marić an Helene Savić, 1909/1910.

31 Popović, # 24, Mileva Einstein-Marić an Helene Savić, 1909.

32 Ibid.

33 Popović, # 28, Mileva Einstein-Marić an Helene Savić, 1909.

34 CPAE, Bd. 1, # 116, Mileva Marić an Albert Einstein, 8. Juli 1901.

35 Robert Schulmann (Hrsg.): The Einstein Family Correspondence; Albert Einstein an Hans Albert Einstein, 6. Oktober 1932.

36 Popović, # 30, Mileva Einstein-Marić an Helene Savić, Februar 1911.

37 Highfield/Carter, a. a. O., S. 167.

38 Ibid.

39 Popović, # 116, Mileva Einstein-Marić an Helene Savić, undatiert, S. 116.

40 Trbuhović-Gjurić, a. a. O., S. 118.

41 Popović, # 30, Mileva Einstein-Marić an Helene Savić, Februar 1911.

42 Ibid.

43 Popović, # 31, Mileva Einstein-Marić an Helene Savić, 1913.

44 Ibid.

45 Dr. Lazar Marković: Books for the people, Bd. 149, Novi Sad 1913, S. 37 f.

46 CPAE, Bd. 8, # 101, Albert Einstein an Heinrich Zangger, 24. Juli – 7. August 1915.

47 Highfield/Carter, a. a. O., Albert Einstein an Michele Besso, Dezember 1916, S. 226.

48 Popović, # 31, Mileva Einstein-Marić an Helene Savić, 1913.

49 CPAE, Bd. 5, # 389, Albert Einstein an Elsa Löwenthal, 30. April 1912.

50 CPAE, Bd. 5, # 476, Albert Einstein an Elsa Löwenthal, 10. Oktober 1913.

51 CPAE, Bd. 5, # 497, Albert Einstein an Elsa Löwenthal, nach dem 21. Dezember 1913.

52 Dimitri Marianoff: Einstein: An Intimate Study of a Great Man, New York 1944, S. 186.

53 CPAE, Bd. 5, # 498, Albert Einstein an Elsa Löwenthal, 27. Dezember 1913 – 4. Januar 1914.

54 Popović, # 31, Mileva Einstein-Marić an Helene Savić, Dezember 1913.

55 CPAE, Bd. 5, # 424, Albert Einstein an Helene Savić, nach 17. Dezember 1912.

56 CPAE, Bd. 5, # 488, Albert Einstein an Elsa Löwenthal, vor dem 2. Dezember 1913; und # 498, nach dem 2. Dezember 1913.

57 Marković, a. a. O., S. 4.

58 CPAE, Bd. 5, # 474, Albert Einstein an Heinrich Zangger, 20. September 1913.

59 Roboz-Einstein, a. a. O., S. 29.

60 Ibid., S. 97; Hans Albert Einstein an Djordje Krstić, 5. November 1970.

61 Petar Petrovitch Nyegosh: The Mountain Wreath, London 1930, S. 97.

62 *Zastava*, 21. September 1913.

63 CPAE, Bd. 5, # 465, Albert Einstein an Elsa Löwenthal, 11. August 1913.

64 Ibid.

65 Schulmann, a. a. O., Albert Einstein an Mileva Einstein-Marić, April 1914, S. 34.

66 CPAE, Bd. 8, # 73, Albert Einstein an Heinrich Zangger, ca. 10. April 1915.

67 CPAE, Bd. 8, # 94, Albert Einstein an Heinrich Zangger, 7. Juli 1915.

68 S. L. A. Marshall: World War I, Boston 1964, S. 33.

69 R. G. D. Leffan: The Serbs: The Guardians of the Gate, New York 1984, S. 242.

70 CPAE, Bd. 8, # 572, Albert Einstein an Michele Besso, vor dem 28. Juni 1918.

71 CPAE, Bd. 8, # 46, Albert Einstein an Mileva Einstein-Marić, 12. Januar 1915.

72 CPAE, Bd. 8, # 135, Mileva Einstein-Marić an Albert Einstein, 5. November 1915.

73 CPAE, Bd. 8, # 152, Albert Einstein an Heinrich Zangger, 26. November 1915.

74 Michelmore, a. a. O., S. 73.

75 CPAE, Bd. 8, # 187, Albert Einstein an Mileva Einstein-Marić, 6. Februar 1916.

76 CPAE, Bd. 8, # 211, Albert Einstein an Mileva Einstein-Marić, 8. April 1916.

77 CPAE, Bd. 8, # 238, Albert Einstein an Michele Besso, 21. Juli 1916.

78 Ibid.

79 CPAE, Bd. 8, # 241, Albert Einstein an Hans Albert Einstein, 25. Juli 1916.

80 CPAE, Bd. 8, # 242, Albert Einstein an Heinrich Zangger, 25. Juli 1916.

81 Schulmann, a. a. O., Albert Einstein an Hans Albert Einstein, 10. März 1951, S. 115.

82 CPAE, Bd. 8, # 251, Albert Einstein an Michele Besso, 24. August 1916.

83 CPAE, Bd. 8, # 242, Albert Einstein an Heinrich Zangger, 25. Juli 1916.

84 CPAE, Bd. 8, # 254, Albert Einstein an Michele Besso, 6. September 1916.

85 CPAE, Bd. 8, # 258, Albert Einstein an Helene Savić, 8. September 1916.

86 Ibid.

87 Ibid.

88 Popović, # 35, Mileva Marić-Einstein an Helene Savić, 1917.

89  Ibid., # 33, Mileva Einstein-Marić an Helene Savić, 15. Oktober 1916.

90  CPAE, Bd. 8, # 263, Albert Einstein an Hans Albert Einstein, 13. Oktober 1916.

91  CPAE, Bd. 8, # 271, Albert Einstein an Hans Albert Einstein, nach dem 31. Oktober 1916.

92  Popović, # 34, Mileva Einstein-Marić an Helene Savić, 1. Januar 1917.

93  CPAE, Bd. 5, # 335, Albert Einstein an Michele Besso, 7. Mai 1917.

94  Antonina Vallentin: The Drama of Albert Einstein, Garden City 1954, S. 72.

95  Ibid., S. 144.

96  CPAE, Bd. 8, # 381, Albert Einstein an Michele Besso, 22. September 1917.

97  CPAE, Bd. 8, # 469, Heinrich Zangger an Albert Einstein, 21. Februar 1918.

98  Schulmann, a. a. O., Albert Einstein an Mileva Einstein-Marić, 12. März 1918, S. 39.

99  CPAE, Bd. 8, # 545, Ilse Löwenthal-Einstein an Georg Nicolai, 22. Mai 1918.

100  CPAE, Bd. 8, # 621, Albert Einstein an Paul und Maja Winteler-Einstein und Pauline Einstein, 23. September 1918.

101  CPAE, Fußnote zu Bd. 8, # 473, Heinrich Zangger an Albert Einstein, 4. März 1918.

102  Popović, # 37, Mileva Einstein-Marić an Helene Savić, 1918.

103  Ibid.

104  Schulmann, a. a. O., S. 41, Albert Einstein an Mileva Einstein-Marić, 1918.

105  Bezirksgericht Zürich, Ehescheidungsurkunde vom 14. Februar 1919 zwischen Frau Mileva Einstein geb. Marit [sic!] und Professor Dr. Albert Einstein.

106  Artikel 150 des Zürcher Gesetzbuches.

107  Friedrich Herneck: Einstein privat. Herta Waldow erinnert sich an die Jahre 1927 bis 1933, Berlin 1978, S. 146 f.

108  Schulmann, a. a. O., Albert Einstein an Mileva Einstein-Marić, 23. Juli 1920, S. 52.

109  CPAE, Bd. 5, # 303, Albert Einstein an Heinrich Zangger, 7. November 1911.

110  Plesch/Plesch, a. a. O., S. 319.

111 János Plesch: János. The Story of a Doctor, London 1947, S. 34.
112 Glückwunschtelegramm zu Pleschs Eheschließung, 1917; János-Plesch-Archiv.
113 Michelmore, a. a. O., S. 89.
114 Schulmann, a. a. O., Albert Einstein an Mileva Einstein-Marić, 15. Dezember 1920, S. 52.
115 Ibid.
116 Vallentin, a. a. O., S. 101.
117 *The New York Times*, 8. Juli 1921.
118 Popović, # 49, Mileva Einstein-Marić an Helene Savić, 1924.
119 Ibid.
120 Ibid., # 47, Mileva Einstein-Marić an Helene Savić, 1922.
121 Interview mit Dr. Milan Popović, Belgrad, März 1995.
122 CPAE, # 53– 6, Helene Kaufler-Savić an Albert Einstein, 9. November 1939.
123 Popović, # 69, Albert Einstein an Helene Savić, 6. Dezember 1939.
124 Ibid., # 67, Mileva Einstein an Helene Savić, 1931– 32 (?).
125 Ibid., # 68, Mileva Einstein an Helene Savić, 1932.
126 Ibid., # 70, Mileva Einstein an Stana Košanin, 23. Juli 1940.

TEIL III

1 Reverend Father Nicholai Velimirović: Serbia in Light and Darkness, New York 1916, S. 107.
2 Tihomir Djordjević: Deca u verovanjima i običajima našega naroda, Belgrad 1990, S. 274.
3 Barbara Halpern-Kerewsky: Genealogy of Oral Genre in a Serbian Village, in: Oral Tradition in Literature, Columbus, Ohio, S. 302.
4 Frau Gajin gab mir die ursprünglichen Verkaufspapiere zur Weiterleitung an Evelyn Einstein.
5 Trbuhović-Gjurić, a. a. O., S. 195.
6 Gespräch mit Dragica Petrović, Belgrad, 17. September 1995.
7 E-Mail von Robert Schulmann, 13. Februar 1997.
8 E-Mail von Robert Schulmann, 14. August 1995.
9 »Mileva Marić' Liebe«, Belgrader Fernsehsendung von Mira Adanja Polak, 24. November 1996.

10 Performed Readings and Plays by Writers from Croatia, Macedonia, Slovenia, Serbia and Montenegro, Belgrad, August 1995, S. 8.

11 Mitteilung von Milana Stefanović an ihre Eltern, Belgrad, 1900; Sammlung von Ivana Stefanović.

12 Milana Stefanović an ihre Mutter, 4. November 1901, Sammlung von Ivana Stefanović.

13 Popović, # 14, Mileva Marić an Helene Savić, Dezember 1901.

14 Milana Stefanović an ihre Mutter in Wien, 17. Februar 1902; Sammlung von Ivana Stefanović.

15 Schriftliches Interview mit Ljubomir Trbuhović, Zürich, März 1995.


TEIL IV

1 Interview mit Jovan Ružić, Novi Sad, 12. März 1995.

2 Farnam, a. a. O., S. 224.

3 CPAE, # 82-974-1, Ana Milić (Pseudonym) an Hans Albert Einstein, Januar 1955.

4 CPAE, # 89-971-1, Sofija Galić-Golubović an Hans Albert Einstein, 25. April 1957.

5 Interview mit Branka Galić-Koraksić, Belgrad, 8. Februar 1998.

6 CPAE, # 82-977, Hans Albert Einstein an Tima Galić, 1. Dezember 1951.

7 CPAE, # 82-977, Tima Galić an Hans Albert Einstein, 1. Dezember 1951. Die Rechtschreibung entspricht dem Original.

8 CPAE, # 82-71-1, Sofija Galić-Golubović an Hans Albert Einstein, 25. April 1957.

9 Vidosava Kikić ist ein Pseudonym.

10 CPAE, # 82-977, Tima Galić an Hans Albert Einstein, 1. Dezember 1951.

11 Trbuhović-Gjurić, a. a. O., S. 164.

12 1996 wurde die Korrespondenz der Familie Einstein samt den Liebesbriefen zwischen Albert Einstein und Mileva Marić, die Teil des Besitzes des *Einstein Familiy Correspondence Trust* waren, bei Christie's in New York versteigert. Obwohl die Liebesbriefe an einen unbekannten Bieter gingen, wurde ein Großteil der restlichen Sammlung nicht verkauft. Diese Briefe wurden innerhalb der Familie Einstein aufgeteilt.

13 CPAE, # 82-969-1, Sofija Galić-Golubović an Hans Albert Einstein, 11. Juni 1957.

14 Nada Marić ist ein Pseudonym, das ich auf Bitten von Frau Milić verwende; der Familienname Marić entspricht aber der Wirklichkeit.

15 Der Name Marko Lazić ist ein Pseudonym.

16 Aus dem Archiv des orthodoxen Klosters Krušedol.

17 Dȯkument der Matica Srpska, mit freundlicher Genehmigung von Zoran Budimlija.

18 CPAE, Bd. 1, # 124, Mileva Marić an Albert Einstein, 13. November 1901.

19 Milica Stefanović an ihre Mutter Milana Bota, 1929; Sammlung von Vera und Ivana Stefanović.

20 Svetislav Stefanović, mit freundlicher Genehmigung von Ivana Stefanović.


TEIL V

1 Schulmann, a. a. O., S. 52, Albert Einstein an Mileva Einstein-Marić, 23. Mai 1923.

2 Ibid., S. 64, Albert Einstein an Mileva Einstein-Marić, ca. 1926 –1929.

3 Ibid., S. 52, Albert Einstein an Mileva Einstein-Marić, 17. Juni 1924.

4 Boris E. Jawlow, Moskau, Mitteilung an Dr. Heinz Lutsdorf, ETH-Bibliothek, Zürich, 17. Oktober 1986.

5 Albert Einstein an Hans Albert und Eduard Einstein, 26. März (1923).

6 Schulmann, a. a. O., S. 68, Albert Einstein an Mileva Einstein-Marić, ca. 1928.

7 Vallentin, a. a. O., S. 116.

8 Otto Friedrich: Before the Deluge, New York 1995, S. 141.

9 Schulmann, a. a. O., S. 55, Albert Einstein an Eduard Einstein, ca. 24. März 1921.

10 Vallentin, a. a. O., S. 190.

11 Schulmann, a. a. O., S. 54, Albert Einstein an Mileva Einstein-Marić, 19. April 1924.

12 Ibid., S. 61, Albert Einstein an Mileva Einstein-Marić, Oktober 1925.

13 Ibid.

14 Desanka Trbuhović-Gjurić, a. a. O., S. 214.

15 Heinrich A. Medicus: The Friendship Among Three Singular Men: Einstein and His Friends Besso and Zangger, in: Isis, Nr. 85 (1994), S. 471, Michele Besso an Heinrich Zangger, 12. Januar 1936.

16 Ibid., S. 475.

17 CPAE, # 75-697 (nach einem Hinweis von Alan Adelson).

18 Schulmann, a. a. O., S. 79, Albert Einstein an Eduard Einstein, 8. Oktober 1932.

19 Michelmore, a. a. O., S. 146.

20 Marianoff, a. a. O., S. 12.

21 Schulmann, a. a. O., S. 75, Albert Einstein an Eduard Einstein, 5. Februar 1930.

22 Highfield/Carter, a. a. O., S. 287 f.

23 Schulmann, a. a. O., S. 81, Mileva Einstein-Marić an Albert Einstein, ca. 1932–33.

24 Ibid., S. 78, Albert Einstein an Eduard Einstein, 20. August 1932.

25 Roboz-Einstein, a. a. O., S. 25.

26 Denis Brian: Einstein: A Life, New York 1996, S. 478; Helen Dukas, FBI-Akte, SAC, Newark (199-29614) (100-32986), Thema: Innere Sicherheit, 9. März 1955, S. 1–8.

27 Schulmann, a. a. O., S. 92, Albert Einstein an Eduard Einstein, 10. April 1936.

28 Ibid., S. 81, Albert Einstein an Mileva Einstein-Marić, ca. 1932.

29 Ibid., S. 81, Albert Einstein an Hans Albert Einstein, 6. Oktober 1932.

30 Ibid., S. 64, Albert Einstein an Hans Albert Einstein, November 1925.

31 Ibid., S. 62, Albert Einstein an Mileva Einstein-Marić, 28. Januar 1926.

32 Ibid., S. 63, Albert Einstein an Mileva Einstein-Marić, 13. Februar 1926.

33 Ibid., S. 53, Albert Einstein an Mileva Einstein-Marić, 15. Oktober 1926.

34 Ibid., S. 63, Albert Einstein an Mileva Einstein-Marić, 6. März 1926.

35 Ibid., S. 65, Albert Einstein an Mileva Einstein-Marić, 5. Mai 1928.

36 Ibid., S. 65, Albert Einstein an Mileva Einstein-Marić, ca. 1928.

37 Ibid., Albert Einstein an Mileva Einstein-Marić, 1927–1928.
38 Brian, a. a. O., S. 153.
39 Schulmann, a. a. O., S. 58, Albert Einstein an Hans Albert Einstein, 23. Februar 1924.
40 Trbuhović-Gjurić, a. a. O., S. 166.
41 Highfield/Carter, a. a. O., S. 275, Interview mit Evelyn Einstein, S. 223.
42 Trbuhović-Gjurić, a. a. O., S. 166.
43 Ibid.
44 Ibid.
45 Ibid., S. 197.
46 Schulmann, a. a. O., S. 103, Albert Einstein an Hans Albert Einstein, 7. Juni 1948.
47 Berislav M. Berić und Dušan Miškov: Proceedings of the 12th Scientific Meeting, in: Bać: *The Scientific Society for History of the Culture of Health for Vojvodina*, Nr. 9–10, November 1984, S. 80–91.
48 Interview mit Pavle Stanojević, Direktor des Vojvodina-Archivs, 11. Februar 1998.
49 Interview mit Hofrat Dr. Peter Broucek, Direktor des Kriegsarchivs Wien, 18. März 1997.
50 Interview mit Dr. Grozdana Čonak und Aleksandar Roslavljev, Novi Sad, 11. Februar 1998.
51 Interview mit Milenko Damjanov, Novi Sad, 10. Februar 1998.

TEIL VI

1 Mitteilung an die Autorin von Herbert Koch, dem Archivar des Magistrats der Stadt Wien, 18. Januar 1997. Als Gretes letzte Adresse war die Widerhofergasse 5/13 im neunten Bezirk genannt. Nach einer amtlichen Erklärung, die vermutlich von der Polizei am 12. April 1920 abgegeben wurde, »zog sie offiziell vor einer Weile aus«.
2 Einige biographische Details über Lola Stein stammen vom *World Jewish Relief*, London (Direktorin Luisa Biasiolo).
3 Grete Markstein an Leopold Jessner, Geheimes Staatsarchiv Preußischer Kulturbesitz, 21. Juni 1920.
4 Interview mit Dr. Lothar Schirmer, Direktor des Landesmuseums für Kultur und Geschichte Berlins, 30. Januar 1997.

5 George Grosz in: Otto Friedrich: Morgen ist Weltuntergang: Berlin in den zwanziger Jahren, Berlin 1998, S. 54.

6 Anthony Read/David Fisher: Berlin. The Biography of a City, London 1994, S. 183.

7 Friedrich, a. a. O., S. 284.

8 Interview mit Dr. Lothar Schirmer, Direktor des Landesmuseums für Kultur und Geschichte Berlins, 30. Januar 1997.

9 Schauspielhaus-Vertrag von Grete Markstein, Geheimes Staatsarchiv Preußischer Kulturbesitz, 1. September 1921.

10 Grete Markstein an Leopold Jessner, Geheimes Staatsarchiv Preußischer Kulturbesitz, 21. Juni 1920.

11 Ibid.

12 *The New York Times*, 16. Januar 1921.

13 Ibid., 15. März 1921.

14 *Vossische Zeitung*, 1. Januar 1922.

15 Grete Markstein an Leopold Jessner, Geheimes Staatsarchiv Preußischer Kulturbesitz, Dezember 1920.

16 A. C. Steinhardt an Direktion des Staatstheaters, Geheimes Staatsarchiv Preußischer Kulturbesitz, 30. Januar 1922.

17 Direktion des Staatstheaters an A. C. Steinhardt, Geheimes Staatsarchiv Preußischer Kulturbesitz, 3. Februar 1922.

18 Grete Markstein an Leopold Jessner, Geheimes Staatsarchiv Preußischer Kulturbesitz, 18. Dezember 1922.

19 Leopold Jessner an Grete Markstein, Geheimes Staatsarchiv Preußischer Kulturbesitz, 28. Dezember 1922.

20 Dr. Herzberg ans Theater, Geheimes Staatsarchiv Preußischer Kulturbesitz, 29. Dezember 1922.

21 Grete Markstein ans Theater, Geheimes Staatsarchiv Preußischer Kulturbesitz, 23. Januar 1923.

22 Grete Markstein an Leopold Jessner, Geheimes Staatsarchiv Preußischer Kulturbesitz, 27. September 1923.

23 Theater an Grete Markstein, Geheimes Staatsarchiv Preußischer Kulturbesitz, 5. Oktober 1923.

24 Archive der Motion Picture Academy, des National Film Information Service und der Screen Actors' Guild.

25 Laut der Passagierliste in den National Archives, New York City, traf Grete Markstein am 27. November 1923 an Bord der *George Washington* aus Bremen ein.

26 Interview mit Margaret Rückelt, der Enkelin von Paul Rückelts Bruder Otto, 7. Juli 1997.

27 Grete Markstein an Leopold Jessner, Geheimes Staatsarchiv Preußischer Kulturbesitz, 6. Februar 1924.

28 Ibid.

29 Jessner trat 1930 von seinem Berliner Theaterposten zurück, nachdem er 1928 nach Hollywood gegangen war. Er starb 1943 infolge eines Hundebisses.

30 Dr. Rehfisch ans Staatstheater, Geheimes Staatsarchiv Preußischer Kulturbesitz, 31. März 1924.

31 Dr. Rehfisch ans Staatstheater, Geheimes Staatsarchiv Preußischer Kulturbesitz, 16. April 1924.

32 Amtsgericht Berlin-Lichterfelde ans Staatstheater, Geheimes Staatsarchiv Preußischer Kulturbesitz, 15. Februar 1928.

33 Schreiben an Rechtsanwalt Max Goldstücker, Geheimes Staatsarchiv Preußischer Kulturbesitz, 7. März 1928.

34 Mit freundlicher Genehmigung von Herrn Berthold Leimbach.

35 Read/Fischer, a. a. O., S. 189.

36 Friedrich, a. a. O., S. 252.

37 Ibid.

38 Ibid., S. 256.

39 Vallentin, a. a. O., S. 87.

40 János-Plesch-Sammlung, Jüdisches Museum, Berlin.

41 János Plesch: Ein Arzt erzählt sein Leben, München 1943, S. 112.

42 Ibid.

43 Albrecht Fölsing: Albrecht Einstein: Eine Biographie, Frankfurt a. M., 1995, S. 682.

44 CPAE, # 47-594, Elsa Einstein an Grete Markstein, 28. November 1930.

45 Plesch, a. a. O., S. 202.

46 Vallentin, a. a. O., S. 142.

47 Vera Weizman: The Impossible Takes Longer, London 1967, S. 102 f.

48 CPAE, Bd. 5, # 466, Albert Einstein an Elsa Löwenthal, nach dem 11. August 1913.

49 Fölsing, a. a. O., S. 694 f.

50 Herneck, a. a. O., S. 12.

51 Michael Specter, *The New York Times*, 22. Juli 1995.

52 Ibid.

53 Highfield/Carter, a. a. O., S. 214.

54 Read/Fisher, a. a. O., S. 199.

55 Fölsing, a. a. O., S. 743.
56 Ibid.
57 Ibid., S. 745.
58 Peter A. Bucky: The Private Albert Einstein, Kansas City, 1992, S. 88.
59 Schulmann, a. a. O., S. 82, Albert Einstein an Mileva Einstein-Marić, 29. April 1933.
60 Abraham Pais: Einstein Lived Here, New York 1994, S. 193.
61 Schulmann, a. a. O., Albert Einstein an Hans Albert Einstein, S. 81.
62 Pais, a. a. O., S. 112.
63 Fölsing, a. a. O., S. 666, Albert Einstein an Max Planck, 6. April 1933.
64 Ibid., Albert Einstein an Michele Besso, 5. Mai 1933.
65 Vallentin, a. a. O., S. 236.
66 Ibid.
67 Yehuda Bauer: My Brother's Keeper: A History of the American Joint Distribution Committee 1929 –1934, Philadelphia 1974, S. 138.
68 Ibid., S. 149.
69 Aus *Report of the German Commission of the National Committee*, The American Jewish Joint Distribution Committee, New York, 27. Juni 1934.
70 Plesch, a. a. O., S. 409.
71 Albert Einstein an Frederick Lindemann, 22. Januar 1935.
72 Interview mit der wissenschaftlichen Bibliothekarin Judy Tsou, University of California at Berkeley Music Library, 26. Januar 1999.
73 Mitteilung von Lieselotte Montague, World Jewish Relief, 20. November 1996.
74 Mitteilung von Lieselotte Montague, World Jewish Relief, 6. Januar 1999.
75 Public Record Office, Großbritannien, Akte HO45/15814.
76 Interview mit Lieselotte Montague, World Jewish Relief, 20. November 1996.
77 CPAE, # 51-044, Frederick Lindemann an Hermann Weyl, 23. November 1935.
78 Interview mit Mrs. Herschdoerfer, London, 12. August 1996.
79 Max von Laue, Archiv # HS 1973-6 137, Deutsches Museum, Meisterwerke der Naturwissenschaft und Technik, München.

80 Highfield/Carter, a. a. O., S. 120.
81 Interview mit Richard Markstein, Enkel von Grete Markstein, 26. Dezember 1996.
82 Tagebücher von János Plesch, Plesch-Archiv des Jüdischen Museums.
83 Manche Historiker lesen »Biel« als »Bial«. Laut Auskunft eines Handschriftexperten ist »Biel« korrekt.
84 CPAE, # 51-046, F. Biel an Helene Dukas, Wien, 19. August 1936.
85 Ibid.
86 CPAE, # 31-541, Albert Einstein an Janós Plesch, 1936.
87 CPAE, # 31-540, János Plesch an Albert Einstein, 29. September 1936.
88 Mit freundlicher Genehmigung von Mrs. Herschdoerfer, September 1996.
89 CPAE, # 58-470, Lola Stein an Albert Einstein, 6. Mai 1947.
90 CPAE, # 58-471, Albert Einstein an Lola Stein, 15. Mai 1947.
91 Interview mit Jacqui Lyons, George Marksteins Literaturagentin, London, 28. März 1997; Richard Markstein, New York, 6. April 1997.
92 CPAE, # 58-472, Lola Stein an Albert Einstein, 6. Juli 1947.
93 Albert Einstein an János Plesch, 3. Februar 1944, János-Plesch-Archiv, Jüdisches Museum, Berlin.
94 János Plesch an Albert Einstein, 10. Mai 1944, János-Plesch-Archiv, Jüdisches Museum, Berlin.
95 Ibid.
96 Mitteilung von Edward Fitzgerald an János Plesch, 18. September 1945.
97 Mitteilung von Peter Plesch, 4. Februar 1988.
98 Vallentin, a. a. O., S. 241.
99 Ibid., S. 240.
100 Plesch und Plesch, a. a. O., S. 310.
101 Highfield/Carter, a. a. O., S. 216.
102 Ibid., Albert Einstein an Hans Albert Einstein, 4. Januar 1937.
103 Interview mit Marie Grendelmeier, 9. März 1995.
104 Schulmann, a. a. O., S. 103, Albert Einstein an Hans Albert Einstein, 11. Juli 1948.
105 Interview mit Marie Grendelmeier, 9. März 1995.
106 Highfield/Carter, a. a. O., S. 316, Albert Einstein an Carl Seelig, 4. Januar 1954.

107 Jeremy Bernstein: Einstein, New York 1976, S. 77.

108 CPAE, Bd. 8, # 84, Albert Einstein an Heinrich Zangger, 17. Mai 1915.

109 Bucky, a. a. O., S. 133.

110 Plesch und Plesch, a. a. O., S. 309.

111 Ibid.

112 Sachi Sri Kantha: An Einstein Dictionary, Westport 1996, S. 199.

113 Plesch, a. a. O., S. 307.

TEIL VII

1 Fölsing, a. a. O., S. 673, Albert Einstein an Paul Ehrenfest, ca. August 1932.

2 Brian, a. a. O., S. 250.

3 Zweiter Brief an die Korinther 13,1.

4 Shoshana Felman/Dori Laub: Testimony: Crisis of Witnessing in Literature, Psychoanalysis and History, New York 1992, S. 204.

5 J. W. Wiles: Serbian Songs and Poems: Chorals of the Yugoslav Harp, London 1918, S. 12.

6 James McConkey (Hrsg.): The Anatomy of Memory, New York 1990, S. 152.

7 Popović, a. a. O., S. 50.

8 Interview mit Karmensita Berić, Toronto, 9. September 1998.

9 Felman/Laub, a. a. O., S. 3.

10 Fölsing, a. a. O., S. 406.

11 Ronald W. Clark: Einstein. The Life and Times, New York 1971, S. 349.

12 CPAE, Bd. 8, # 339, Albert Einstein an Michele Besso, 13. Mai 1917.

13 Mitteilung von Zorka Marić an Jovan Bogdanović, Bern, 1. Januar 1907; aus der Sammlung von Nikola und Slavica Dokmanović.

14 Gustav von Bunge: Alkoholvergiftung und Degeneration, Bern 1904, S. 5.

15 Ibid., S. 4.

16 CPAE, Bd. 1, # 127, Albert Einstein an Mileva Marić, 12. Dezember 1901.

17 August Forel: Die Sexuelle Frage. Eine naturwissenschaftliche,

psychologische, hygienische und soziologische Studie für Gebildete, München 1905, S. 13.

18 Ibid., S. 12.
19 Ibid., S. 77.
20 CPAE, Bd. 1, # 124, Mileva Marić an Albert Einstein, 13. November 1901.
21 Forel, a. a. O., S. 410.
22 Ibid., S. 75.
23 Interview von Prof. Rest Jos mit Otto Stern (der in Prag mit Einstein zusammenarbeitete), ETH, 1961.
24 Interview mit Dr. Gerald Rodriguez, Santa Fe, 24. August 1998.
25 *Merck's 1901 Manual*, New York, S. 1623.
26 Forel, a. a. O., S. 78.
27 Ibid.
28 Ibid., S. 82.
29 Ibid., S. 100.
30 Bucky, a. a. O., S. 193.
31 Ibid., S. 188.
32 Forel, a. a. O., S. 128.
33 Ibid., S. 361.
34 Ibid., S. 529.
35 Ibid., S. 517.
36 Ibid., S. 523.
37 Ibid., S. 420.
38 CPAE, Bd. 8, # 572, Albert Einstein an Michele Besso, vor 28. Juni 1918.
39 Michelmore, a. a. O., S. 59.
40 Forel, a. a. O., S. 444.
41 Trbuhović-Gjurić, a. a. O., S. 100.
42 Forel, a. a. O., S. 468.
43 Ibid., S. 445.
44 Ibid., S. 533.
45 Interview mit Evelyn Einstein, 3. April 1995.
46 Forel, a. a. O., S. 127.
47 Ibid., S. 535.
48 Ibid., S. 125.
49 Ibid.
50 Ibid., S. 415.
51 Ibid., S. 417.
52 Ibid.

53 Ibid., S. 400.
54 von Bunge, a. a. O., S. 6.
55 Michelmore, a. a. O., S. 42.

# Danksagung

Es ist mir ein Vergnügen, den folgenden Personen dafür zu danken, daß sie mein Manuskript in den unterschiedlichen Stadien lasen und mir mit ihrem wertvollen Rat zur Seite standen: Dr. Anna Beck, Christine Brooks, Henry und Kathleen Chalfant, Joseph Dispenza, Marija, Miloš und Slavica Dokmanović, Dr. Stefan Elfenbein, Greg Glazner, Dee Ito, Ruth Lopez, Peter Nash, Alan Palmer, Dr. Judit Schulmann, Dr. Marina Stajić, Joan Tewkesbury, Ben und Victoria Zackheim.

Charlie Ramsburg, mein Freund und Ehemann, las dieses Buch öfter, als ich zählen kann. Liebevoll bedachte er mich mit seinem klaren Blick für Unstimmigkeiten, mit grammatischen Korrekturen, unerschütterlicher Anleitung und sensibler Unterstützung. Ich werde ihm ewig dankbar sein.

Nach fünfjährigen Formulierungsversuchen ist es schwierig, die geeigneten Worte zu finden, um meiner Freundin und Agentin Kathleen Anderson zu danken. Sie hat das Manuskript in allen Versionen gelesen und mich jedesmal sanft auf neue Wege zur Klarheit und Verständlichkeit hingewiesen. Kathy verbrachte außerordentlich viel Zeit damit, mir am Telefon zuzuhören, während ich sie von überall her anrief, um ihr meine Mutmaßungen, Berichtigungen und persönlichen Sorgen darzulegen. Bei alledem lenkte sie mich behutsam, doch entschieden zum Abschluß meiner Suche und zur Endfassung meines Buches. Ich umarme sie voller Dankbarkeit. Und ich bin meinem europäischen Agenten Danny Baror für seine Beharrlichkeit, sein Entgegenkommen und seinen trockenen Humor verpflichtet.

Obwohl wir nie ein direktes Gespräch miteinander führten (immerhin stümperten wir uns einmal ohne Dolmetscher in schlechtem Französisch durch einen Morgen hindurch), kenne ich Slavica Dokmanović, und sie kennt mich. Zwischen uns gibt es eine Verwandtschaft, die keiner Sprache bedarf. Sobald wir einander begegneten, war deutlich, daß wir nicht zu erklären brauchten, was wir glaubten oder uns wünschten. An jenem ersten Abend lächelten wir einander über den Tisch hinweg zu und gingen dann miteinander um, als wären wir lebenslange Freundinnen. Ich danke Slavica aus ganzem Herzen für ihre Hilfe und Geduld und vor allem für ihr Vertrauen und ihre Freundschaft.

Von Beginn an ermunterte mich Julie Grau, meine Lektorin bei Riverhead Books, »ein organisches Buch« zu schreiben. Sie benötigte viel Langmut und Flexibilität, während der Text im Einklang mit den neuen Entwicklungen immer wieder umgeschrieben werden mußte. Julies einfühlsame Redaktion hat nicht nur das Buch verbessert, sondern war zugleich auch äußerst lehrreich für mich. Ihre Assistentin Hanya Yanagihara hat stetig und verständnisvoll dazu beigetragen, den komplizierten Weg zur Drucklegung zu vereinfachen. Auch danke ich Gina Anderson, der juristischen Beraterin von Riverhead, die mich freundlich und geduldig durch das Labyrinth der gesetzlichen Fragen und des Erwerbs von Genehmigungen geführt hat.

Stefan Elfenbein holte mich am Bahnhof in Berlin ab. Er war nicht zu verkennen, da er die Menge überragte. Sobald ich aus dem Zug gestiegen war, mußte ich dauernd rennen, um mit ihm Schritt zu halten. Aber das war unser einziges Problem. Stefan begann als mein deutscher Dolmetscher und Berlinführer, aber er wurde bald zu meinem geschätzten Kollegen. Wir suchten in Berlin gemeinsam nach Grete Markstein und verfolgten dann ihren Werdegang. Da Stefan ein ausgezeichneter Journalist und wunderbarer Mensch ist, sind seine Sachkenntnis und seine Freundschaft für mich von hohem Wert.

Als ich Evelyn Einstein zum erstenmal anrief und sie um ein Interview bat, erwiderte sie: »Sie brauchen sich nicht um mich zu kümmern, Robert Schulmann weiß mehr über meine Familie als ich!« Aber ich bin froh, daß ich mich um Evelyn gekümmert habe. Als ich ihr Haus betrat, hatte ich das Gefühl, mich in einem Sammelsurium der Geschichte zu befinden. Im Laufe von fünf Jahren verbrachten wir viele Stunden miteinander, in denen sie mich an der herkömmlichen Version der Einstein-Biographie vorbei zu der komplizierten Darstellung eines ausweglosen Familienhaders führte. Ich bin für Evelyns Freundschaft und dafür dankbar, daß sie durch dieses Projekt in mein Leben trat.

Mein spezieller Dank gilt Robert Schulmann, dem Direktor des Einstein Papers Project, der mir bei meiner Arbeit wertvolle Hilfe leistete. Über die Jahre hinweg hat er Hunderte meiner Fragen beantwortet und mir die Dynamik des Idols Albert Einstein verdeutlicht.

Richard Markstein wußte nicht, wie ihm geschah, als ich ihn anrief: »Ich habe Ihre Großmutter Grete gefunden.« Im selben Atemzug fuhr ich fort: »Und ich brauche Ihre Erlaubnis, um mir ihre amtlichen Unterlagen zu besorgen.« Richard ließ sich nicht aus der Ruhe bringen. Er leistete mir enthusiastischen Beistand, und ich werde sein Vertrauen zu mir dankbar in Erinnerung behalten.

Vida Ognjenović, die ein Bühnenstück über Mileva Einstein-Marić geschrieben hat, teilte ihre Funde, ihre Gedanken und sogar ihr Manuskript uneigennützig mit mir. Ivana Stefanović hat mir großzügig und beharrlich zuerst aus Belgrad und dann aus Damaskus geholfen. Ihre Brief- und Fotosammlung sowie ihr Gespür für die serbische Mutterschaft trugen dazu bei, mir Klarheit über Lieserls Leben zu verschaffen.

Enormen Dank schulde ich den Übersetzern, die an diesem Buch mitgewirkt haben. Sie hatten schwierige juristische Dokumente, veraltete Bücher, Privatbriefe und handgeschriebene Notizen zu übertragen, die man nur mit einem Vergrößerungsglas lesen konnte. Dr. Anna Beck, die die Bände 1 bis 5 der *Collected Papers of Albert Einstein* (veröffentlicht von Princeton University Press) übersetzte, schöpfte aus ihrem erstaunlichen Fundus von Sprachen, darunter Ungarisch, Deutsch und Serbokroatisch. Katalin Thury war meine Übersetzerin in Ungarn. Erfinderisch und humorvoll bahnte sie uns einen Weg durch die Bürokratie von Meldeämtern und Archiven. Ich danke Karlo Baranj aus Schweden, der Desanka Trbuhović-Gjurić' Biographie von Mileva Einstein-Marić ins Englische übersetzte; Constance Frank aus Santa Fe, die mich als erste Übersetzerin ansportne; Matthew Griffin, New York City; Sharon Hill, Santa Fe; Gregory Mehrten, New York City; Eilin Merten, die tapfer und spontan mit mir zusammenarbeitete; und Sonia Bonin aus Berlin, die mir bei der Sichtung in letzter Minute eintreffender Materialien half.

Miloš Dokmanović, Slavicas erwachsener Sohn, arbeitete auf zwei meiner Serbienreisen als Dolmetscher für uns. Sein Einfühlungsvermögen für seine Mutter und seine linguistischen Fertigkeiten ließen ihn so fließend übersetzen, daß wir ihn manchmal kaum bemerkten. Slavicas Tochter Marija Dokmanović, die in Amerika studiert, leistete erstaunliche Arbeit bei der Übersetzung zahlreicher Materialien, die ich aus Serbien mitbrachte, darunter Zeitungen, Bücher und juristische Dokumente. Sie war so sensibel für die Nuancen dieses Buches, daß ihre Texte sich häufig wie Gedichte lasen. Nikola, der Ehemann und Vater in dieser bemerkenswerten Familie, versorgte mich ausgiebig mit Benzin und Flaschen seines selbstgebrannten *rakija*.

Jelena Petrović, die mich auf meiner letzten Serbienreise begleitete, ist eine Freundin der Familie. Wir teilten Hotels und Mahlzeiten und stöberten tagelang gemeinsam in Archiven und Meldeämtern. Man hatte mir geraten, mich unauffällig zu verhalten. Deshalb mieteten wir in Belgrad kein englisches oder französisches Auto, sondern einen Jugo. Dies war ein hellgelber Wagen, an dessen beiden Türen mit fluoreszierenden orangenen Buchstaben »AVIS« prangte. Jelena ging energisch über meine Nervosität hinweg und ließ sich von starrenden Blicken und negativen Reaktionen nicht einschüchtern.

Meine besondere Dankbarkeit möchte ich Dr. Ljubomir Trbuhović ausdrücken, der mich über die Maßen großzügig mit seiner Zeit, Sachkenntnis und Einfühlung bedachte.

Am Anfang meiner Recherchen war Grete Markstein lediglich der Name einer lästigen Frau im Einstein-Archiv gewesen. Mit Hilfe der Familie Menschik stieß ich auf den Schriftsteller George Markstein, ohne zu wissen, ob er der richtige George war. Aber ich folgte seinen Spuren bis zu seiner Agentin Jacqui Lyons in London, und sie bestätigte, daß ich es mit dem richtigen Markstein zu tun hatte. Danach machte sich Jacqui mit erheblicher Hartnäckigkeit daran, mir bei der Entdeckung der Details von George und Grete Marksteins Leben zu helfen.

Ich möchte den folgenden Personen meinen aufrichtigen Dank für ihre Unterstützung aussprechen: Alan Adelson; Marshall Arisman; Dr. Karmensita Berić; Frank Buchsbaum; Sanja Popović-Bogdanich; John Breamy und Bobbe Breakey; Alice Calaprice, die mir half, mich der abschreckenden Aufgabe der Einholung von Genehmigungen zu stellen; Chris Cover von Christie's; Dr. Marion C. Diamond; Eva

Einstein; Helena Finn; Deborah Garrison von *The New Yorker Magazine*, die mir zuredete, das Projekt in Angriff zu nehmen; Linda Gillen; Dr. Radmila Gorup; Carey Harrison; Michael Herschdoerfer, Amsterdam; Robin Hoffman, auf dessen Großzügigkeit ich mich stets verlassen konnte; Myron L. Hoffmann; Dr. Don Howard; Dr. Mary Claire King; Keryn Lane; Hanne Loewy; Herbert Lottmann, Paris; Constanin Marić, Paris; Lelia und Paul Matthews; Judy, Joe und Elliot Menschik, die mich zu George Markstein führten; Zorka Milich; Vesna Mladenović; Connie Mutel; Paul Needham; Dr. Vesna Nafeld; Charlie Niles; Dr. Abraham Pais; dem nun verstorbenen Alan Palmer, dessen Freundschaft und Zuversicht mir halfen, einen Engpaß zu überwinden und den ich immer noch vermisse; Sybille Pearson und Tony Pearson; Dina Perez; John Curtis Perry; Dr. Senta Troemel-Ploetz, die ihre Unterlagen über Mileva kollegial und freundschaftlich mit mir teilte; Mark Porter, Christie's; Lisa Primiano; Dr. Sterling Puck; Dr. Lewis Pyenson, der mir genau im richtigen Moment mit seinen Kenntnissen und seiner Förderung zur Seite stand; Mark Recktman; Dr. Gerald Rodriguez, der stets bereit war, medizinische Fragen zu beantworten oder sie für mich zu recherchieren; Kathy Rodriguez, die mühevoll mit ihren frühen Erinnerungen an ihre serbische Familie kämpfte, damit ich mehr über Kinder auf dem Balkan erfahren konnte; David Rubin, der mir wertvolle Informationen über die Erinnerung lieferte; Judy Siegel; Dr. John Stachel; Dr. Vera John Steiner; Judy Stern und Reuben Stern; Nadja Tesich; Jeff Williams; Elizabeth Zackheim.

In Serbien habe ich folgenden Personen dafür zu danken, daß sie eine Fremde zu sich einluden und mit ihren Erzählungen beehrten: Zoran Budimlija, Novi Sad; Dr. Ana Frenkel, Novi Sad; Darko Hihnjec, Sremski Karlovci; Aleksandra Vavić-Horović, Novi Sad; Vladimir Horović, Novi Sad; Branka Galić-Koraksić, Belgrad, für ihre Klarheit und Güte und die stundenlange Suche in den Habseligkeiten ihres Vaters; Pater Jovica Jovanović, Titel; Pater Djordje S. Krstić, Kać; Momir Lazić, Belgrad; Dragiša Marić und seiner Mutter Ljubica Marić aus Kać, die Stunden damit verbrachten, mir ihre Geschichte zu erzählen; dem inzwischen verstorbenen Branko Miškov, Titel; Dragica und Bogdan Petrović, Belgrad; Dr. Milan Popović, Belgrad; Jovan Ružić, Novi Sad, der freundlicherweise zuließ, daß er zu einer der Zentralgestalten dieser Geschichte wurde; Jusanka Ružić, Novi Sad; Vera und Ana Stefanović, Belgrad.

Außerdem danke ich meinen Freunden in Budapest, Dr. Klára

345

Ajkay und Leventhe Thury, die mir Trost und Ermutigung spende-
ten und mich mit Personen bekannt machten, die meinen Umgang
mit den Behörden erleichterten; sowie dem angesehenen Schriftsteller Stojan Vujižić, der mir die Aufzeichnungen der Budapester serbischen Gemeinde zur Verfügung stellte.

In Großbritannien danke ich: Alexander Baron, London, der Grete Marksteins Leben auf vorbildliche Weise im britischen Archiv-
system recherchierte; dem Forschungsmitarbeiter James Elias; Roy
Faibish; Aurelia Herschdoerfer; Denise Markstein; Madeline
Herschdoerfer Turki und Sylvia Herschdoerfer; dem Forschungsmitarbeiter Mark Taha; Lynne Silver und Gerald Woolfson; Anne
Marie und Bob Starr; sowie Professor P. H. Plesch, North Staf-
fordshire.

In Deutschland, Österreich und der Schweiz nahmen viele Personen liebenswürdigerweise an meinen Recherchen teil. Mein Dank
gilt besonders Giuseppe Castagnetti, Jürgen Renn, Ute Leinau, Dr.
Fritz Lendemann und Margaret Rückelt, Berlin; Walter Elfenbein,
Frankfurt; Marie Grendelmeier, Martin Grendelmeier, Eva Meili-
Sonderegger und Dr. Werner Zimmerman, Zürich, und Hannah Les-
sing-Askapa, Wien.

Den vielen Bibliotheken, Archiven, Sammlungen und Konsulaten
und besonders ihren Mitarbeitern, die mir bei diesem Projekt so sehr
geholfen haben, möchte ich meinen aufrichtigen Dank aussprechen.

Ze'ev Rosenkranz, Judith Levy, Albert-Einstein-Archiv, Jerusalem;
A. Meichle, Albert-Einstein-Gesellschaft, Bern; Jack Sutter, Ameri-
can Friends Service Committee, Philadelphia; Caroline Moseley und
Jack Scott, American Institute of Physics; Julie Kerssen, American
Jewish Joint Distribution Committee; Garrett Williams, American
Museum of Historical Documents; Toni Siegenthaler, Amt für den
Zivilstands- und Bürgerrechtsdienst des Kantons Bern; Archiv für
die Geschichte der Max-Planck-Gesellschaft, Berlin; Archiv der jüdi-
schen Gemeinde, Novi Sad; Archiv des American Jewish Joint Distribution Committee, New York City; Arhiv Novi Sad; Arhiv Petrovaradin; Arhiv Rukopisno Odeljenje, Novi Sad; Arhiv Srbije,
Belgrad; Arhiv Sremska Mitrovica; Arhiv Vojvodine, Novi Sad;
Arhiv Vojvodine, Sremski Karlovci; Association of Jewish Refugees
in Great Britain, London; Auswärtiges Amt, Bonn; Dr. Frank Meck-
lenburg und Ronald H. Axelrod, Leo Baeck Institute, New York
City; Balch Institute; Bezirksamt Berlin-Schöneberg; Francesca Bur-
ri, Berner Stadtkanzlei; Péter Heinermann, Biblioteka Matice Srp-

ske, Novi Sad; Charles Niles, Archivar, Boston University Library, Department of Special Collections; Dr. Charles Cutter, Direktor, Brandeis University Library, Special Collections, Waltham, MA; Peter McInally, British Information Office, New York; British Library, Official Publications Library; British Library Sciences, Reference and Information Services, Aldwych; Imréné Benicz, Budapest Föváros Levéltára; Bundesarchiv Koblenz; Herbert Gruber, Büro für Genealogie, Wien; Central London Office of Land Registry; Central Archive for Private Hospital Records, Budapest; Lee S. Strickland, Central Intelligence Agency, Washington, D. C.; Central Registration Office, Budapest; S. Palmor, Central Zionist Archives, Jerusalem; Colindale Newspaper Library, London; Companies House, Department of Trade and Industry, London; Contemporary Scientific Archives Centre/National Cataloging Unit for the Archives of Contemporary Scientists, Oxford; E. Swinglehurst, Archivar, Thomas Cook Ltd., London; Deutsches Museum, München; Direktorat für Völker und Öffentliches Recht, Bern; Eglise Orthodoxe Serbe Archives, Paris; Silvana Bolli, Irene Mendoza, Yvonne Voegeli, Eidgenössische Technische Hochschule Zürich; Paul Seger, Eidgenössisches Departement für Auswärtige Angelegenheiten, Bern; Maria Lauper, Einstein-Haus, Bern; Dr. Robert Schulmann, Annette Pringle, Michel Janssen, Anneli Mynttinen, Einstein Papers Project, Boston University; Emilio Segrè Visual Archives, College Park, MD; ETH Rektoratskanzlei; Schweizer Bundesinstitut für Technologie, Zürich; Diane Loosle, Sonja Nishimoto, Family History Library, Church of Jesus Christ of Latter-Day Saints, Salt Lake City und New York City; Family Records Centre, London; Farkasréti Temetö (Wolfstalfriedhof), Budapest; Marion Fourestier, French Information Office, New York City; Dr. Iselin Gundermann, Geheimes Staatsarchiv Preußischer Kulturbesitz, Berlin; Hannelore Köhler, German Press Office, New York City; Glavni imenik Kraljevske male realke u Mitrovici (Hauptregister der Königlichen Unteren Realschule in Mitrovica); Ulrike Schwerdtfeger, Goethe-Institut, New York und Berlin; Griechisch-orthodoxe Kirche, Budapest; Guidhall Library, London; Professor G. Brooser, Rektor, Hajnal-Imre-Universität, Budapest; Hebräische Universität, Jerusalem; Dr. Matthias Pfaffenbichler, Heraldisch-Genealogische Gesellschaft »Adler«, Wien; Sarah Ogilvie, Holocaust Museum, Washington, D. C.; Nicole Rona, Hungarian National Tourist Office, New York City; Immigration and Nationality Directorate, Liverpool; Immigration and Naturalization Service, Historical Reference Library, Washington, D. C.; Institute of Contemporary History and Wiener Library, London; Frau H. Weiss, Israelitische Kultusgemeinde Wien; Istorijski Institut Srpske Akademije Nauka i Umetnosti, Sremski Karlovci; Luisa Biasiolo, Direktorin; Lieselotte Montague, Jewish Refugees Committee, London; Johns Hopkins University Library, Special Collections, Aurel Wintner Papers; Jüdisches Museum der Stadt Wien, Bibliothek; Gisela Freydanck, Jüdisches Museum im Stadtmuseum, Berlin; Kloster Krušedol; Krankenhaus des heiligen László; Dr. Peter Broucek, Direktor, Kriegsarchiv Wien; Bianca Welzing, Landesarchiv Berlin; Lenin-Bibliothek, Moskau; Library of Congress, John Von Neumann Papers, Washington, D. C.; London Metropolitan Archive; Herbert Kock, Archivar, Magistrat der Stadt Wien, Vienna; Rukopisno odeljenje (originalna dokumentacija Marić), Novi Sad; Matični Ured u Novom Sadu, Rumi, Sremskoj Mitrovici, Titelu, Kaču, Knjige rodjenih, vencanih i umrlih; Dr. Volker Pellet, Bundesaußenministerium, Bonn; Meldeamt Novi Sad, Serbien; Meldeamt Ruma; Meldeamt Savski Venac, Belgrad; Moskauer Stadtarchiv, Rußland; Museum von Šabac; National Archives of the United States, National Personnel Records Center, Washington, D. C.; Lynda L. Mouchyn, National Archives, Northeast Region, New York City; National Down Syndrome Society, New York City; National Film Information Service, Hollywood; New Mexico State Library, Santa Fe; Frank Wright, Nevada State Museum; New York Academy of Medicine; Sister Dale Smith, New York Family History Center; New York Public Library, Tanya Gizdavćić, Slavic Division and the General and Map Divisions; Bosiljka Stevanovič, New York Public Library/Donnell; Eleanor Vallis, Nuffield College, Oxford; Novi Sad Records Office; Office for National Statistics, General Register Office, Southport, England; Országos Pszichiátriai és Neurológiai Intézet, Budapest; Dr. Giuseppe Castagnetti, Marion Kazemi, Dr. Jürgen Renn, Max Planck Institut für Wissenschaftsgeschichte, Berlin; Polizeidirektion Bern; Margaret Sherry, Princeton University Library, Rare Books and Special Collections; Daphne Ireland, Loan Osbome, Ben Tate, Princeton University Press; Probate Office, London; Public Record Office, Surrey, Großbritannien; Rókus Kórhaz, Budapest; Royal Commission for Historical Manuscripts, London; Royal London Hospital Archives; Ruma Records Office; St. László Hospital, Budapest; Anatole Antonov, Presseamt, Russisches Konsulat, Washington, D. C.; Alice Davis,

Santa Fe Public Library; Srpska Akademija Naukei i Umetnosti, Archiv, Sremski Karlovci; Savski Venać Records Office, Belgrad; Dr. Huldrych Gastpar, Schweizerisches Literaturarchiv, Bern; Bosko Jugović, Leiter, Serbisch-Orthodoxes Pfarramt zum hl. Sava, Wien; Society of Genealogists, London; Staatsbibliothek zu Berlin; Marianne Howald, Margrit Zwicky, Stadtarchiv Bern; Stadtarchiv Zürich; Standesamt Tübingen; John Stachel Collection, Boston; Sammlung von Ivana Stefanović, Belgrad; Dr. Michael Guisolan, Stadtarchiv Stein am Rhein; Evelyn Mock, Switzerland Tourism Office, New York City; Lásztity Péró, Szerb Országos Önkormányzat, Budapest; Tempel des hl. Sava, Belgrad; Új Köztemetö (Neuer Öffentlicher Friedhof), Budapest; Diane Currie, United States Department of Justice, Immigration and Naturalization Service, Washington, D. C.; United States Holocaust Memorial Museum, Washington, D. C.; Sarah Jones, United States Immigration and Naturalization Service, New York City; Marian Smith, Historical Reference Library, United States Immigration and Naturalization Service; Roswitha Haller, United States Information Resource Center, Wien; Judy Tsou, University of California at Berkeley; Connie Mutel, University of Iowa, Institute of Hydraulic Research, Iowa City; Universität Novi Sad, Archiv der Medizinischen Fakultät; Vaznesenje Svih Svetih (Auferstehung aller Heiligen), Sremska Mitrovica; Dr. Pavle S. Stanojević, Direktor, Vojvodina Archive, Novi Sad; Wellcome Library, London; Westminster Central Reference Library, London; Woburn House, Office of the United Synagogue, London; Dina Abrahamovic and Gunner Berg, YIVO Institute for Jewish Research, New York City; Petar Vico, Zweiter Sekretär, Jugoslawische Mission bei den Vereinten Nationen; Zentral- und Landesbibliothek Berlin.

# Bibliographie

Adam, Helen Pearl Humphry: *Paris Sees it Through: A Diary, 1914–1919*. London: Hodder and Stoughton, 1919.

Adamic, Louis: *The Native's Return: An American Immigrant Visits Yugoslavia and Discovers His Old Country*. New York: Harper & Brothers, 1934.

Allen, Roy F: *Literary Life in German Expressionism and the Berlin Circles*. Ann Arbor, Michigan: UMI Research Press, 1972.

Allport, Gordon, W., und Postman, Leo Joseph: *The Psychology of Rumor*. Cambridge: Cambridge University Press, 1988.

Ambrozič, Matija: *Smrtnost dece u našoj zemlji*. Zwei Bände der Vortragssammlung vom Ersten Ärztekongreß der Bundesrepublik Jugoslawien, Belgrad 1949.

American Jewish Committee: *The Jews in the Eastern War Zone*. New York: American Jewish Committee, 1916.

*American Jewish Historical Society Journal*, 53 (1964). Herausgegeben von der American Jewish Historical Society, Waltham, MA.

American Jewish Joint Distribution Committee, New York: *Report of the German Commission of the National Committee*, 27. Juni 1934.

*American Jewish Yearbook, 1940*, Philadelphia: Jewish Publication Society, 1940.

*Amtliches Fernsprechbuch für Berlin und Umgegend*, Berlin: Oberpostdirektion, 1920–1933.

Amurelli, Kario: *Knjiga za paru: silazak sa prestola*, Belgrad: Smiljevo, Verlag Pera Todorović, 1889.

Andrić, Ivo: *Die Brücke über die Drina*. München: Deutscher Taschenbuchverlag, 1992.

Ders.: *Liebe in einer kleinen Stadt*. Frankfurt a. M.: Suhrkamp, 1996.

Barsley, Michael: *The Orient Express*. New York: Stein and Day Publishers, 1966.

Bauer, Yehuda: *My Brother's Keeper: A History of the American Joint Distribution Committee 1929–1939*. Philadelphia: The Jewish Publication Society of America, 1974.

Beckerle, Monika: *Dachkammer und literarischer Salon: Schriftstellerinnen in der Pfalz*. Landau: Pfälzische Verlagsanstalt, 1991.

Beller, Steven: *Wien und die Juden 1867–1938*. Wien, Köln, Weimar: Böhlaus Zeitgeschichtliche Bibliothek, 1993.

Benson, Larry D.: *Orphaned Children: A Bibliography*. Monticello: Larry D. Benson, 1991.

Berić, Berislav M., und Miškov, Dušan: *Sitzungsberichte der 12. Wissenschaftlichen Konferenz*. Bać: Wissenschaftliche Gesellschaft für die Geschichte der Gesundheitskultur in der Vojvodina, 9.–10. November 1984, S. 80–91.

Bernstein, Jeremy: *Einstein*. New York: Penguin, 1976. (Dt. *Albert Einstein*. München: Deutscher Taschenbuchverlag, 1975).

Ders.: »Einstein When Young.« *The New Yorker*. 6. Juli 1987, S. 77–80.

Ders.: »A Critic at Large: Besso.« *The New Yorker*. 27. Februar 1989, S. 86–92.

Bertaut, Jules: *La vie à Paris sous le premier empire*. Paris: Calmann-Levy, 1949.

Bojović, Snežana: *Sima Lozanić u srpskoj nauci i kulturi*. Belgrad: MNT, 1993.

Bosić, Mila: *Godišnji obićaji Srba u Voivodini*. Novi Sad: Muzej Vojvodine, 1996.

Bossers, G. Th. M.: »Congenital Anomalies of the Hip Joint.«, in: Huffstadt, A. J. C. (Hrsg.): *Congenital Malformations*. Princeton: Excerpta Medica, 1980.

Bowlby, John: »The Making and Breaking of Affectional Bonds.« *British Journal of Psychiatry* (1977), 130, S. 201–10.

*Bradshaw's Overland Guide, 1902*. Manchester: Bradshaw & Blacklock, 1902.

Brian, Denis: *Einstein: A Life*. New York: John Wiley & Sons, Inc., 1996.

Brittain, Vera: *Testament of Youth: An Autobiographical Study of the Years 1900–1925*. London: V. Gollancz Ltd., 1933.

Brodzinsky, David, und Schechter, Marshall D. (Hrsg.): *The Psychology of Adoption*. New York: Oxford University Press, 1990.

Brown, Alec: *Yugoslav Life and Landscape*. London: Elek, 1955.

Brown, Mabel Webster: *Neuropsychiatry and the War.* New York: War Work Committee. The National Committee for Mental Hygiene, 1918.

Bucky, Peter A.: *Der private Albert Einstein.* Düsseldorf, Wien, New York: ECON Verlag, 1991.

Budke, Petra: *Schriftstellerinnen in Berlin, 1871 bis 1945: Ein Lexikon zu Leben und Werk.* Berlin: Orlanda Frauenverlag, 1995.

von Bunge, Gustav: *Alkoholvergiftung und Degeneration,* Bern: Auf Ersuchen des Zentralausschusses der bernischen Abstinentenvereine Sonntag den 17. Januar 1904 gehaltener Vortrag.

Bunović, Dragutin; Protić, Žarko, und Vasić, Lazar: *Dobro dosljui, Novi Sad.* Novi Sad: Forum, 1990.

Cajkanović, Veselin: *Rečnik srpskih narodnih verovanja o biljkama.* Belgrad: Srpska akademija nauka i umetnosti, Srpska književna zadruga, 1985.

Canfield, Dorothy: *Home Fires in France.* New York: Henry Holt and Company, 1918.

Carter, C. O.: »The Inheritance of Common Congenital Malformations.« *Medical Genetics,* Bd. 4. New York: Grune and Stratton, 1965.

Chemicalage Directory. *Who's Who.* London: Benn Brolkers, 1963.

Clark, M. E.: *Paris Waits.* London: Smith, Elder & Co., 1915.

Clark, Ronald W.: *Einstein. The Life and Times.* New York: World Publishing Company, 1971. (Dt. *Albert Einstein: Leben und Werk.* München: Heyne, 1986.)

Čolović, Ivan: *Divlja književnost: etnolingvističko proučavanje paraliterature.* Belgrad: Nolit, 1984.

Conrad, Joseph: »Magic Charms and Healing Rituals in Contemporary Yugoslavia.« in: *Southern Europe* 10 (1983), S. 99–120.

Cookridge, E. H.: *Orient Express: The Life and Times of the World's Most Famous Train.* New York: Random House, 1978.

*Cooperative Reconstruction: A Report of the Work Accomplished in Serbia.* Serbian Child Welfare Association of America. New York, ca. 1924.

*Cook's Continental Time Tables, 1901.* London: Thomas Cook & Son, 1901.

Čurcija-Prodanović, Nada: *Heroes of Serbia.* London: Oxford University Press, 1963.

Czeizel, A., und Tusnády, G.: *Isolated Common Congenital Abnormalities in Hungary.* Budapest: Akadémiai Kiadó, 1984.

Dabizić, Miodrag: *Staro jezgro Zemuna.* Zemun: Štamparija »Sava Mihić«, 1967.

Djilas, Milovan: *Memoir of a Revolutionary.* New York: Harcourt Brace Jovanovich, 1973.

Djordjević, Tihomir: *Deca u verovanjima i običajima našega naroda.* Belgrad: Idea, 1990.

Ders.: *Veštica i vila u našem narodnom verovanju i predanju.* Belgrad: Narodna biblioteka Srbije, 1989.

Djurić, Antonije. *Žene – Solunci govore.* Belgrad: NIRO »Književne novine«, 1987.

Djurić-Milojković, Jelena: *Tradition and Avant-Garde: Literature and Art in Serbian Culture: 1900–1918.* New York: East European Monographs, 1988.

Dordević, Vladimir R.: *Ogled srpske muzičke bibliografije do 1914.* Belgrad: Nolit, 1969.

355

Dudić, Nikola: *Stara groblja i nadgrobni belezi u Srbiji*. Belgrad: Republicki zavod za zaštitu spomenika kulture, 1995.

Dundes, Alan: *Essays in Folklore Theory and Method*. Madras: Cre-A, 1990.

Ders.: *Parsing Through Customs: Essays by a Freudian Folklorist*. New York: Garland Publishing, 1981.

Ders.: *Interpreting Folklore*. Madison: University of Wisconsin Press, 1987.

Durham, Mary E.: *Through the Land of the Serbs*. London: Edward Arnold, 1904.

Durrell, Lawrence: *White Eagles Over Serbia*. New York: Arcade Publishing, 1957.

Eastman, Nicholson J., und Hellman, Luis M.: *Williams Obstetrics*. 13. Auflage. New York: Appleton-Centruy-Crofts, 1961.

von Eckardt, Wolf, und Gilman, Sander L.: *Bertolt Brecht's Berlin*. Lincoln: University of Nebraska Press, 1993.

Einstein-Roboz, Elisabeth: *Hans Albert Einstein: Reminiscences of His Life and Our Life Together*. Iowa City: Iowa Institute of Hydraulic Research, 1991.

Epstein, C. J. (Hg.): *The Morphogenesis of Down Syndrome*. New York: Wiley-Liss, Inc., 1991.

*Explanatory Report on the European Convention on the Adoption of Children*. Straßburg: Europarat, 1967.

Farnam, Ruth S.: *A Nation at Bay: What an American Woman Saw and Did in Suffering Serbia*. Indianapolis: The Bobbs-Merrill Company, 1918.

Felman, Shoshana, und Laub, Dori: *Testimony: Crises of Witnessing in Literature, Psychoanalysis, and History.* New York: Routledge, 1992.

Fermi, Laura: *Illustrious Immigrants: The Intellectual Migration from Europe, 1930–41.* Chicago: The University of Chicago Press, 1971.

Filipović, Milenko S.: *Among the People, Native Yugoslav Ethnography: Selected Writings of Milenko S. Filipović.* Hrsg. von E. A. Hammel. An Arbor: Michigan Slavic Publications, Department of Slavic Languages und Literatures, 1982.

Ders.: »Symbolic Adoption Among the Serbs«, in: *Ethnology Journal* 4 (Jan. 1965), S. 66–71.

Flückinger, Max: *Albert Einstein in Bern.* Bern: Albert-Einstein-Gesellschaft, 1974.

Fölsing, Albrecht: *Albert Einstein: Eine Biographie.* Frankfurt a. M.: Suhrkamp, 1995.

Footman, David: *Balkan Holiday.* London: Heinemann, 1935.

Forel, August: *Der Hypnotismus oder die Suggestion und ihre psychologische, psychophysiologische und medizinische Bedeutung.* Stuttgart: Enke, 1911.

Ders.: *Die sexuelle Frage. Eine naturwissenschaftliche, psychologische, hygienische und soziologische Studie für Gebildete.* München: Reinhardt, 1905.

Frank, Philipp: *Einstein: Sein Leben und seine Zeit.* Braunschweig: 1979.

Freidenreich, Harriet Pass: *The Jews of Yugoslavia.* Philadelphia: The Jewish Publication Society of America, 1979.

357

Frenzel, Herbert A. (Hrsg.): *Kürschners biographisches Theater-handbuch: Schauspiel, Oper, Film, Rundfunk. Deutschland, Österreich, Schweiz.* Berlin: W. de Gruyter, 1956.

Freud, Sigmund: *Totem und Tabu: Einige Übereinstimmungen im Seelenleben der Wilden und der Neurotiker.* Frankfurt a. M.: Fischer Taschenbuch, 1991.

Friedrich, Otto: *Morgen ist Weltuntergang: Berlin in den zwanziger Jahren.* Berlin: Nicolai, 1998.

Fussell, Paul: *The Great War and Modern Memory.* London: Oxford University Press, 1977.

Gilbert, Sandra: »Soldier's Heart: Literary Men, Literary Women and the Great War.« in: *Journal of Women in Culture and Society,* Bd. 8, 3, 1983, S. 422 – 50.

Goldstein, Slačko (Hrsg.): *Jews in Yugoslavia: A Catalogue.* Zagreb: Muzejski prostor, 1989.

*Guide Internationale de la Compagnie Internationale des Wagons-Lits et des Grands Express Européens.* Paris: CIWL, 1903.

Green, Neil E.: *Skeletal Trauma in Children.* Philadelphia: Saunders, 1994.

Hagen, Randi L., und Kahn, Arnold: »Discrimination Against Competent Women.« in: *Journal of Applied Social Psychology,* 5, 4, 1975, S. 362 – 76.

Halpern, Joel M.: *Family in Transition: A Study of 300 Yugoslav Villages.* Princeton: Princeton University Press, 1966.

Halpern, Joel M., und Halpern-Kerewsky, Barbara: *A Serbian Village in Historical Perspective.* New York: Holt, Rinehart and Winston, 1972.

Halpern-Kerewsky, Barbara: »Genealogy as Oral Genre in a Serbian Village.« in: *Oral Tradition in Literature*. Columbus, Ohio, S. 301–21.

Dies.: »Watch out for Snakes! Ethnosemantic Misinterpretations and Interpretation of a Serbian Healing Charm.« in: *Anthropological Linguistics*. Bd. 25 (Herbst 1983). S. 309–325.

Dies.: »The Power of the World: Healing Charms as an Oral Genre.« in: *Journal of American Folklore* 91 (Okt.–Dez. 1978), S. 903–924.

Heilbron, J. L., und Wheaton, Bruce R.: *Literature on the History of Physics in the 20th Century*. Berkeley: Office for History of Science und Technology, 1981.

Herneck, Friedrich: *Einstein privat, Herta Waldow erinnert sich an die Jahre 1927 bis 1933*. Berlin: Buchverlag Der Morgen, 1978.

Highfield, Roger, und Carter, Paul: *Die geheimen Leben des Albert Einstein*. München: Deutscher Taschenbuchverlag, 1996.

Hillgruber, Andreas: *Deutschlands Rolle in der Vorgeschichte der beiden Weltkriege*. Göttingen, Zürich: Vandenhoeck und Ruprecht, 1986.

Hoffmann, Banesh, unter Mitarbeit von Helen Dukas: *Albert Einstein: Schöpfer und Rebell*. Zürich: Belser Verlag, 1976.

Hogg, Garry: *Orient Express: The Birth, Life and Death of a Great Train*. New York: Walker and Company, o. J.

Holmes, L. B., et al.: *Mental Retardation – An Atlas of Diseases with Associated Physical Abnormalities*. New York: Macmillan, 1972.

Holton, Gerald: *Einstein, die Geschichte und andere Leidenschaften*. Braunschweig/Wiesbaden: Friedrich Vieweg & Sohn, 1997.

Ders.: »Of Love, Physics und Other Passions: The Letters of Albert und Mileva, Part One und Two«, in: *Physics Today*, August 1994, S. 23–29 und S. 37–43.

Horecky, Paul L.: *East Central and Southeast Europe: A Handbook of Library and Archival Resources in North America*. California: Clio Press, ca. 1976.

Huffstadt, A. J. C.: *Congenital Malformations*. Amsterdam: Excerpta Medica, 1980.

Hufton, Olwen: *The Prospect Before Her: A History of Women in Western Europe*. New York: HarperCollins Publishers, 1995.

Huston, Nancy: »Tales of War und Tears of Women«, in: *Women's Studies International Forum*, Bd. 5, 3/4, 1982, S. 271–282.

Illy, József: »Albert Einstein in Prague«, in: *Isis* 1979, 70 (252), S. 76–84.

Imrey, Ferenc: *Through Blood and Ice*. New York: Dutton 1930.

Janković, Barbara Velman: *Dungeon*. Belgrad: Dereta, 1996.

Jelavich, Barbara: *History of the Balkans, Twentieth Century*. Cambridge: Cambridge University Press, 1995.

Jerković, Vera (Hrsg.): *Cirilske rukopisne knjige Biblioteke Matice srpske*. Novi Sad: Biblioteka Matice srpske, 1991.

Jerrold, Walter: *The Danube*. New York: Frederick A. Stokes Company, 1947.

Jones, Ernst: *The Life and Works of Sigmund Freud*. Bd. 2 und 3. New York: Basic Books, 1953.

Josephs, Jeremy: *Swastika Over Paris*. New York: Little, Brown & Company, 1989.

Kantha, Sachi Sri: *An Einstein Dictionary.* Westport, Connecticut: Greenwood Press, 1996.

Karadžić, Vuk Stefanović: *Narodne Poslovice.* Belgrad: Državna Štamparija Karljevine Jugoslavije, 1933.

Ders.: *Život i običaji naroda srpskog.* Wien, 1867.

Kemp, P.: *Healing Ritual. Studies in the Technique and Tradition of the Southern Slavs.* London: Faber and Faber, 1935.

Kirk, H. Davis: *Shared Fate: A Theory of Adoption and Mental Health.* London: Free Press of Glencoe, 1964.

Kiš, Danilo: *Enzyklopädie der Toten.* München: Carl Hanser Verlag, 1986.

Ders.: *Sanduhr.* München: Carl Hanser Verlag, 1988.

Klein, Martin J., Knox, A. J., und Schulmann, Robert (Hrsg.): *The Collected Papers of Albert Einstein.* Bd. 5: *The Swiss Years Correspondence, 1902–1914.* Princeton: Princeton University Press, 1993.

Kmietowicz, Frank A.: *Slavic Mythical Beliefs.* Windsor, Ontario: F. Kmietowicz, 1982.

Koonz, Claudia: *Mütter im Vaterland. Frauen im Dritten Reich.* Reinbek bei Hamburg: Rowohlt, 1994.

Konstantinov, Miloš: *Prilozi i publikacije arhivarskih radnika Jugoslavije.* Sremski Karlovci: Arhiv Vojvodine.

Konstantinović, Nikola: *Selo Belgradskog pašaluka do polovine XVII veka: feudalna privreda, privreda neposrednih proizvodjača, život na selu.* Belgrad: M. St. Duricić, 1969.

Košutic, Slavko (Hrsg.): *Novi Sad Through Memories of Old Post Cards.* Novi Sad: Futuro, 1996.

Krleža, Miroslav: *The Return of Philip Latinowicz*. Evanston, Illinois: Northwestern University Press, 1995.

Ders.: *On the Edge of Reason*. London: Quarter Encounters, 1987.

Krstić, Djordje: »Die Wünsche Dr. Einsteins«, in: *Dnevnik* (Novi Sad) 28, 9, 1974.

Ders.: »The Education of Mileva Einstein-Marić: The First Woman Theoretical Physicist at the Royal Classical High School in Zagreb at the End of the Century«, in: *Collected Papers on the History of Education* (Zagreb) 9: 111, 1975.

Ders.: *Prva teoretska fizičarka na svetu*. Belgrad: Dnevnik, 1978.

*Kultura tradycyjna w zyciu wspolczesnej rodziny wiejskiej: z polskich i serbskich baden etnologicznych*. Poznan: Wydawn. Nauk. Uniwersytetu im. Adama Mickiewicza w. Poznaniu, 1986.

Laffan, R. G. D.: *The Serbs: The Guardians of the Gate*. New York: Dorset Press, 1989.

Lampe, John R.: »Modernization and Social Structure: The Case of the pre-1914 Balkans Capitals«, in: *Southeastern Europe/L'Europe du Sud-Est*, 11-32, 1979, S. 11–32.

Larsen, Steen, F.: »Remembering Without Experience: Memory for Reported Events«, in: Neisser, Ulrich, und Winograd, Eugene (Hrsg.): *Remembering Reconsidered: Ecological and Traditional Approaches to the Study of Memory*. Cambridge: Cambridge University Press, 1988.

Lazarovich-Hrebelianovich, Prinz, unter Mitarbeit von Prinzessin Lazarovich-Hrebelianovich (Eleanor Calhoun): *Servian People: Their Past and their Destiny*. New York: Charles Scribner's Sons, 1910.

Leimbach, Berthold (Hrsg.): *Tondokumente der Kleinkunst und ihre Interpreten: 1889–1945*. Göttingen: Hubert, 1991.

Lessner, Erwin: *The Danube: The Dramatic History of the Great River and the People Touched by its Flow*. New York: Doubleday & Company, Inc., 1961.

Lewanski, Richard: *The Slavic Literatures*. F. Ungar Publishing, 1967.

Lifton, Betty Jean: *Adoption*. Stuttgart: Klett-Cotta, 1982.

Lodge, Olive: *Peasant Life in Jugoslavia*. London: Seeley, Service & Co. Ltd., 1941.

Lukas, John: *Budapest: A Historical Portrait of a City and Its Culture*. New York: Weidenfeld & Nicolson, 1988.

Macure, Miloš: *Problemi politike obnavljanja stanovništva u Srbiji*. Belgrad: Srpska akademija nauka, 1989.

Maksimović, Desanka: *Greetings From the Old Country*. Toronto: Yugo-Slavia Publishers, 1976.

Marianoff, Dimitri, mit Wayne, Palma: *Einstein: An Intimate Study of a Great Man*. New York: Doubleday Doran, 1944.

Marković, Lazar: *Reč nad otvorenim grobom*. Novi Sad: Verlag Braća M. Popović, 1904.

Ders.: *Bücher für das Volk. Die Ehe oder Wie erhält eine Nation guten Nachwuchs*. Bd. 149. Novi Sad: Matica Srpska, Druck Djordje Ivoković, 1913.

Marković, Živko. *Symposium Mileva Einstein-Marić*. Vortrag auf dem Symposium vom Oktober 1995 in Novi Sad, Jugoslawien.

Ders.: *Novosadjani o Milevi Marić-Ajnštajn*. Belgrad: Dnevnik, 1996.

Markstein, George: *Chance Awakening*. New York: Ballantine Books, 1977.

Ders.: *The Cooler*. London: Pan Books, 1975.

Ders.: *Ferret*. New York: Ballantine Books, 1983.

Ders.: *The Goering Testament*. London: Pan Books, 1979.

Ders.: *The Man From Yesterday*. London: Pan Books, 1977.

Ders.: *Soul Hunters*. London: New English Library/Hodder and Stoughton, 1987.

Ders.: *Tara Kane*. New York: Dell Publishing Co., Inc, 1979.

Ders.: *Traitor for a Cause*. London: The Bodley Head, 1979.

Ders.: *Ultimate Issue*. New York: Ballantine Books, 1982.

Marshall, S. L. A.: *World War I*. Boston: Houghton Mifflin Company, 1964.

Massie, Robert K.: *Die Romanows*. München: Droemer Knaur, 1998.

Mathieu, W. A.: *The Musical Life*. Boston: Shambhala, 1994.

Maticki, Miodrag: *Bibliografija srpskih almanaha i kalendara*. Belgrad: Republicki zavod za zaštitu spomenika kulture, 1995.

Mayer, Gyula: *Budapest Anno* ... Text: Mesterházi, Lajos, 1979.

Mayo, Hepe (Hrsg.): *The Einstein Family Correspondence including the Albert Einstein-Mileva Marić Love Letters*. New York: Christie's 1996.

McCagg, William O.: *A History of the Habsburg Jews 1670–1918*. Bloomington: Indiana University Press, 1989.

McConkey, James (Hrsg.): *The Anatomy of Memory*. New York: Oxford University Press, 1996.

Medicus, Heinrich A.: »The Friendship Among Three Singular Men: Einstein and His Friends Besso and Zangger«, in: *Isis*, 1994, 85, S. 456–478.

Meichle, Adolf W.: *Albert Einsteins Berner Jahre: 1902–1909*. Bern: Albert-Einstein-Gesellschaft, 1993.

Melina, Lois Ruskai: *Adoption: An Annotated Bibliography and Guide*. New York: Garland Publishing, 1987.

Mendelsohn, Ezra: *The Jews of East Central Europe: Between the World Wars*. Bloomington: Indiana University Press, 1987.

*Merck's 1901 Manual*. New York: Merck & Co., 1901.

Metcalf, Walter Bradford: *Tuberculosis of the Lymphatic System*. New York, 1919.

Michelmore, Peter: *Einstein, Profile of the Man*. New York: Dodd, Mead & Company, 1962.

Mieder, Wolfgang, und Dundes, Alan: *The Wisdom of Many: Essays on the Proverb*. New York: Garland Publishing, 1981.

Mihailović, Todor: *Raonička buna 1804–1918*. Belgrad: Ljubodrag T. Mihailović, 1970.

Mijatović, Čedomir: *A Royal Tragedy: Being the Story of the Assassination of Alexander and Queen Draga of Servia*. New York: Dodd, 1907.

Mikić, Petar G.: *Zapisi o radjanju i umiranju dece u Novom Sadu i Voivodini tokom XIX i XX veka*. Novi Sad: Matica Srpska, 1989.

Milich, Zorka: *A Stranger's Supper*. New York: Twayne Publishers, 1995.

Misailović, Milenko: *Mudrost narodnog humora*. Titovo Užice: Vesti, 1987.

Morris, Joseph, E.: *Beautiful Europe: The Lake of Como*. London: A. & C. Black Ltd., 1919.

Mügge, M. A.: *Serbian Folk Songs, Fairy Tales and Proverbs*. London: Dranes, 1916.

Neisser, Ulric, und Winograd, Eugene: *Remembering Reconsidered: Ecological and Traditional Approaches to the Study of Memory*. Cambridge: Cambridge University Press, 1988.

Nenin, Milivoj: *Stefanovićevo »Biti il' ne biti«. Pokušaj biografije*. Novi Sad: Svetori, 1993.

Ders.: *Epistolarna biografija Svetislava Stefanovića*. Novi Sad: Matica Srpska, 1987.

Ders.: *Svetislav Stefanović: Preteča modernizma*. Novi Sad: Svetovi, 1985.

Neu, R. L.: »D-D Translocation in a Boy with Mental Retardation and Congenital Dislocation of the Hip«, in: *Ann. Genet.* 12, S. 250–265.

Niles, Reg: *Adoption Agencies, Orphanages and Maternity Homes: A Historical Directory*. Garden City: Phileas Deigh Corp., 1981.

Nyegosh, Petar Petrovitch: *The Mountain Wreath*. London: George Allen & Unwin, 1930.

Otović, Vladimir: *Manastir Grgeteg*. Novi Sad: Matica Srpska, 1990.

Pais, Abraham: *Ich vertraue auf Intuition: Der andere Albert Einstein*. Heidelberg, Berlin: Spektrum, 1998.

Ders.: »*Raffiniert ist der Herrgott ...*«: *Albert Einstein. Eine wissenschaftliche Biographie*. Braunschweig: Friedrich Vieweg & Sohn, 1986.

Pavlovich, Paul: *The History of the Serbian Orthodox Church*. Toronto: Serbian Heritage Books, 1989.

*P.E.N.-Schriftstellerlexikon, Bundesrepublik Deutschland.* Hrsg. von Martin Gregor-Dellin. München: Piper, 1982.

Perrault, Gilles: *Paris sous l'occupation.* Paris: Belfond, 1987.

Perutz, M. F.: »A Passion for Science«, in: *New York Review of Books,* 20. Februar 1997, S. 39.

Petranović, Anka: *Fondovi i zbirke Arhiva Srbije.* Belgrad: Arhiv Srbije, 1967.

Petrovich, Michael Boro: *A History of Modern Serbia, 1804–1918.* New York: Harcourt Brace Jovanovich, ca. 1976.

Petrovitch, Woislav M.: *Serbia: Her People, History and Aspirations.* London: George G. Harrap & Company, 1915.

Ders.: *Hero Tales and Legends of the Serbians.* New York: Farrar & Rinehart/London: George G. Harrap & Company, 1914.

Plesch, János: *Ein Arzt erzählt sein Leben.* München: Paul List Verlag, 1947.

Ders., und Plesch, Peter H.: »Some Reminiscences of Albert Einstein«, in: *The Royal Society,* London: 49 (2), S. 303–328 (1995).

Poderegin, Milka Bajić: *The Dawning.* New York: Interlink Books, 1995.

Popov, Dr. Dušan (Hrsg.): *Enciklopedija Novog Sada,* Bd. 2. Novi Sad: Novosadski Klub Prometej, 1994.

Ders.: *The Autonomous Province of Vojvodina Yesterday and Today.* Novi Sad: Novi Sad Office of Information, 1965.

Ders.: *Vojvodina, Socialist Autonomous Province.* Belgrad: Jugoslovenska revija, 1980.

Popović, Milan: *Jedno prijatelstvo. Pisma Mileve i Alberta Ajnštajna Heleni Savić.* Montenegro: CID Podgorica, 1998.

Popović, Nikola B.: *Ilustrovana istorija Srba*. Belgrad: Litera, 1991.

Pore, Renate: *A Conflict of Interest: Women in German Social Democracy, 1919–1933*. Westport, Connecticut: Greenwood Press, 1981.

Prokop, Ana: *Porodično pravo: usvojenje*. Zagreb: Pravna biblioteka, 1970.

Prokschi, Rudolf: *Ein neuer Aufbruch bei den Nonnen in der Serbischen Orthodoxen Kirche im 20. Jahrhundert*. Würzburg: Augustinus-Verlag, 1996.

Pupin, Michael Idvorsky: *Serbian Orthodox Church*. London: J. Murray, 1918.

Ders.: *Vom Hirten zum Erfinder*. Leipzig: Meiner, 1929.

Pyenson, Lewis: »Einstein's Natural Daughter«, in: Science History Publications Ltd., *History of Science*, xxviii (1990).

Ders.: *The Young Einstein: The Advent of Relativity*. Bristol und Boston: Adam Hilger Ltd., 1985.

Rafalovich, S.: »The Relationship of Parents of a Child with a Congenital Defect«, in: *Reconstruction Surgery Trauma*, Bd. 14, Nr. 154, 1974.

Rajković, Zorica: *Traditional Forms of Common-Law Marriage Among the Croats and the Serbs in the Light of the Concept of »Trial Marriage«*. Zagreb: Institut za narodnu umjetnost, 1975.

Raleigh, Donald J.: *Revolution on the Volga: 1917 in Saratov*. Ithaca: Cornell University Press, 1986.

Read, Anthony, and Fisher, David: *Berlin: The Biography of a City*. London: Pimlico, 1994.

Reiser, Anton: *Albert Einstein – A Biographical Portrait*. New York: Albert & Charles Boni, Inc., 1930.

*Rezitationen und Dramen von Autoren aus Kroatien, Mazedonien, Slowenien, Serbien und Montenegro.* Belgrad: Dreiradtheater, August 1993.

Reznikoff, Charles, und Engleman, U. Z.: *Jews of Charleston.* Philadelphia: Jewish Publication Society, 1950.

Ribarić, Julka Radauš: *Yugoslavian/Croatian Embroidery: Design and Techniques.* New York: Van Nostrand Reinhold, 1979.

Richards, Gerald, I. D.: »Fetal and Infant Mortality Associated with Congenital Malformations«, in: *British Journal of Medicine,* (1973), 27, S. 85–90.

Robinson, George W.: »Birth Characteristics of Children with Congenital Dislocation of the Hip«, *American Journal of Epidemiology,* Johns Hopkins University, Bd. 87, Nr. 21, 1968.

Roeder, Helen: *Saints and their Attributes: With a Guide to Localities and Patronage.* London: Longmans, Green, 1955.

Rubin, David C.: *Memory in Oral Traditions.* New York: Oxford University Press, 1995.

Ružić, Nikanor: *Tablice raznovrsnih primera srodstva.* Belgrad: Kraljevsko – srpska državna štamparija, 1816.

Sarvan, M.: *Rana smrtnost odojčadi.* Erster Ärztekongreß der Bundesrepublik Jugoslawien, Belgrad, 1949.

Samilson, Robert L.; Tsou, Paul; Aamoth, Gordon; Green, William M.: »Dislocation and Subluxation of the Hip in Cerebral Palsy«, in: *Journal of Bone and Joint Surgery,* Bd. 54 A, Nr. 4, Juni 1972.

Šaulic, J.: »The Oral Women Poets of the Serbs«, in: *Slavonic and East European Review* 42 (Dez. 1963): S. 161–83.

Schuder, Werner (Hrsg.): *Kürschners Deutscher Literaturkalender – Nekrolog 1936–1970.* Berlin: Walter de Gruyter, 1973.

Schulmann, Robert; Kox, A. J.; Janssen, Michael; Józes, Illy (Hrsg.): *The Collected Papers of Albert Einstein*. Bd. 8: *The Berlin Years: Correspondence, 1914–1918*. Princeton: Princeton University Press, 1998.

Seelig, Carl: *Albert Einstein: Eine Dokumentarische Biographie*. Zürich: Europa-Verlag, 1954.

Seitel, Peter: »Proverbs: A Social Use of Metaphor«, in: Mieder, Wolfgang, und Dundes, Alan (Hrsg.): *The Widsom of Many: Essays on the Proverbs*. New York: Garland Publishing, 1981.

Sekulić, Ante: *Backi Hrvati*. Zagreb: Jugoslavenskalić, 1989.

Senz, Josef Volkmar: *Totenbuch der Apatiner Gemeinschaft*. Straubing: Apatiner Gemeinschaft, 1980.

Shirer, William: *Berliner Tagebuch: 1934 –1941*. Leipzig: Reclam, 1994.

Skrivanić, Gavro A.: *Putevi u srednjovekovnoj Srbiji*. Zemun: Štamparija »Sava Mihić«, 1967.

Slack, Nancy G., und Pnina, G. A. (Hrsg.): *Creative Couples in the Sciences*. New Brunswick, New Jersey: Rutgers University Press, 1994.

Smith, I. Evelyn (Hg.): *Readings in Adoption*. New York: Philosophical Library, 1963.

Sorić, A.: *Jews in Yugoslavia*. Zagreb: MGC, 1989.

Šosberger, Pavle: *Novosadski jevreji: iz istorije jevrejske zajednice u Novom Sadu*. Novi Sad: Književna zajednica Novog Sada, 1988.

Specter, Michael: »Einstein's Son? It's a Question of Relativity«, in: *The New York Times*, 22. Juli 1995.

Spence, Donald P.: »Passive Remembering«, in: Neisser, Ulrich, und Winograd, Eugene (Hrsg.): *Remembering Reconsidered: Ecological and Traditional Approaches to the Study of Memory*. Cambridge: Cambridge University Press, 1988.

Speziali, Pierre (Hrsg.): *Albert Einstein – Michele Besso, Correspondance 1903–1935*. Paris: Hermann, 1972.

Srpska akademija nauka i umetnosti: *700 godina medicine u Srba*. Belgrad: Srpska akademija nauka i umetnosti, 1971.

Stachel, John (Hrsg.): *The Collected Papers of Albert Einstein*. Bd. 1: *The Early Years: 1879–1902*. Princeton: Princeton University Press, 1987.

Ders.: »The Scientific Relationship of Albert Einstein and Mileva Marić.« Vortrag auf dem Symposium »*Creative Couples and Gender Complementarity: Cross-disciplinary Perspectives*« auf der Jahresversammlung der American Association for the Advancement of Science, Washington, D. C., 15. Februar 1991.

Ders.: »Einstein and Ether Drift Experiments«, in: *American Institute of Physics*, Mai 1997, S. 45–47.

Stader, Stefan: *Ortssippenbuch der katholischen Pfarrgemeinde Jahrmarkt im Banat*. Kaiserlautern: Deutsche Ortssippenbücher, 1985.

Stead, Alfred (Hrsg.): *Servian by the Servians*. London: W. Heinemann, 1909.

Stefanović, Josif: *Žrtve fašizma: 1939–1945*. Leskovac: Josif Stefanović, 1970.

Stefanović, Pavle: *Eseji. strofe i ritmovi: 1912–1919*. Belgrad: Nolit, 1982.

St. Erlich, Vera: *Family in Transition: A Study of 300 Yugoslav Villages*. Princeton: Princeton University Press, 1966.

Stein (Stern), Lola: *Lotti: eines Mannes Leidenschaft*. Leipzig: Stern Bücher Verlag, 1923.

Dies.: *People Like You and Me*. London: Lindsay Drummond, 1946.

Dies.: *Des Meisters Gefährtin*. Berlin: Siwinna, 1919.

Stoianovich, Traian: *A Study in Balkan Civilization*. New York: Alfred A. Knopf, 1967.

Strauss, Herbert A., und Möller, Horst: *International Biographical Dictionary of Central European Emigrés 1933–1945*. New York: K. G. Saur, 1983.

Stretenović, Miša: »Die Liebe zwischen einem berühmten Wissenschaftler, Albert Einstein, und einer Serbin, Mileva Marić«, in: *Vreme*, Belgrad, 23. Mai 1929.

Sulzberger, C. L.: *A Long Row of Candles: Memoirs and Diaries, 1934–1954*. New York: Macmillan, 1969.

Tanić, Zivan: *Seljaci na evropskim raskrsnicama: analiza ekonomskih migracijie*. Belgrad: Institut drustvenih nauka, 1974.

Tausanović, Olivera: *Istorijski Arhiv Beograda*. Belgrad: Istorijski Arhiv Belorada, 1984–1981.

Taylor, A. J. P.: *The First World War*. New York: G. P. Putnam's Sons, 1970.

Thurstan, Violetta: *Field Hospital and Flying Column*. London und New York: G. P. Putnam's Sons, 1915.

Tišma, Aleksandar: *Eine Art menschlichen Benehmens*. Hamburg: Hamburger Edition, 1995.

Todorova, Maria: *Die Erfindung des Balkans*. Primus, 1999.

Todorović, Kosta: *Golgota i vaskrs Srbije 1916–1918*. Belgrad: Beogradski izdavačko-grafičeski zavod, 1971.

Trbuhović-Gjurić, Desanka: *Im Schatten Albert Einsteins: Das tragische Leben der Mileva Einstein-Marić.* Bern, Stuttgart, Wien: Verlag Paul Haupt, 1993.

Troemel-Ploetz, Senta: »Mileva Marić: The Woman Who Did Einstein's Mathematics«, in: *Women's Studies International Forum*, Bd. 13, Nr. 5, 1990, S. 415–432.

Trojanović, Sima: *Psihofizičko izražanvanje srpskog naroda poglavito bez reči.* Belgrad: Prosveta, 1986.

Tsernianski, Miloj: *Migrations.* New York: Harcourt Brace, 1994.

Turner, Ann Warren: *Rituals of Birth: From Prehistory to the Present.* New York: D. McKay, 1978.

*Überblick über die Geschichte der Krankenhäuser in Novi Sad, 1730–1981.* Novi Sad: Mitteilungsblatt der Wissenschaftlichen Gesellschaft für die Geschichte der Gesundheitskultur in der Vojvodina, S. 5–6.

Univerzitet u Novom Sadu (Hrsg.): *Zbornik sa savetovanja: doprinos Mileve Ajnštajn Maric nauci.* Novi Sad, 1978.

Vallentin, Antonina: *The Drama of Albert Einstein.* Garden City: Doubleday, 1954. (Dt. *Das Drama Albert Einsteins. Eine Biographie.* Stuttgart: Günther Verlag, 1955.)

Velimirović, Reverend Father Nicholai: *Serbia in Light and Darkness.* New York: Longmans, Green, 1916.

Visser, Jan: *Functional Treatment of Congenital Dislocation of the Hip.* Kopenhagen: Munksgaard, 1984.

Vlahović, Mitar, S.: *National Costumes of Serbia in the Ethnographic Museum in Belgrad.* Belgrad: »Jugoslavija«, 1954.

Vujicić, Mil: *Rečnik mesta u oslobodenoj oblasti Stare Srbije: po službenim podaćima.* Belgrad: Državna štamparija Kraljevine Srbije, 1914.

Vukanović, T. P.: *Narodne tužbalice: folkorna gradja sabrana u Srba poreklom iz Crne Core na Kosovu i Kosanici*. Vranje: Narodni muzej, 1972.

Warrington, E. K., und Sanders, H. I.: »The Fate of Old Memories«, in: *Quarterly Journal of Experimental Psychology*, 23, S. 432–442.

Webster, Jancar Barbara: *Women and Revolution in Yugoslavia: 1941–1945*. Denver, Colorado: Arden, 1990.

Weinreb, Maxine L.: *The Psychological Experience of Women Who Surrender Babies for Adoption*. Dissertation, Boston University, 1991.

Weizmann, Vera: *The Impossible Takes Longer*. London: Hamish Hamilton, 1967.

Wenger, William: *Eisenbahnen der Welt*. Lausanne: Editions Mondo, 1969.

West, Rebecca: *Black Lamb and Grey Falcon*. New York: Penguin Books, 1969.

Wheaton Bruce: *Inventory of Sources for History of Twentieth Century Physics*. Stuttgart: Verlag für Geschichte der Naturwissenschaften und der Technik, 1992.

Ders.: *An Inventory of Published Letters to and from Physicists, 1900–1950*. Berkeley: Office for the History of Science and Technology, 1982.

Ders.: *Catalogue of the Paul Ehrenfest Archive at the Museum Boerhaave*. Leiden: Museum Boerhaave, 1977.

Whitrow, G. J. (Hrsg.): *Einstein: The Man and His Achievement*. New York: Dover Publications, 1973.

Wiles, J. W.: *Serbian Songs and Poems: Chords of the Yugoslav Harp*. London: Allen & Unwin, 1918.

Wilson, Francesca M.: *Portraits and Sketches of Serbia*. London: Swarthmore Press, 1920.

Wininger, Salomon: *Große jüdische National-Biographie: mit Lebensbeschreibungen namhafter jüdischer Männer und Frauen aller Zeiten und Länder. Ein Nachschlagewerk für das jüdische Volk und dessen Freunde*. Nendeln/Liechtenstein: Kraus, 1979.

Winteler-Einstein, Maja: »Albert Einstein – Beitrag für sein Lebensbild.« CPAE, Bd. 1.

Wolff, Larry: *Ansichtskarten vom Weltuntergang: Kindesmißhandlung in Freuds Wien*. Salzburg: Residenzverlag, 1992.

Woodtli, Susanna: *Du feminisme à l'égalité politique: un siècle de luttes en Suisse, 1868–1971*. Lausanne: Payot, 1977.

Zarecka-Irwin, Iwona: *Frames of Remembrance: The Dynamics of Collective Memory*. New Brunswick: Transaction Publishers, 1994.

*Zastava* (Zeitung der Serbischen Radikalen Volkspartei): Jahrgänge 1901, 1902, 1903.

Zečović, Slobodan: *Kult mrtvih kod Srba*. Belgrad: Etnografski muzej, 1982.

*Ženski Svet*. Novi Sad: 1901–1903.

375

# Europa um 1900

Nordsee

Baltisches Meer

DÄNEMARK

Hamburg

*Elbe*

Berlin

*Weichsel*

Warschau

DEUTSCHLAND

RUSSLAND

NIEDERLANDE

*Rhein*

ELG.

LUX.

Frankfurt

Prag

München

Wien

*Donau*

Budapest

Zürich

Bern

SCHWEIZ

ÖSTERREICH-UNGARN

FRANKREICH

*Comer See*

Mailand

Zagreb

Novi Sad

Venedig

*Save*

*Donau*

Belgrad

RUMÄNIEN

ITALIEN

BOSNIEN-HERZEGOWINA

Detailkarte

*Donau*

SERBIEN

BULGARIEN

*Adria*

MONTENEGRO

ALBANIEN

Rom

GRIECHENLAND

## Detailkarte

*Donau*

Novi Sad

Kać

*Theiß*

Vilova

Sremski Karlovci

Titel

KROATIEN

VOIVODINA

⊕ Krušedol

Ruma

*Donau*

*Save*

Sremska Mitrovica

Zemun

Belgrad

BOSNIEN-HERZEGOWINA

*Drina*

Sabac

*Save*

Kijevoo

Ionisches Meer

0        50 km

0              50 Meilen

SERBIEN

© 1999 Jeffrey L. Ward

# Quellennachweis

# Marić

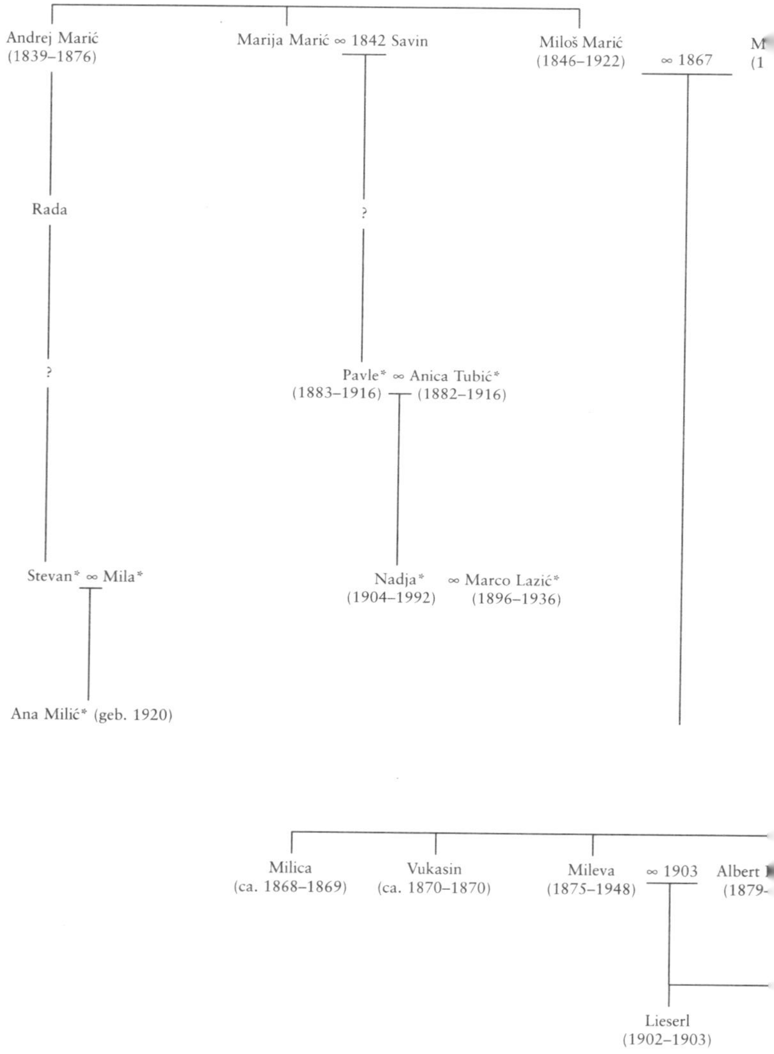

Andrej Marić
(1839–1876)

Marija Marić ∞ 1842 Savin

Miloš Marić
(1846–1922) ∞ 1867

M
(1

Rada

?

?

Pavle* ∞ Anica Tubić*
(1883–1916) — (1882–1916)

Stevan* ∞ Mila*

Nadja* ∞ Marco Lazić*
(1904–1992) (1896–1936)

Ana Milić* (geb. 1920)

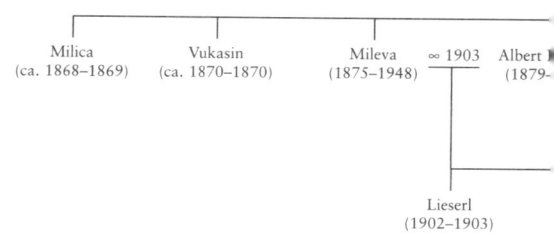

Milica
(ca. 1868–1869)

Vukasin
(ca. 1870–1870)

Mileva ∞ 1903 Albert
(1875–1948) (1879–

Lieserl
(1902–1903)

*Pseudonym